普通高等教育新型规划教材
供应链管理专业

国际物流

INTERNATIONAL LOGISTICS

姜 旭 ◎ 著

首都经济贸易大学出版社
Capital University of Economics and Business Press
·北 京·

图书在版编目(CIP)数据

国际物流 / 姜旭著. -- 北京：首都经济贸易大学出版社，2023.4

ISBN 978-7-5638-3487-7

Ⅰ.①国… Ⅱ.①姜… Ⅲ.①国际物流-高等学校-教材 Ⅳ.①F259.1

中国国家版本馆 CIP 数据核字(2023)第 044354 号

国际物流
GUOJI WULIU
姜　旭　著

责任编辑	胡兰
封面设计	砚祥志远·激光照排　TEL：010-65976003
出版发行	首都经济贸易大学出版社
地　　址	北京市朝阳区红庙(邮编 100026)
电　　话	(010)65976483　65065761　65071505(传真)
网　　址	http://www.sjmcb.com
E-mail	publish@cueb.edu.cn
经　　销	全国新华书店
照　　排	北京砚祥志远激光照排技术有限公司
印　　刷	北京市泰锐印刷有限责任公司
成品尺寸	170 毫米×240 毫米　1/16
字　　数	444 千字
印　　张	24.75
版　　次	2023 年 4 月第 1 版　2023 年 4 月第 1 次印刷
书　　号	ISBN 978-7-5638-3487-7
定　　价	55.00 元

图书印装若有质量问题，本社负责调换

版权所有　侵权必究

前 言

"十三五"期间,中欧班列成为服务国内国际双循环、畅通中欧贸易以及连接"一带一路"沿线国家最为紧密的运输大通道;海外仓、落地配加快布局使得我国国际物流网络不断延展、境外物流服务能力稳步提升。"十四五"期间,面临新冠疫情等重大突发事件、全球产业链供应链加速重构、数字化科技赋能智慧物流技术创新与业态升级等新的形势,我国需进一步优化国际物流网络。推进国际通道网络建设、补齐国际航空物流短板、培育国际航运竞争优势、提高国际物流综合服务能力等成为"十四五"期间国际物流的重要发力点。

面临国际物流发展新形势、新任务,亟需一批能够充分了解国内外经济政策环境,及时跟踪国际物流发展动态,扎实掌握国际物流系统与网络设计、国际运输不同组织方式、国际物流运营管理与风险管控等专业基础知识,熟练运用国际物流支撑理论及工具方法,同时具备创新思路和实际问题解决能力的应用型、复合型国际物流专业人才,从而较好支撑和助力我国"十四五"期间及未来一定发展阶段的国际物流相关工作和任务。目前,国际物流教材主要侧重国际物流知识体系梳理,在国内国际发展形势及信息技术和数字化发展趋势融合、针对应用型国际物流人才培养等方面有较大研究空间。

综上背景,抓住我校国际物流课程获批教育部经济与贸易类专业教学指导委员会首批"金课"建设项目的契机,我校开始投入面向应用型人才培养的国际物流教材开发。本教材吸收同类国际物流教材优点,充分结合当前国际物流的发展趋势与热点,引入世界物流绩效指数、国际应急物流等新概念,包含"一带一路"、可持续发展与信息数字化技术对国际物流的影响等特色内容;同时在每章内容设计上,除介绍相关专业知识外,通过导入案例和案例分析引入我国国际物流发展的较新案例,丰富了教材的应用性特色。本教材共包括世界经济与国际物流、国际物流支撑理论、国际航空运输、国际海洋运输、国际物流其他运输方式、国际物流仓储与包装、国际物流系统与网络、国际物流成本管理、国际物流风险管理、跨境电商与国际物流、"一带一路"与国际物流、可持续发展与信息数字化技术等十二章内容。

本教材可作为高等院校及高职高专类院校物流管理与工程类专业研究生、本科生及专科生的教学用书,也可以为从事相关国际物流工作的行业人员提供理论参考。本教材旨在使学生和相关从业人员在熟练掌握物流管理、物流工程、采购管理、供应链管理相关知识的基础上,深入了解国际物流相关理论,把握国际物流的发展趋势,并全面理解国际物流的主要业务流程,做到融会贯通、学以致用,能够运用国际物流的理论与方法分析解决实际问题,为开展国际物流相关工作打下扎实的理论和实践基础。

在本教材的撰写过程中,得到了教学团队刘若阳、张栩凡、陈璐、常祎妹各位老师的帮助,杨正凡、杨洋、王梦媛、姜西雅、郭祺昌、卓越等研究生协助了部分资料的整理工作,在此一并表示感谢!本书在编写过程中参阅了大量的参考书籍和文献资料,在此,向国内外相关研究者表示衷心的感谢!

由于水平有限,本书难免有不当和遗漏之处,敬请读者批评指正。

姜 旭
2023 年 2 月 22 日

目录

第一章　世界经济与国际物流 ... 1
- 第一节　国际物流范式转移 ... 3
- 第二节　国际物流基本概念 ... 7
- 第三节　国际物流企业类型 ... 30

第二章　国际物流支撑理论 ... 33
- 第一节　国际贸易与国际物流 ... 35
- 第二节　国际空间经济理论 ... 43
- 第三节　企业及国家竞争力理论 ... 51

第三章　国际航空运输 ... 56
- 第一节　国际航空运输基础知识 ... 58
- 第二节　国际空运实务与技能 ... 72

第四章　国际海洋运输 ... 96
- 第一节　国际海洋运输基础知识 ... 100
- 第二节　国际海运实务与技能 ... 109

第五章　国际物流其他运输方式 ... 127
- 第一节　国际公路运输 ... 129
- 第二节　国际铁路运输 ... 136
- 第三节　国际管道运输 ... 148
- 第四节　国际多式联运 ... 154

第六章　国际物流仓储与包装 ... 173
- 第一节　国际物流仓储 ... 175

第二节　国际物流包装 …………………………………………… 193

第七章　国际物流系统与网络 ………………………………………… 202

第一节　国际物流系统及构成 …………………………………… 203
第二节　国际物流网络布局 ……………………………………… 211
第三节　国际物流节点构成 ……………………………………… 218
第四节　国际物流连线概况 ……………………………………… 230

第八章　国际物流成本管理 …………………………………………… 240

第一节　财务会计基础 …………………………………………… 242
第二节　物流成本分析 …………………………………………… 250

第九章　国际物流风险管理 …………………………………………… 265

第一节　国际物流风险概述 ……………………………………… 268
第二节　国际物流保险实务 ……………………………………… 275
第三节　国际应急物流管理 ……………………………………… 292

第十章　跨境电商与国际物流 ………………………………………… 309

第一节　跨境电商中的国际物流 ………………………………… 310
第二节　海外仓的布局与运行 …………………………………… 318

第十一章　"一带一路"与国际物流 …………………………………… 332

第一节　"一带一路"概述 ……………………………………… 334
第二节　中欧班列 ………………………………………………… 339
第三节　中亚班列 ………………………………………………… 349

第十二章　可持续发展与信息数字化技术 …………………………… 359

第一节　可持续发展与国际物流 ………………………………… 361
第二节　数字化赋能国际物流 …………………………………… 373

第一章　世界经济与国际物流

【学习目标】

1. 理解国际物流发展历程
2. 理解世界经济与国际物流关系
3. 理解国际物流发展模式
4. 掌握世界物流绩效指数（LPI）
5. 理解国际供应链与国际物流

【重点难点】

1. 世界经济与国际物流的关系
2. 国际供应链与国际物流的区别

【导入案例】

国际供应链管理典范——宜家

1943年，宜家开始创立。从起初的小店到目前面向世界100多个国家销售，宜家在全球32个国家有44家贸易公司，在全球55个不同国家有1 300个供应商。宜家的核心竞争力是高效、敏捷、低成本的供应链管理。

宜家把核心的产品设计部门放在瑞典，每年设计1 000种不同类别的家居用品。家具制造都采用外包，供应商必须按照图纸来生产，无论是在中国、波兰还是瑞典，制造商都必须保证遵循宜家的设计和质量标准。

宜家为降低成本，在物流管理中严格控制物流环节的每一方面。宜家把全球市场划分为8个区域，下设28个配送中心，分布在17个国家（其中，欧洲有19个，美国5个，在中国、马来西亚也各设有1个）。这些配送中心和中央仓库被设置在海陆空交通枢纽上，以便在第一时间为宜家提供货物。配送中心按功能分为两个部分：一部分是DC（distribution centre，配送中心），主要负责对销售网点的货物配送；另外一部分是CD（central distribution center，中央配送中心），是配合网上销售、直接面向顾客提供送货上门服务的配送中心。宜家在瑞典总部的运输部门，控制着全球范围内的3 000多辆自有运输车辆和7 000多辆租用运输车辆，这个部门每天按照全球各地的需求科学地调度车辆。

宜家还开展了许多创新性研究，如平板包装、DIY的自由组配方式以及托盘等。宜家研究开发出了一种完全有别于普通托盘的集装单元设备——Optiledge，目前广泛应用于海运集装箱，此设备不仅能够缩短装卸时间、降低海运成本，还能有效地在运输过程中保护货物。另外，"平板包装"的方式将产品设计为可拆的小型部件，并运用纸盒结构实现商品运输的安全与包装空间的精简，以达到节省包装成本、提高作业效率的目的。

宜家的物流中心拥有全套的装卸单元：运输车辆到达并与装卸单元连接后，叉车就会将货物按照操作规定从运输车辆中拉出来，再沿相关路线运送并排放在指定的货物暂存区，然后由其他的叉车根据分类信息将货物一一码放至相应库位。还有一部分货物则通过自动运输带运送至自动化仓库进行码放存储。

宜家是靠着庞大而高效的供应链维系和支撑的，其供应链是由供应商、制造商、销售商组成的庞大网络结构。也正是这样一条高速有效、复杂繁琐、国际化的供应链保证了宜家这个大型跨国公司的正常运转。

（资料来源：乔普拉，迈因德尔．供应链管理［M］．陈荣秋，等译．6版．北京：中国人民大学出版社，2017.）

第一节　国际物流范式转移

一、国际物流发展历程

物流是一门新兴的学科，最初起源于美国，当时所研究的主要内容是企业为了把产品顺利销售出去而进行的一系列运输、仓储、包装等活动，使用Physical Distribution（PD）一词，意为配送。20世纪40年代，美国后勤组织运用了一套科学方法，成功地将各种战略物资及时准确地送至全球各地，为美军实施全球化战略提供了保障，这套方法在军事上被称为Logistics（后勤）。而日语"物的流通"又翻译自"PD"，但由于日本正处于经济发展的高速成长期，生产规模的迅速扩大使得流通基础设施（输送工具、道路、货物中转基地等）显得严重不足，"PD"被翻译成了流通技术，但是不久便发现这种理解有问题，没有反映出PD的本义。经过探讨之后，将PD翻译成"物的流通"，以后又简称为"物流"。

20世纪40年代随着国与国之间频繁的经济往来，国际物流也随之迅猛发展。在国际化的过程中，实现了货物和商品的转移，从而带动了国际运输和国际物流的产生与发展。国际贸易是国际物流活动的前提，国际物流也随着国际贸易的发展而发展。尤其是20世纪80年代以来，一些大企业都在实施国际化战略，在全世界寻找最好的生产基地、最理想的市场及贸易机会，这就必然会使企业的经济活动领域由一个地区、一个国家扩展到整个世界。跨国公司、信息革命以及电子商务的兴起，助推了世界经济全球化的进程，促进了世界经济的发展，因此国际物流也得到了快速发展。目前，跨国公司及其分支机构遍布全世界，跨国公司的产值已占到所属国家总产值的40%，跨国公司正向围绕总体战略协同经营一体化的方向发展，这也对国际物流提出了更高的要求。对于跨国公司来说，国际物流的产生不仅由商贸活动决定，也是它们本身生产活动的必然产物。总体来说，国际物流发展经历了三个阶段，即雏形阶段、发展阶段和成熟阶段。其中，雏形阶段国际物流集中于海运且吞吐量小，过渡至发展阶段后逐渐出现国际多式联运且物流技术井喷式爆发，而成熟阶段的国际物流则是物流技术与国际多式联运相辅相成，物流信息呈现出高度集成化的特点。

（一）雏形阶段（20世纪50年代至80年代初）

20世纪40年代之前，国与国之间虽然有了贸易来往，但是运输量很小，运输服务质量也不高。20世纪40年代后，国家间的经济交往得到扩展且越发活跃，尤其是在70年代的石油危机以后，国家间贸易的数量变得非常巨大，交易水平和质量要求也有所提高。在这种新情况下，原有为满足运送必要货物的运输观念已不能适应新的要求，就是在这个时期，物流系统进入国际领域。这一阶段，物流技术和物流设施得到了极大的发展，建立起配送中心，广泛运用电子计算机进行管理，一些国家甚至建立了本国的物流标准化体系等。物流系统的改善促进了国际贸易的发展，物流活动已经超出了一国范围，但物流国际化的趋势还没有受到人们的重视。

20世纪60年代，国家间的大数量物流开始形成，在物流技术上出现了10万吨的矿石船、20万吨的油轮等大型物流工具。

20世纪70年代初期，国际物流不仅数量进一步增加，船舶大型化趋势进一步加强，而且出现了提高国际物流服务水平的要求，大数量、高服务型物流从矿石、石油等物流领域向物流难度最大的中、小件杂货领域深入。其标志是国际集装箱及国际集装箱船的大发展，国家间各主要航线的定期班轮都投入了集装箱船，散杂货的物流水平提升了一个层次，使物流服务水平得到了很大的提高。

20世纪70年代中后期，国际物流的速度要求和质量要求进一步提高。这一时期，在国际物流领域出现了航空物流大幅度增加的现象，同时出现了更高水平的国际联运。

（二）发展阶段（20世纪80年代初至90年代初）

随着经济技术的发展和国际经济往来的日益扩大，物流国际化趋势开始成为世界性的共同话题。进入20世纪80年代，美国经济陷入倒退的危机。许多美国公司认识到，只有努力改善国际物流管理、降低产品成本、改善服务、扩大销售，才能在激烈的国际竞争中获得胜利。与此同时，日本正处于成熟的经济发展期，确立了"贸易立国"的发展战略。为实现相适应的物流国际化，日本采取了加强物流全面质量管理、建立物流信息网络等一系列措施，提高物流国际化的效率。但这一阶段，物流国际化的趋势只局限在美国、日本和欧洲一些国家。

20世纪80年代前、中期，在物流量基本不继续扩大的情况下出现了"精细物流"，物流的机械化、自动化水平不断提高。同时，伴随新时代人们需求观念的变化，国际物流着力于"多品种、小批量、高频度"的物流服务，出现了不少新方法和新技术，这就使现代物流不仅覆盖了大量货物、集装杂货，而且覆盖了多品种的货物，基本覆盖了所有物流对象，解决了所有物流对象的现代物流问题。

20世纪80年代后期，伴随国际联运式物流出现了物流信息和首先在国防物流领域出现的电子数据交换（EDI）系统。信息使物流向更高服务、更低成本、更精细化、更大量化的方向发展，许多重要的物流技术都是依靠信息才得以实现的。这一点在国际物流中比国内物流表现得更为明显，物流的几乎每一项活动都由信息支撑进行，物流质量取决于信息，物流服务依靠信息。这一时期，国际物流已正式进入物流信息时代。

（三）成熟阶段（20世纪90年代初至今）

在这一阶段，国际物流的概念和重要性已为各国政府和外贸部门普遍接受，并开始采取措施努力促进国际物流活动的顺利进行。贸易伙伴遍布全球，必然推动物流国际化，也就是物流设施国际化、物流服务国际化、物流技术国际化、货物运输国际化、流通加工国际化和包装国际化等。社会各界已经形成"物流无国界"的共识，只有广泛开展国际物流合作，才能促进世界经济的繁荣。

在国际物流迅速发展的今天，网络技术、卫星定位系统以及条形码技术得到了普遍应用，而且越来越受到人们的重视。这些高科技手段在国际物流中的应用，极大地提高了物流的信息化和服务水平。各大物流企业纷纷投入巨资致力于物流信息系统的建设，21世纪进入国际物流信息化高度发展的时代。[①]

二、世界经济与国际物流的关系

经济全球化进程开启以来，国际贸易规模不断扩大，过去的物流运行模式难以持续。随着经济全球化深入推进，以远洋运输为主的国际物流体系愈加成熟，港口、货运代理、航运企业等运营主体之间的联系更加密切，以资本为纽带，相互渗透，相互协作，总体向着国际化、市场化程度更高的方向发展。资本组合与投资方式也呈现多元化的发展趋势。

---

① 陈艳. 国际物流[M]. 北京：化学工业出版社，2016.

三、世界物流绩效指数

世界银行于 2007 年首次发布《物流绩效指数报告》，之后每两年发布一次。物流绩效指数（Logistics Performance Index，LPI）是各国政府和商业界关注的重要指标，反映了 163 个参评国家和地区的贸易物流竞争力。评价指标综合了国际货运界的实操经验和学界近期的理论和实证研究，分为六个指标。六个评价指标分别是：海关和边境清关效率（customs）、贸易和运输基础设施质量（infrastructure）、国际货物运输便利性（international shipments）、物流服务能力和竞争力（logistics competence）、货运监控能力（tracking and tracing）和运输及时性（timeliness）。物流绩效指数的综合分数反映出根据清关程序的效率、贸易和运输相关基础设施的质量、安排具有价格竞争力的货运的难易度、物流服务的质量、追踪查询货物的能力以及货物在预定时间内到达收货人（货主）的频率所建立的对一个国家或地区的物流的认知。指数的范围从 1~5，分数越高代表绩效越好。数据来源为物流绩效指数调查，该调查由世界银行联合学术机构、国际组织、私营企业以及国际物流从业人员共同完成。①

2018 年，中西欧国家如德国、比利时、奥地利、荷兰的贸易物流水平表现突出，占据全球参评的 163 个国家和地区的前 6 位。西班牙、中国、波兰表现中上，分列 17 位、26 位、28 位，俄罗斯、白俄罗斯排名靠后，分列 75 位、103 位（如表 1-1 所示）。

表 1-1　2018 年部分参评国家 LPI 指数及各分数项排名

国家	LPI 排名	LPI 分数	CUS 排名	INS 排名	ISH 排名	LQC 排名	TTR 排名	TIM 排名
德国	1	4.2	1	1	4	1	2	3
比利时	3	4.04	14	14	1	2	9	1
奥地利	4	4.03	12	5	3	6	7	12
荷兰	6	4.02	5	4	11	5	11	11
西班牙	17	3.83	17	19	6	18	27	27
中国	26	3.61	31	20	18	27	27	27
波兰	28	3.54	33	35	12	29	31	23
俄罗斯	75	2.76	97	61	96	71	97	66
白俄罗斯	103	2.57	112	92	134	85	109	78

资料来源：https://lpi.worldbank.org/international/aggregated-ranking。

---

① https://lpi.worldbank.org/。

2018年我国物流绩效指数综合得分为3.61分,在参评的163个国家和地区中位列第26名,前30名均为传统发达国家和地区。中国各项得分均高于全球均值,物流基础设施质量、国际服务竞争力和货运全程监控能力是中国物流绩效提升的核心优势,分别比全球均值高出0.3分、0.77分和0.75分。与前20名物流能力相比,差距主要体现在海关效率、国际运输便利性两方面,均值差分别为-0.65分和-0.5分,如表1-2所示。

表1-2 中国与LPI排名前20位及全球均值对比

	海关效率	基础设施质量	运输便利性	服务竞争力	货运监控能力	运输及时性
中国	3.29	3.75	3.54	3.59	3.65	3.84
全球	2.67	2.72	2.83	2.82	2.9	3.24
与全球均值差	0.62	0.3	0.71	0.77	0.75	0.6
与前20名均值差	-0.65	-0.03	-0.5	-0.38	-0.37	-0.39

四、国际供应链

国际供应链是指获得原材料,将原材料制成中间物品及最终产品,并通过销售系统递送到客户手中的网络结构,实现的是供应链上的原材料、在制品、产成品在全球范围内的流动。国际供应链上各主体之间的相关活动超越了国家界限,需要通过全球的进出口贸易来建立供应链。国际供应链的产生为实现分布在全球各地的多个组织、企业之间的合作提供了有利条件。企业可利用国际供应链在全球范围内进行资源的组织和配置,从而提高自身市场竞争能力。国际供应链可以为企业带来巨大的经济价值。国际供应链与国内供应链的区别在于国际供应链涉及的范围更为广泛,链上成员分属不同的国家,成员间的合作与协调建立在跨越国际的信息传递系统之上;国际供应链上的企业产品的原材料采购、生产和销售等过程可能发生在不同的国家,产品的整个供应链跨越国界,这种组织、企业之间合作与协调的复杂程度超出了国内供应链。

第二节 国际物流基本概念

一、国际物流的含义及范畴

国际物流(International Logistics,IL),是相对于国内物流而言的,是国内物流的延伸和进一步扩展,是发生在不同国家间的物流,是组织原材料、在制品、半成品和制成品在国与国之间进行流动和转移的活动。它是跨国界的、流通范围扩大了的物的流通,有时也称为大物流或国际大流通。①

国际物流有广义与狭义之分。广义的国际物流指各种形式的物资在国与国之间的流入和流出,包括进出口商品、过境物资、转运物资、捐赠物资、加工装配所需物料、援助物资、军用物资、部件及退货等。狭义的国际物流指与另一国进出口贸易相关的物流活动。国际物流是国际贸易的一个重要组成部分,各国之间进行贸易,最终都需要通过国际物流来实现。国际贸易物流由于跨越国境,因此其职能包括为物品通过海关而发生的作业,如报关、商品检验检疫、国际货物保险等。而物流的一般职能也会因为货物在国际中流动而发生一定的变化,如包装需要适应远洋海运的需要,包装的尺寸规格需要符合国际通行标准,木质包装需要灭害处理并提供证书等。因此可以把国际物流的职能归纳为仓储、运输、包装、配送、装卸搬运、流通加工、报关、商检、国际货物保险和国际物流单证等。从国际贸易的一般业务角度来看,国际物流体现在实现国际货物贸易或交易最终目的的过程,即卖方交付货物、单证和收取货款,而买方接受货物、单证和支付货款的贸易对流条件。从本质上说,国际物流就是遵循国际分工协作的原则,根据国际法律、公约及惯例,利用国际化的物流技术、物流网络及设施,实现货物在国与国之间的流动与交换,从而促进全球资源的优化配置和区域经济发展的活动。

国际物流的总目标是为国际贸易和跨国经营服务,使国与国的物流系统相互"接轨"。也就是选择最佳的路径与方式,以最小的风险和最低的费用,保量、保质、适时地把货物从一国的供应方运到另一国的需求方,实现国际物流系统整体效益的最大化。

二、国际物流的分类与特点

物流的观念和方法随着物流国际化的发展而不断创新。从企业经营来看,跨国企业发展迅速,跨国企业乃至一般有实力的企业都在推行国际战略,在全世界寻找最理想的市场,寻找最好的生产基地,寻找最适合的贸易机会,这必然将企业的经济活动领域由一个地区、一个国家扩展到国际。于是,企业国际物流的地

---

① 高晓亮. 国际物流[M]. 北京:清华大学出版社,2009.

位变得越来越重要。为支持这种国际贸易战略，企业必须扩展物流设施，更新物流观念，根据国际物流的要求对原来的物流系统进行改造。

（一）国际物流的分类

国际物流根据不同的标准可进行如下分类。

1. 进口物流和出口物流

按照货物在不同国家之间的流动，国际物流可以分为进口物流和出口物流。一国的货物进口时所发生的国际物流活动属于进口物流；相反，当国际物流服务于一国货物的出口时就是出口物流。鉴于各国的贸易体制、经济政策、管理制度不同，反映在国际物流中的具体表现均不同，因此，各国海关对进出口物流活动的监管有较大的差异。

2. 国际商品物流、国际展品物流、国际邮政物流、国际军火物流和国际逆向物流

按照货物跨国运送的特性，国际物流可以划分为国际商品物流、国际展品物流、国际邮政物流、国际军火物流和国际逆向物流。国际商品物流指通过国际贸易实现的交易活动的商品在国家间的移动。国际展品物流指以展示、展览为目的，暂时将商品运入一国境内，待展览结束后再复运出境的物流活动。国际邮政物流指通过国际邮政运送系统办理的包裹、函件等递送活动。国际军火物流是广义物流的一个重要组成部分，指军用品作为商品和物资在不同地区或国家之间的移动。国际逆向物流是指对国际贸易中回流的商品进行改造和整修的活动，包括循环利用包装材料和容器，因为损坏和季节性库存需要重新进货、回调货物或过量库存导致的商品回流，可以减少污染，减少运输过程中的能源消耗。

（二）国际物流的特点

根据以上对国际物流的分类，由于国际物流使各国物流系统相互"接轨"，为跨国经营与对外贸易（简称"外贸"）服务，所以在环境、系统范围方面都具有自身的特点，而且还需要信息系统的支持及统一的国际标准。

1. 物流环境的差异性

国际物流的一个很重要的特点是，各国的物流环境存在差异，尤其是物流软环境的差异。不同国家的物流适用法律不同，因而国际物流的差异性远高于一国的国内物流；不同国家经济和科技发展水平的不同导致不同国家的国际物流技术

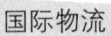

水平的差异，一些国家或地区甚至因为无法运用先进的物流技术而造成其国际物流的整体水平低下；不同国家的不同标准，也使国家间"接轨"出现困难，导致国家间的物流系统很难建立；不同国家的风俗习惯与人文环境对国际物流的发展也会产生不同程度的影响。物流环境的差异使一个国际物流系统需要在两个或两个以上不同的人文、法律、科技、习俗、语言、设施的环境下运行，这无疑极大地增加了国际物流运作的难度。

2. 物流系统面广而复杂

物流本身的功能要素、系统与外界的沟通十分复杂，国际物流又涉及广阔的地域空间、不同国家等要素，及其他各种内外复杂因素，导致所需时间更长，风险和不确定性因素也随之增大。因此，国际物流如果运用先进的技术或物流系统，其效果将很显著。例如，新欧亚大陆桥的开通，成倍提高了国际物流铁路联运速度，极大地增加了效益。

3. "游戏规则"的国际性

国际物流活动的差异性、复杂性，要求国际物流活动的参与者不能强迫其他参与者都遵守本国的相关规定。例如，中国国内水路运输对承运人实行严格的责任制，但在国际海运中则对承运人实行不完全的过失责任制。所以，在国际物流的发展中逐渐形成了一些各国普遍遵守的国际通则，国际物流中的"游戏规则"具有国际性。

4. 较大的风险性

国际物流环节多且涉及面广，所以风险也大。国际物流中可能遇到的风险包括经济风险、自然风险、政治风险和意外事故等。例如，在国际物流运输中，由于运输距离长、中途转运、时间增加、装卸频繁等原因，物品损坏、灭失的风险明显增大；由于汇率的变化、外商资信问题等原因，在国际物流运作过程中必然会面临更多的信用与金融风险。

5. 更高的标准化要求

要使国际物流更加畅通，统一的国际物流标准尤其重要。目前，美国、欧洲各国基本上实现了物流工具与设施标准的统一，如托盘采用1 000毫米×1 200毫米的规格，集装箱采用有限的几种统一规格与条形码技术等。这极大地降低了物流费用与转运的难度。接近这一标准的国家，必然可以在转运、换车底等许多方面节省大量的费用和时间，从而提高其国际竞争力。在物流信息传递技术方面，欧洲各国既实现了企业内部的标准化,又实现了企业之间及欧洲统一市场的标准化,这使得欧洲各国之间的物流业务交流比它们与亚洲国家、非洲国家等的交流更有效、更简单。

6. 更高的技术要求

在国际物流中,生产企业或货主会在很大程度上利用第三方物流经营者提供物流服务与情报、信息,这些信息交流的工作需要得到国际化信息系统的支持。国际化信息系统是国际物流重要的支持手段。国际信息系统的建立有两个主要难题:一是管理困难;二是投资巨大。而且世界各国(地区)物流信息化发展水平参差不齐,导致国际信息系统的建立更加困难。国际航空运输、国际海上运输及国际多式联运等是国际物流运输主要采用的运输方式。国际物流运输线路长,运输途中物品保管、存放条件要求高,运输环境较为复杂,这就要求国际物流必须使用专业化和大型化的运输工具和运输设备来提高国际物流运输的效率,节约成本。

三、国际物流的系统构成

国际物流运作是指由不同的参与方,在不同的物流节点,使用不同物流设施设备,完成国际物流任务,其简要的运作流程如图 1-1 所示。为顺利完成运作流程,国际物流需要完成采购、包装、仓储、流通加工、出入境检验检疫、装卸搬运、运输、整理再包装、国际配送、信息等功能,这些功能构成了国际物流系统,如图 1-2 所示。其中,运输和仓储是物流系统的主要组成部分。国际物流通过商品的运输和仓储,实现其自身的时间和空间效益,满足国际贸易活动和跨国公司经营的要求。①

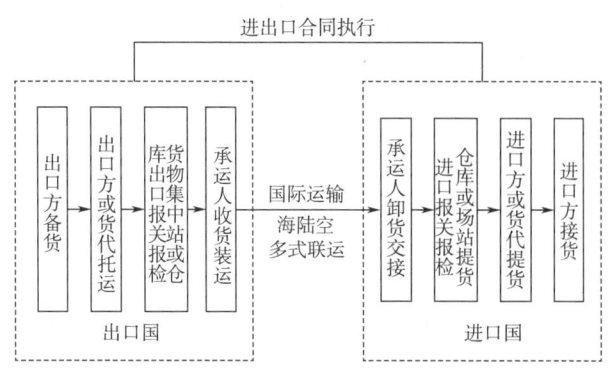

图 1-1 国际物流运作流程

① 高晓亮. 国际物流 [M]. 北京:清华大学出版社,2009.

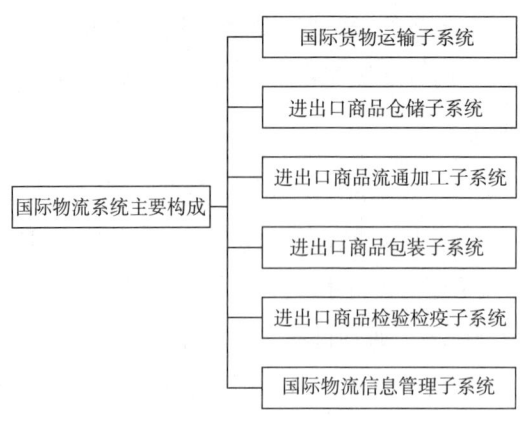

图1-2　国际物流系统主要构成

（一）国际货物运输子系统

国际货物运输的作用是将商品的使用价值进行空间转移，是国际物流运作的核心。物流系统依靠克服商品生产地和需要地之间的距离，创造商品的空间效益。国际货物运输主要包括运输方式的选择、运输单据的处理以及运输保险等相关方面的内容。国际货物运输具有线路长、环节多、涉及面广、手续繁复、风险大、时间性强、内外运两段性和联合运输等特点。内外运两段性是指国际货物运输包括外贸运输的国内运输段（包括进口国、出口国）和国际运输段。

被交易的商品通过国际货物运输作业由卖方转移给买方。在非贸易物流过程中，运输作业将物品由发货人转移到收货人。

1. 国内运输段

国内运输段是指出口商品由生产地或供货地运送到出运港（车站、机场），是国际物流中不可缺少的重要环节。离开了国内运输，出口货源就无法从产地或供货地集运到港口、车站和机场，也就不会有国际运输段。出口货物的国内运输涉及面广、环节多，要求各方面协同努力，组织好运输工作。摸清货源、产品包装、加工、短途集运、船期安排和铁路运输配车等各个环节的情况，做到心中有数，力求搞好车、船、货、港的有机衔接，确保出口货物运输的顺利完成，减少压港、压站等物流不畅而造成增加运输成本的被动局面。国内运输段的主要工作有发运前的准备工作、请车发运、装车和装车后的善后工作。

2. 国际运输段

国际运输段是国内运输段的延伸和扩展，同时又是衔接出口国运输和进口国运输的桥梁与纽带，是国际物流畅通的重要环节。出口货物被集运到港（车站、机场），办完出关手续后直接装船/机/车发运，便开始国际段运输。有的货物则需暂进港口仓库储存一段时间，等待船泊到达后再出仓装船外运。国际段运输可以由出口国装运港直接到进口国目的港卸货，也可以中转经过国际转运点，再运给用户。

（二）进出口商品仓储子系统

国际货物运输克服了商品使用价值在空间上的距离，创造了物流的空间效益，使商品的实体位置由卖方转移到买方，而储存保管是减少商品使用价值在时间上的差异，完成货物的集和散的过程。国际物流仓储不仅包括对外贸商品的储存保管，而且还包括出口加工、拣选、整理、包装、备货、组装、配送和发运等一系列工作。国际货物的仓储点主要有车站港口、货运站、保税区，以及国际物流园区。

国际贸易和跨国经营中的商品从生产厂家或供应地被集中运送到装运港，或运到货运站集货装箱，再装运出口，是一个集和散的过程。例如，外贸商品从生产厂家或供应地被集中运送到装运港以备出口，有时需要临时存放一段时间，再从装运港装运出口；为了保持不间断的商品往来，满足销售出口需要，必须有一定量的周转储存，有些出口商品需要在流通领域内进行贸易前的整理、组装、再加工、再包装或换装，形成一定的贸易前的准备储存，有时由于一些货物临时到货或通知不到货主，货主不能及时运走，需要将货物临时存放在保税仓库。有时甚至会出现对货物不知最后做何处理的情况，这时买主（或卖主）将货物在保税仓库暂存一段时间。若货物最终复出口，则无须缴纳关税或其他税费；若货物内销，则可将纳税时间推迟到实际内销时为止。因此，国际货物的库存量往往会高于内贸企业的货物库存量。这种国际物流被堵塞、物流不畅的情况，将给贸易双方或港方、运输方等带来损失。

（三）进出口商品流通加工子系统

流通加工是随着科技进步不断发展的，为了更好地接近国际市场，制造企业可以在流通过程中根据市场情况的变化或销售情况在配送中心对货物进行加工、重新包装等。流通加工是为了促进销售、提高物流效率和物资利用率以及维护产品的质量而采取的措施，能使物资或商品发生一定的物理或化学以及形状变化的加工过程，并保证进出口商品质量达到一定的要求。出口商品的加工，其重要作用是使商品更好地满足消费者的需求，不断地扩大出口；同时，也能充分利用本国劳动力和部分加工能力，扩大就业市场。流通加工具体有两种：一是出口贸易商品服务，如袋装、定量小包装、贴标签、配装、拣选、混装、刷标记等；二是生产性外延加工，如剪断、平整、套裁、打孔、折弯、拉拔、组装、改装及服装的检验、熨烫等。这种出口加工或流通加工，不仅能最大限度地满足客户的多元化需求，同时由于比较集中的加工，还能比没有加工的原材料出口赚取更多的利润和外汇，增加附加价值。

（四）进出口商品包装子系统

国际物流的包装主要是为了在流通过程中保护物品，提高装卸搬运效率。包装是按一定技术方法采用容器、材料及辅助物等将物品包封并予以适当装运标志的工作的总称。包装往往处于生产过程的终点及物流过程的起点，是物流中不可缺少的环节。由于国际物流运输过程时间长、运量大，运输过程中货物堆积存放、多次装卸，货物损伤的可能性大，因此国际物流活动中的包装方式非常重要，集装箱的出现为国际物流活动提供了安全便利的包装方式。包装的目的是在商品流通过程中保护产品，方便储运，促进销售。在考虑出口商品包装设计和具体作业过程时，应将包装与储存、搬运和运输有机联系起来，统筹考虑，全面规划，实现现代国际物流系统所要求的"包、储、运一体化"，即从商品一开始包装，就要考虑商品包装的标准化和易操作性、储存中的易堆叠性，以加速物流，方便储运，降低物流成本。现在我国出口商品包装存在的问题主要是：包装产品加工技术水平低；外贸企业经营者对出口商品包装缺乏现代意识，表现在缺乏现代包装观念、市场观念、竞争观念和包装的信息观念，仍存在着"重商品，轻包装""重商品出口，轻包装改进"等思想。

（五）进出口商品检验检疫子系统

进出口商品检验检疫，是指货主或其代理人在规定的时限和地点向检验检疫机构报检，检验检疫机构依法对进出口商品实施法定检验检疫，检验的内容包括商品的质量、规格、重量、数量、包装及安全卫生等项目；经检验合格并签发证书后，方准进出口。在国际贸易中，从事商品检验的机构很多，包括卖方或制造厂商和买方或使用方的检验单位、国家设立的商品检验机构以及民间设立的公证机构和行业协会附设的检验机构。在我国，统一管理和监督商品检验工作的是国家进出口商品检验局及其分支机构。究竟由哪个机构实施和提供检验证明，在买卖条款中，必须明确加以规定。国际货物出入境必须申请报关。报关是指出口商（或其代理人）、进口商（或其代理人）向海关申报出口或进口，接受海关的监督与检查，履行海关规定的手续，经海关同意，货物得到放行的过程。报关手续通常包括申报、查验、征税和放行四个基本环节。

（六）国际物流信息管理子系统

国际物流信息管理子系统的主要功能是采集、处理和传递国际物流和商流的信息情报。国际物流信息的主要内容包括进出口单证的作业过程、支付方式信息、客户资料信息、市场行情信息和供求信息等。国际物流信息管理子系统的特点是：信息量大，交换频繁；传递量大，时间性强；环节多，点多，线长。因此，要建立技术先进的国际物流信息管理子系统，EDI的发展是一个重要趋势。国际物流系统的不同阶段和不同层次通过信息流紧密地联系在一起，因而在国际物流系统中，总存在着对物流信息进行采集、存储、传播、处理、显示和分析的国际物流信息管理子系统。国际物流信息管理子系统的基本功能可以归纳为以下几个方面。

1. 数据的收集和录入

国际物流信息管理子系统首先要做的是用某种方式记录国际物流系统内外的有关数据，集中起来并转化为国际物流信息管理子系统能够接受的方式输入到系统中。

2. 信息的存储

数据进入系统之后，经过整理和加工，成为支持国际物流系统运行的物流信息，这些信息需要暂时存储或永久保存，以供应用。

3. 信息的传播

物流信息来自国际物流系统内外的有关单元，又为不同的物流职能所利用，因而克服空间障碍的信息传播是国际物流信息管理子系统的基本功能之一。

4. 信息的处理

国际物流信息管理子系统的基本目标，就是将输入的数据转化、加工、处理成物流信息。国际物流信息的处理可以是简单的查询、排序，也可以是模型求解的预测。信息处理能力的强弱是衡量国际物流信息管理子系统能力的一个重要方面。

5. 信息的输出

国际物流信息管理子系统的目的是为各级物流人员提供相关物流信息，为了便于人们理解物流信息,系统输出的形式应力求易读易懂、直接醒目,这是评价国际物流信息管理子系统的主要标准之一。

四、国际物流主要业务活动

在国际物流活动中,必须按照国际商务交易活动的要求开展国际物流活动,来实现物流合理化。不仅要降低物流费用,而且要考虑提高顾客服务水平,提高销售竞争能力并扩大销售效益,即不仅要提高局部效益,而且要提高国际物流系统的整体效益。国际物流活动由四部分组成:商品的全球采购,如商品进口和出口;与国际物流相关的国内物流,如国内运输、仓储、货运保险、包装、出口报关、检验检疫;口岸物流,如海关仓库、集装箱场站作业、集装箱货物装卸、组配加工等;国际运输货运保险,转运货物,过境货物的报关等。[①]

(一) 商品出口贸易程序

1. 商品进出口业务准备阶段

出口贸易准备是指出口交易洽商之前所进行的国际市场调研,以及在此基础上对所经营出口商品制订经营方案、洽商方案和组织谈判班子等系列工作的总称,是出口交易的前期工作。对这个阶段进行细分,大致有 3 项具体工作(如图 1-3 所示)。

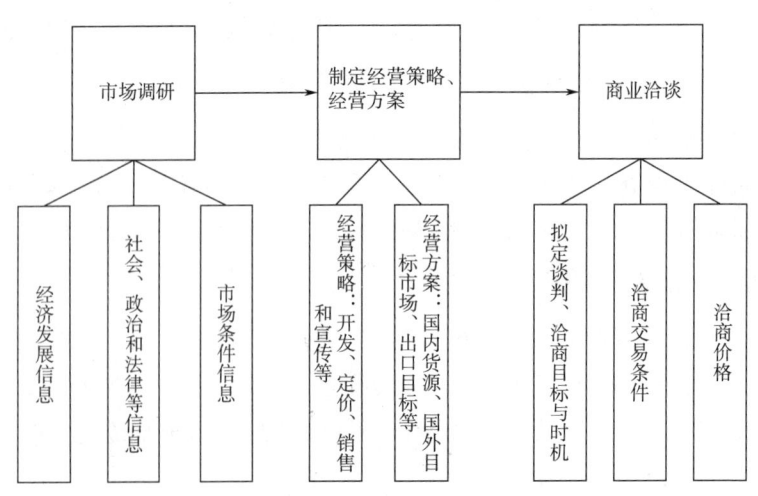

图 1-3　商品进出口准备阶段流程

---

① 代湘荣. 国际物流 [M]. 北京:清华大学出版社,2008.

（1）进行国际市场调研。在对外洽商出口交易之前，首先应当有计划、有目的、有步骤地收集、整理、分析与研究国际市场环境及其信息，以便从中寻找出口商品进入国际目标市场的机会，也就是进行国际市场调研。具体而言，国际市场调研包括以下几方面的内容。

第一，调查目标市场经济发展信息。目标市场经济发展信息主要有相关进口国家（或地区）的国民生产总值、国民收入、税率、外国投资情况、资源、进出口贸易、贸易信用与保险等。这可以对相关国家或地区市场的经济发展、贸易前景等有一个基本的掌握。

第二，调查目标市场的社会和政治信息及法律环境。社会和政治环境主要涉及调查进口国（地区）的政治情况对市场的影响。政治制度及友好情况、政党情况、外交政策、该国对外来投资和外国商品的友好情况及与其他国家有无政治联盟等都会对目标市场产生深远影响。法律环境是指通过调查了解进口国或地区的各种立法、司法及其程序，以法律为准绳来妥善处理出口贸易中会遇到的各种争议和索赔的法律问题，维护出口方的正当权益。

第三，了解目标市场条件信息。主要调查有关商品在国际市场上生产与消费的供求情况，摸清有利的市场位置，调查市场容量、市场价格、消费者对商品各种特征的偏好等。

国际市场调研资料的来源由多渠道构成，包括联合国各经济组织搜集和发布的各种经济信息，以及各种国际性的商业组织或各国商业团体的有关资料，如国外代理商的日常营业报告等。可以通过驻外机构如大使馆、领事馆的商务机构及各国银行在国外的分支机构、部门驻外机构等收集资料，也可以委托国外市场调查机构、咨询公司来获取有关国际市场的专项资料。需要注意的是，应对资料去粗取精、去伪存真，力求从中得出较为准确的判断。

（2）选择和制定经营策略及方案。在选定目标市场的基础上，要选择好出口贸易的经营策略，制订出口商品的经营方案。有时在一个出口经营方案中，可以有几套计划安排，力争使方案达到最佳的经济效果，这是出口交易的关键。国际市场调研为出口商品进入国际市场提供了客观依据。出口商品的经营策略包括产品的功能、外观、包装等策略，以及新产品开发策略、定价策略、销售渠道策略和广告宣传策略等。要对所经营的出口商品制订经营方案，对该出口商品在一定时期内做出全面的业务安排。经营方案的内容一般包括国内货源情况、国外目标市场情况、过去情况、出口目标计划安排和实现措施等。

（3）拟定洽商方案，组织谈判班子。拟定洽商方案时要侧重于以下3个方面的内容。

第一，拟定谈判、洽商要达到的最高目标和最低目标及所采取的相应措施，选择好谈判、洽商的最佳时机。

第二，从政策、法律、经济效益等方面认真进行衡量和比较需要洽商的主要交易条件，并预先研究哪些应坚持、哪些可争取、哪些可放宽，切实做到有备而来。

第三，洽商价格。这是交易洽商的中心问题和矛盾焦点，也是影响出口贸易经济效益的关键因素。在方案制订中，要依据国际市场调研、预测结果，结合自身的出口意图确定最高价和最低价的幅度。

洽商中，口头谈判人员和函电洽商人员必须熟悉外贸的方针政策及政府颁布的涉外法律法规，熟悉各种有关业务知识和国际贸易惯例、法律，能较熟练地使用外语与对方谈判、起草和阅读往来洽商函电等。由于外贸洽商是一项政策性、策略性、技术性都很强的工作，所以选好谈判人员、组织好谈判班子也是很重要的工作。

2. 交易磋商及签订合同阶段

交易磋商是指买卖双方就某项商品的交易条件进行协商以取得一致意见并达成交易的全过程。磋商的交易条件包括商品的品质、规格、数量、包装、价格、装运、保险、支付、商检、异议索赔、仲裁、不可抗力等内容（如图1-4所示）。

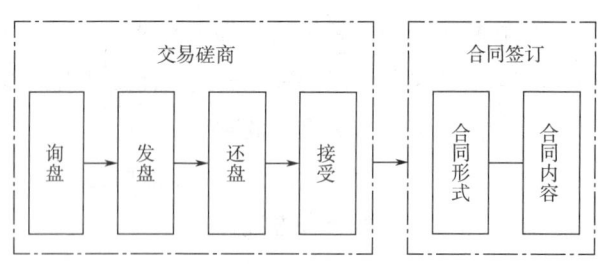

图1-4 交易磋商、合同签订

磋商的形式可分为口头和书面两种。口头磋商主要是当面交谈，也可以是双方通过长途电话进行磋商。书面磋商是指通过信件、电传等方式来磋商，或者两种方式交叉使用。在客户就交易的内容进行磋商时，不仅应明确双方基本的合同义务，还应考虑到履行合同时可能会发生的纠纷与问题，并把预防和处理的办法提出来，在合同中加以规定，以防患于未然。合同一定要符合法律和国际贸易惯例的规定和要求，这是交易磋商的基本原则。

（1）交易磋商的基本环节。在出口业务中，交易磋商的整个过程一般要经过询盘、发盘、还盘和接受4个基本环节。

第一，询盘（inquiry）。询盘通常是指买方或卖方为了购买或销售某种商品，向对方发出有关交易条件的询问及要求对方发盘的行为。询盘的内容，除价格、品名外，有时还包括规格、数量和交货期等。在出口交易中，由进口方主动发出询盘的较多，询盘只是询问情况，表示愿望，从法律上讲，买方并不一定要承担购买的义务，卖方也不一定要负出售的责任。例如，"可供中国东北大豆6万千克，请递价""请报杭州丝绸33×49，1 000千克5/6月装运，FOB大连"。

第二，发盘（offer）。发盘又称发价、报盘、报价，方式有书面和口头两种。发盘主要是指交易的一方为出售或购买某项商品，向交易的另一方提出的买卖该项商品的交易条件，并愿意按所提条件与对方达成交易、订立合同的表示。其中，书面发盘包括使用信件、电报、电传和传真等。发盘的当事人也称为发盘人和受盘人。发盘大多由卖方发出，习惯上称之为卖方售货发盘；也可由买方发出，习惯上称为买方出盘或递盘。发盘一经对方在有效期内表示接受，发盘人将受约束，并承担相应的法律责任。

第三，还盘（counter offer）。还盘是指交易一方（受盘人）接到发盘后，对发盘内容不完全同意而提出修改，又称还价。其内容不一定是不同意价格，也可以是就支付方式、装运期等其他交易条件提出不同意见。在交易磋商中，还盘既是受盘人对发盘的拒绝，也是受盘人以发盘人的地位所提出的新发盘。因此，发盘经对方还盘后即失去效力，除非得到原发盘人同意，受盘人不得在还盘后反悔，再接受原发盘。还盘并不是每笔交易磋商的必需步骤。

第四，接受（acceptance）。接受是指受盘人接到对方的发盘或还盘后，同意对方提出的条件，愿意与对方达成交易，并且及时以声明或行为表示出来。发盘和接受是达成交易的两个必不可少的环节，一方的发盘经另一方接受，交易即告成立，合同亦即成立，双方就应分别履行各自所承担的合同义务。接受在法律上称为"承诺"。

（2）书面合同的签订。在交易磋商过程中，一方发盘经另一方接受后，交易即告成立，交易双方就构成了合同关系。但依据国际惯例，买卖双方还需要签订一定格式的书面合同或成交确认书，以进一步明确双方的权利和义务。书面合同非常重要,是合同成立的证据,也是合同生效的条件,同时还是履行的依据。只有双方正式签订的合同才能在世界各国取得一致的法律认可。

第一,书面合同的形式。我国目前采用的书面合同主要是销售合同和销售确认书两种。在法律上,销售合同和销售确认书具有同等的效力。销售合同使用的是第三人称语气,内容比较全面、详细,包括基本交易条件、异议索赔、仲裁、不可抗力等条款,有利于双方明确责任、避免争议,适合于大宗商品或成交金额较大的交易。销售确认书是合同的简化形式,使用第一人称语气,一般不列入异议索赔、仲裁、不可抗力等条款,适用于成交金额较小的交易。

第二,书面合同的内容。常见的书面合同通常包括三个主要部分。第一部分包括合同名称、编号、缔约日期、缔约地点、缔约双方的名称和地址等,称为约首。第二部分是合同的主体,规定双方的权利和义务。除了商品的名称外,还订立诸如品质、规格、数量、包装、唛头、价格、交货、支付、保险、检验、索赔、仲裁、不可抗力等条款,是整个合同最重要的部分,在实践中需要充分地注意这些直接关系到合同双方利益的条款。第三部分是约尾,包括合同的份数、使用文字和效力的说明,以及双方的签字等。这部分是合同能够正常履行的关键。

合同条款内容应符合政策,做到内容完备、条款明确、前后一致,并与交易磋商的内容相一致。有效的合同对双方都有约束力。销售合同或确认书一般由一方根据双方同意的条件制成一式两份的正式合同或成交确认书,双方各自在上面签字,各自保留一份。

3. 出口合同的履行阶段

合同履行是指合同当事人按照合同规定履行各自义务的行为。在进行对外贸易时,要坚持重合同、守信用等基本准则。以 CIF(到岸价格)或 CFR(成本加运费)条件成交,用信用证方式支付的出口合同的履行包括备货,报检,催证、审证、改证,租船订舱,报关,投保,制单结汇等环节(如图 1-5 所示)。

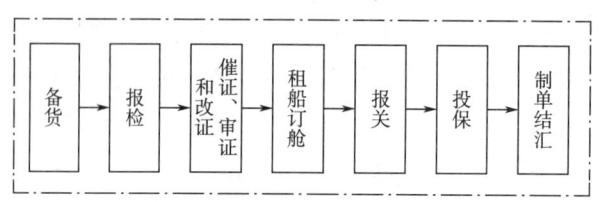

图 1-5　合同履行

（1）备货。按合同规定交付货物是卖方最基本的义务。做好备货工作，就是根据出口合同的规定，按时、按质、按量准备好应交货物。按照合同规定，交付货物、移交一切与货物有关的单据和转移货物所有权是卖方的三项基本义务。具体要注意：①按时是指备货时间必须严格按合同和信用证规定的交货时间和期限要求，结合船期进行安排，以利船货衔接，防止交货脱期；②按质是指所交货物的品质、规格与出口合同和信用证的规定一致；③按量是指货物的数量必须符合出口合同的规定，如有可能，数量应适当留有余地，以备装运时可能发生调换。

（2）报检。在货物备齐后，凡属法定检验的出口商品及合同或信用证中规定必须由商检局出具检验证书的商品，在货物备齐后应向商检局申请检验。报检时，应填写"出口报检申请单"，并连同合同和信用证副本等相关凭证送交检验机构办理检验。只有取得商检局发给的合格证书，海关才准放行。货物检验合格，出口方应在检验书规定的有效期内将货物运出。

（3）催证、审证和改证。

第一，催证。国际物流中信用证是最常用的结算方式。催证就是指出口方利用电传、电子邮件等通信方式催促进口方办理开立信用证手续。既然在出口合同中买卖双方约定采用信用证方式，买方就应严格按照合同规定按时开立信用证，这是买方必须履行的义务，也是卖方履行合同的前提。在实际业务中，买方由于资金短缺或市场发生变化等原因，故意拖延开证或付款的情况时有发生。因此，应在对方接近或已超过合同规定期限仍未开立信用证时，催促对方及时办理开证手续。需要提前交货时，也可洽请对方提前开证。

第二，审证。信用证的开立以合同为依据，信用证的内容应该与合同条款一致。但在国际业务中，由于国外客户或开证银行的疏忽、差错，或由于某些国家对开立信用证的特殊规定，或由于客户对我国政策不了解，或有个别商人为谋取不正当利益，在申请开证时故意设置陷阱等原因，往往会出现信用证内容与合同规定不相符的情况。因此，为确保及时交货和安全收汇，避免不必要的损失，必须认真对来证进行审核。信用证的审核由银行和外贸企业共同承担。银行着重审核有关开证银行方面的条款和问题，企业侧重审核信用证的内容与合同是否相符。

第三，改证。对信用证进行了认真审查后，对证中不能接受或不能执行或不能按期执行的条款，应及时要求国外客户通过开证行进行修改或延展。"修改通知"由开证行通知通知行,再由通知行转交出口企业(受益人),而不能由开证行直接通知进口人及受益人。在同一信用证上,如有多处需要修改,原则上应一次提出,避免多次提出修改要求。修改信用证条款涉及有关当事人权利和义务的改变,所以对不可撤销信用证的修改,必须得到有关当事人的同意方能办理。在出口方出口业务中,对来证有关条款的修改,首先由出口方向进口人(开证人)提出,征得对方同意后,由对方通过开证行办理修改手续。

(4)租船订舱。在以 CIF、CFR 价格术语达成的合同条件中,出口方办理租船手续时,应先填写托运单,列明出口货物的名称、数量、毛重、尺码、目的港、最后装运期等内容,在收单截止期前交外运公司作为订舱的依据。外运公司收到托运单后,会同有关的代理公司安排船只和舱位,并签发装货单,作为通知船方收货装运的凭证,轮船到达后由出口企业将货物从仓库提出,送至码头,以备海关查验。

(5)报关。报关是指货物装运出口前,向海关办理申报手续。海关对货物和有关单证查验无误后,在装货单上盖章放行。根据我国海关规定,凡是进出国境的货物,必须申报并缴验出口许可证、出口货物报关单等必要证件和单据。属法定检验的商品,还要提供商品检验机构签发的检验证书。

(6)投保。在货物装船前,凡按 CIF、CIP 条件成交的出口货物,须按合同和信用证规定的保险条款,逐笔向保险公司办理投保手续,取得约定的保险单据。

(7)制单结汇。出口货物发运后,出口方应立即按照信用证的要求,正确无误地编制各种单据,且在信用证规定的交单有效期内将单据送交银行议付和结汇。各种单据必须正确、及时、完备、简明、整洁,并做到单证一致、单单一致。因为在信用证支付方式下,国外银行只有在审核单据与信用证完全符合之后,才承担付款的责任,并不过问货物如何,即使所交货物本身同信用证及合同的要求相符,如果单据与信用证规定不一致,银行仍可拒绝付款。我国出口议付结汇一般的做法是:由银行接受出口人交来的信用证项下出口单据,经审查无误后寄往国外开证行或指定付款银行索取货款;待收到货款后,按当日外汇牌价折算成人民币计入账户,并通知出口人。通常要提供的主要单据有:汇票、发票(包括商业发票、厂商发票、海关发票和领事发票)、提单、保险单、装箱单、重量单、检验证书、产地证明书、普惠制产地证等。

(二) 商品进口贸易程序

1. 进口准备工作

进口准备工作如图1-6所示。

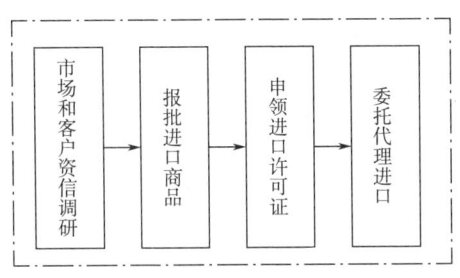

图1-6 进口准备工作流程

（1）市场和客户资信调研。在进口贸易前，必须对采购商品的市场进行调研和比较研究，弄清供应商和生产者的供应状况及产品的价格趋势，尽量选择向产品对路、货源充足、价格较低的地区采购。在选择供货具体对象时，要充分了解对方的资信、作风、经营能力和以往履行合同的情况等，务必使订购的商品在品质、规格用途等方面切实符合国内的实际需要，并尽可能直接向生产商订购，以减少中间环节，节约外汇支出。在选好市场和供货对象的基础上，再制订进口商品的经营方案。

（2）报批进口商品。根据我国现行外贸管理体制的规定，进口货物一般须经相关的主管部门审批。为此，进口企业要先向有关主管部门提出申请，在获准并落实相应的用汇后，方可进口并办理进口业务。

（3）申领进口许可证。我国对部分商品实行进口许可证管理。对国家规定必须申请领取进口许可证的商品，用货单位必须在办妥进口商品审批手续后申请领取进口许可证。此后，需填写进口订货卡片与许可证，一并交外贸公司委托代理进口。

（4）委托代理进口。对需要进口但没有进口经营权或进口商品超出其经营范围的企业，必须委托有经营权的外贸企业代理进口。在委托代理进口时，必须提交经批准进口的各种文件、使用外汇的有效证明及进口许可证，并与外贸企业签订委托代理进口合同。

2. 进口合同的履行

进口合同依法成立后，对买卖双方都有法律约束力，双方都应信守合同，履行合同规定的义务。我国进口多采用海运方式，用信用证支付。在履行进口合同时，我方应尽的义务和相应完成的工作如图 1-7 所示。

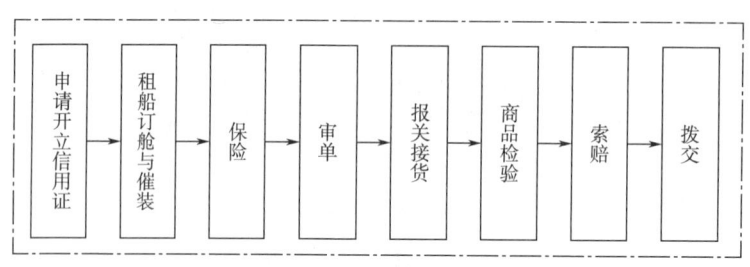

图 1-7　进口合同履行

（1）申请开立信用证。进口合同签订后，进口人应按合同填写开立信用证申请书，向银行办理开证手续。开证申请书中商品的名称、规格、数量、包装、价格、交货期限、装运条件、付款期限等内容均以合同为依据，详细列明。对出口商品应提交的单据种类、文字内容及出具单据的机构等做出相应的规定。应按合同规定办理信用证的种类和开证时间，如合同规定在卖方确定交货期后开或规定在卖方领到出口许可证或支付履行保险金后开证，则应在接到卖方交货期通知后开证，或收到对方已领到许可证的通知后开证，或收到保证金后开证。信用证开出后，开证人应认真核对，如发现内容与开证申请书不符，应立即通知开证银行更正。如对方收到信用证后要求对某些条款进行修改，则应区别对待。若同意，应由买方及时通知开证行办理修改手续；若不同意，则应通知出口商，并敦促其按原证条款履行。

（2）租船订舱与催装。在 FOB（离岸价格）条件下，一般由进口人负责租船订舱工作。买方委托外贸运输公司办理，也可直接向中国远洋运输公司或其他外贸运输机构办理。租船订舱时间应按合同规定，即在我方接到卖方按合同规定有关交货前的一定时期内预计装运日期的通知后，及时办理租船订舱手续。在办妥租船订舱手续后，我方还应随时了解和掌握对方备货和装船前的准备工作情况，必要时需电催对方按时装运。此外，还应按规定的期限通知对方船名及船期，以便对方备货装船。

（3）保险。我国大部分外贸企业和中国人民保险公司签订了海运、空运和邮运货物预约保险合同，凡有预保合同的进口企业只要按规定根据卖方发来的装运通知，及时编制进口货物装船通知，提交保险公司，就算办理了投保。海运货物一经装船，保险就开始生效，直到卸货港转运单据载明的国内目的地收货人仓库时终止。在没有预保合同的情况下，对进口货物需逐笔投保。

（4）审单。卖方将货物装运之后，将全套的票据经过国外银行交给我方开证银行收取货款。我方开证银行在收到国外寄来的汇票和单据后，根据"单证一致"和"单单一致"的原则，对照信用证的条款，审查和核对单据的种类、份数、内容，如相符，交申请开证的进口公司复核，无异议后银行即可对汇票付汇或承兑。

（5）报关接货。进口企业买汇赎单后，就着手准备接货。货物到达卸货口岸后，进口公司或委托代理公司根据进口单据填写进口货物报关单，连同发票、提单、保险单、装运单、商检证书，向海关查验货证无误后放行。港务部门卸货时，如发现短装，要填制短装报告交船方验证，同时要复制短装报告交船方鉴定。如发现货物残损，应会同保险公司、商检局进行检验，明确残损程度和原因，并由商检局出证，以向责任方索赔。

（6）商品检验。我国规定，一切进口商品都必须在合同规定的有效期限内进行检验。只有检验合格方可安装投产、销售和使用。如自行检验发现问题，应迅速向商检机构申请复检出证，以此作为对外索赔的依据和凭证。以下情况必须在卸货港口向商检局报验：法定检验的进口商品、合同中规定的索赔期限较短的商品、合同规定货到检验后付款的货物、合同中指明在卸货港检验的货物、货物卸离海轮时已经发现残损或异状或提不到货的货物。

（7）索赔。进口商品要注意索赔期限、索赔通知、索赔证据、索赔金额等问题。如果装运过程中货物的品质、数量、包装受损，应及时向有关责任方索赔。由于承运人的过失造成货物残损、遗失，向承运人索赔；若承运人不愿赔偿或赔偿金额不足抵补损失，如属于保险公司承保范围内，则应向保险公司索赔；属于自然灾害、意外事故等使货物受损，且在承保范围内，应向保险公司索赔。由于卖方违约造成损失，向卖方索赔。

（8）拨交。如果用货单位在卸货港口，由外运公司就地办理拨交，并由外贸公司向用货单位进行结算；如用货单位在内地，则可委托外运机构代为转运目的地。

(三）进出口商品检验检疫

我国进出口商品的检验检疫程序主要包括以下 4 个环节，即报检、抽样、检验、签发证书（如图 1-8 所示）。

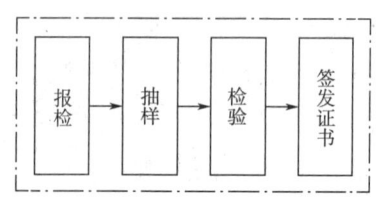

图 1-8　进出口检验检疫流程

1. 报检

报检可分为法定检验报检和鉴定业务申请报检两类。法定检验报检是指对外贸易关系人按照法律、行政法规的规定申请检验检疫机构对进出口商品进行检验的行为。鉴定业务申请报检是根据对外贸易的需要，申请检验检疫机构对进出口商品进行检验的行为。

（1）报检范围。具体分为以下两类。

第一，法定检验报检。根据我国现行法律、行政法规或国际公约、协议的规定，对部分进出口商品及其运输工具必须申请检验检疫机构的检验。未经检验合格，不能出口或不能在国内销售、使用。进口商品法定检验报检的范围是：列入《中华人民共和国进出口商品检验法实施条例》（2019）（以下简称《条例》）的进口商品；根据国家规定对外商投资财产的价值鉴定；有关国际公约、协议规定须经检验检疫机构检验的进口商品；其他法律、行政法规规定须经检验检疫机构检验的进口商品。出口商品及其运载工具法定检验报检的范围是：列入《条例》出口的商品；出口食品的卫生检验；贸易性出口动物产品的检疫；出口危险货物和《条例》内商品包装容器的性能检验和使用鉴定；装运出口易腐烂变质食品、冷冻品的船舱和集装箱；有关国际公约、协议规定须经检验检疫机构检验的出口商品；其他法律、行政法规规定须经检验检疫机构检验的出口商品。

第二，鉴定业务申请报检。这是根据《中华人民共和国进出口商品检验法》（2021 年修订）及有关规定，并根据有关合同的约定或自身的需要，对外经济贸易关系人或者外国检验机构可以申请委托检验检疫机构办理进出口商品鉴定业务，签发鉴定书。检验检疫机构受理鉴定业务的范围主要有：进出口商品的质量、数量、重量、包装鉴定和货载衡量；进出口商品的监视装载和监视卸载；进出口商品的积载鉴定、残损鉴定、载损鉴定和海损鉴定；装载出口商品的船舶、车辆、飞机、集装箱等运载工具的适载鉴定；装载进出口商品的船舶封舱、舱口检验、空距测量；集装箱及集装箱货物鉴定；与进出口商品有关的外商投资财产的价值、品种、重量、数量和损失鉴定；抽取并签封种类样品；签发价值证书及其他鉴定证书；其他进出口商品鉴定业务。

（2）入境报检。入境报检时，应填写入境货物报检单并提供合同、发票、提单等有关单证。此外，还应提供下列有关文件。

①实施安全质量许可、卫生注册或其他须审批审核的货物，应提供有关证明。

②品质检验应提供国外品质证书或质量保证书、产品使用说明书及有关标准和技术资料；凭样成交，须加附成交样品；以品级或公量计价结算应同时申请重量鉴定。

③报检入境废物时，应提供国家环保部门签发的进口货物批准证书、经认可的检验机构签发的装运前检验合格证书等。

④申请残损鉴定的应提供理货残损单、铁路商务记录、空运事故记录或海事报告等证明货损情况的有关单证。

⑤申请重（数）量鉴定的应提供重（数）量明细单、理货清单等。

⑥货物经收、用货部门验收或其他单位检测，应随附验收报告或检测结果及重量明细单等。

⑦入境动植物及其产品，在提供贸易合同、发票、产地证书的同时，还必须提供输出国家或地区官方的检疫证书；须办理入境检疫审批手续的还应提供入境动植物检疫许可证。

⑧过境动植物及其产品报检时，应持货运单和输出国家或地区官方出具的检疫证书；运输动植物过境时，还应提交国家检验检疫局签发的动植物过境许可证。

⑨报检入境运输工具、集装箱时，应提供检疫证明，并申报有关人员的健康状况。

⑩因科研等特殊需要，输入禁止入境的物品时，必须提供国家检验检疫局签发的特许审批证明。

⑪入境特殊物品的，应提供有关的批件或规定的文件。

（3）出境报检。出境检验时，应填写出境货物报检单并提供对外贸易合同（售货确认书或函电）、信用证、发票、装箱单等必要的单证。此外，还应按要求提供下列有关文件。

①凡实施质量许可、卫生注册或须经营审批的货物，应提供有关证明。

②出境货物须经生产者或经营者检验合格并加附检验合格证或检测报告；申请重量鉴定，应加附重量明细单或磅码单。

③凭样成交的货物，应提供经买卖双方确认的样品。

④出境人员应向检疫机构申请办理国际旅行健康证明书及国际预防接种证书。

⑤报检出境运输工具、集装箱时，应提供检疫证明，并申报有关人员的健康状况。

⑥生产出境危险货物包装容器的企业，必须向检验检疫机构申请危险货物包装容器的使用鉴定。

⑦报检出境危险货物时，必须提供危险货物包装容器性能鉴定结果单和使用鉴定结果单。

⑧申请原产地证明书和普惠制原产地证明书时，应提供商业发票等资料。

⑨出境特殊物品的，根据法律法规应提供有关的审批文件。

（4）报检时限和地点。

对入境货物，应在入境前或入境时向入境口岸、指定的或到达站的检验检疫机构办理报检手续；入境的运输工具及人员应在入境前或入境时申报。入境货物需对外索赔出证的，应在索赔有效期前不少于20天内向到货口岸或货物到达地的检验检疫机构报检。输入微生物、人体组织、生物制品、血液及其制品或种畜、禽及其精液、胚胎、受精卵，应当在入境前30天报检。输入其他动物的，应当在入境前15天报检。

对出境货物，最迟应于报关或出境装运前10天向检验检疫机构申请报检；出境动物应在出境前60天预报，隔离前7天报检；出境的运输工具应在出境前向口岸检验检疫机构报检或申报。出境货物应在其所在地检验检疫机构办理报检。对由内地运往口岸分批、并批的货物，应在产地办理预检，合格后方可运往口岸办理出境货物的查验换证手续。对由内地运往口岸后，由于改变国别或地区有不同检疫要求、超过检验检疫有效期、批次混乱货证不符、经口岸查验不合格的，须在口岸重新报检。

2. 抽样

抽样是抽取样品并组成样本的过程，即依照规定的抽样方案，从全部产品中随机抽取一部分样品（样本），按照合同或有关标准要求进行全数检验，并以对样本的检验结果去推断全部货物商品的质量、数量等总体的情况。

检验检疫抽样人员接到检验申请单后，首先要根据商品的类型、质量特征、堆放条件及合同等有关资料对抽样检验的要求，确定抽样方法和计算出样本量。其次，按照抽样商品的特性准备好抽样工具和盛样品的容器及其他人身保护器具、计算工具等。实施抽样时，要查看商品标记和号码是否与有关单证所列一致，防止批次混乱。对散装商品要核对数量，对包装商品的包装按合同和有关标准规定进行检查，发现问题要按有关规定处理后再抽样；对外包装破损的进口商品，应按残损鉴定的规定办理；如发现有受潮受损、外观质量低劣、参差不齐、混入杂物等情况时，要让货主重新整理后才能抽样。最后，抽样过程中要对货物的堆存情况、外观状况、运输标记、包装情况、包件号码、开件数量、样品数量、标志封识、抽样时的天气情况等进行详细记载，供发生问题时参考。

3. 检验

根据商检法的规定，内地省区市的出口商品须由内地检验机构进行检验。经内地检验机构检验合格后，签发出口商品检验换证凭单，当商品的装运条件确定后，外贸经营单位持内地检验机构签发的出口商品检验换证凭单向口岸检验机构申请查验放行。口岸检验是指经产地检验机构检验合格，运往口岸待运出口的商品，运往口岸后申请出口换证的，口岸检验机构派人进行的查验工作。

根据《中华人民共和国进出口商品免验办法》的规定，凡列入《商检机构实施检验的进出口商品种类表》和其他法律法规规定须经检验机构检验的进出口商品，经收货人、发货人申请，国家检验部门审查批准，可免予检验。

4. 签发证书与放行

对于出口商品，经检验部门检验合格后，凭出境货物通关单进行通关。如合同、信用证规定由检疫部门检验出证，或国外要求签发检验证书的，应根据规定签发所需证书。

对于进口商品，经检验后签发入境货物通关单进行通关。凡由收、用货单位自行验收的进口商品，如发现问题，应及时向检验检疫局申请复验。如复验不合格，检疫机构即签发检验证书，以供对外索赔。

检验机构对法定检验出口商品采用下列某一种形式放行。

①在"出口商品报关单"上加盖"出口商品放行章",海关凭此核放货物。

②出具"出口商品放行单"(供海关用),海关凭此核放货物。

③检验机构签发注有"仅供通关用"字样的品质检验证书(副本),海关凭此对货物放行。

第三节　国际物流企业类型

根据不同的标准,国际物流企业主要可以分为以下几种类型。

一、进口物流和出口物流

按照货物流向进行划分,可分为进口物流和出口物流。凡是存在于进口业务中的国际物流企业行为,被称为"进口物流";而存在于出口业务中的国际物流企业行为,则被称为"出口物流"。鉴于各国的经济政策、管理制度、外贸体制的不同,反映在国际物流企业中的具体表现既有交叉,又有类型的不同,因此须加以区别。

二、国家间物流和经济区域间物流

根据不同国家所规定的关税区域予以区别,可分为国家间物流与经济区域间物流。这两种类型的物流,在形式和具体环节上存在着较大差异。例如,欧盟区域间、欧盟与其他国家、欧盟与其他区域间物流存在差异,自由贸易区(或保税区)之间、自由贸易区(或保税区)与非自由贸易区(或保税区)之间物流存在差异。

三、国际商品物流及其他物品的物流

根据货物的传递和流动方式,国际物流企业又可以分为国际商品物流、国际军火物流、国际邮品物流、国际援助和救助物资物流等。围绕国际物流活动而涉及国际物流业务的企业有经营国际货运代理、国际船舶代理、国际物流公司、国际配送中心、国际运输及仓储、报关行等业务的具体企业。

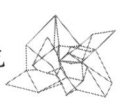

【本章小结】

本章首先介绍了国际物流的范式转移，对国际物流的发展历程、世界经济与国际物流的关系进行了介绍，并对国际物流的发展模式进行了总结，从 LPI 的角度阐述了我国国际物流的发展现状，并对国际供应链与国际物流的概念进行了辨析。其次，阐述了国际物流的基本含义、范畴、类别、系统构成，并对商品进出口贸易程序及检验检疫程序进行了解释。最后，对国际物流企业进行了分类，并对本章重点内容进行总结。

【思考练习】

1.（单选题）在国际物流的第（　　）阶段，国际物流已进入了物流信息时代。

A. 一　　　　　B. 二　　　　　C. 三　　　　　D. 四

2.（单选题）在国际物流的第（　　）阶段，物流领域出现了电子数据交换系统。

A. 一　　　　　B. 二　　　　　C. 三　　　　　D. 四

3.（判断题）20 世纪 60 年代国际物流运输过程中开始出现了大型物流工具。（　　）

4. 简述外贸与国际物流的关系。

【案例分析】

UPS 的国际化发展战略

联合包裹服务公司（United Parcel Service，UPS）是世界上最大的快递承运商与包裹递送公司，同时也是专业的运输、物流、资本与电子商务服务的领导性的提供者。1907 年，UPS 作为一家信使公司成立于美国；1975 年 UPS 走出国门，为其他国家提供专门的物流配送服务。

UPS 的国际化发展经历了国际化战略阶段、多国本土化战略阶段、全球化战略阶段和跨国战略阶段。1975 年，UPS 开通了美国至加拿大的快递业务运输路线，工作立足于本土，对子公司享有严格的控制权。在与其他国家贸易联系的不断加深下，UPS 加快走出国门的步伐，进入多国本土化战略阶段，UPS 率先开拓欧洲市场，为美国与欧洲之间的贸易提供运输服务，这一时期的进入方式有合资合作、直营、收购兼并等,进入方式多样化。20世纪末至21世纪初,UPS进入了全球化战略阶段,初步建立了全球运输网络,开始为全球范围内的快递市场提供运输服务,UPS主要通过兼并收购的方式快速占领了世界快递市场,UPS的国际化版图初步形成。目前,UPS处在跨国化战略阶段,业务重心为完善企业的国际化网络,深耕全球市场,UPS不仅为国际快递市场服务,还深入至当地的国内快递市场,同时还提供一体化的运输供应链的解决方案,进入方式多以建立直营子公司为主。

UPS以立足本土的国际化战略阶段开始,通过不断加强自身能力和改善运输科技,逐渐加深自身的国际化程度,最终成为一家国际化的大公司。

(资料来源:UPS官网。)

思考:
我国的快递服务企业在全球业务上存在哪些问题?

第二章　国际物流支撑理论

【学习目标】

1. 掌握国际贸易概念及分类
2. 理解国际贸易与国际物流的关系
3. 理解与国际物流运作相关的国际贸易术语
4. 理解国际空间经济理论与国家竞争力理论

【重点难点】

1. 国际贸易概念、国际贸易与国际物流关系
2. 国际空间经济理论、国家竞争力理论

国际物流

【导入案例】

2021年中国国际贸易概况

海关总署2022年1月14日发布的数据显示,2021年我国货物贸易进出口总值39.1万亿元人民币,比2020年增长21.4%。其中,出口21.73万亿元,增长21.2%;进口17.37万亿元,增长21.5%。与2019年相比,我国贸易进出口、出口、进口分别增长23.9%、26.1%、21.2%。

具体来看,2021年我国国际贸易进出口呈现五方面的特点:

第一,年度进出口规模再上新台阶,首次突破6万亿美元关口。2021年,以美元计价,我国进出口规模达到了6.05万亿美元,在2013年首次达到4万亿美元的8年后,年内跨过5万亿、6万亿美元两大台阶,达到了历史高点。这一年的国际贸易增量达到了1.4万亿美元。

第二,与主要贸易伙伴进出口均实现稳定增长,对"一带一路"沿线国家进出口增速更快。2021年,我国前五大贸易伙伴依次为东盟、欧盟、美国、日本和韩国,对上述贸易伙伴进出口分别为5.67万亿、5.35万亿、4.88万亿、2.4万亿和2.34万亿元,分别增长19.7%、19.1%、20.2%、9.4%和18.4%。同期,我国对"一带一路"沿线国家进出口增长23.6%,比整体增速高2.2个百分点。

第三,贸易方式进一步优化,一般贸易进出口占比超过6成。2021年,我国一般贸易进出口24.08万亿元,增长24.7%,占61.6%,提升1.6个百分点;其中,出口13.24万亿元,增长24.4%;进口10.84万亿元,增长25%。同期,加工贸易进出口8.5万亿元,增长11.1%,占21.7%。

第四,国际贸易经营主体活力有效激发,民营企业进出口更加活跃。2021年,我国有进出口实绩企业56.7万家,增加3.6万家。其中,民营企业进出口19万亿元,增长26.7%,占48.6%,提升2个百分点。同期,外商投资企业进出口14.03万亿元,增长12.7%;国有企业进出口5.94万亿元,增长27.7%。

第五,机电产品出口、进口均保持良好增势。2021年,我国出口机电产品12.83万亿元,增长20.4%,占出口总值的59%,其中,自动数据处理设备及其零部件、手机、汽车分别增长12.9%、9.3%、104.6%。同期,进口机电产品7.37万亿元,增长12.2%,占进口总值的42.4%。

(资料来源:海关总署于2022年1月14日发布的数据。)

第一节 国际贸易与国际物流

一、国际贸易的概念与分类

(一) 国际贸易的概念

国际贸易(International Trade)是指国家或地区之间所进行的商品、服务的买卖或交换。如以一个国家或地区为主体,其与另一些国家或地区所进行的商品、服务的买卖或交换即为该国或该地区的国际贸易。作为出口方来说,其输出商品和服务被称为出口贸易;作为进口方来说,其输入商品和服务即为进口贸易。所以,国际贸易又称为进出口贸易。有些海岛国家如英国、日本等,常用海外贸易(Overseas Trade)来表示国际贸易。

随着生产力的发展、科学技术的进步和国家间经济联系的增强,在当代,国际贸易这一概念所包含的内容进一步扩大了。从前,国际贸易实际上只指实物商品的交换,而现在,还包括服务和技术等非实物商品的交换。所谓实物商品交换,是指原材料、半制成品及工业制成品的买卖;服务交换是指在运输、邮电、保险、金融、旅游等方面为外国人提供服务,或本国工人、技术人员在国外劳动、服务,从而获得外国货币报酬的活动;技术交换包括专利、商标使用权、专有技术使用权的转让以及技术咨询和信息等的提供和接受。

(二) 国际贸易的分类标准

1. 按照货物流向不同分类

根据货物的流向不同,国际贸易可以分为出口贸易、进口贸易和过境贸易。

出口贸易是指将本国加工生产的产品销往他国市场的贸易活动,进口贸易是指将外国的商品运往本国市场销售的贸易活动。一个国家在一定时期内的进出口总额之间的差额称为贸易差额,出口总额大于进口总额为贸易顺差,进口总额大于出口总额为贸易逆差,当两者相等时称为贸易平衡。过境贸易是指贸易货物通过一国国境时未经任何加工而运往第三国的贸易活动。

2. 按照进出口商的形态与内容不同分类

根据进出口商品的形态与内容不同,国际贸易可以划分为有形贸易和无形贸易。

有形贸易是指国际贸易中的实物商品的进出口，即通常意义上的商品购销活动。无形贸易是指非实物形态的进出口。知识产权、劳务和其他非实物形态的商品进出口都是非实物形态的无形商品。在无形贸易中，服务贸易是最重要的组成部分。

3. 按照贸易过程有无第三国参与分类

根据贸易过程中有无第三国参与，可将国际贸易划分为直接贸易、间接贸易和转口贸易。

直接贸易是指商品从生产国直接销往消费国，没有第三国参与的贸易活动。间接贸易是指通过第三国或其他贸易环节将商品从生产国销往消费国的贸易活动。转口贸易是指国际贸易中进出口商品的买卖，不是在生产国与消费国之间直接进行，而是通过第三国转手所进行的贸易，这种贸易对中转国来说就是转口贸易。

4. 按照国际贸易运输方式不同分类

按照国际贸易运输方式的不同，可以把国际贸易划分为陆路贸易、海路贸易、空运贸易和邮购贸易。

陆路贸易是指运用陆路运输方式将国际贸易的货物运送到指定地点的贸易方式，常见的有铁路运输和公路运输。海路贸易是指通过海上运输方式将货物运送到指定地点的贸易方式，国际贸易的大部分货物都是通过海运方式实现的。空运贸易是指以航空运输的方式运送货物至指定地点的贸易活动，适合于贵重的或时间要求急的商品。邮购贸易是指通过邮政这种特殊的运输方式实现的贸易活动。①

二、国际物流与国际贸易的关系

国际物流随着国际贸易的发展而产生和发展起来，当前国际物流已成为影响和制约国际贸易进一步发展的重要因素。国际贸易与国际物流之间存在着非常紧密的关系。

（一）国际贸易促进了国际物流的产生与发展

1. 国际贸易促进了国际物流的产生

如果没有国际贸易，就没有商品的国际流动，因此也就不需要有国际物流。

---

① 北京中交协物流人力资源培训中心. 国际物流 [M]. 北京：机械工业出版社，2007.

国际贸易需要实现货物的空间位移和时间位移，因此必然涉及以仓储、包装、配送、装卸搬运、运输、信息处理等为主要功能的国际物流的发生。第二次世界大战以后，出于恢复重建工作的需要，各国积极研究和应用新技术、新方法，实现了生产力的迅速发展，世界经济呈现出繁荣兴旺的景象，一些国家和地区资本积累达到了一定程度，本国或本地的市场已不能满足其进一步发展经济的需要，加之交通运输、信息处理及经营管理水平的提高，从而出现了为数众多的跨国公司。跨国经营与国际贸易的发展，促进了货物和信息在世界范围内的大量流动和广泛交换，物流国际化成为必然。

2. 国际贸易促进了国际物流的发展

随着国际贸易的发展，贸易双方对国际物流服务的专业化、一体化要求加强，使得国际物流由早期的仅指将货物由一国供应者向另一国需求者的物理性移动，发展成为今天的集采购、包装、运输、储存、搬运、流通加工、配送和信息处理等基本功能于一身的综合性的系统。在国际贸易的发展趋势带动下，国际物流业逐渐走出了高耗低效的营运状态，逐渐形成了具有反应快速化、功能集成化、作业规范化、系统信息化、活动全球化特征的现代国际物流。

国际贸易的发展对国际物流发展的促进作用主要表现在以下四个方面。

（1）国际贸易的发展促进了国际物流的需求。进出口贸易额是影响国际物流量变化的重要因素。随着各国间的联系越来越紧密，全球的贸易量也在不断上升，贸易量势必带来更多的物流量。国际贸易的发展给国际物流提供了更大的发展空间，也给国际物流的发展以更大的推动力。

（2）国际贸易的发展促进了国际物流技术的进步。物流技术是指物流活动中所采用的自然科学与社会科学方面的理论、方法，以及设施、设备、装置与工艺的总称。国际贸易的发展要求从各个方面降低成本，比如原材料价格、订单成本、运输价格、库存成本等。这就对国际物流的各个环节提出了新的挑战和要求，促进了国际物流技术的重大创新和发展。

（3）国际贸易的发展不断对国际物流提出新的要求。世界经济的飞速发展和国际政治格局的风云变幻，使国际贸易不断表现出一些新的趋势和特点，从而也在不断对国际物流提出更新、更高的要求。

①质量要求。国际贸易的结构正在发生着巨大变化，传统的初级产品、原料等贸易品种逐步让位于高附加值、精密加工的产品。高附加值、高精密度商品流量的增加，对国际物流工作的质量也提出了更高的要求。此外，国际贸易需求的

多样化还造成了物流的多品种、小批量化，这就同时要求国际物流向优质服务和多样化方向发展。

②效率要求。国际贸易活动的集中表现就是合约的订立和履行。而国际贸易合约的履行由国际物流活动来完成，这就要求通过高效率的物流来履行合约。

③安全要求。在组织国际物流、选择运输方式和运输路径时，要密切注意所经地域的气候条件、自然条件，同时还应注意沿途所经国家和地区的政治局势、经济状况等，以防止这些人为因素和不可抗力造成货物灭失和损害。

④经济要求。国际贸易的特点决定了国际物流的环节多、备运期长。在国际物流领域，控制物流费用以降低成本具有很大潜力。对于国际物流企业来说，选择最佳物流方案、提高物流经济性、降低物流成本、保证服务水平，是提高竞争力的有效途径。

⑤信息化要求。目前，电子贸易、国际电子商务在国际贸易领域得到广泛应用。为适应现代国际贸易的发展，国际物流企业的运作必须做到反应快速化、功能集成化、作业规范化、目标系统化、手段现代化、组织网络化、服务社会化。

（4）国际贸易的发展推动国际物流的创新，影响国际物流的发展趋势。例如，伴随着国际贸易商经营取向的变革，国际物流经营的专业化、集约化、电子物流和绿色物流等应运而生。由于国际贸易发展到了买方市场，很多贸易商为迎合消费者日益个性化的产品需求，而采取多样、少量的贸易方式，因而高频度、小批量的配送需求也随之产生。

（二）国际物流的高效有序是国际贸易发展的必要条件和支撑

国际贸易的快速增长与国际物流的发展密不可分。国际物流因国际贸易而诞生，但是，从其诞生之日起，国际物流就开始了自己独立发展的历程，不断发展壮大。国际物流的基础设施是国际贸易的物质基础，国际物流的高效有序是国际贸易发展的必要条件。

在国际贸易的发展过程中，只有物流工作做好了，才能将国外客户需要的商品适时、适地、按质、按量、低成本地送到，从而提高本国商品在国际市场上的竞争力，促进国际贸易。因此，国际物流作为国际贸易的工具和桥梁，是开展国际贸易的必要条件（如图2-1所示）。

国际物流的发展极大地改善了国际贸易的环境，国际物流为货物的运输、装卸、仓储、信息传输等货物转移的各个环节都提供了便利。例如，通过运用科技手段使信息快速、准确反馈；通过确定合理的运输路线，并对运输活动进行有效的管理，采用货物流通的最优渠道，将产品按消费者的需求快速送到消费者手中，提高了服务质量，刺激了消费需求，加快了企业对市场的反应速度；通过在供应链上联结的各企业实现资源共享，明显缩短产品的流通周期，加快物流配送速度；通过规范作业，使贸易过程中延迟交货、送货不及时和货物损坏灭失等不可控制风险有效降低，从而便利各国企业间达成贸易等。

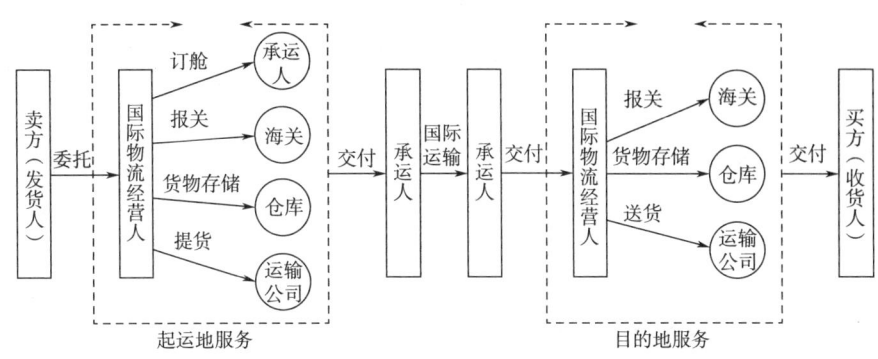

图 2-1 国际物流在国际贸易中的桥梁作用

物流运输成本、物流效率、物流基础设施等因素会对国际贸易活动产生直接影响。国际物流产业的现代化发展对国际贸易活动的作用机制主要体现在：国际物流产业的发展与壮大既是一个国家开展国际贸易活动的首要条件，也是企业与企业之间执行国际贸易合同的基础；国际物流行业的合理化、科学化、高效化发展在保证国际贸易活动可持续发展的基础上，有效降低了国际贸易活动的交易成本；国际物流行业的现代技术提高了国际物流企业的运营效率，有利于促进进出口贸易的发展。

从理论上来说，国际物流通过直接与间接两个方面的机制促进国际贸易发展。国际贸易空间上的距离会造成交易上的困难，经济主体为了组织异地交易，必须在寻找伙伴、产品定价及检验等环节上花费运输费用和通信费用，而现代物流的发展过程正是国际贸易交易费用和运输成本不断降低的过程，二者的不断降低直接促进了国际贸易发展。国际物流也可以通过间接作用机制来促进国际贸易。规模经济和生产国际化是国际贸易发展的必要条件，规模经济以产业分工、资产专用性及开发市场为前提，当市场受到物流产业水平限制而容量狭小时，产业分工就无法深入，规模经济就难以实现。现代物流的发展使交易费用和运输成本不断降低,市场容量得到不断扩大,进而带来规模经济和生产国际化,有利于促进国际贸易发展。

从实践来看,低效率的物流体系会成为国际贸易发展的瓶颈,从事国际贸易带来的利益会被巨大的流通费用开支所抵消。高效的物流系统为国际贸易不断发展提供了有力支持,使各国参与贸易的利益提高,使更多的非贸易品变为贸易品,成为国际贸易持续发展的保证。因此,国际物流已成为影响和制约国际贸易进一步发展的重要因素。

三、国际贸易术语

国际货物买卖过程的实现,在涉及卖方提交合格货物和单据、买方接受货物和支付货款、双方在交接货物等过程中遇到的风险、费用和责任划分,是谈判双方均十分关注的问题。尽管国际贸易的买卖双方分处两国,远隔两地,国际贸易线长、面广、环节多、风险大,但国际贸易中的基本问题都类似,随着国际贸易的发展,一种交易磋商和订立买卖合同中所不可缺少的专门用语——贸易术语便产生了。

(一)贸易术语概念

在国际货物买卖、运输、交接的过程中,需要办理进出口清关手续、安排运输与保险、支付各项税款和费用。货物在装卸、运输过程中,还可能遭受自然灾害、意外事故和其他各种外来损害。有关上述事项由谁来承办、费用由谁承担、风险如何划分等问题,买卖双方在进行交易磋商、签订合同时,必须予以明确。为了简化手续和交易过程,便于双方当事人成交,买卖双方一般都采用某种专门的用语来表明各自的权利与义务。这种用来表示交易双方所承担的责任、费用与风险的专门用语,称为贸易术语(Trade Terms),又因贸易术语反映了商品的价格构成,因而又称为价格术语。

贸易术语是国际贸易发展到一定历史阶段的产物,贸易术语的出现又推动了国际贸易的发展。贸易术语的广泛应用,对于简化交易手续、缩短洽商时间和节约费用支出都发挥了重要的作用。

(二)贸易术语解释

国际贸易术语在很大程度上降低了潜在的交易误解风险并减少了其带来的损失,在进行涉外买卖时,合同所共同使用的贸易术语有一个准确的解释,是很有必要的，常见的贸易术语解释如表2-1、表2-2所示。

表2-1 《国际贸易术语解释通则2020》的贸易术语

组别	术语	中文解释	适用方式
第一组	EXW（Ex Works） FCA（Free Carrier） CPT（Carriage Paid to） CIP（Carriage and Insurance Paid to） DPU（Delivered at Place Unloaded） DAP（Delivered at Place） DDP（Delivered Duty Paid）	工厂交货 货交承运人 运费付至目的地 运费/保险费付至目的地 卸货地交货 目的地交货 完税后交货	任何运输方式
第二组	FAS（Free alongside Ship） FOB（Free on Board） CFR（Cost and Freight） CIF（Cost Insurance and Freight）	装运港船边交货 装运港船上交货 成本加运费 成本、保险费加运费	水上运输方式

表2-2 《国际贸易术语解释通则2020》的11种贸易术语归纳对比

贸易术语	交货地点	风险转移界限	出口海关的责任、费用负担者	进口海关的责任、费用负担者
EXW	货物产地或卖方所在地	买方处置货物后	买方	买方
FCA	出口国内地或港口	承运人处置货物后	卖方	买方
FAS	装运港船边	货物交于船边后	卖方	买方
FOB	装运港船上	货物装于船舶后	卖方	买方
CFR	装运港船上	货物装于船舶后	卖方	买方
CIF	装运港船上	货物装于船舶后	卖方	买方
CPT	出口国内地或港口	承运人处置货物后	卖方	买方
CIP	出口国内地或港口	承运人处置货物后	卖方	买方
DPU	卸货地	买方处置货物后	卖方	买方
DAP	进口国指定目的地	买方处置货物后	卖方	买方
DDP	进口国国内指定地点	买方处置货物后	卖方	卖方

（三）贸易术语在国际物流中的作用

贸易术语不仅关系进出口双方的切身利益，也决定着国际物流的服务水平和效率。对于国际物流经营者来说，国际贸易术语规定了国际物流的整个过程，包括国际物流选择的运输方式、采用的运输线路以及物流费用的结算对象等内容，在国际物流中发挥着重要作用。

1. 贸易术语规定了国际物流中的运输方式

贸易术语可以分成适用于水运和适用于任何运输方式的两组。例如,当国际贸易的买卖双方在合同中规定成交方式为 FOB 等适用于水运的贸易术语时,买卖双方安排运输时只能以海运或内河运输作为国际物流运输方式,而不能选择空运或陆运等其他运输方式。如果选择适用于任何运输方式的贸易术语,那么,国际物流经营人在国际物流操作中就会更加灵活,可以根据国际物流成本控制和物流服务水平的需要合理选择运输方式,以降低物流成本,从而提升进出口商的国际竞争力。

2. 贸易术语决定了国际物流的运输线路

每一种贸易术语后面都以"指定地点"为后缀,当国际贸易买卖合同确定了贸易术语后面的地点,在选择运输线路时就必须以该地点为出口商国际运输的始发地或出口商的最终交货地。例如,"FOB 上海",需要出口商在上海港把货物装上船完成交货。"上海港"决定了在国际物流线路的选择中,只能选择以上海港为出口地始发港的航线。

3. 贸易术语明确了国际物流费用的结算对象

贸易术语明确规定了买卖双方各自承担的责任、费用和风险的空间界限,第三方国际物流服务提供商在不同区段的费用应向进出口双方的哪一方结算,取决于进出口双方在国际贸易合同中选用的贸易术语。如进出口双方选择 FCA,出口商只要将货物在出口地交给第一承运人就算完成交货;出口清关费用由出口商承担,进口商需要承担从第一承运人运输到进口国最终目的地的责任和清关费用。所以在 FCA 的情况下,从出口商所在地到第一承运人之间发生的物流成本和出口清关费用,第三方国际物流提供商应向出口商进行结算,从第一承运人到进口商最终目的地的费用应向进口商进行结算。①

(四) 贸易术语的选用

在实际业务中,当事人如能选用适当的贸易术语,不仅有利于交易的达成,而且对于顺利执行合同和提高经济效益都具有重要作用。根据经验教训,选用贸易术语时应注意以下几个问题。

---

① 杨长春,顾永才. 国际物流 [M] . 7 版. 北京: 首都经济贸易大学出版社, 2020.

1. 运输问题

在本身有足够运输能力或安排运输无困难，而且经济上又合算的情况下，可争取按由自身安排运输的条件成交（如按 FCA、FAS 或 FOB 进口，按 CIP、CIF 或 CFR 出口）；否则，则应酌情争取按由对方安排运输的条件成交（如按 FCA、FAS 或 FOB 出口，按 CIP、CIF 或 CFR 进口）。

2. 货源情况

国际贸易中的货物品种很多，不同类型的货物具有不同的特点，因此在运输方面各有不同要求，故安排运输的难易不同，运费开支大小也有差异。这是选用贸易术语时应考虑的因素。

3. 运费因素

运费是货价构成因素之一，在选用贸易术语时，应考虑货物经由路线的运费收取情况和运价变动趋势。一般来说，当运价看涨时，为了避免承担运价上涨的风险，可以选用由对方安排运输的贸易术语成交。

4. 运输途中的风险

在国际贸易中，交易的商品一般需要长途运输，货物在运输过程中可能遇到各种自然灾害、意外事故等风险，特别是当遇到战争或正常的国际贸易遭到人为障碍与破坏的时期和地区，则运输途中的风险更大。因此，买卖双方洽商交易时，必须根据不同时期、不同地区、不同运输路线和运输方式的风险情况，并结合购销意图来选用适当的贸易术语。

5. 办理进出口货物结关手续的难易

当某出口国规定，买方不能直接或间接办理出口结关手续，则不宜按 EXW 条件成交，而应选用 FCA 条件成交；若进口国规定，卖方不能直接或间接办理进口结关手续，此时，则不宜采用 DDP，而应选用 DES 条件成交。①

第二节　国际空间经济理论

任何活动都要以空间为载体，国际物流也不例外。空间经济理论体现了各地

---

① 王任祥. 国际物流 [M]. 2 版. 杭州：浙江大学出版社，2013.

区之间的经济联系和发展,也揭示了不同地区的经济活动规律,对国际物流的发展有指导意义。

一、区域间经济发展关系理论

区域间经济发展关系理论主要探讨区域之间如何发生相互作用与影响,即区域之间建立发展关系的方式和对各自影响的机制。在这方面,形成了比较多的理论观点。这些理论大多是探讨区域之间的资源、要素流动,产业的集聚、转移和扩散,经济增长的区域传递等的方式和过程,以及对相关区域的产业结构和经济增长变化、区域之间的经济空间格局所产生的影响。这些理论主要来源于对国家之间的经济、贸易问题的研究,后被引入区域经济问题研究之中,并在不同程度上得以发展。本节介绍几种影响比较大的理论。

(一) 极化-涓滴效应学说

赫希曼(A. O. Hirshman)最早提出了极化-涓滴效应学说,解释经济发达区域与欠发达区域之间的经济相互作用及影响。赫希曼认为,如果一个国家的经济增长率先在某个区域发生,那么这个区域就会对另外的区域产生作用。为了解释方便,赫希曼把经济相对发达区域称为"北方",欠发达区域称为"南方"。北方的增长对南方将产生不利和有利的作用,分别称之为极化效应和涓滴效应。

极化效应有以下几个方面:第一,随着北方的发展,南方的要素向北方流动,从而削弱了南方的经济发展能力,导致其经济发展恶化。由于北方的经济增长对劳动力需求上升,特别是对技术性劳动力的需求增加较快,同时,北方的劳动力收入水平高于南方,这样,就导致南方的劳动力在就业机会和高收入的诱导下向北方迁移。结果,北方因劳动力和人口的流入而促进了经济的增长,南方则因劳动力外流特别是技术人员和富于进取心的年轻人的外流,使得经济增长的劳动力贡献(实际上也包括了智力的贡献)减小。另外是资金的流动。显然,北方的投资机会多,投资的收益率高于南方,南方有限的资金也流入北方。而且,资金与劳动力的流动还会相互强化,从而削弱了南方的经济发展能力。第二,在国内贸易中,北方由于经济水平相对较高,在市场竞争中处于有利地位。特别是,如果北方生产进口替代性产品,那么南方原来可以按较低价格进口的这些产品,现在不得不在高额关税保护下向北方购买。在出口方面,南方由于生产效率相对较低,无法与北方竞争,会导致出口的衰退。第三,南方本来可以向北方输出初级产品,但是,如果南方的初级产品性能差或价格有所上涨,那么,北方就有可能寻求进口。这样,南方的生产就会受到压制。

涓滴效应体现在,北方吸收南方的劳动力,在一定程度上可以缓解南方的就业压力,有利于南方解决失业问题。在互补情况下,北方向南方购买商品和投资的增加,会给南方带来发展的机会,刺激南方的经济增长。特别是,北方的先进技术、管理方式、思想观念、价值观念和行为方式等经济和社会方面的进步因素向南方渗漏,将对南方的经济和社会进步产生多方面的推动作用。

赫希曼认为,在区域经济发展中,涓滴效应最终会大于极化效应而占据优势,原因是长期来看北方的发展将带动南方的经济增长。尤其是,北方的发展会出现城市拥挤等环境问题,南方的落后则从国内市场需求方面限制了北方的经济扩张,国家经济发展也将因南方的资源没有得到充分利用而受到损害,于是国家将出面来干预经济发展,加强北方的涓滴效应,促进南方的经济发展,同时,也有利于北方的经济继续增长。

(二) 梯度推移学说

梯度推移说建立在产品周期理论基础之上。在研究区域之间经济发展的关系问题时,所谓梯度是指区域之间经济总体水平的差异,而不仅仅是技术水平的差异。梯度推移说的基本观点是,一个区域的经济兴衰取决于该区域的产业结构,进而取决于该区域主导部门的先进程度。与产品周期相对应,可以把经济部门分为三类:产品处于创新到成长阶段的是兴旺部门;产品处于成长到成熟阶段的是停滞部门;产品处于成熟到衰退阶段的是衰退部门。因此,如果一个区域的主导部门是兴旺部门,则被认为是高梯度区域;反之,如果主导部门是衰退部门则属于低梯度区域。推动经济发展的创新活动(包括新产品、新技术、新产业、新制度和管理方法等)主要发生在高梯度区域,然后依据产品周期循环的顺序由高梯度区域向低梯度区域推移。梯度推移主要通过城市系统来进行,这是因为创新往往集中在城市,而且从环境条件和经济能力看,城市更适于接受创新成果。具体的梯度推移有两种方式:一种方式是创新从发源地向周围相邻的城市推移;另一种方式是从发源地向距离较远的第二级城市推移,再向第三级城市推移,依次类推。这样,创新就从发源地推移到所有的区域。

在我国,梯度推移说于20世纪70年代末引入区域经济研究之中,主要探讨国家经济发展的区域重点转移问题。持该观点的人认为,区域经济发展不平衡,区域之间存在着经济技术的梯度,经济布局应该根据区域之间的经济梯度来决定。首先要重点发展高梯度区域，在高梯度区域实行对外开放政策，国家给予重点扶持，通过引进先进的技术，消化、吸收，然后依次向低梯度的区域推移。随着高梯度区域的经济发展加速，推移的速度将加快，从而带动低梯度区域的经济发展，逐步达到区域之间的相对平衡。

(三) 中心-外围理论

中心-外围理论有时也被称为核心-边缘理论或中心-边缘理论，是20世纪60年代和70年代研究发达国家与不发达国家之间的不平等经济关系时所形成的相关理论观点的总称。

美国学者弗里德曼（J. R. Friedman）在1966年出版的《区域发展政策》一书中提出的中心-外围理论较具代表性。弗里德曼认为，在若干区域之间个别区域会因多种原因率先发展起来而成为"中心"，除此以外的区域则因发展缓慢而成为"外围"。中心与外围之间存在着不平等的发展关系。总体上，中心居于统治地位，而外围则在发展上依赖于中心。中心对外围之所以能够产生统治作用，是因为中心与外围之间的贸易不平等，经济权力因素集中在中心，同时，技术进步、高效的生产活动以及生产的创新等也都集中在中心。中心依靠这些方面的优势而从外围获取剩余价值。对于外围而言，中心会对其发展产生压力和压抑。例如，中心工资水平的提高，就会使外围面临提高工资水平的压力，或者是被迫增加出口来弥补进口增长所造成的资金压力。因此，外围的自发性发展过程往往困难重重。更重要的是，中心与外围的这种关系还会因为推行有利于中心的经济和贸易政策，使外围的资金、人口和劳动力向中心流动的趋势得以强化。可见，中心与外围之间构成了不平等的发展格局。

(四) 点轴开发理论

点轴开发理论是增长极理论的延伸，从区域经济发展的过程看，经济中心总是首先集中在少数条件较好的区位，成斑点状分布。这种经济中心既可称为区域增长极，也是点轴开发模式的点。随着经济的发展，经济中心逐渐增加，点与点之间由于生产要素交换需要交通线路以及动力供应线、水源供应线等，相互连接起来，这就是轴线。这种轴线首先是为区域增长极服务，但轴线一经形成，对人口、产业也具有吸引力，吸引人口、产业向轴线两侧集聚，并产生新的增长点。点轴贯通，就形成点轴系统。因此，点轴开发可以理解为从发达区域不同规模的经济中心（点）沿交通线路向不发达区域纵深地发展推移。

(五) 网络开发理论

网络开发理论是点轴开发理论的延伸。该理论认为，在经济发展到一定阶段后，一个地区形成了增长极（即各类中心城镇）和增长轴（即交通沿线），增长极和增长轴的影响范围不断扩大，在较大的区域内形成商品、资金、技术、信息、劳动力等生产要素的流动网及交通、通信网。在此基础上，网络开发理论强调加强增长极与整个区域之间生产要素交流的广度和密度，促进地区经济一体化，特别是城乡一体化；同时，通过网络的外延，加强与区外其他区域经济网络的联系，在更大的空间范围内，将更多的生产要素进行合理配置和优化组合，促进更大区域内经济的发展。

二、区际经济联系理论

区际经济联系是指相关区域之间在商品、劳务、资金、技术和信息方面的交流，及在此基础上发生的关联性和参与性经济行为。由于区域经济互相开放，所以，任何一个区域都会与另外的区域发生经济联系。从系统的角度观察，区际经济联系是现代区域经济发展的必要条件，对各区域的经济发展产生着重要的影响。

(一) 空间相互作用理论

空间相互作用是指区域之间所发生的商品、人口与劳动力、资金、技术、信息等的相互传输过程。空间相互作用对区域之间经济关系的建立和变化有着很大的影响。一方面，空间相互作用能够使相关区域加强联系，互通有无，拓展发展的空间，获得更多的发展机会。另一方面，空间相互作用又会引起区域之间对资源、要素、发展机会等的竞争，并有可能对有的区域造成损害。

区域之间发生相互作用需要存在以下几个方面的基本条件。

1. 区域之间的互补性

区域之间的互补性即相关区域之间必须存在对某种商品、技术、资金、信息和劳动力等方面的供求关系。从根本上讲，只有区域之间具有了互补性，才有建立经济联系的必要。空间相互作用的大小与互补性成正比。

2. 区域之间的可达性

区域之间的可达性即区域之间进行商品、资金、人口、技术、信息等传输的可能性。一般地，可达性受以下因素的影响：一是空间距离和运输时间。区域之间的空间距离和运输时间越长，进行经济联系就越不方便，为此的投入也会增加，因而，可达性就差；反之，可达性就好。二是被传输客体的可运输性。可运输性与被传输客体的经济运距有着密切的关系。受经济支付能力、时间、心理等方面的限制，各种商品、人口、技术等的经济运距不同，即被传输客体的可运输性存在较大的差异。被传输客体的可运输性越大，则可达性也越大。三是区域之间是否存在政治、行政、文化和社会等方面的障碍。如果区域之间存在经济保护壁垒、文化隔阂、政治和社会方面的矛盾或冲突，那么，可达性就差；反之，区域之间各方面的关系良好，那么可达性就好。四是区域之间的交通联系。交通联系方便、通畅，则可达性好；否则，可达性差。总之，区域之间的空间相互作用与可达性呈正向关联。

3. 干扰机会

干扰机会是指两个区域之间发生相互作用的可能性受到来自这两个区域以外因素的干扰。区域之间的互补性是多向的，即一个区域可以在某个方面与多个区域同时存在互补性，这个区域究竟与哪个区域实现这种互补性，取决于这些区域之间互补性的强度，强度越大则发生相互作用的可能性及程度也就越大。从中也可看出，由于干扰机会的存在，有互补性的两个区域之间也不一定就能发生相互作用。

总而言之，区域之间发生空间相互作用首先要存在互补性，可达性好，并且没有干扰机会或干扰机会的影响小。

（二）区域分工理论

1. 成本学说

成本学说是运用生产成本的比较来解释国际分工的一种理论。这里主要介绍亚当·斯密（Adam Smith）的绝对成本学说和大卫·李嘉图（David Ricardo）的比较成本学说。

斯密在1776年出版了《国家财富的性质和原因的研究》一书，提出了绝对成本学说。斯密认为，每个国家都有适于生产某些特定产品的绝对有利的生产条件，如果每个国家都根据绝对有利的生产条件去进行专业化生产，就可以使成本绝对降低。然后，彼此进行产品交换，则对有关国家都有利。这样，如果各个国家都能够利用优势条件发展专业化生产部门，就可以提高劳动生产率，降低成本，使各国的劳动力和资本得到正确的分配和最有效的利用。在自由贸易条件下，用成本最低的产品去进行自由贸易就能用最少的花费换回更多的商品，从而比各国各自都去生产所需要的一切东西更能增加国民财富。因此，斯密主张国际分工的原则是，就某种商品而言，如果别的国家生产的成本比本国低，那么该国就不要生产这种商品；输出本国绝对成本低的商品去换来货币，然后购买别国生产的廉价商品，就会更经济、合理。斯密的学说最早成为扩大国际贸易的理论基础。

比较成本学说是李嘉图在1817年出版的《政治经济学及赋税原理》一书中提出的。李嘉图认为，由于资本和劳动力在国家间不能完全自由地流动和转移，所以，不应该以绝对成本的大小作为国际分工和贸易的原则，而是要依据比较成本来开展国际分工与贸易。如果有两个生产率水平不相等的国家，其中一个国家生产任何一种商品都处于绝对有利的地位，但有利的程度不同；另一个国家生产任何一种商品都处于绝对不利的地位，但不利的程度不同。在这样的情况下，两个国家仍然可以通过国际分工和贸易而都获得利益。因为，一个国家无论处于什么发展阶段，经济力量如何，都有其相对优势，即使处于劣势，也能从中发现相对优势。在自由贸易的条件下，各国应该把资本和劳动用于具有相对优势的产业部门，生产本国最有利的产品，利用国际分工和贸易完成互补，从而在使用和消耗等量资源的情况下，提高资源的利用效率，实现本国经济的快速发展。

2. 要素禀赋学说

要素禀赋学说由赫克歇尔（E. Heckscher）和俄林（B. C. Ohlin）提出。1919年，赫克歇尔提出了要素禀赋的有关论点。在此基础上，俄林在1933年出版的《区际贸易与国际贸易》一书中比较全面地提出了要素禀赋学说。所以，后人也把要素禀赋学说称为赫克歇尔-俄林模型或H-O学说。

要素禀赋学说的基本思想是，区域之间或国家之间生产要素的禀赋差异是出现分工和发生贸易的主要原因。一般地，在资本丰富的国家，利息率水平相对较低，工资水平相对较高。在劳动力丰富的国家，工资水平相对较低，利息率水平相对较高。所以，如果各个国家都密集地使用丰富的要素生产商品，就能获得比较优势。也就是说，资本丰富的国家可以较便宜地生产需要大量资本的资本密集型商品；劳动力丰富的国家则可以较便宜地生产需要大量劳动的劳动密集型商品。在国际贸易中，这些国家就能够出口使用低廉生产要素比例大的商品，进口使用昂贵生产要素比例大的商品。这样，既发挥了各自的比较优势，又满足了相互的需求。在自由贸易的条件下，各个区域或国家都应该根据要素禀赋条件进行分工、开展贸易，从而更有利于提高各区域或各国的经济发展水平。

（三）相互依赖理论

布鲁克菲尔德（H. Brookfield）在 1975 年出版的《相互依赖的发展》一书中指出，发达国家的经济发展不仅比不发达国家更依赖于资源和资本密集的技术，而且也依赖不发达国家的资源、劳动力和市场。受依赖关系的影响，不发达国家的内部变革也使得自身越来越依赖发达国家的资源和资本。所以，很难区分出发达国家和不发达国家谁依赖谁，实际上是相互依赖。在世界范围内，没有相互依赖，经济和社会的发展就无法进行下去。

现在，西方学术界对相互依赖的理解集中在以下几个方面：一是世界上的任何国家之间都存在相互依赖关系，只不过程度有差异；二是相互依赖意味着依赖是双向的传递和影响，而不是只作用于某一方；三是相互依赖的内容和程度在不断地发生变化。因此，可以这样来理解，相互依赖即国家之间在经济发展上（包括经济行动和政策）所发生的双向作用、影响的过程或现象。衡量相互依赖的程度，一般采用以下指标：其一，国际贸易的增长与国内生产总值的增长的比值；其二，各种出口贸易占国内生产总值的比率变化；其三，国家之间资本双向流动（包括直接投资和间接投资）的指标。

相互依赖对相关国家的经济发展所产生的影响可能是积极的，也可能是消极的。相互依赖的变化对于不同的国家可能会产生不同的结果，也就是说，对某些国家有利的变化，对另一些国家则可能不利。此外，相互依赖的影响并不完全表现为积极或消极，也可能是这两种影响同时存在、交织。积极的相互依赖有利于推动国家之间的经济交流、合作和一体化，相反，消极的相互依赖则会引发国家之间的经济冲突和矛盾。所以，需要有目的地采取措施、政策对相互依赖的内容和程度进行干预，促进相关国家的互惠互利，化解矛盾和冲突，推动世界经济的一体化进程。①

---

① 李小建，李国平. 经济地理学［M］. 3 版. 北京：高等教育出版社，2018.

第三节　企业及国家竞争力理论

当今世界，国际分工越来越细化，世界各国的竞争力也明显地体现出来。物流产业也是一个国家的竞争力之一，如今我国综合竞争力不断增强，正由世界大国向世界强国迈进。

一、企业及国家竞争力概念

（一）企业竞争力

企业竞争力是指在竞争性市场条件下，企业通过培育自身资源和能力，获取外部可寻址资源，并综合加以利用，在为顾客创造价值的基础上，实现自身价值的综合性能力。企业的竞争力分为三个层面：第一层面是产品层，包括企业产品生产及质量控制能力、服务能力、成本控制能力、营销能力、研发能力；第二层面是制度层，包括各经营管理要素组成的结构平台、企业内外部环境、资源关系、企业运行机制、企业规模、品牌、企业产权制度；第三层面是核心层，包括以企业理念、企业价值观为核心的企业文化，内外一致的企业形象，企业创新能力，差异化、个性化的企业特色，稳健的财务，拥有卓越的远见和长远的全球化发展目标。

第一层面是表层的竞争力，第二层面是支持平台的竞争力，第三层面是最核心的竞争力。从这一结论可以看出企业文化对企业增强竞争力的重要作用。

（二）国家竞争力

国家竞争力是国家创造附加价值的一种能力，意即国家借助经营原有资产，通过制度、吸引度及积极的整合关系，形成自有的经济、社会模式来增加财富，其重点是在于创造附加价值以增加国家财富之能力。

二、国家竞争力理论

（一）钻石模型

迈克尔·波特（Michael E. Porter）的国家竞争优势理论（也称钻石模型）是产业竞争力研究方面最突出的代表。波特在主持的一项长达 4 年、涵盖 10 个重要贸易国家的上百种产业的历史研究中，创新地提出了菱形的钻石模型。钻石模型以四大基本要素和两个辅助要素为支撑点，彼此相互作用，组成动态的竞争模式。钻石模型的四大要素为：生产要素、需求条件、相关与支持性产业，以及企业战略、结构和同业竞争。这些要素创造了企业竞争的一个基本环境，每个要素都会决定产业国际竞争优势的形成。两个辅助要素为：机会和政府。以上这六个因素一起构成了完整的钻石模型（如图2-2所示）。

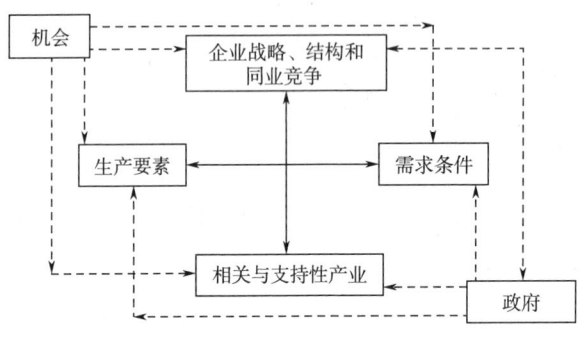

图2-2　波特钻石模型

1. 生产要素

生产要素是一个国家在特定产业竞争中有关生产方面的表现，包括人力资源、天然资源、知识资源、资本资源和基础设施。

2. 需求条件

需求条件是指本国市场对该项产业所提供产品或服务的需求如何。由于市场对每一种产业都具有影响力，因此内需市场借着自身对规模经济的影响力而提高了效率。

3. 相关与支持性产业

相关与支持性产业为国家竞争优势提供了一个优势网络。该网络通过由上而下的扩散流程和相关产业内的提升效应而形成。

4. 企业战略、结构和同业竞争

企业战略、结构和同业竞争指企业在一个国家的基础、组织和管理形态，以及国内市场竞争对手的表现。

5. 机会

作为竞争条件之一的机会,一般与产业所处的国家环境无关,也并非企业内部的能力,甚至不是政府所能影响的。但引发机会的事件一旦出现,产业能否借助这些事件的影响,形成和提升产业的竞争优势就非常重要。尤其是突破性的发明创造、非连续性的技术进步(如微电子技术、生物技术等新技术的出现)、生产成本突然提高(如能源危机)、全球金融市场或汇率的重大变化(如金融危机)、外国政府的政治决策以及战争或自然灾害等突发事件等,这些机会形成了产业的不连续性,能够解散或重塑产业结构,为一国企业代替另一国企业获得竞争优势提供了可能。

6. 政府

政府与其他基本要素之间的关系既非正面,也非负面。波特认为,政府适合的角色应当是市场竞争的催化剂与调控者,政府应当鼓励或者推动公司提高其抱负,达到较高的竞争水平。

(二) 双钻石模型

双钻石模型是一种国家竞争优势理论。1998年穆恩(H. Chang Moon)、鲁格曼(Alan M. Rugman)和沃伯克(Alain Verbeke)提出了一般化的双钻石模型,认为波特在咨询加拿大政府和新西兰政府时忽视了发生在这两个国家的跨国经营活动,如新西兰资源性产业和出口活动。对于小国而言,其资源和市场不仅仅在国内,更多的是依赖国际市场,因此小国经济的竞争力既受"国内钻石"的影响,也受"国际钻石"的影响,从而验证了在小国经济中的应用,"一般化的双钻石模型"比波特的钻石模型更有解释力和适应性。修正后的双钻石模型,最外面的一颗"钻石"代表全球因素,最里面的"钻石"代表东道国国内因素。外部的全球"钻石"的大小与一个固定的时间段相对应,而内部国内"钻石"的大小则根据国家的大小和其竞争力来变化。中间虚线形成的"钻石"是国际"钻石",表示由国内变量和国际变量共同决定的一个国家的竞争力。国内"钻石"和国际"钻石"的区别在于是否包含了跨国活动(如图2-3所示)。①

---

① 孙蛟,薛求知. 跨国并购的双钻石模型分析 [J]. 商业时代,2006 (1): 62-63.

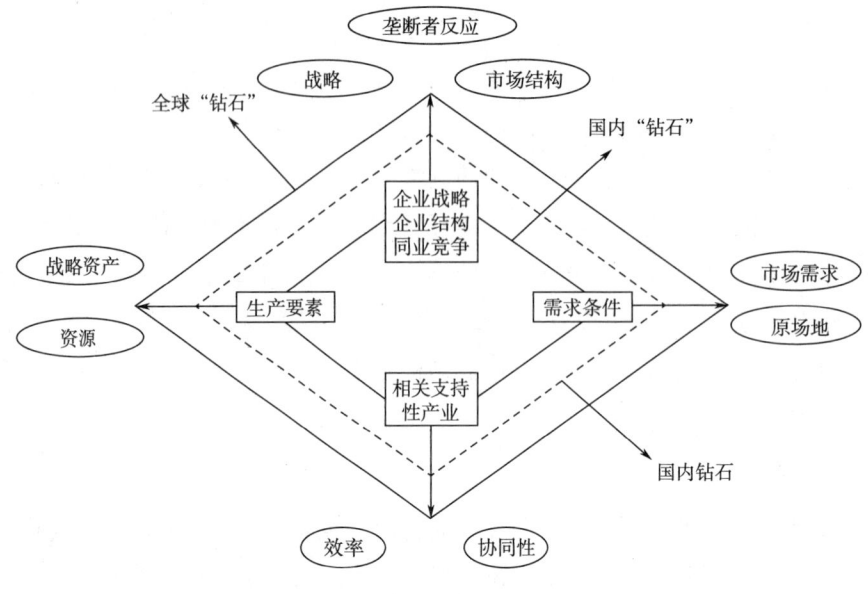

图 2-3 双钻石模型

【本章小结】

本章首先对国际贸易的概念及分类进行了阐述,接着从不同角度分析了国际贸易与国际物流的关系,并介绍了与国际物流运作相关的国际贸易术语。最后,阐述了国际空间经济理论和国家竞争力理论。

【思考练习】

1. 国际贸易的分类。
2. 国际物流与国际贸易的关系。
3. 贸易术语的选用需要考虑哪些问题?
4. 区域间经济发展关系理论有哪些?

【案例分析】

苹果智能手机的全球供应链

苹果公司(Apple Inc.)总部位于美国加利福尼亚州库比提诺,主要从事计算机、移动通信和传播设备、便携式音乐播放器及相关软件等产品的设计、制造和销售,在设计和开发自己的操作系统、硬件、应用软件和服务领域形成了核心能力。

苹果公司2021年物料清单显示，iPhone的供货商有美国、德国、日本、韩国、中国等14个国家和地区的183家企业。就核心零部件供货商数目来说，美国、日本最多，合计占比达69.74%。从价值链来看，美国供应商主要提供核心芯片、内存和集成电路等核心零部件，日本供应商提供摄像头模组等光学组件及显示面板，韩国供应商提供显示面板和部分芯片，而中国共有33家供应商为iPhone提供声学组件以及结构件等非核心零部件。可见，iPhone的供应链遍布全球，日本、韩国、美国、中国都深度参与苹果手机的供应链。

但iPhone的生产高度集中于中国。183家供货商共有748家工厂为苹果公司供货，遍布奥地利、捷克、巴西、墨西哥、菲律宾、印度尼西亚、越南、中国等26个国家和地区。其中的347家工厂设在中国，比例高达46.4%。iPhone生产高度集中于中国，看似是中美之间的深度分工，实则是东亚生产网络关系的体现。中国与日本、韩国苹果供应商之间的分工关系，比中美分工程度更为紧密，这是iPhone价值链中的中美分工玄机。

一方面，由于产品内分工，产品多次穿越国境导致多重关税和运输成本；另一方面，关税是对总进口征收，而不是对出口国的增加值征收，出口国必然还承担出口中所包含的他国增加值的税收。所以征税会造成累积效应。此外，一国的出口中包含了多国的增加值，一国出口被征税，该出口中所有他国增加值也被连带征税，使他国增加值的成本间接上涨，于是殃及他国出口。国家间分工程度越深，往返进出口次数越多，关税等贸易壁垒的累积效应和波及效应就越大。

中美作为世界贸易超级大国，双边贸易规模巨大，都深度融入全球供应链。但中美分属不同区域生产网络，两国在产品价值链上的分工多处于东亚生产网络中。在这种分工格局下，任何分工基础或外部条件变化都会带来较为复杂的影响。跨国企业在实施全球生产布局时应当考虑这种因素，各国政府在制定贸易政策时更应如此。比如，建立中日韩自贸区以及更大范围的东亚自贸区，其意义不言而喻。

（陶涛. iPhone价值链中的国际分工［EB/OL］.（2018-05-20）［2023-03-01］. https://www.yicai.com/news/5424637.html.）

思考：

1. iPhone的生产高度集中于中国的原因是什么？
2. 国际分工对国际贸易有什么影响？

第三章　国际航空运输

【学习目标】

1. 掌握国际空运的概念和特点
2. 掌握航空货运系统的组成
3. 了解世界主要空运线路
4. 掌握国际空运经营模式
5. 掌握国际空运业务流程
6. 理解国际空运运价与运费
7. 了解国际航空货运单和国际条约

【重点难点】

1. 国际空运经营模式
2. 国际空运业务流程
3. 国际空运运价与运费的计算

【导入案例】

顺丰集团投资建设鄂州货运机场

随着我国互联网网购浪潮的兴起，航空物流业迎来快速发展机会，作为我国电商快递物流的龙头企业，顺丰集团抓住机遇，在鄂州市自建货运机场。

目前，我国物流"通达系"中大部分企业的业务量及利润率均承受了来自内外部较高的压力。这促使我国众多的传统快递行业不断地谋求新模式，顺丰集团通过成立物流航空公司来显著提升其自身的货运配送能力以及运输区域覆盖能力。

一、顺丰集团航空物流发展的三个时期

初生期：顺丰集团的航空货运业务成立于2005年。在成立之初，集团便将自身的航空业务定位为传统物流业务的重要替代与支撑，聘任了具有国际航空物流管理经验的高管团队，让其参与了顺丰集团航空货运的发展战略的规划。2009年，中国民航局正式批复顺丰航空有限公司成立。

成长期：顺丰集团的航空货运自2011年开始便进入了快速发展的阶段。2011年初，率先通过了航空货运安全合格审定，公司首架波音737-300型全货机正式投入航线运行。2012年初，顺丰集团航空货运机队的首架波音737-400型全货机投入航线运行。2013年，顺丰集团开始组建自有全货机。

勃兴期：顺丰集团自2014年开始迎来了其航空货运物流发展的勃兴阶段。2014年初，集团货运机队的自有全货机数量突破了15架。2017年底，集团航空货运直达城市和地区已经增长至40个，并成功引进国内首架带翼稍小翼的波音757型全货机，率先通过了运行控制风险管控系统补充运行合格审定。2020年11月，集团的航空货运机通航国内外城市和地区达70个。

二、鄂州货运机场航空物流发展现状

鄂州航空物流依托于航空货物运输的快速发展，以空港综合实验区为发展载体，已经成为我国一个重要的航空物流枢纽。首先，从鄂州机场的物流发展现状来看，鄂州处于我国长三角地区的重要陆路及水路的货运枢纽，是东西部产业转移和资源输出的重要航空运输的平台；其次，从鄂州航空港综合实验区的发展来看，截至2020年，葛店开发区已经成功引入了包括亚马逊、苏宁云商等40家境

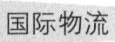 国际物流

内外众多的知名企业和速递物流公司,并构建了功能完备的仓储体系与货运物流网络。

顺丰集团鄂州自建货运机场的核心目标是成为亚洲乃至全球的核心航空物流枢纽。同时顺丰集团鄂州机场亦是湖北省打造其自身国际货运大通道的重要战略举措。鄂州具备相对低廉的劳动力成本与土地成本,不仅有效弥补了武汉都市圈较高的生产要素成本劣势,也以其成熟便捷的物流网与丰富的土地资源为顺丰集团鄂州货运机场航空物流发展提供了有利条件。从顺丰集团当前所制定的"大客户与仓配一体化"电商战略来看,葛店电商货运基地当前入驻的企业与顺丰集团电商战略完全吻合。因此,顺丰集团鄂州货运机场与周边地区的产业优势彼此有效地协同,形成了极具"协同涌现效能"的市场竞争优势。

(资料来源:根据顺丰集团和鄂州货运机场网站材料整理。)

第一节 国际航空运输基础知识

一、国际空运概念及特点

(一)国际空运概念

国际空运即国际航空运输,是指根据有关各方所订的合同,以航空器作为运输工具,不论在运输中是否有间断或转运,其出发地和目的地是在两个缔约国或非缔约国的主权管辖下的领土内约定的经停地点,将货物运输至目的地的运输方式。

(二)国际空运的特点

国际空运以航空器作为运输工具,与其他运输方式相比,具有不可比拟的优势,主要特点有以下几个。

1. 运送速度快

国际空运主要采用飞机作为运输工具,飞机的飞行速度一般在600公里/小时以上,与其他的运输工具,如汽车、火车、轮船等相比,具有速度快的优势。

2. 不受地面条件影响

航空运输利用天空这一自然通道,不受地形条件的限制,对于地面条件恶

劣、交通不便的内陆地区非常合适，有利于资源的进出口，促进当地经济的发展。航空运输使本地与世界相连，对外的辐射面广，而且航空运输与公路运输、铁路运输相比占用土地少，适合寸土寸金、地域狭小的地区发展对外交通。

3. 节约包装、保险、利息等费用

由于采用航空运输方式，货物在途时间短、周转速度快，企业存货可以相应减少。一方面有利于资金的回收，减少利息支出；另一方面企业仓储费用也可以降低。航空运输安全、准确，货损、货差少，保险费用较低。与其他运输方式相比，航空运输的包装简单，包装成本减少。这些都促成企业隐性成本的下降和收益的增加。

4. 破损率低，安全性好

由于航空货物本身的价格比较高，操作流程的环节比其他运输方式严格得多，因此在整个货物运输环节之中，货物的破损率很低。与其他运输方式相比，航空运输的安全性较高。例如，截至2021年7月底，中国民航每百万飞行小时重大事故率5年滚动平均值为0，好于安全目标（世界同期重大事故率5年滚动平均值为0.088）；生产经营性通用航空每万飞行小时死亡事故率0.052，好于安全目标；未发生非法干扰造成的航空器重大事故；未发生重大航空地面事故。显然，航空运输的安全性远远高于铁路运输、水上运输和公路运输。

5. 基本建设周期短，投资少

航空运输的基础设施主要有机场、导航设施和飞机，建设周期短，投资少，收效快，不像铁路、公路运输需要在线路上花大量投资。而且空运筹备开航需要的准备时间也短。一般来说，在相距1 000公里的城市间建造一条交通线，开设航线只需要2年，而铁路的建设周期是5~7年；回收航空线投资只需要4年，而铁路回收则需30年。

航空运输虽然有着其他运输方式无可比拟的优越性，但也有自身的局限性。例如，航空运输运量较小，不适合运送大件货物或大批量货物；运费较高，航空运输的成本高于其他运输方式的成本；飞机飞行会受到气候条件的影响；航空运输业存在较强的周期性，受经济波动和突发事件等的影响大。

总之，航空运输的上述特点使得航空运输适用于高附加值、低重量、小体积的物品运输，急快件货物运输以及时效性和季节性强的货物运输。

二、航空货物运输系统

航空货物运输系统主要包括飞机、机场、飞行航线、空中交通管理系统和货运服务站。各部分有机结合，分工协作，共同完成航空运输的各项业务活动。

（一）飞机

1. 机型分类

（1）按机身的宽窄可分为窄体机和宽体机。

①窄体机。宽3米，有两排座椅、一条走廊，在两个下货舱装运散货。常见的窄体机有以下型号：B737、B757、A318、A319、A320、MD90等。

②宽体机。机身宽4.72米以上，有三排座椅、两条走廊，可以在主货舱和下货舱装运集装器货物和散货。常见的宽体机有以下型号：B747、B767、B777、B787、A330、A340、A380、MD11等。

（2）按用途可分为国家航空飞机和民用航空飞机。

国家航空飞机是指军队、警察和海关等使用的飞机，民用航空飞机是指民用飞机和直升机。按民用航空飞机的使用用途，即根据主舱的装载对象，可以分为全货机、全客机和客货混用机。全货机的主、下舱内全部装载货物；全客机只在下舱内装载货物；客货混用机在主舱前部设有旅客座椅，后部可装载货物，下舱可装载货物。

（3）按载货的类型可分为散货型飞机和集装型飞机。

散货型飞机，窄体机的下货舱属非集装货舱，因此该类机型绝大部分属散货型飞机。

集装型飞机，全货机及宽体客机均属集装型飞机，可装载集装设备。

（4）按发动机的类型可分为螺旋桨式飞机和喷气式飞机。

螺旋桨式飞机，利用螺旋桨的转动将空气向机后推动，借用反作用力推动飞机前进，所以螺旋桨转速越高，飞行速度越快。但当螺旋桨转速高到某一程度时，会出现"空气阻碍"的现象，即螺旋桨四周已成真空状态，再加速螺旋桨的转速，飞机的速度也无法再提升。

喷气式飞机，是一种使用喷气发动机作为推进力来源的飞机，所使用的喷气发动机靠燃料燃烧时产生的气体向后高速喷射的反冲作用使飞机向前飞行。喷气式飞机的结构简单，制造、维修方便，速度快，节约燃料费用，装载量大，使用率高，所以目前已经成为世界各国机群的主要机种。

（5）按飞行速度可分为亚声速飞机和超声速飞机。

亚声速飞机，分为低亚声速飞机（飞行速度低于 400 公里/小时）和高亚声速飞机（飞行速度马赫数为 0.8～0.9），多数喷气式飞机为高亚声速飞机。

超声速飞机，指航行速度超过亚声速的飞机，超声速飞机耗油大、载客少、造价昂贵、使用率低等缺点使得很多航空公司望而却步。

2. 装载限制

（1）重量限制。由于飞机结构的限制，在任何情况下，所装载的货物重量都不可以超过限额，否则，飞机的结构很有可能遭到破坏，飞行安全会受到威胁。窄体机只能装载散货，不能装载集装器货物，每件货物重量一般不超过 80 公斤，体积一般不超过 40 厘米×60 厘米×60 厘米；宽体机既可装载散货也可装载集装器货物，每件货物重量一般不超过 250 公斤，体积一般不超过 100 厘米×100 厘米×140 厘米。

（2）总容积限制。由于货舱内可利用的空间有限，因此，总容积也成为运输货物的限定条件之一。为提高舱内空间利用率，将轻泡货物和高密度货物混运装载是比较经济的解决方法，承运人有时提供一些货物的密度参数作为混运装载的依据。以常见的窄体机型 B737 为例，B737-200 型与 B737-300 型货舱载货体积为 24.7 立方米，B737-800 型货舱载货体积为 45 立方米。

（3）舱门限制。由于货物只能通过舱门装入货舱内，货物的尺寸必然会受到舱门的限制。为了便于确定一件货物是否可以装入散舱，飞机制造商一般会提供散舱舱门尺寸表，表内数据以厘米和英寸两种计量单位公布。

（4）地板承受力限制。飞机货舱内每平方米的地板可承受一定的重量，如果超过地板的承受能力，则地板和飞机结构很有可能遭到破坏。因此，装载货物时应注意不能超过地板承受力的限额，计算公式为：地板承受力＝货物的重量÷地板接触面积。如果超过限额，应使用 2～5 厘米厚的垫板，加大接触地面的面积。

（5）常见机型的载货性能数据。载货性能主要包括地板承受力、舱门尺寸以及最大装载量，以下是常见机型的载货性能数据（如表 3-1、表 3-2、表 3-3

所示)。

表 3-1 波音系列常见机型的载货性能数据

波音系列机型	类型	地板承受力（公斤/平方米）	舱门尺寸（厘米×厘米）	最大装载量
777-200	宽体	976	前货舱：170×270	6块PIP/P6P板或18个AVE箱
		732	后货舱：175×180	14个AVE箱
			散舱：114×97	17立方米（4028公斤）
767-200	宽体	976	前货舱：175×340	3块PIP/P6P板
		732	后货舱：140×112	10个DPE箱
			散舱：119×97	12.0立方米（2925公斤）
767-300	宽体	732	前货舱：175×340	4块PIP/P6P板
			后货舱：174×187	14个DPE箱
			散舱：119×97	12.0立方米（2925公斤）
757	窄体	732	前货舱：107×107	21.6立方米（4672公斤）
			后货舱：140×112	24.7立方米（7393公斤）
747-400 COMBI	宽体	1952	主货舱：305×340	6块P6P板或5块P6P板加1块20英尺板
		976	前下货舱：168×264	5块PIP/P6P板
			后下货舱：168×264	16个AVE箱或4块P6P板或4块PIP板加4个AVE箱
		732	散货舱：119×112	12.3立方米（4408公斤）
747-200 COMBI	宽体	1952	主货舱：305×340	6块PIP/P6P板或4块P6P板加1块20英尺板
		976	前下货舱：168×264	5块PIP/P6P板
			后下货舱：168×264	14个AVE箱或4块P6P板或4块PIP板加2个AVE箱
		732	散货舱：119×112	22.6立方米（6749公斤）
747-SP	宽体	976	前货舱：173×264	3块PIP（可以有1块P6P）板
			后货舱：173×264	10个AVE箱或3块PIP板加2个AVE箱
			散舱：119×112	9.6立方米（2948公斤）

续表

波音系列机型	类型	地板承受力（公斤/平方米）	舱门尺寸（厘米×厘米）	最大装载量
747-200F	宽体	1952	主货舱前门（鼻门）：249×264	29块PIP/P6P板或12块20英尺板加4块PIP/P6P板
			主货舱侧门：305×340	
		976	前下货舱：168×264	5块PIP/P6P板或18个AVE箱
			后下货舱：168×264	4块PIP/P6P板或14个AVE箱
		732	散货舱：119×112	22.6立方米（可用15.8立方米）（6749公斤）
737-200	窄体	732	前货舱：86×121	10.4立方米（2269公斤）
			后货舱：88×121	14.3立方米（3462公斤）
737-300	窄体	732	前货舱：88×121	10.4立方米（2269公斤）
			后货舱：88×117	14.3立方米（3462公斤）
737-800	窄体	732	前货舱：89×122	19.6立方米（3558公斤）
			后货舱：84×122	25.4立方米（4850公斤）

表3-2 空中客车系列常见机型的载货性能数据

空中客车系列机型	类型	地板承受力（公斤/平方米）	舱门尺寸（厘米×厘米）	最大装载量
A-310	宽体	732	前货舱：169×270	3块PIP/P6P板或8个AVE箱
			后货舱：181×170	6个AVE箱
			散货舱：95×63	8.0立方米（2770公斤）
A340	宽体	1050	前货舱：169×270	6块PIP/P6P板或18个AVE箱
			后货舱：169×270	4块PIP/P6P板或14个AVE箱
A320	窄体	732	前货舱：124×182	3AKH/PKC箱位（散装）
			后货舱：124×182	4AKH/PKC箱位（散装）
			散货舱：77×95	5.0立方米（1479公斤）
A300-600R	宽体	732	前货舱：178×270	4块PIP/P6P板或12个AVE箱
			后货舱：175×181	10个AVE箱
			散货舱：95×95	14.7立方米（2770公斤）

表 3-3　麦道系列常见机型的载货性能数据

麦道系列机型	类型	地板承受力（公斤/平方米）	舱门尺寸（厘米×厘米）	最大装载量
MD-80 MD-82	窄体	732	前货舱：75×135	13.1 立方米
			中货舱：75×135	9.8 立方米
			后货舱：75×135	12.5 立方米
MD-11F	宽体	732	主货舱：259×356	6 块 P6P 板
			前货舱：167×264	6 块 PIP/P6P 板
			后货舱：167×264	4 块 PIP/P6P 板或 2 个 AVE 箱
			散货舱：91×76	14.4 立方米（2294 公斤）

（二）机场

机场（航空站）是提供飞机起飞、着陆、停驻、维护、补充给养及组织飞行保障活动的场所，也是旅客和货物的起点、终点或转折点。

按航线性质划分，机场可分为国际航线机场（国际机场）和国内航线机场；按在民航运输网络中所起作用划分，可分为枢纽机场、干线机场和支线机场；按所在城市的性质、地位划分，可分为Ⅰ类机场、Ⅱ类机场、Ⅲ类机场和Ⅳ类机场；按允许起降飞机的最大起飞全重划分，可分为一、二、三、四级；按年旅客吞吐量或货物运输吞吐量划分，可分为小型、中小型、中型、大型、特大型五级。

根据国际机场理事会（Airports Council International，ACI）2020 年数据，货运吞吐量排名前十的机场分别来自美国、中国、韩国和卡塔尔。美国孟菲斯机场货运吞吐量较上年增长 6.7%，超过香港国际机场，排名第一。香港国际机场排名第二，2020 年货运吞吐量为 446.8 万吨，同比 2019 年下降 7.1%；上海浦东国际机场排名第三，2020 年货运吞吐量达到 368.66 万吨，相比 2019 年增加了 1.4%；台北桃园机场排名第七，2020 年货运吞吐量为 234.27 万吨，相比 2019 年增加了 7.4%。美国有 5 座机场跻身世界前十强，5 座机场航空货运吞吐量达到 1 502 万吨，中国有 3 座机场跻身前十强，3 座机场货运吞吐量也达到 1 048 万吨。

（三）航空货运代码

航空货运代码具有识别容易、简洁明了的特点，方便单证的制作和业务操作，对航空货运的顺畅运作起到了重要作用。

航空公司在航空货运代码中使用英文字母 2 字代码或使用数字 3 字代码。例如，中国国际航空公司（Air China），其2字代码为CA，其3字代码为999。英国航空公司（British Airlines），其2字代码为BA，其3字代码为125。

国家用2字代码表示。例如，中国的代码为CN，美国的代码为US，英国的代码为GB。

城市用3字代码表示。例如，北京的代码为GJS，上海的代码为SHA。（如表3-4所示）

表3-4　航空公司货运代码

中文名称	2字代码	3字代码	国家代码	城市代码
中国国际航空公司	CA	999	CN	GJS
中国南方航空公司	CZ	784	CN	CAN
东方航空公司	MU	781	CN	SHA
美国联合航空公司	UA	016	US	CHI
英国航空公司	BA	125	GB	LON
日本航空公司	JL	131	JP	TYO
德国汉莎航空公司	LH	020	DE	FRA

（四）航空货运的主要当事人及其关系

在空运物流运作的各环节中，所涉及的相关当事人主要有发货人、航空货运代理人、航空公司（承运人）、地面运输公司和收货人等。

1. 航空公司

航空公司是航空运输的承运人，从事航空运输（包括客运、货运）以及接受办理与其能力相适应的航空运输业务。其主要任务是把所接受委托的客、货，按指定要求从一机场运往另一机场。

2. 航空货运代理人

航空货运代理人又称航空货运代理公司，是随航空运输的发展及航空公司运输业务的集中化而发展起来的一种服务性组织。

航空货运代理人主要从事航空货物在始发站交航空公司前的揽货、接货、报关、订舱及在目的地从航空公司处接货、报关和送货等一系列业务。航空货运代理人可从航空公司收取订舱佣金（5%）以及运价回扣①，按航空公司发布的运

---

① 国际航空运输协会的规定。

价费率代发货人交付运费,并向发货人收取所提供相关服务的手续费。

航空货运代理人具有两种职能:一是向货主提供服务,代替货主向航空公司办理托运和提取货物;二是为航空公司服务,部分航空货运代理人还代替航空公司接受货物,出具航空公司的总运单和自己的分运单。因此,航空货运代理人在运输过程中具有双重角色。

3. 航空货运代理人的身份

(1) 承运人身份。可作为空运缔约承运人,或空运实际承运人。

(2) 托运人身份。当货运代理人以自己的名义与航空公司签订运输合同时,相对于运输合同对方当事人而言,货运代理人是托运人,航空公司是承运人。

(3) 收货人身份。在目的地,货运代理人可以自己的名义接收货物,同样可以成为收货人。

(4) 托运人的代理人。当货运代理人从不同的托运人手中接收货物,以托运人的名义与航空公司签订运输合同时,货运代理人是托运人的代理人,航空公司是承运人。

(5) 承运人的代理人。当货运代理人以承运人的名义与托运人签订运输合同并向托运人签发航空货运单时,货运代理人是承运人的代理人。

4. 各有关当事人的关系

航空公司与航空货运代理人之间职责分明。航空公司通过航空货运代理人接揽货物,增加运量,延伸服务功能;航空货运代理人则通过航空公司将货物按委托人旨意运送至收(发)货人,是航空公司与收(发)货人之间联系的纽带(如图3-1所示)。

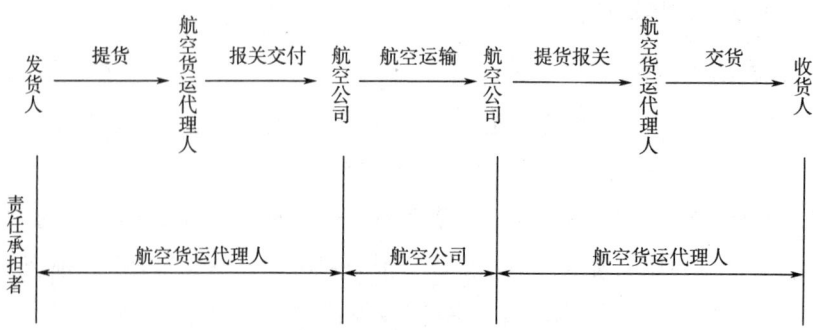

图3-1 航空货物运输的收发流程

为协调航空货物运输中各有关当事人的关系,促进航空货物运输的发展,一些国际航空运输组织相继成立,如国际民用航空组织(International Civil Aviation Organization,ICAO)、国际航空运输协会、国际货物发运人协会(International Federation of Freight Forwarders Association,FIATA)等。我国是 ICAO 的理事国,尽管我国未参加 IATA,但有非正式联系。

三、世界主要空运线路

20 世纪初在法国首次出现航空货物运输,第二次世界大战后军用飞机转入民航运输。国际航线主要集中在北半球中纬度地区,航线主要集中在北美、欧洲和东亚等经济发达地区。世界主要空运线路有"远东—北美"的北太平洋航线、"西欧—北美"的北大西洋航线和"西欧—中东—远东"航线。

(一)"远东—北美"北太平洋航线(含远东—美东的北极航线)

"远东—北美"北太平洋航线(如图 3-2 所示)是世界上最长的航空线,主要连接远东的广州、上海、北京、台北、东京、首尔和仁川等机场经北太平洋上空,至北美西海岸的温哥华、西雅图、旧金山和洛杉矶等机场的航空线。此外,北太平洋航线可延伸至北美中东部的纽约、芝加哥、蒙特利尔和多伦多等。

远东到北美西海岸(美西)如洛杉矶、旧金山等都是飞越北太平洋,但是远东到北美东海岸(美东)如纽约、底特律和多伦多等可能飞的是北极航线。

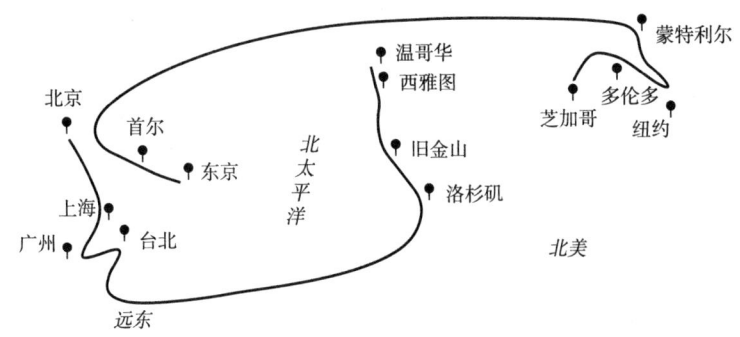

图 3-2 "远东—北美"北太平洋航线

(二)"西欧—北美"北大西洋航线

"西欧—北美"北大西洋航线(如图 3-3 所示)是世界上最繁忙的航线,位在北纬四十度至五十度,伦敦和纽约为此航线两端的最大商港。北大西洋航线主要连接西欧——伦敦、巴黎、柏林、法兰克福、慕尼黑、布鲁塞尔、阿姆斯特丹、苏黎世和维也纳等,和北美——蒙特利尔、多伦多、温哥华、纽约、芝加哥、西雅图、旧金山、洛杉矶、丹佛、休斯敦、亚特兰大、迈阿密和墨西哥城等。

北大西洋航线除了覆盖西欧,还触及北欧①、东欧②和南欧③。

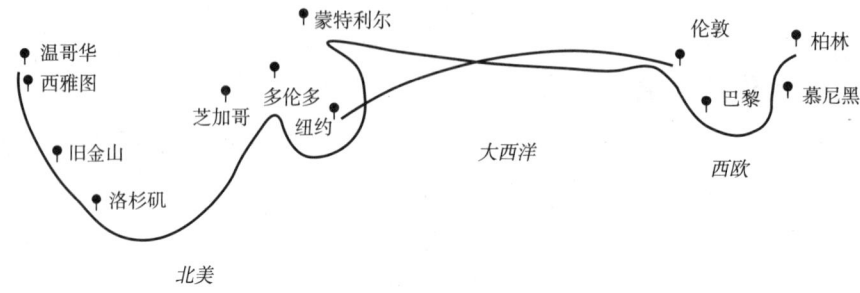

图3-3 "西欧—北美"北大西洋航线

(三)"西欧—中东—远东"航线

"西欧—中东—远东"航线(如图3-4所示)主要连接西欧——伦敦、巴黎、柏林、法兰克福、慕尼黑、布鲁塞尔、阿姆斯特丹、苏黎世、维也纳等城市至远东的广州、上海、北京、东京、首尔等城市并途经开罗(CAI/埃及)、迪拜(DXB/阿联酋)、德黑兰(THR/伊朗)等。

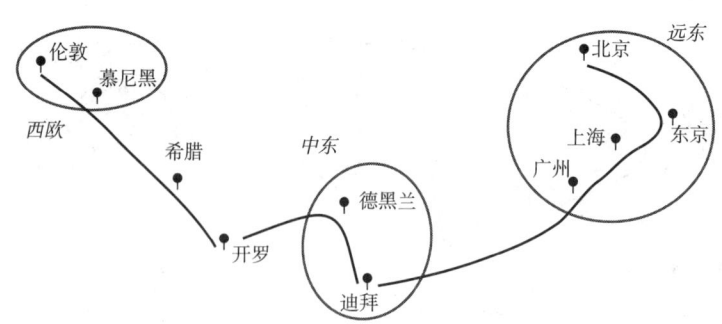

图3-4 "西欧—中东—远东"航线

---

① 主要航空港:哥本哈根(CPH/丹麦)、奥斯陆(OSL/挪威)、斯德哥尔摩(STO/瑞典)、赫尔辛基(HEL/芬兰)和雷克雅未克(REK/冰岛)。
② 主要航空港:莫斯科、圣彼得堡、华沙(WAW/波兰)和基辅(IEV/乌克兰)。
③ 主要航空港:罗马(ROM/意大利)、马德里(MAD/西班牙)、里斯本(LIS/葡萄牙)和雅典(ATH/希腊)。

(四)"北美—南美"西半球航线

"北美—南美"西半球航线又称拉丁航线(如图 3-5 所示),主要连接北美洲——加拿大的温哥华、多伦多和蒙特利尔,美国的旧金山、洛杉矶、西雅图、芝加哥、纽约、亚特兰大、迈阿密和休斯敦,墨西哥的墨西哥城和南美洲——哥伦比亚的波哥大,秘鲁的利马,委内瑞拉的加拉加斯,巴西的里约热内卢、巴西利亚和圣保罗,阿根廷的布宜诺斯艾利斯,智利的圣地亚哥等。西半球航线也包括中美洲的危地马拉城(GUA/危地马拉)、巴拿马城(PTY/巴拿马)、科隆(ONX/巴拿马)、金斯顿(KIN/牙买加)、圣胡安(SJU/波多黎各)和哈瓦那(HAV/古巴)等。

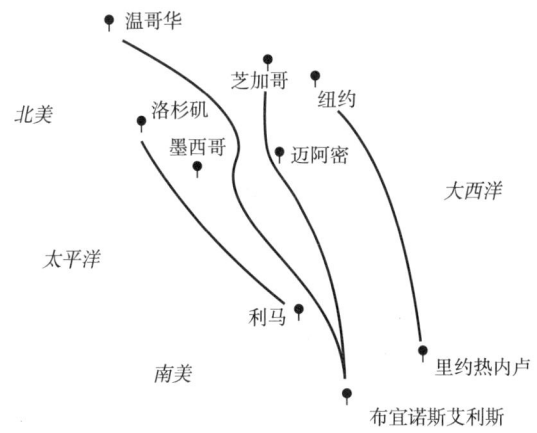

图 3-5 "北美—南美"西半球航线

(五)"西欧—南美"航线

"西欧—南美"航线(如图 3-6 所示)主要连接西欧——伦敦、巴黎、柏林、法兰克福、慕尼黑、布鲁塞尔、阿姆斯特丹、苏黎世、维也纳和南美洲——哥伦比亚的波哥大,秘鲁的利马,委内瑞拉的加拉加斯,巴西的里约热内卢、巴西利亚和圣保罗,阿根廷的布宜诺斯艾利斯,智利的圣地亚哥等。

(六)"西欧—非洲"航线

"西欧—非洲"航线(如图 3-7 所示)主要连接西欧——伦敦、巴黎、柏林、法兰克福、慕尼黑、布鲁塞尔、阿姆斯特丹、苏黎世、维也纳和非洲——摩洛哥的卡萨布兰卡,阿尔及利亚的阿尔及尔,突尼斯,利比亚的的黎波里,埃及的开罗,苏丹的喀土穆,埃塞俄比亚的亚的斯亚贝巴,肯尼亚的内罗毕,南非的约翰内斯堡和开普敦,安哥拉的罗安达,刚果(金)的金沙萨,尼日利亚的阿布贾、拉各斯,加纳的阿克拉,塞内加尔的达喀尔等。

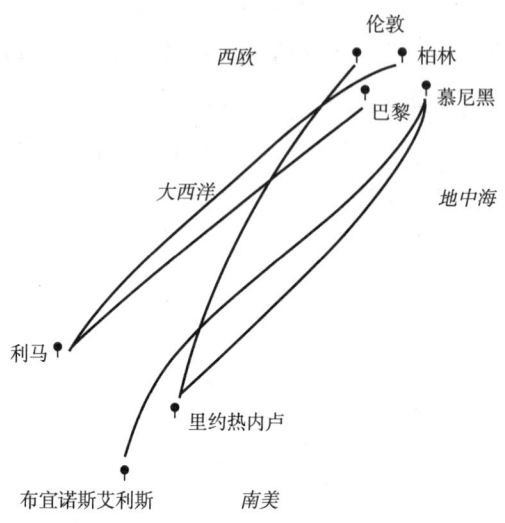

图3-6 "西欧—南美"航线

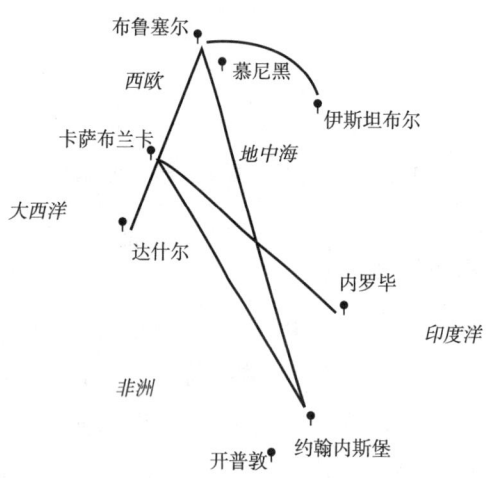

图3-7 "西欧—非洲"航线

(七)"西欧—东南亚—澳新"航线

"西欧—东南亚—澳新"航线(如图3-8所示)主要连接西欧——伦敦、巴黎、柏林、法兰克福、慕尼黑、布鲁塞尔、阿姆斯特丹、苏黎世、维也纳和澳洲——澳大利亚的悉尼、墨尔本、达尔文和珀斯，新西兰的奥克兰、惠灵顿并途经东南亚——新加坡、曼谷、吉隆坡、雅加达、马尼拉和仰光等。

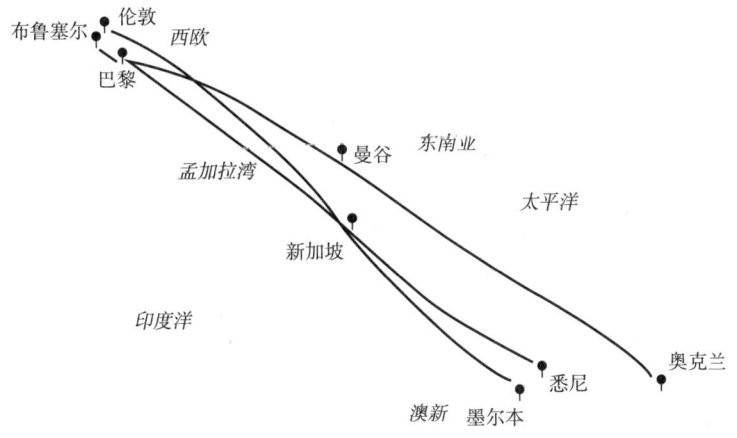

图 3-8　"西欧—东南亚—澳新"航线

（八）"远东—澳新"航线

"远东—澳新"航线（如图 3-9 所示）主要连接远东的广州、上海、北京、东京、首尔经东南亚至澳大利亚的悉尼、墨尔本、达尔文和珀斯，以及新西兰的奥克兰和惠灵顿等。

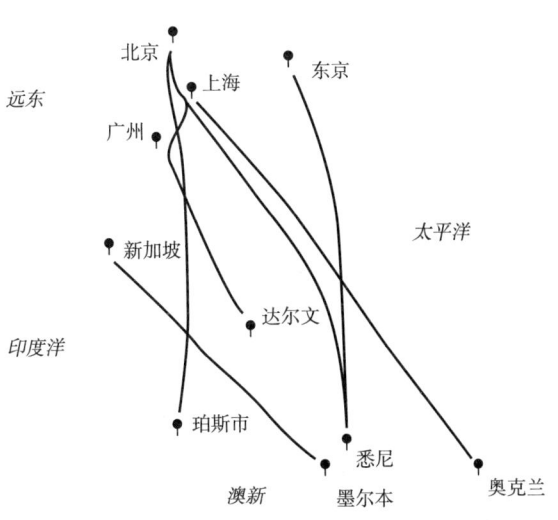

图 3-9　"远东—澳新"航线

(九)"北美—澳新"航线

"北美—澳新"航线(如图 3-10 所示)主要连接北美洲——加拿大的温哥华、多伦多和蒙特利尔,美国的旧金山、洛杉矶、西雅图、芝加哥、纽约、亚特兰大、迈阿密、休斯敦和达拉斯,墨西哥的墨西哥城和澳大利亚的悉尼、墨尔本、达尔文、珀斯以及新西兰的奥克兰、惠灵顿等。

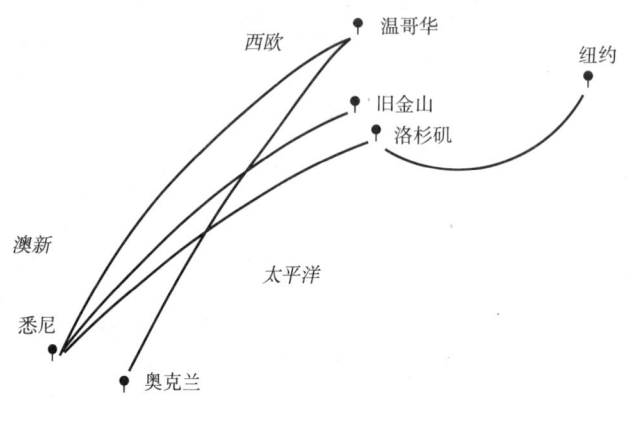

图 3-10 "北美—澳新"航线

在我国,国际贸易航空货运线和机场主要集中在北京、上海、天津、沈阳、大连、哈尔滨、青岛和广州。此外,南宁、昆明和乌鲁木齐等机场也接办国际航空货运任务。

第二节 国际空运实务与技能

一、国际空运经营模式

(一)班机运输(Scheduled Airline)

班机运输指航空公司的飞机在固定时间、固定航线、固定始发站和目的站进行货物运输。一般航空公司都使用客货混合型飞机,一方面搭载旅客,另一方面又运送少量货物。也有一些较大的航空公司在一些航线上开辟定期的货运航班,使用全货机(All Cargo Carrier)运输。班机运输的特点如下。

1. 定线、定点、定期

班机运输是目前最主要的航空货运方式,有固定航线、固定经停站,且定期开航,因此国际空运货物流通多使用班机运输方式。

2. 适合急需、贵重、鲜活、小批量的货物运输

班机运输收货人、发货人能确切掌握货物起运和到达时间,但班机一般都是客货混合机,舱位有限。

(二) 包机运输 (Chartered Carrier)

包机运输指航空公司按照约定的条件和费率,将整架飞机租给一个或若干个包机人(包机人指发货人或航空货运代理公司),从一个或几个航空港装运货物至指定目的地的运输方式,又分整机包机和部分包机(如表3-5所示)。

表3-5 包机运输方式

运输方式	主导方	注意事项
整机包机	包机人	包机人一般要在货物装运前1个月与航空公司联系,以便航空公司安排运载和办理有关手续。包机的费用为一次一议,随国际市场供求情况变化
部分包机	航空货运代理公司/发货人	适于托运不足整架飞机的舱位,但又较重的货物
集中托运	航空货运代理公司	运费较班机便宜,由航空公司签发总运单,航空货运代理公司签发分运单。但特种货物不能办理集中托运业务(活动物、贵重物品、尸体骨灰、外交信袋和危险品)

(三) 联合运输方式 (TAT Combined Transport)

联合运输方式又称陆空陆联运,是指包括空运在内的两种以上运输方式的联合运输,主要有3种类型:火车-飞机-卡车的联合运输方式,简称 TAT (Train-Air-Truck);火车-飞机的联合运输方式,简称 TA (Train-Air);卡车-飞机的联合运输方式,简称 TA (Truck-Air)。

(四) 航空快递业务 (Air Express Service)

航空快递(又称快件、快运、速递)业务,又称"门到门"(Door to Door)运输,是指具有独立法人资格的企业,特别是从事快件运输的专业速递公司与航空公司合作,通过自身或代理的网络,以最快速度在货主、机场、用户之间传送急件的运输服务。

二、国际空运业务流程

(一) 国际空运出口业务流程

国际空运出口业务流程如图 3-11 所示。

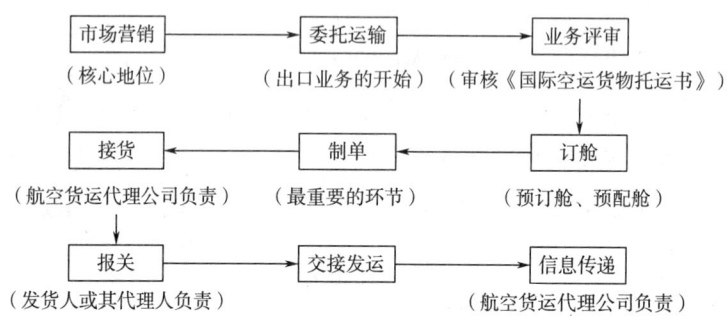

图 3-11 国际空运出口业务流程

1. 市场营销

市场营销是航空公司的货运舱位的销售，因此市场营销也就是揽货，属于国际空运业务的市场开发工作，处于整个航空货物出口运输代理业务流程的核心地位。

在具体操作时，航空货运代理公司需向货主即出口单位，介绍本公司的业务范围、服务项目、各项收费标准，特别是向出口单位介绍优惠运价、本公司的服务优势等。

2. 委托运输

航空货运代理公司与出口企业就出口货物运输事宜达成意向后，出口企业需要填写固定格式的《国际空运货物托运书》，并加盖公司公章，也就是出口企业委托运输，这是一项具体国际空运出口业务的开始。对于长期出口或出口货量大的出口企业，航空货运代理公司一般需要与出口企业签订长期的代理协议。

3. 业务评审

根据《国际空运货物托运书》，审核客户填项目是否齐全，包括发货人、收货人、通知人、始发地、目的地、品名、件数、重量、尺码、唛头、提货要求、有无特殊要求等，还需要审核费用是否合理（或另附报价确认单），完成业务评审后进入订舱环节。

4. 订舱

在收到客户的《国际空运货物托运书》并完成业务审核工作后，需要填写订舱单向航空公司预订舱位，这个环节称为预订舱，此时货物还没有入库，预报的和实际的件数、重量、体积等都会有些差别；但是向航空公司预订舱位时要提醒出口企业尽量相差不能太大，因为实际到货如果少于预订舱位较多，航空公司就有可能产生亏舱；实际到货如果超过预订舱位的重量或体积，舱位紧张时航空公司就有可能将多出的货物或整批货物安排到下一航班出运，容易产生货物延误的情况。

5. 制单

制单主要是填开航空货运单，包括总运单和分运单。填制航空货运单是空运出口业务中最重要的环节，货运单填写的准确与否直接关系到货物能否及时、准确地运往目的地。航空货运单的填写必须详细、准确，严格符合"单货一致""单单一致"的要求。

如果所托运的货物是直接发给国外收货人的单票托运货物，填开航空公司运单即可。如果所托运的货物属于以国外代理人为收货人的集中托运货物，除了填制一份航空公司的总运单，还必须为每票货物另外填制一份航空货运代理公司的分运单，以便国外代理人对总运单下的各票货物进行分票处理。

6. 接货

接货即接收货物，是指航空货运代理公司派工作人员上门提取货物并运送到机场货运站的国际仓库。接收货物时应对货物进行过磅和丈量，根据发票、装箱单或送货单清点货物，并核对货物的数量、品名、合同号和唛头等是否与航空货运单上所列一致。提货时对于货物的整体要求是：托运人提供的货物包装坚固、完好、轻便，保证在正常运输情况下货物可完好地运达目的地，同时也不损坏其他货物和设备。

7. 报关

出口报关是指发货人或其代理人在货物发运前，向出境地海关办理货物出口手续的过程。具体操作程序如下。

①首先将发货人提供的出口货物报关单的各项内容输入计算机，即计算机预

录入。

②预录入报关单检查无误后,在报关系统中正式提交海关审核。

③海关审单中心审核报关单证,如果抽中验货,进入验货环节。

④海关抽验货物。

⑤验货合格后,海关开出税款缴纳通知单(部分产品有出口关税),缴纳关税。

⑥海关盖放行章,报关完成。

⑦交接发运。

交接是指报完关后,航空货运代理公司将报关放行单证交给航空公司的地面操作代理(机场货运站),货物在报关之前就已经进到机场货运站的仓库,等待报关放行手续才可以装上飞机。当收到航空货运代理公司交接来的报关放行单证后,机场货运站工作人员安排将货物装上预订的航班。

8. 信息传递

货物交接发运后,航空货运代理公司除了做好航班跟踪外,还要为客户提供相关的信息服务,包括报关信息、实际重量情况、一程及二程航班信息、集中托运信息、单证信息等。

(二) 国际空运进口业务流程

国际空运进口业务流程具体包括以下六个环节(如图3-12所示)。

1. 代理预报

在国外发货前,国外货运代理公司将运单、航班、件数、重量、品名、实际收货人及其地址、联系电话等内容通知目的地代理公司,这个环节叫代理预报。代理预报的目的是使代理公司做好接货前的所有准备工作。

2. 交接单货

货物到达后,航空货运代理公司接到航空到货通知到机场货运站取单(指航空运单第三联正本)。取单时应注意以下两点。

①机场货运站免费保管货物的期限,超过期限需要付费。

②进口货物应自运输工具进境之日起14天内办理报关。如通知取单日期已临近或超过限期,应先征得收货人同意缴纳滞报金的情况下方可取单。

航空货运代理公司在与机场货运站办理交接手续时,应根据运单及交接清单核对实际货物,如若存在特殊情况,则按照规定进行处理。

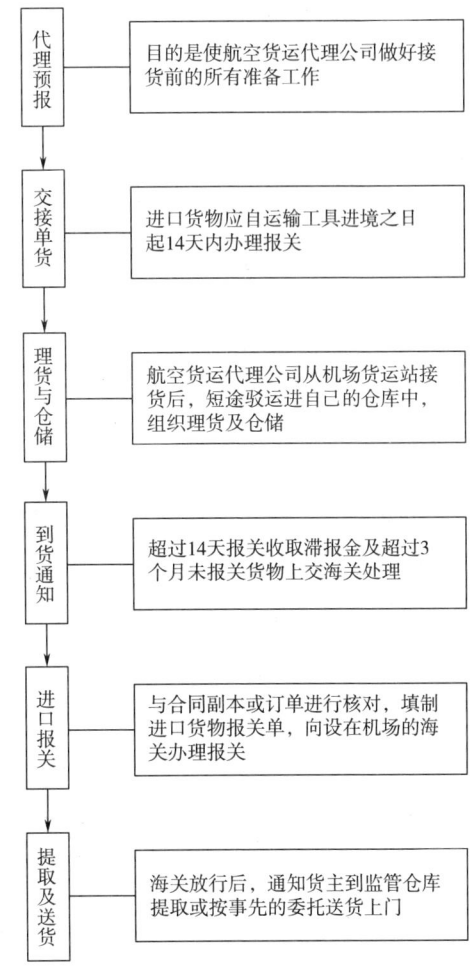

图 3-12 国际空运进口业务流程

3. 理货与仓储

航空货运代理公司从机场货运站（一级监管仓库）接货后，短途驳运进自己的二级监管仓库中，组织理货及仓储。①

4. 到货通知

货物到目的港后，航空货运代理公司应尽早、尽快地通知货主到货情况，提

---

① 机场货运站的国际仓库属于海关一级监管仓，航空货运代理公司的监管仓属于海关二级监管仓。但不是所有口岸的所有航空货运代理公司都设有海关监管仓库，在没有二级监管仓库的情况下，进口货物就只能放在机场货运站仓库，等进口报关手续办好后才能提取货物。

请货主配齐有关单证。

到货通知包括以下内容。

①运单号、分运单号、货运代理公司编号。

②件数、重量、体积、品名、发货公司、发货地。

③运单、发票上已编注的合同号、随机已有单证数量及尚缺的报关单证。

④运费到付数量、货运代理公司地面服务收费标准。

⑤货运代理公司及仓库的地址、电话、传真、联系人。

⑥提示货主关于"超过14天报关收取滞报金及超过3个月未报关货物上交海关处理"的规定。

5. 进口报关

取回运单后，应与合同副本或订单进行核对。核对信息无误后应立即填制进口货物报关单，并附必要的单证向设在机场的海关办理报关。如由于单证不全而无法报关时，应及时通知收货人补齐单证或通知收货人自行处理，以免承担近期报关而需缴滞报金的责任。

海关对报关单证进行审核，审核完毕后开出关税缴纳通知单，进口公司应及时缴纳税款，然后将银行盖好税款缴讫章的税单交海关，海关在进口提货单据上盖章放行。

6. 提取及送货

海关放行后，立即通知货主到监管仓库提取货物或按事先的委托送货上门。对需办理转运的货物，如不能就地报关，应填制海关转运单，并附有关单证交海关制作关封、随货转运。

如果一张航空货运单上有两个或两个以上的收货人，则航空货运代理公司应办理分拨手续。

三、国际空运的运价与运费

国际空运的运价又称费率（rates），是指承运人为运输货物对规定的重量单位（或体积）收取的费用，特指机场与机场间的空中费用，不包括承运人、代理人或机场收取的其他费用。运费（transportation charges）是根据适用运价计得的发货人或收货人应当支付的每批货物的运输费用。

航空公司按国际航空运输协会所制定的三个区划费率收取国际航空运费。

计算货物的运费公式为：

货物运费=适用的运价×计费重量

计算空运货物运费时主要应考虑三个因素，即计费重量、运价种类、货物的声明价值及其他规定。

（一）计费重量

计费重量是指用以计算货物航空运费的重量。航空运费中货物的计费重量分为实际毛重、体积重量、计费重量三种。

实际毛重是货物净重与包装件重量的总和，以0.1公斤为计算单位。

由于货舱空间体积的限制，一般对于低密度的货物，即轻泡货，其体积重量可能会成为计费重量。体积重量用货物体积按一定的比例折合成重量，以0.1公斤为计算单位。

国际航空货物运输组织规定在计算体积重量时以7 000立方厘米折合为1公斤。我国民航则规定以6 000立方厘米折合1公斤为计算标准。

不论货物的形状是否为规则的长方体或正方体，计算货物体积时，均应以最长、最宽、最高的三边厘米长度计算。长、宽、高的小数部分按四舍五入取整，体积重量的折算，换算标准为每6 000立方厘米折合1公斤，其公式为：

体积重量（公斤）= 货物体积÷6 000（立方厘米）

在货物体积小、重量大时，按实际重量计算；在货物体积大、重量小时，按体积计算。

在集中托运时，如果一批货物由不同的货物组成，有轻泡货，也有重货，其计费重量则采用整批货物的总毛重或总的体积计量，按两者之中较高的一个计算。计费重量以0.5公斤为最小单位，重量尾数不足0.5公斤，按0.5公斤计算；0.5公斤以上不足1公斤，按1公斤计算。例如，105.001公斤计为105.5公斤，105.501公斤计为106.0公斤。

【例3-1】

某批货物两箱，包装尺寸分别为：100×80×80立方厘米，90×82×70立方厘米，总体积为115 600立方厘米。该批货物的毛重为167公斤。按6 000立方厘米折合1公斤，计得体积重量为192.77公斤。计费重量取实际重量和体积重量的高者，故计费重量应取192.77公斤。0.5公斤以上不足1公斤按1公斤计算，故最终计费重量应为193公斤。

(二) 运价的种类及使用方法

按运价制定的途径划分，国际航空货物运价可分为协议运价和国际航空运输协会运价。

协议运价是指同行的双方或几方航空公司通过磋商达成协议，并且报请各国政府获得批准后共同使用遵守的运价。

国际航空运输协会运价是指 IATA 在《航空货物运价及规则手册》上公布的运价。

按照 IATA 货物运价公布的形式划分，国际航空运输协会运价可分为公布直达运价和非公布直达运价。公布直达运价分普通货物运价、指定商品运价、等级货物运价、起码运价。如果从始发地至目的地无公布直达运价可以使用，那么采用非公布直达运价。方法有二：一是比例运价构成全程运价；二是分段相加运价构成全程运价（美国和加拿大不使用比例运价，而使用分段相加运价）。

上述国际货物运价的使用原则是：

①优先使用协议运价。

②其次使用公布直达运价。

③最后使用非公布直达运价，即比例运价、分段相加运价。

④使用运价应为填开运单之日的有效运价。

⑤使用时要注意运输路线的方向性，不得使用反方向运价。

1. 普通货物运价

不含有贵重元素，并按普通货物运价收取运费的货物称普通货物。为普通货物制定的运价称为普通货物运价（general cargo rate，GCR）。普通货物运价也称一般货物运价。

普通货物运价的代号为：

N——标准运价（45 公斤以下普通货物运价）（normal rate）。

Q——45 公斤以上普通货物运价（quantity rate）。

普通货物运价以 45 公斤（或 100 磅）为划分点，45 公斤以上较 45 公斤以下的运价低。普通货物运价还公布有"Q45""Q100""Q300"等不同重量等级分界点的运价。"Q45"表示 45 公斤以上（包括 45 公斤）普通货物的运价，依此类推。

普通货物运费计算方法是：货物的计费重量乘以相应重量等级的运价所得的

第三章　国际航空运输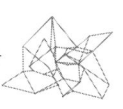

运费，与较高重量等级的起始重量乘以相应的运价所得的运费进行比较，取其低者。由于45公斤以上较45公斤以下的运价低，所以对不足45公斤的货物计算运费时要比较按实际重量计算的运费与采用较高重量分界点的运价计算的运费，取运费较低者为实际运费。

【例3-2】

从北京到荷兰阿姆斯特丹空运一批货（bamboo basket），其毛重为38.6公斤，体积为101×58×32立方厘米，公布运价如表3-6所示，请计算该批货物的运费。

表3-6　北京—阿姆斯特丹运价表

BEIJING（北京）	CN	BJS
Y.RENMINBI（人民币）	CNY	公斤
AMSTERDAM（阿姆斯特丹）	M	320.00
	N	50.22
	Q45	41.53
	Q300	37.52

解：

（1）按实际重量计算：

体积：101厘米×58厘米×32厘米=187 456立方厘米

计费重量：

187 456立方厘米÷6 000立方厘米/公斤=31.24公斤=31.5公斤（不足0.5公斤的按0.5公斤计算）

毛重：38.6公斤

计费重量：39.0公斤（0.5公斤以上不足1公斤按1公斤计算）

适用运价：N为50.22元/公斤

运费：39.0×50.22=1 958.58（元）

（2）采用较高重量分界点的较低运价计算：

计费重量：45.0公斤

适用运价：Q为41.53元/公斤

运费：41.53×45.0=1 868.85（元）

（1）与（2）比较，取运费较低者。

运费应为 1 868.85 元，而不是 1 958.58 元。

通过计算填写开运单（如表3-7所示）。

表3-7 开运单

No. of Pieces RCP	Gross Weight	公斤/lb	Rate Class		Chargeable Weight	Rate/Charge	Total	Nature and Quantity of Goods（Incl. Dimensions or Volume）
			Q	Commodity Item No.				
1	38.6	k			45	41.53	1868.85	Bamboo Basket DIMS；101×58×32 立方厘米

运用下列公式，可求得在两个相邻重量分界点之间，按较高重量分界点的起始重量与相应运价计算运费的起码重量。

$$W_x = W_2 \times A_2/A_1$$

式中：W_2 为较高重量等级的起始重量，单位为公斤；相邻重量等级的运价，A_1 为较低重量等级，A_2 为较高重量等级，单位为元/公斤。

正由于航空运输按计费重量大小，分成几个等级，航空货运代理公司就可以从运价级差中获利。例如，代号为 M 表示 5 公斤以下，代号为 N 表示 45 公斤以下，代号为 Q 表示 45 公斤以上。级次越高，费率越低；计费重量越大，费率越低。航空运输以 1 张运单作为计算运费单位，如果有 3 批各为 35 公斤计费重量的货物运往西雅图，分制 3 张运单，则每批都按 N 级运价 49.12 元计费。若把这 3 批货物合在一起做成 1 张运单，则按 100 公斤以上运价 34.41 元计费。但 1 张运单只能是 1 个收货人，因此，有些货运代理公司把收集起运往同一目的地不同收货人的多批货物，用 1 张运单送给目的地的货运代理公司，货物运抵目的地后由其按不同货物标记，分交不同的收货人，这样，货运代理公司就可以从运价级差中获利。

2. 特种货物运价

特种货物运价（special cargo rate, specific commodity rate, SCR），也称指定货物运价，通常是承运人根据在一定航线上经常性运输某一类货物的托运人的请求，或为促进某地区间某一货物的运输，经 IATA 同意所提供的优惠运价。这种运价通常低于一般货物运价。

特种货物运价的代号为 C。就目前我国出口商品的特点，采用航空运输方式的特种货物主要是纺织品、食品、海产品、药品等。国际航空运输协会公布特种货物运价时将货物编为一个对应的组号，如0850、9999等。

在航空运输中使用特种货物运价时，所运输的货物满足如下三个条件，运输始发地和运输目的地就可以直接使用特种货物运价：一是运输始发地至目的地之间有公布的特种货物运价，例如目前北京至美国、加拿大和日本的一些货物就有指定商品运价；二是托运人所交运的货物，其品名与有关特种货物运价的货物品名相吻合；三是货物的计费重量满足特种货物运价使用的最低重量要求。

【例3-3】

北京运往大阪的蘑菇两批，分别为150公斤和50公斤，运价如表3-8所示，试计算航空运费（蘑菇适合编号为0850的指定商品运价）。

表3-8 北京—大阪运价表

M		200元
N		38.69元/公斤
Q45		29.04元/公斤
0850	100	14.89元/公斤
0850	500	13.83元/公斤

解：所托运的第一批货物150公斤符合0850运价使用的最低要求，第二批货物没有达到指定商品的最低重量要求。

第一批重量符合指定商品运价：运费=14.89×150=2 233.50（元）

第二批按照指定商品运价：运费=14.89×100=1 489（元）

按照普通货物运价计算：运费=29.04×50=1 452（元）

比较得出：第一批货物运费为2 233.50元，第二批货物运费为1 452元。

3. 等级货物运价

等级货物运价（class cargo rate, CCR），是指适用于规定的地区或地区之间的少数货物的运价。等级货物运价在一般货物运价的基础上增加或减少一定百分比而构成。起码重量规定为5公斤。

使用等级运价的货物有两种：一是在一般货物运价基础上增加百分比的货物，如我国至世界各地的贵重货物，按照普通货物45公斤以下运价的200%收费。活动物、贵重物品、尸体等，一般用"S"表示高于普通货物运价的等级货物运价（surcharge）。二是在一般货物运价基础上降低百分比的货物，如出土文物、行李、出版物等，一般用"R"表示低于普通货物运价的等级货物运价，即折扣货物运价（reduction）。

4. 起码运价

起码运价（minimum rate，MR）是航空公司运输一批货物所能接受的最低运价，即不论货物的重量或体积多少在两点间运输一批货物应收取的最低金额。一批货物计算运费时使用计费重量乘以所适用的运价，不管使用哪一种运价，运费不能低于公布的起码运价，不同地区有不同的起码运价。

总之，在上述这几种运价中运费只选择其中之一计算。

如遇两种运价均适用，则首先应选用特种货物运价，其次是等级货物运价，最后才是普通货物运价。如果一批货物既没有可适用的等级运价，也没有特种货物运价，就须使用普通货物运价。

在使用特种货物运价时，首先是决定货物属于哪一类特种货物，然后再查阅在所要求的航线上有哪些特种货物运价，进而查阅当年《航空货物运价表》上的《货物明细表》，选择与货物一致的号码。如果该货物号码有更详细的内容，则选择最合适的细目，最后根据适用该货物的起码重量，选择合适的特种货物运价。

【例3-4】

有一票热带鱼，毛重120公斤，体积0.504立方米。需从我国某地空运至韩国首尔，问应如何计算其运费（设一般货物运价：45公斤以上，每公斤为9港元；等级货物运价：每公斤为16.70港元；特种货物运价：每公斤为7.59港元）。

解：根据上述运价进行比较计算。

按GCR运价，应为：9×120＝1 080（港元）

按CCR运价，应为：16.70×120＝2 004（港元）

按SCR运价，应为：7.59×120＝910.8（港元）

可见，此票热带鱼应选用SCR运价计算。

5. 货物的声明价值和其他规定

若由于承运人的失职而造成货物损坏、遗失或延误等，承运人应承担责任，其最高赔偿限额为每公斤（毛重）20美元或每公斤7.675英镑或等值的当地货币。① 如果货物的实际价值每公斤超过上述限额，且发货人要求在发生货损货差

---

① 根据《华沙公约》的规定。

时全额赔偿，则发货人在托运货物时就应向承运人或其代理人声明货物的价值。如果发货人不办理声明价值，则应在运单的有关栏内填上"N.V.D"（no value declared）字样，这种情况下，承运人的最高赔偿额为毛重每公斤不超过 20 美元。

【例 3-5】

8 月，一票货物 5 公斤，无运输声明价值，在目的地遗失，该货物在目的地的实际价值为人民币 1500 元，但民航部门最高赔偿限额为 100 美元。

当声明的价值毛重每公斤超过 20 美元时，承运人将向托运人收取一定的费用，这个费用称为声明价值附加费。该附加费为声明价值毛重每公斤超过 20 美元部分的 0.5%。

声明价值附加费的最低收费为人民币 10 元。其计算公式为：

$$声明价值附加费 = （声明价值 - 实际毛重 \times 20 美元）\times 0.5\%$$

托运人自愿办理声明价值，其声明价值一般不超过 10 万美元。若超过 10 万美元，货运代理可以按下列方法办理：第一，请托运人分票办理；第二，和有关的承运人事先取得联系，待证实后方可收运。

除声明价值附加费外，航空公司还可能收取运费到付服务费、货运单费、中转手续费和地面运输费等。

四、国际航空货运单

（一）航空货运单的概念

航空货运单，是由托运人或以托运人的名义填制的托运人和承运人在承运人的航线上运输货物所订立的运输合同的证明。

航空货运单由承运人制定，托运人在托运货物时按要求进行填制，经承运人确认后，航空货物运输合同即告成立。

目前国际上使用的航空货运单少的有 9 联，多的有 14 联。我国国际航空货运单一般由一式 12 联组成，包括 3 联正本、6 联副本和 3 联额外副本。

正本单证具有同等的法律效力，副本单证仅为了运输使用方便。航空货运单的 3 份正本，第一份注明"交承运人"，由托运人签字、盖章；第二份注明"交收货人"，由托运人和承运人签字、盖章；第三份由承运人在接收货物后签字、盖章，交给托运人，作为托运货物及货物预付运费时运费的收据。

（二）航空货运单的种类

1. 主运单（Master Air Waybill）

主运单是指由航空公司作为签发人的提单。每批货物都有一份相应的主运单，它是代理人与承运人交接货物的凭证，同时又是承运人运输货物的正式文件。在我国，除航空公司外，任何代理人不得自己印制、签发主运单。

2. 分运单（House Air Waybill）

分运单是指由国际货代企业签发的运单。代理人在进行集中托运货物或航空运费到付时，需要给托运人签发自己的分运单，表明托运人把货物交给了代理人，分运单就是代理人与发货人交接货物的凭证。在集中托运的情况下，一份主运单可能对应多份分运单。代理人可自己签发分运单，格式可按照航空公司主运单来制作。

（三）航空货运单的作用

航空货运单的作用如表3-9所示。

表3-9 航空货运单的作用

编号	属性	作用
（1）	承运人和托运人之间的运输合同证明	航空货运单一经签发，便成为签署承托双方运输合同的书面证据，货运单上的记载事项及背面条款构成了双方航空货物运输合同的重要组成部分
（2）	承运人签收货物的证明文件	当发货人将货物发运后，承运人或其代理人将一份航空货运单正本交给发货人，作为已接受其货物的证明，也就是一份货物收据
（3）	运费结算凭证及运费收据	分别记载收货人应负担的费用和代理的费用，因此可以作为运费账单和发票，承运人可将一份运单正本作为记账凭证
（4）	国际进出口货物办理清关的证明文件	货物运达目的地后应向当地海关报关，在报关所需的各种单证中，航空货运单通常是海关放行查验时的基本单据
（5）	保险证书	若承运人承办保险或者发货人要求承运人代办保险，则航空货运单即可作为保险证书。载有保险条款的航空货运单又称为红色航空货运单
（6）	运输货物的依据	航空货运单是承运人办理该运单项下货物的发货、转运、交付的依据，承运人根据运单上所记载的有关内容办理有关事项

（四）航空货运单的条款

1. 主要正面条款

（1）说明货运单效力的文字。例如："本航空货运单1、2、3联为正本，具有同等效力。"

（2）说明特别注意事项的文字。例如："除非另有注明，否则本运单所记载的货物是以表明状况良好的状态下收运的，其运输受到本运单背面契约条件的约束。"

2. 背面条款

印制在三份正本航空货运单背面的主要条款各公司略有不同，以下是航空货运单通常具有的条款。

（1）本契约中承运人是指承运或准备承运货运单上所载货物，或为运输本票货物提供其他服务的单位。

（2）以下涉及运输是承运人责任受《华沙公约》限制的运输，是《华沙公约》所定义的国际运输。

（3）除受《华沙公约》制约之外，每个承运人的运输和提供的其他服务还受到相关政策法规的限制以及契约所提及的条款限制。对于境外国家应采用其相应的运价。

（4）为了不与《华沙公约》的解释相矛盾，各承运人提供的运输和其他服务应遵守下列规定。

①适用的法律（包括履行公约的国家法律）、政府规章、命令和要求。

②本契约的规定。

③承运人适用的运价、规则、运输条件、规章和班期时刻表为本契约的组成部分。

（5）第一承运人的名称在本页正面上可用简称。① 第一承运人的地址是填写在本页正面上的出发地机场，约定的经停点（必要时，承运人可改变）是除始发地和目的地外，在本页正面上所填列的地点，或在承运人的班期时刻表内所列航路的经停地点。由几个承运人连续进行的运输，应视为一个单一运输。

（6）在《华沙公约》不适用于该项运输时，除非承运人的运价或运输条件

---

① 全称及简称见该承运人的运价手册、运输条件、规章和班期时刻表。

中另有规定，否则承运人对货物遗失、损坏或延误所负的责任以不超过每公斤20美元或其等值货币为限赔付，或托运人对贵重货物声明一个较高的价值并缴付附加费。

（7）如遇货物部分遗失、损坏或延误，在确定承运人的责任限额时，计算赔偿的重量只能是该件或其有关的若干件的重量。

（8）承运人为完成本契约的运输可做合理的安排。承运可改变承运人或飞机并无须事先通知改变运输方式，但应适当照顾托运人的利益。承运人有权选择路线或变更货运单本页正面上所填列的路线。以上条款除非承运人的运价在美国可以适用，否则不适用于至/自美国的运输。

（9）依据本契约条款规定，货物在承运人或其代理人照管期内，由承运人负责。

（10）货物到达通知应立即发给收货人或本页正面所列地点，如事先收到托运人的其他指示，可按其指示交付货物，否则按收货人的指示办理。

（11）交付货物时，当出现货物损坏、货物延误以及货物没有交付等情况，收货人有权向承运人提出异议，但必须用书面形式提出。如对上述所述有异议，也应以书面形式提出，交给货运单所属空运企业或给第一承运人，或给最后承运人，或给在运输中发生货物遗失、损坏或延误的承运人。

诉讼应在货物到达目的地之日起，也可从飞机应该到达之日当日起，或从运输停止之日起2年内提出，否则即丧失向承运人诉讼的权利。

（12）托运人应遵守一切有效法律和运输货物始发、到达、经停或飞越的任何国家的政府规章，以及为了遵守上述法律和规章必须提供的各种必要资料和货运单的随附文件。对于托运人不遵守本条规定所造成的损失或费用，承运人对托运人不负责任。

（13）承运人的代理人、受雇人或代表均无权改变、修改或废止本契约的任一条款。

（14）在要求保险和已交付保险费并且将保险金额在本页正面列明时即证明该运单上所列货物已经保险，其申请保险数额为货运单正面上所列数额（赔偿金额不能超出保险的金额）。该保险应符合保险合同的条款、条件和范围（某些风险除外）。

（五）国际航空货运单的内容与填制规范

航空货运单填制的主要内容具有一定要求，具体如表3-10、表3-11所示。

表 3-10 航空货运单填制主要内容

编号	内容	编号	内容	编号	内容
（1）	托运人姓名、住址	（10）	运费及声明价值费	（19）	航空运费
（2）	收货人姓名、住址	（11）	其他费用	（20）	声明价值附加费
（3）	承运人代理人的名称和所在城市	（12）	运输声明价值	（21）	税款
（4）	代理人的 IATA 代号	（13）	海关声明价值	（22）	代理人收取的其他费用总额
（5）	始发站机场及所要求的航线	（14）	目的地机场	（23）	航空公司收取的其他费用总额
（6）	财务信息	（15）	航班及日期	（24）	预付或到付的各种费用总额
（7）	运输路线和目的站	（16）	保险金额	（25）	托运人证明
（8）	货币	（17）	运输处理注意事项	（26）	货币兑换比价栏
（9）	收费代号	（18）	货物运价、运费细节		

表 3-11 航空货运单填制主要规范

编号	规范	编号	规范	编号	规范
（1）	地址、所在国家及联络方式	（10）	预付（PPD）或到付（COLL），如预付，则在（PPD）下填入"X"，否则填在到付（COLL）下	（19）	航空运费总额
（2）	地址、所在国家及联络方式	（11）	预付/到付（同上）	（20）	托运人声明货物运输声明价值是填入相应金额
（3）	向出票航空公司收取佣金的国际航协代理人的名称和所在机场或城市	（12）	如果托运人不要求声明价值，则填入"NVD"	（21）	预付/到付
（4）	IATA 代号	（13）	如果托运人不要求声明价值，则填入"NCV"	（22）	预付/到付

续表

编号	规范	编号	规范	编号	规范
(5)	运输始发机场或所在城市的全程及所要求的运输路线	(14)	全称	(23)	预付/到付
(6)	有关财务说明事项	(15)	货物搭乘航班及日期	(24)	所有费用的总额
(7)	填写去往代码、承运人代码	(16)	需投保时填写,无须投保填写"XXX"	(25)	托运人名称,并由托运人签字盖章
(8)	ISO货币代码	(17)	如 DANGEROUS GOODS AS PER ATTACHED SHIPPER'S DECLARATION 字样,代表所装运的是危险品,需小心操作	(26)	始发地货币换成目的地货币的比价
(9)	本栏供承运人使用,表明支付方式	(18)	打印货物件数、毛重、重量单位等		

五、有关航空运输的国际条约

有关航空运输的国际条约,影响比较大的主要有1929年的《华沙公约》、1955年的《海牙议定书》和1961年的《瓜达拉哈拉公约》等。在这些文件中,《华沙公约》是基础,随后的各项议定书都在其基础上进行补充或修改,形成的文件合称为华沙体系。

《华沙公约》共计41条,全称为《统一航空运输某些规则的公约》(Convention for the Unification of Certain Rules Relating to International Carriage by Air)。我国于1958年7月宣布参加该公约,同年10月,该公约对我国正式生效。其主要条款涉及运输凭证、承运人的责任、托运人和收货人的权利和义务,以及索赔和诉讼时效。

(一) 运输凭证

运输凭证包括客票、行李票和航空货运单,分别适用于运送旅客、行李和货物。航空货运单(air consignment note,ACN)是订立契约、接收货物和承运条件的证明,也是双方当事人订立的运输合同。

(二) 承运人的责任

对于交运的行李或货物因毁灭、遗失或损坏而产生的损失，如果造成这种损失的事故发生在航空运输期间，承运人应负责任。① 如交运的行李或货物的一部分或者货物中任何物件发生遗失、损坏或者延误，以致影响同一份货运单所列的另一包装件或者其他包装件的价值，在确定责任限额时，另一包装件的总重量也应当考虑在内。② 同时公约也指出，企图免除承运人的责任，或定出一个低于公约规定的责任限制的任何条款都属无效。③

承运人在下列情况下，可免除或减轻责任。

①证明承运人自己和代理人为了避免损失的发生，已经采取了一切必要的措施，或不可能采取这些措施时。

②证明损失的发生是由于驾驶上、航空器的操作或领航上的过失。

③证明损失的发生由于受害人的过失引起或造成。法院可按照法律规定，免除或减轻承运人的责任。

【例 3-6】

一票航空运输的货物，从新加坡经北京中转到天津，运输的是机器设备，货运单号 555-89783442，3 件货物重 178 公斤，计费重量共 206 公斤，从新加坡运往北京采用的是飞机运输，再从北京转运天津时，使用卡车运输，但在高速公路上，不幸发生车祸，设备全部损坏。试问：（1）航空公司是否应赔偿？（2）理由何在？（3）如果赔偿，应赔偿多少？

解：

（1）航空公司应该赔偿。

（2）公约规定，对于交运的行李或货物因毁灭、遗失或损坏而产生的损失，如果造成这种损失的事故发生在航空运输期间，承运人应负责任。航空运输期间包括行李或货物在承运人保管的期间，不论在航空站内、在航空器上还是在航空站外降停的任何地点。此票货物的损害虽然在公路上发生，但是在承运人的保管期间。

（3）航空公司应赔偿 20 美元×178＝3 560 美元

---

① 《华沙公约》第 18 条第 1 款规定。
② 《华沙公约》第 22 条第 2 款规定。
③ 承运人对每一旅客的责任以 125 000 法郎为限，对行李或货物的责任以每千克 250 法郎为限，对旅客自己保管的物品以每件 5 000 法郎为限。

(三) 托运人和收货人的权利和义务

托运人应对在航空货运单上所填写有关货物的各项说明和声明的正确性负责。托运人还应提供各种必需的资料,以便在货物交付收货人以前完成海关、税务或公安手续。这些必需的有关证件应附在航空货运单的后面。

托运人在履行契约规定的一切义务的条件下,有权在起运地航空站或目的地航空站将货物提回,或在途中经停时中止运输,或在目的地或运输途中将航空运单交给非航空货运单上所指定的收货人,或要求将货物退回起运地航空站。

收货人在货物到达目的地,并交付了应付款项和履行运单上规定的运输条件后,有权要求承运人移交货运单并发给货物。

(四) 索赔和诉讼时效

对于索赔时效,《华沙公约》分货物损害和货物延迟的情况区别对待。前者的索赔时效是 7 天,后者为 14 天。以上任何异议应在规定的期限内写在运输凭证上或以书面提出,否则就不能再向承运人索赔。诉讼时效为 2 年。

【本章小结】

本章从国际航空运输基础知识和国际空运实务与技能方面对国际航空运输展开了介绍。在国际航空运输基础知识中,首先对国际航空运输的概念以及特点进行了介绍,其次介绍了航空货物运输系统的组成部分,最后简单介绍了世界主要空运线路。在国际空运实务与技能中,从国际空运经营模式、国际空运业务流程、国际空运运价与运费、国际航空货运单以及航空运输国际条约几个方面展开介绍。

【思考练习】

1. 国际航空运输的特点是什么?
2. 航空货运代理人的职能是什么?
3. 直接运输与集中托运货物的区别是什么?
4. 进口运输代理业务的程序,包括哪些环节?

【案例分析】

郑州航空港建设的意义

一、背景介绍

随着经济全球化和国际要素进一步流动，为更好地集聚高端资源要素、打造高端物流配置平台、引导产业升级，我国决定建立国家级航空经济区。截至2021年11月，我国已从不同层次批复成立了14个国家级航空经济示范区（以下简称国家级航空经济区），其中郑州航空港经济综合实验区是唯一一个由国务院批复的国家级航空经济区。自2013年郑州航空港区建立以来，经过6年的发展，其进口总额全省占比持续保持在60%以上，且每年的经济增长率均在全市平均增长率以上，因此被海关总署称为"小区拉动大省"的典范，成为推动全省航空贸易的新引擎。

郑州航空港区的高质量发展中离不开国际资源和国外市场。郑州—卢森堡"双枢纽"货运航线于2014年6月顺利开通。截至2021年10月，卢森堡货航在郑州执飞航班591班，贡献货运量约10.75万吨，同比增长10.8%。建设郑州—卢森堡"空中丝绸之路"为"一带一路"倡议提供了新的发展方向，也为地方积极融入国家战略提供了经验性借鉴。

建设航空经济区的目的旨在加快产业集聚，提高产品附加值，促进高质量发展。航空经济区通过强大的高附加值产业向心力，促进航空指向性产业向航空经济区集聚，通过规模效应递增和比较优势使产业获得空间效应和利益，最终通过集聚效应带动地区整体经济水平的提升。特别是作为我国第一个国家级航空经济区的郑州航空港区在产业集聚方面的表现对于整个地区甚至国家层面航空经济持续发展和政策走向都至关重要。

二、郑州航空港区的发展历程

（一）前期筹备阶段

根据韦伯的工业区位论，机场直接或间接影响着在其周边集聚的企业形态与特征，决定着其为航空经济产生和发展的主导因素。这就造成了郑州航空港区的成立及发展与郑州新郑国际机场的建立及发展息息相关（如表3-12所示）。

表 3-12 郑州航空港区与新郑国际机场发展历程

时间轴	新郑国际机场	郑州航空港区	阶段
1997.08	建成通航	成立副县级管委会	进行前期筹备
2007.12		划归郑州市，定位正县级	批复面积 138 平方公里
2010.10		国务院批复郑州新郑综合保税区	批复面积 189 平方公里
2011.11		新郑综保区正式封关运行	郑州港区面积扩至 220 平方公里
2012.11	确定中国综合交通枢纽建设试点	国务院支持规划建设航空经济区	
2013.03		郑州航空港区正式成为国家战略	规划面积升至 415 平方公里
2016.12	完善以郑州新郑国际机场为核心的国际航线网络，打造空中丝绸之路重要节点	加快推动郑州机场形成覆盖全球、通达各洲的国际客货运航线网络，迈进世界级主要货运枢纽行列	
2021.10		支持郑州航空港经济综合实验区做精做强主导产业，加快郑州国际航空货运枢纽建设	

资料来源：郑州航空港经济综合试验区官方网站。

(二) 高速发展阶段

随着新郑国际机场和郑州航空港区的发展，郑州航空港区逐渐摆脱了单纯的运输经济阶段。伴随不同产业的集聚，郑州航空港区逐步发展成为以多式联运为基础，以空港核心区为引领，以城市综合性服务区、临港型商展交易区、高端制造业集聚区等三大产业集聚区为发展的综合产业集聚区，整体构建了"一核领三区、两廊系三心、两轴连三环"的城市空间结构。

三、郑州航空港区的经济发展状况

(一) 经济规模逐年扩大，集聚经济基本形成

郑州航空港区建设现阶段累计完成固定资产投资 2 400 亿元，道路通车里程达到 400 公里，主营业务收入达到 4 200 亿元，财政总收入突破 100 亿元，进出口总额 560 亿美元，旅客吞吐量达到 1 730 万人次，货邮吞吐量达到 40.3 万吨。客流的增加提高了酒店、餐饮、商业和零售等产业的集聚，货流的增加加速了物流、担保、制造和建筑等产业的集聚。客货流的增加共同带来了金融、管理、科

研等产业的发展和集聚。集聚经济的形成表明航空运输在为货物和旅客提供了快速通达的集散网络后,促进了资金、人才和技术在区域间的流动,提高了区域的开放性和对外部投资的吸引力。

(二)产业结构不断优化,产业基础仍较薄弱

随着腹地经济支持及政策持续推进,郑州航空港区逐渐发展了智能终端及新型显示产业、智能网联和新能源汽车产业、智能装备产业、生物医药产业、航空制造和服务产业、航空物流产业、电子商务产业和文旅商贸产业等八大核心产业,这些产业在航空港区都得到了一定发展。合理的产业结构不仅是经济高质量发展的一种表现,更是推动经济高质量发展的主要因素(如表3-13所示)。

表3-13 2015—2019年实验区三次产业总产值比重   单位:%

项目	2015年	2016年	2017年	2018年	2019年
第一产业	2.14	1.94	1.50	1.14	0.92
第二产业	79.71	75.61	70.63	70.92	71.06
第三产业	18.16	22.45	27.87	27.94	28.02

资料来源:《郑州统计年鉴》。

由产业发展规律可知,产业结构高级化是第三产业占比最大,第二产业次之,第一产业最少,具体到郑州航空港区应该是航空物流业和中高端服务产业成为主导产业。但是,当前郑州航空港区产业基础还较薄弱,传统产业仍然偏多,除智能终端产业园外,其他主导产业及相关产业的集聚态势都未能形成,航空偏好性的高新技术产业、高端制造业及高端服务业较少,产业结构亟待调整。可见,实验区产业结构的优化提升尚有很大空间。

(资料来源:根据河南省人民政府门户网站和郑州航空港经济综合试验区官方网站材料整理。)

思考:

1. 试论郑州航空港建设对物流业发展的有利影响。
2. 根据航空经济区演进理论,如何有效推动郑州航空港区高速发展?

第四章　国际海洋运输

【学习目标】

1. 理解国际海运概念及特点
2. 掌握国际海运类型及模式
3. 理解国际海运业务流程
4. 掌握国际海运班轮运输
5. 理解国际海运集装箱运输
6. 理解港口设施、技术及服务
7. 理解国际海运通关管理

【重点难点】

1. 国际海运类型
2. 国际海运班轮运输

第四章 国际海洋运输

【导入案例】

中远海运国际化的演进

中国海运龙头企业——中远海运,从仅有2.26万载重吨/4艘的单一航运企业发展经营成为船队综合运力世界第一的全球性企业集团。如今,中远海运已形成了较为完整的船舶修造、港口码头、运输物流、航运金融等上下游产业链结构体系。三大核心业务包括航运、物流以及航运金融。同时中远海运还涉及装备制造、航运服务、"互联网+"等相关业务领域。中远海运主要业务划分如表4-1所示。

表4-1 中远海运的业务划分

业务划分	业务领域
航运	集装箱运输
	干散货运输
	油气运输
	客轮运输
	码头运营(境外公司)
物流	综合物流
	船舶代理
	理货
	杂货特种船运输
航运金融	船舶租赁
	非行业租赁
	集装箱租赁
	其他金融服务
装备制造	中远海运重工
航运服务	船舶燃料供应
	船舶管理
	船员管理
	航运技术研发

一、中远海运的境外投资策略

海运业是轻重资产相结合的复合型生产性服务业,东道国在外资引进和贸易开发领域都设置了较高的壁垒。很多国家对合资企业中外资的持股比例都有较高限制,尽可能避免境外企业直接独资进入。中远海运的海外拓展以远洋运输为主,港口投资和航线拓展是国际化发展的主要方向。以中远海运的码头收购战略为例,近年来中远海运不断加大海外码头收购的投资力度,以长期码头资产持有为主。在收购形式上,中远海运集团更加倾向对成熟度较高、具有一定规模的海外码头进行大比例的控股收购。近年来中远海运过半的海外码头收购项目控股比例超过50%,为集团的纵向发展和横向延伸保驾护航。伴随"一带一路"倡议的推进,中远海运港口收购的重点目标转向欧洲各国及地中海地区。中远海运海外布局的主要航线如表4-2所示。

表4-2 中远海运的主要航线

航线	条数	主要干散货运输
远东—欧洲/地中海	11	印度尼西亚—中国的煤炭、铝矾土
南亚/西亚—欧洲/地中海	5	菲律宾—中国的镍矿
欧洲/地中海区域支线	21	智利—中国的铁矿石
远东—波斯湾/红海	8	乌克兰—中国的谷物
挂靠东南亚的加勒比、美洲相关航线	13	中国—印度的化肥
远东—东南亚/南亚航线以及支线	73	澳大利亚、俄罗斯—韩国的煤炭
挂靠东南亚的澳大利亚、新西兰相关航线	4	美湾—印度的石油焦
远东/欧洲—非洲	8	正在推进中的几内亚项目

二、国际化路径演进分析

跨国企业的国际化经营一般广泛使用以下七种路径模式:出口、许可贸易与特许经营、交钥匙与管理合同、合作、合资、独资和(战略)联盟。海运市场进入成本大、排他性强,导致企业的海外拓展出现了与一般生产性服务业的国际化发展较为不同的路径演进。中远海运的国际化路径遵循了网状布局→本土经营→全球运作→联盟建立→兼并重组→联盟重建的发展过程。通过航线代理和设立海外办事处进入新兴市场,开展以远洋运输为主的基础业务,在此基础上设立区域中心,根据业务需求进行全球运作,逐渐在市场上掌握一定份额。由于巨头企业竞争激烈,加之海运市场的独特性,为占据更大的市场份额,企业走上了战略联盟和兼并重组的发展道路。对内进行业务的调整拆分，对外进行企业的联盟兼并（如图 4-1 所示）。企业强强联合，共同维持海运市场的动态平衡。

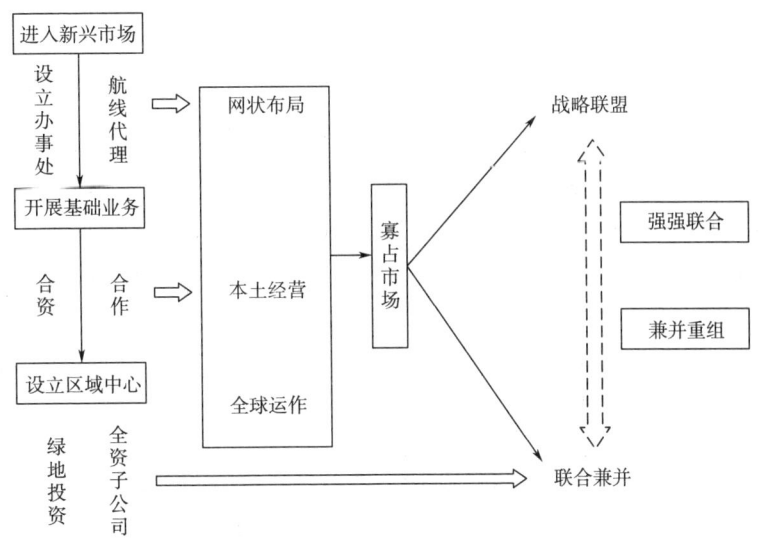

图 4-1　中远海运国际化的路径演进

（一）从合作走向合资

海运企业国际化的第一步是网状布局，跨国企业通过设置点与点连线形成的航线网络进入国际市场，遵循与生产性跨国公司相似的开拓方式，先是设立办事处，之后以合资模式站稳脚跟，最后通过控股走向独资企业。追随客户是实现国际化的"敲门砖"，尤其是进入存在较高准入壁垒的国家或地区。与追随主要客户这一形式不同，中远海运从一开始走的就是"海运+集运"的重资产路线，通过航线代理进入新兴市场。中国加入 WTO 后，对外贸易高速发展，中远海运完成了从"走出去"到"走进去"的转变，在海运市场上站稳脚跟。

（二）从战略联盟走向兼并重组

中国加入 WTO 前夕，面向全球市场，中远集团部署了两大转变战略：由全球航运经营转变为以航运为依托的物流经营，由跨国经营转变为跨国公司。在中远海运的国际化进程中，海外投资战略从传统的单一新建投资或控股投资转向码头租借、收购参建、特许经营、参股控股、缔结友好港等各种方式共存。不同于马士基，中远海运作为重组形成的海运企业，联盟与兼并的起步时间晚，规模和数量也不及马士基，最突出的几项兼并重组项目包括：2016 年底中远海运形成，2017 年底收购东方海外，2019年收购新加坡太平船务PIL旗下的胜狮货柜，晋升成为世界第三大海运企业。至此，中远海运开始从"走进去"迈向"走上去"。2018年，面对贸易摩擦升级、油价高企、运力持续过剩的市场环境，中远海运改革重组后连续第二年全部实现盈利，说明集团的兼并重组以及海外发展路径是正确有效的。

综上所述，由中远海运的国际化发展规划得知，海运业的国际化路径可总结为前期通过网络布局打开新市场，中期进行属地化经营和全球化运作，在发展后期寻求构建国际联盟，并通过大规模的兼并重组扩大市场份额，极力争夺在联盟内部和海运市场上的话语权。结合中国海运业的国际化发展现状可知，大部分海运企业仍处于前期网络化布局的"走出去"阶段，仅有少数企业达到中期全球化运作的"走进去"阶段。

（资料来源：王晶晶. 中国海运业国际化路径选择：以中远海运为例［D］. 杭州：浙江大学，2020.）

第一节 国际海洋运输基础知识

一、国际海运的概念及特点

（一）国际海运的概念

国际海运（International Ocean Shipping），从狭义的角度来看，以船舶为运输工具，以海洋为运输通道，从事有关跨越海洋运送货物和旅客的运输经营活动，或者说以船舶为工具，从事本国港口与外国港口之间或者完全是外国港口之间的货物和旅客的运输，即国与国之间的海洋运输。

从广义的角度来看，国际海运还包括那些为完成国际海运所从事的各种辅助业务或服务工作，如对所承运的货物进行装卸、理货、代理等业务都属于国际海运的范围。

（二）国际海运的特点

国际海运主要从事国际间的运输，通常都要远涉重洋，不但活动范围广阔，航行距离长，运输风险大，而且其活动要受有关国家法令、规章和国际公约的约束，经营也要受国际航运市场的影响。国际海运有以下明显的特点。

1. 运量大、运费低、周期长

与空运相比，由于海上运输线路广阔，可以制造较大的船体，所以海运可以

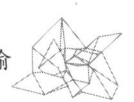

一次性运输极大数量的货物;船体靠海水浮力支撑因而不需要抬升高度克服货物重力的额外燃油耗费,而且运费及成本相对较低;但是海上航行和运量大的特点会导致运输速度不高,也就使得运输周期较长。

2. 多企业、多角色协作,运输环节多,流程复杂多变

国际海运物流需要考虑货物的集散、运输,也需要考虑货物进出口报关,因此物流环节众多,进而导致流程复杂。国际海运物流涉及众多提供不同功能、不同服务粒度的企业,相关企业业务多变,供需关系复杂,这也导致协作过程中的不确定性增加,一成不变的业务流程已经无法完全描述各种具体业务。企业间协作的不顺畅会造成物流的高成本和低效率,也影响政府监管和通关效率。

3. 风险大,自然环境、金融环境复杂,时间性强

海运物流的特点和国际物流的特点决定国际海运物流系统需要较强的环境适应能力。海面的稳定性不像地面,如果大风天气突然来临,船舶会面临倾覆的危险,并且在广阔的海域无处躲避。国际海运物流背后的本质其实是辅助国际贸易的完成,因此受汇率波动影响较大,而且银行信贷业务环境也对国际海运物流的稳定性构成影响。

某些货物(如保鲜食品、不间断供货的生产原材料等)对时间性要求较高,一旦发生延误可能导致食品腐败、工厂停产等损失,有时需要对客户进行相应的赔偿,因此也需要通过各种手段保证货物的运输时间。

4. 政策性强,依托于国际海运市场

国际海运是国际性经济活动,涉及国家间的经济利益和政治利益,其活动当然受到有关国家的法令法规和国际公约的约束,政策性比较强,法律的约束性比较规范。

一国的海运船舶,主要是承担本国进出口货物的运输。但是,由于进出口货运量的不平衡,运输季节的不平衡,产、销地区的不平衡等,使得船舶的运力不能得到充分的利用。因此,一国的海运船舶,除承担本国进出口货物的运输外,为了更充分地利用船舶的运力,以取得更好的营运经济效益,就需要使自己的船队进入国际航运市场,承揽其他国家的货载,积极开展第三国的运输。

(三) 国际海运的重要性

世界海洋面积占到地球表面积的2/3,并且把陆地分隔成几大块,使得各块陆地之间,只有通过海上或空中交通才能相互沟通。由于海洋运输具有运量大、成本低、能耗省、利用天然水域等优点,因而在交通运输中有着特殊的重要地位。尤其是各块陆地间的国家之间的货物运输,实际上是以国际海运为主。国际海运在国家社会经济发展中有着特殊、重要的地位和作用。

1. 海运船队是实现国家国际海运独立自主的根本保障

长期以来,国际海运完全被西方航运发达的国家所垄断,国际海运垄断资本操纵着国际海运市场,并通过抬高运价和拒绝出租船舶来打击航运不发达国家的经济。新中国诞生初期,也曾遭到以美国为首的西方航运发达国家的封锁、禁运和有意抬高运价。我国依靠中波海运公司的船舶、华侨航商的船舶和一些友好国家的航运公司与国际航运垄断资本进行了斗争,使高昂的运价得到了一定程度的下降。随着我国远洋船队的发展壮大,我国国际海运的需要逐渐得到满足,到1975年,我国远洋运输船舶承运的货运量已经占到应承运份额的70%以上,基本上结束了我国运输以租用外轮为主的局面,反过来我国国际海运的发展,又有力地促进了经济的发展。

2. 国际海运是国家外汇收入的重要来源之一

国际贸易海运货物一般都采用CIF和FOB等价格条件成交。按照CIF价格条件,货价包括运费,由卖方派船将货物运至目的港;按照FOB价格条件,货价则不包括运费,由买方派船到装货港装运货物。从维护本国权益出发,一般对出口货物都力争以CIF价格条件成交,而对进口货物则争取以FOB价格成交。就我国而言,如果出口货物能争取以CIF价格成交,由我方派船承运,除了可取得货款外,还可取得运费收入。同理,进口货物如以FOB价格成交,由我方派船前往发货港装运货物,则可节省外汇支出。

我国的国际海运船舶除了承担进出口运输外,还把运力投入国际航运市场,积极开展第三国的运输业务,这不仅能充分利用我国国际海运船舶的运力,而且还能直接为国家创造外汇收入。

3. 发展国际海运业有利于改善国家的产业结构和技术结构

国际海运业是海运国家不可缺少的骨干产业之一。国际海运业的发展,可有力地促进和带动本国相关产业和科学技术的发展,并可为扩大就业创造有利条件。国际海运的主要活动是航海,航海活动的基础是造船业和航海技术。而造船业是一项综合性的产业,国际海运业的发展可以带动钢铁、船舶技术设备、仪器仪表等相关产业的发展,从而促进我国产业结构的改善和升级。随着国际航海活动范围的扩大，航海科学研究水平也会得到进一步提高，使航海科学技术不断发展。

4. 国际海运船队还是国防的重要后备力量

海运船队的强大与否，是国防力量强弱的重要标志之一。在第二次世界大战中，盟军跨越大西洋的远洋运输线，充分说明了海运船队对战争胜负的重要意义，因而美、英等国都把本国的商船队称为"除陆、海、空军之外的第四军种"。现在，我国海运船队的规模已经居于世界前列，对我国国防力量的增强，有着特殊、重要的意义。

二、国际海运类型及模式

（一）根据船舶类型划分

常用的国际海运船舶主要有以下类型。

1. 杂货船

杂货船（general cargo ship）一般适用于装载包装的零星杂货。其吨位大小视航线、港口及货源而不同。这种船舶本身有各种不同的货舱及装卸设备，能适应装载种类繁多的货物，而且航速较快，一般为20节以上。

2. 散装船

散装船（bulk cargo ship）指供装运无包装的大宗货物，如粮食、煤货、矿砂等的船舶。这种船舶一般舱容较大，舱内不设支柱，而且大都是单甲板，为防止货物在舱内移动而设有挡板，以保持船身平衡。船舶本身一般不带有装卸设备，机舱设于尾部，以便装卸操作。

3. 冷藏船

冷藏船（refrigerated ship）专门用于装载冷藏货物，船上有制冷装置以及适合冷藏货的冷藏舱。

4. 木材船

木材船（timber ship）用于装载原木，常在船舱设置1米的"舱墙"，以防木材滑出舱外，同时也可以提高装载能力。

5. 油轮

油轮（tanker）又称油槽船，是指以散装方式运送原油和燃料的专用货船。

油轮将船本身分隔成若干贮油舱，并有油管贯通各油舱，设有空气压缩装备，在装卸油料时，以空气压力将油料通过管道推送至各贮油舱。油轮的油舱大多采取纵向结构，并设纵向舱壁，以防未满载时，舱内液体随船倾侧而产生不平衡。

6. 集装箱船

集装箱船（container ship）是指专用于装运集装箱货物的货船。本身一般无装卸设备，装卸作业全凭码头专门设施。集装箱船航速较快，一般在20~26节，有的高达33节。集装箱船可分为全集装箱船（full container ship）、半集装箱船（semi-container ship）以及可变换集装箱船等。

7. 滚装船

滚装船（roll-on/roll-off ship，ro-ro）可直接承接码头货物，无须吊机。船无货舱，只有纵贯全船的甲板，每层甲板间都有梯子上下装卸货物，船本身无装卸设备，船尾或船侧有大的桥板连接码头，货车可以直接进入船上甲板。这种船舶最适宜运载车辆和大型机械，也适宜运载集装箱。其优点是不依赖码头机械、快速装卸，缩短装卸时间，灵活性大，但缺点是亏舱较大，造成浪费。

8. 载驳船

载驳船（lighter aboard ship，LASH），又称子母船，是指在母船上搭载子船，子船内装载货物的船舶。这种船舶设有巨型门吊或船尾升降平台，船到港口后利用这些设施，把所载的驳船降入水中，驳船即可自行开抵或被拖至指定地点。载驳船不靠码头即可进行装卸，营运效率大为提高。但这种船利用率相对较低，使用范围比较窄。

9. 沥青船

沥青船属于特种船，是专门用来装载大宗沥青货物的专用船舶。沥青船的有关技术要求和性能都比较高，需要配备专门的沥青装载机械和技术设备。

（二）根据船舶运营模式划分

海洋运输随着航海贸易的发展而发展。海洋运输船舶的营运模式必须与贸易对运输的要求相适应。为了适应不同货物和不同贸易合同对运输的不同需要，也为了合理地利用海洋运输船舶的运输能力，并获得最佳的行运经济效益，当前国际上普遍采用的船舶运营方式可分为两大类，即班轮运输和租船运输。

1. 班轮运输

班轮运输，又称"提单运输"，是指托运人将一定数量的货物交由作为承运人的轮船公司，轮船公司按固定航线，沿线停靠固定的港口，按固定船期、固定运费所进行的国际海洋货物运输。多用于运输量少、货价高、交接港分散的货物，是海洋货物运输中使用最广泛的一种方式。轮船公司或其代理人在接受交付托运的货物后签发提单，提单是班轮运输合同的形式和证据。

（1）班轮运输的产生。

19世纪以前的航运业，通常船长既是船东，又是贸易商，并以木质帆船运输为主。国与国之间的贸易规模也较小，贸易与航运合为一体，很难分开。在这种情况下，货主用自己的船舶将属于自己的货物从起运地运至目的地出售后，再购买当地的物产运回原地或其他地点销售。这种使用自有的船舶，自任船长，运送属于自己的货物或属于合伙经营人的国际贸易货物的承运人称为私人承运人（private carrier）。随着工厂数量的增加、农业生产技术的改进，以及工业燃料使用量增加，运量也急速增加，贸易与航海相脱离，出现了专门以承运他人货物为经营业务的公共承运人（public carrier）。到1818年，第一次出现了班轮运输。

班轮运输就是在工农业生产发展、产品品种和数量增多、运输量激增的条件下，为适应批量小，收、发货人多，市场性强，运达速度等，有规律地运送市场所需要的工业制成品、半制成品、生鲜食品以及各种高价货物对运输的需要而发展起来的船舶营运方式。

（2）班轮运输的发展。

新大陆的发现和大规模的商品生产促进了国际贸易的发展，为班轮运输准备了充足的货源，使包括旅客、邮件和货物运输在内的班轮运输，从原来单一的不定期船运输的海运船舶营运方式中分化出来，形成了班轮和不定期船两种并存的船舶营运方式。

蒸汽机被广泛应用于船舶动力所引起的海洋运输技术的革命，为班轮运输的发展提供了技术条件。蒸汽机船的航行，通常不受风向和风力的影响，可以按照既定的航向航行，使一定期间内所完成的航次数明显增加，不仅运输能力数倍于帆船，而且不受季节的影响，可以进行有规律的运输。因此，蒸汽机船的应用，以及船舶技术和材料技术的不断发展，理所当然地成为班轮运输发展的技术条件。

先进通信工具的应用，为班轮运输的进一步完善和发展创造了有利的通信条件。应用海底电缆，通过各港的代理人，船东可以随时给船长必要的指示和掌握船舶的动态，及时做好各项准备。

因此，海洋运输便逐渐形成了班轮运输这一船舶营运方式，并随着经济和贸易的发展，这一船舶营运方式得到了迅速发展。

2. 租船运输

（1）租船运输的产生。租船运输是相对于班轮运输即定期船运输而言的另一种远洋船舶营运方式。租船运输和班轮运输不同，不需预先制定船期表、航线，停靠港口也不固定，具有漂泊流浪的特点。船舶的营运根据船舶所有人（或船舶经营人）与需要船舶运输的货主双方事先签订的租船合同来安排。因此，航线、运输货物的种类以及装货港、卸货港或中途停靠的港口都须根据货主的要求而定。租船运输的营运组织工作比较简单，主要根据作为承租人的货主的要求来安排。通常由货主租用整船来运输自己的货物，而且根据承租人的不同要求，又有不同的租船方式。

（2）租船运输的发展。租船运输是根据承租人对运输的要求而安排的船舶营运方式，因此，根据承租人不同的营运需要，逐渐出现了不同的租船运输方式。其中最主要的是按照航次来租船和按照一定的期限来租船。随着国际经济和海洋运输的发展变化，又逐渐出现了光船租船、包运租船和航次期租船等不同的租船方式。

三、世界主要海运航线

世界主要海运航线如表 4-3 所示。

表 4-3 世界主要海运航线

	航线	特点
太平洋航线	远东—北美西海岸航线	该航线指东南亚国家、中国、东北亚国家各港，沿大圆航线横渡北太平洋至美、加西海岸各港。该航线随季节有波动，一般夏季偏北、冬季南移，以避北太平洋的海雾和风暴。远东-北美西海岸航线是第二次世界大战后货运量增长最快、货运量最大的航线之一
	远东—加勒比海、北美东海岸航线	该航线不仅横渡北太平洋，还越过巴拿马运河，因此一般偏南，横渡大洋的距离也较长，夏威夷群岛的火奴鲁鲁港是其航站，船舶在此添加燃料和补给品等，该航线也是太平洋货运量最大的航线之一
	远东—南美西海岸航线	该航线经过太平洋中枢纽站，但不需要经过巴拿马运河。该航线也有先航行至南太平洋的枢纽港，后横渡南太平洋到达南美西岸

第四章　国际海洋运输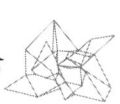

续表

	航线	特点
太平洋航线	远东—东南亚航线	该航线是中国、朝鲜、韩国、日本等货船去东南亚各港，以及经马六甲海峡去印度洋、大西洋沿岸各港的主要航线。东海、台湾海峡、巴士海峡、南海是该航线船只的必经之路。该航线短，但往来频繁，地区间贸易兴旺，且发展迅速
	远东—澳大利亚、新西兰航线	该航线在西太平洋南北航行，离陆地近，航线较短。由于北部一些岛国（地区）工业发达而资源贫乏，而南部国家资源丰富，因而初级产品运输特别繁忙
大西洋航线	西北欧—北美东海岸航线	该航线是西欧、北美两个世界工业最发达地区之间的原燃料和产品交换的运输线，运输极为繁忙，船舶大多走偏北大圆航线。该航区冬季风浪大，并有浓雾、冰山，对航行安全有威胁
	西北欧、北美东海岸—加勒比航线	西北欧—加勒比航线多半出英吉利海峡后横渡北大西洋。该航线同北美东海岸各港出发的船舶一起，一般都经莫纳海峡、向风海峡进入加勒比海。除去加勒比海沿岸各港外，还可经巴拿马运河到达美洲太平洋岸港口
	西北欧、北美东海岸—地中海、苏伊士运河—亚太航线	该航线属世界最繁忙的航段，是北美、西北欧与亚太海湾地区间贸易往来的捷径。该航线一般途经亚速尔群岛、马德拉群岛上的航站
	西北欧、地中海—南美东海岸航线	该航线一般经西非大西洋岛屿——加那利群岛、佛得角群岛上的航站
	西北欧、北美东海岸—好望角、远东航线	该航线一般是巨型油轮的航线。佛得角群岛、加那利群岛是过往船只停靠的主要航站
	南美东海岸—好望角—远东航线	该航线主要运输石油、矿石，一般西航偏北行，东航偏南行。该航线处在西风漂流海域，风浪较大
印度洋航线	印度洋航线	该航线以石油运输线为主，此外有不少是大宗货物的过境运输
	波斯湾—好望角—西欧、北美航线	该航线主要由超级油轮经营，是世界上最主要的海上石油运输线
	波斯湾—东南亚—日本航线	该航线东经马六甲海峡或龙目海峡、望加锡海峡至日本
	波斯湾—苏伊士运河—地中海—西欧、北美航线	该航线目前可通行30万载重吨的超级油轮

中国主要海运航线如表4-4所示。

表 4-4 中国主要海运航线

	航线	到达地
近洋航线	港澳线	中国香港、中国澳门
	新马线	新加坡，马来西亚的巴生港、槟城和马六甲等港
	暹罗湾线	越南、柬埔寨、泰国线到越南海防，柬埔寨的磅逊和泰国的曼谷等港
	科伦坡—孟加拉湾线	斯里兰卡的科伦坡和缅甸的仰光，孟加拉国的吉大港和印度东海岸的加尔各答等港
	菲律宾线	菲律宾的马尼拉港
	印度尼西亚线	爪哇岛的雅加达、三宝垄等
	澳大利亚新西兰线	澳大利亚的悉尼、墨尔本、布里斯班和新西兰的奥克兰、惠灵顿
	巴布亚新几内亚线	巴布亚新几内亚的莱城、莫尔兹比港等
	日本线	日本九州岛的门司和本州岛的神户、大阪、名古屋、横滨和川崎等港口
	韩国线	釜山、仁川等港口
	波斯湾线	巴基斯坦的卡拉奇，伊朗的阿巴斯、霍拉姆沙赫尔，伊拉克的巴士拉，科威特的科威特港，沙特阿拉伯的达曼
远洋航线	地中海线	地中海东部黎巴嫩的贝鲁特、的黎波里，以色列的海法、阿什杜德，叙利亚的拉塔基亚；地中海南部埃及的塞得港、亚历山大，突尼斯的突尼斯，阿尔及利亚的阿尔及尔、奥兰；地中海北部意大利的热那亚，法国的马赛，西班牙的巴塞罗那和塞浦路斯的利马索尔等港
	西北欧线	比利时的安特卫普，荷兰的鹿特丹，德国的汉堡、不来梅，法国的勒弗尔，英国的伦敦、利物浦，丹麦的哥本哈根，挪威的奥斯陆，瑞典的斯德哥尔摩和哥德堡，芬兰的赫尔辛基等
	美国加拿大线	加拿大西海岸港口温哥华，美国西岸港口西雅图、波特兰、旧金山、洛杉矶，加拿大东岸港口蒙特利尔、多伦多，美国东岸港口纽约、波士顿、费城、巴尔的摩，波特兰和美国墨西哥湾港口的莫比尔、新奥尔良、休斯敦等港口
	南美洲西岸线	秘鲁的卡亚俄，智利的阿里卡、伊基克、瓦尔帕莱索、安托法加斯塔等港

第二节 国际海运实务与技能

一、国际海运业务流程

国际海运物流业务复杂多变，涉及的角色比较多，并且根据客户和货物种类的不同会产生不同的业务流程，而不同的业务流程也会涉及不同的角色和与角色相关业务。

国际海运物流相关的角色有船公司、货代、场站、仓储、车队、船代、理货公司等，其中每个角色都有不同的业务，这些业务共同组成了国际海运物流的业务范围。

船公司的业务范围包括舱位分配、签发提单、制舱单和箱单、集装箱交接和放箱以及 EDI 报文发送等；货代的业务范围包括向船公司订舱、向车队委托运输、报关、报检、换单和提货等；车队的业务范围包括运输、装卸和搬运等；仓储中心的业务范围包括库位分配、装卸、搬运、仓储保管、包装和加工等；场站的业务范围包括空/重箱场地分配、空/重箱保管、商检查验、海关查验等；理货公司主要负责拼箱，即按客户要求和货物种类对不满整个集装箱的多货主所有的或多种货物拼为一个集装箱进行海上运输；船代主要负责港口的事务和船舶的修理维护等。

整个国际海运物流业务涉及如此多的角色和业务，其中每个角色的业务运行中都涉及各种不同的不确定性因素，不同的不确定因素和异常对应不同的处理流程。

（一）整箱出口流程

海运出口从货主发起运输请求开始，货主首先向各个货代查询运输报价，通过比较确定合适的货代并与之建立委托关系。

货代按照就受货主委托时的条件向船公司发起订舱，如果订舱成功，船公司会将提单号和场站信息反馈给货代，同时将用箱计划发往相应的场站。此时货代便可根据船公司反馈的信息，编制派车通知单交给车队，同时编制下货纸发往场站。

车队在接到派车通知单后，根据单上信息编制派车单，安排车辆先前往场站取空箱。凭派车单取到空箱的车辆接下来前往货主货物所在地将货物装箱，清点好货物并且货主在装箱清单上签字确认之后，贴上铅封条，然后载着装有货物的重箱返回场站。为确保货物与协议中的数量、品种等信息没有差错，此时场站会核对下货纸信息和装箱清单信息的一致性，在两方面信息一致的情况下，就发送货物运抵报告给海关，通知其货物已经到场等待查验。货物通过集装箱取回场站的同时，货代开始报关报检。

报关方面，货代将之前环节中分配的货物箱号铅封号等信息告知报关行的报关人员，并启动报关程序开始报关。

海关在收到货物到场信息并收到报关请求的情况下，核对场站提供的运抵报告信息和报关员提供的下货纸信息，信息一致的情况下报关通过，海关发报关单、核销单给报关行。

报检方面，货代通知商检局到场站检查货物是否符合商检要求，符合要求则报检成功。货代打印下货纸，并加盖货代章。当码头发集港通知给场站后，场站核对下货纸和出场货物的一致性，下货纸上盖场站章，随货发出入港通知单，货物出场集港。当货物运送到码头后，海关人员会根据货物的提单号检查货物是否已经报关成功，并核实集装箱货物数量、重量、尺寸是否与下货纸匹配，匹配则在下货纸上加盖海关放行章。至此，下货纸上货代章、场站章、海关放行章均已盖好，然后货代将三章齐全的下货纸交给大副。

货物装船后，船公司发完船通知。货物上船之后，货代可以到船公司取提单，货代将提单发给货主，海运出口结束（如图4-2所示）。

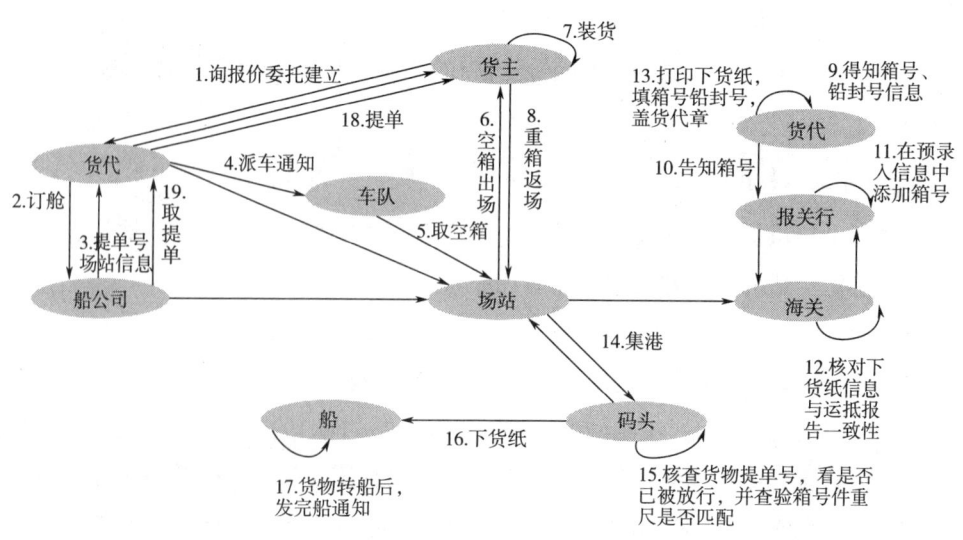

图4-2 整箱出口流程

(二)整箱进口流程

货主确定一家进口货代,与之建立委托关系并将每个提单对应的货物信息(包括货物的箱号、铅封号、数重尺、货主)发给进口货代。

进口货代通过货代系统对提单进行分单,进而生成多票分提单。

船公司便根据分提单生成分提货单,加盖船公司印章,然后将分提货单交给进口货代。货物到港后,船公司发疏港通知,场站委托车队疏港运输,发派车通知单给车队,车队派车,货物疏港,到达场站。

进口货代凭分提货单分别执行报检报关流程,通过之后分提货单上分别加盖海关、商检印章。进口货代委托车队派车送货,车队派车去场站取货,货物出场,车队负责将货物送到货主处。

货主确认收货之后,进口流程结束(如图4-3所示)。

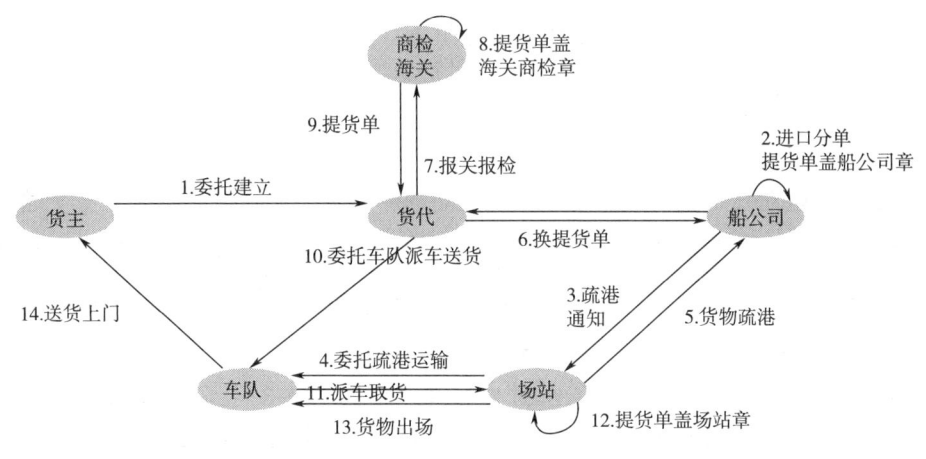

图 4-3 整箱进口流程

二、国际海运班轮运输

(一)班轮运输的主要类型

1. 根据船舶是否严格按照事先公布船期表运行情况分类

根据船舶是否严格按照事先公布船期表运行的情况,班轮运输可分为严格定期定线班轮和不严格运行班轮。

(1)严格定期定线班轮。严格定期定线班轮曾经称为核心班轮,是指船舶严格按照预先公布的船期表运行,到离港口的时间基本固定不变。一般集装箱班轮属于这种情况。

（2）不严格运行班轮。不严格运行班轮虽有船期表，但船舶到离港口的时间不严格按照船期表挂靠，虽然有固定的始发港和终到港，但船舶挂靠各港口有一定的伸缩性，视货源情况可增减挂靠中途港。一般杂货班轮属于这种情况。

2. 根据所运输货物的单元分类

根据所运输货物的单元不同，班轮运输又分为杂货班轮运输和集装箱班轮运输。

（1）杂货班轮运输。班轮运输从杂货班轮运输开始。杂货班轮运输的货物以件杂货为主，还可以运输一些散货、重大件等特殊货物，并可以捎带集装箱货物。

（2）集装箱班轮运输。集装箱班轮运输是指以集装箱为运输单元的班轮运输方式。20世纪50年代，在海运中出现了集装箱运输，由于集装箱运输具有装卸速度快和方便、机械化程度高以及便于开展联运等优点，集装箱运输得到了快速发展。目前的班轮运输基本上都是集装箱班轮运输。

（二）班轮运输的货运流程

班轮运输是在特定的航线上，按照公布的船期表，在固定的航线上、往返于固定港口进行运输的船舶营运方式。从事班轮运输经营的船公司以非特定的众多货主为服务对象，班轮运输要在船舶就航的航线两端及其挂靠港口和腹地的货物集中地设立机构从事揽货集载，承运所需要运输的货物。

由于班轮船舶所承运货物的批量小、货主多、挂靠港口多、装卸作业频繁、出现货损和货差的情况比较复杂，为使货物在装卸、运输的过程中顺利进行，所以班轮运输在实践中逐渐形成了一套相应的货运流程。

1. 揽货订舱

班轮运输的货运流程从揽货和订舱开始。揽货又称揽载，是指从事班轮运输经营的船公司为使自己所经营的班轮运输船舶能在载重量和舱容上得到充分利用，力争做到"满舱满载"，以期获得最好的经营效益而从货主那里争取货源的行为。

订舱则是托运人或其代理人根据信用证的要求和实际货物数量，以托运单的形式，向承运人，即班轮公司或其营业所或代理机构等申请货物托运，或通过货代向船代申请，具体洽订某一艘船舶的部分舱位或全部舱位，承运人对这种托运申请给予承诺的行为。

2. 接货装船

接货装船是指托运人将其托运的货物送至码头承运船的船舶，由船方接货后将货物装到船上。

（1）集中装船。在班轮运输中，为了提高装船效率，减少船舶在港停泊时间，不致延误船期，通常都采用集中装船的方式进行。所谓集中装船，是指由船公司在各装货港指定装船代理人，在各装货港的指定地点（通常是码头仓库）接受托运人送来的货物，办理交接手续后，将货物集中并按货物的卸货次序进行适当的分类后再进行装船。船公司指定的接收货物的地点通常是码头仓库，也可以是装卸公司的仓库，等候船舶到港靠泊后，即按大副编制的装卸计划的先后次序将货物从仓库运至船边装船。这种装船方式又称为"仓库收货，集中装船"。当前对件杂货的运输几乎都采用集中装船的方法。但是对一些特殊的货物，如危险品、冷冻货、鲜活货、贵重货和批量较大的同类货物，则是由托运人将货物直接送至船边，或使用托运人的驳船将货物送到船边直接装船。这就是通常所说的直接装船或现装。

（2）直接装船。如果装船的船舶是在锚地或浮筒作业，托运人还应负责使用自己的或租用的驳船将货物驳运至船边，办理交接后将货物装到船上。这种装船形式通常被称为直接装船。

（3）装船代理。在仓库收货、集中装船的情况下，船公司和托运人之间介入了由船公司指定并受船公司委托代行一切有关收货、保管和装船业务的代理人，这就是装船代理人。装船代理人可以由船舶代理人兼营，也可以由装卸公司兼营。

（4）误装漏装。在集中装船时，由于各种原因，时常会出现误装或漏装的情况，发现以后应及时进行更正和处理，将误装的货物发回（往）指定港口或指定收货人，变更货单，将应装货物迅速装运至指定卸货港交收货人。由船方责任造成的误装漏装的费用由船方承担，而因运输标志不清等托运人的责任，则由托运人承担。因此造成的货物往返运输和补运货物的风险由谁承担，要视具体情况而定，不能一概而论。

3. 卸船交货

卸船交货是指船舶所承运的货物在装卸港从船上卸下，在卸货港仓库或船边将货物交收货人或其代理人和办理货物的交接手续。

（1）集中卸货。在班轮运输中，为了使分属众多收货人的各种不同的货物能在船舶有限的停泊时间内迅速卸完，通常都采用集中卸货的办法，即由船公司所指定的装卸公司作为卸货代理人总揽卸货，并向收货人交付货物。也就是说，船舶到港后，先将货物卸至码头仓库，进行分类后再向收货人交付，因而这种方式也称为"集中卸货，仓库交付"。卸货代理人也可以由船舶代理人兼营。

（2）直接卸货。与装船时一样，如果各个收货人都同时来到码头船边接收货物，同样会使卸货现场十分混乱，影响卸货效率，延误船舶在港的停泊时间。因此，对普通班轮运输的货物一般都不采用直接卸货、船边交货的方式。

（3）误卸。卸货时，船方和装卸公司应根据载货清单和其他有关单证认真卸货，避免发生差错。然而，在班轮运输中，由于同时装运分属不同货主和不同卸货港的货物，而这些货物中又有许多包装、标志或形态十分相似，加上可能出现标志不清、单证填写不正确等情况，因此，船舶要在较短的停泊时间内迅速将货物卸下，就难免会发生将本应在其他港口卸下的货物卸在本港，或将本应该在本港卸下的货物遗漏的情况。通常将前者称为溢卸，后者称为短卸。

（4）交货。在班轮运输的情况下，货物装船后，船公司或其代理人一般都向托运人签发提单，因此，船公司把货物交付给收货人时，必须收回提单才能把货物交付给收货人。在实际业务中，收货人提取货物的具体过程是，收货人将注明已经接受了船公司交付的货物并签章的提单交给船公司在卸货港的代理人，经代理人审核无误后，签发提货单交给收货人，然后收货人再凭提货单前往码头仓库提取货物并与卸货代理人办理交接手续。

4. 交付货物的方式

由于海运情况复杂，船方向收货方交付货物时有各种不同的交付方式。

（1）仓库交付货物。仓库交付货物，习惯上称为"仓库交货"，是指将从班轮船舶上集中卸下的货物先行搬入船公司或其代理人的仓库，然后由卸货代理人代表船公司按票向收货人交付货物的方式。这是班轮运输中最基本的交付货物的方式。

（2）船边交付货物。船边交付货物习惯称为"船边交货"，又称"现提"，是指收货人以提单在船公司在卸货港的代理处办妥提货手续换取提货单后，持提货单直接到码头船边提取货物并办理交接手续的方式。

（3）货主选择卸货港交付货物。货主选择卸货港交付货物（optional

delivery）是指货物在装船时货主尚未确定具体的卸货港，待船舶开航后再由货主选定对自己最方便或最有便利的卸货港，并在这个港口卸货和交付货物。

（4）变更卸货港交付货物。变更卸货港交付货物是指在提单上所记载的卸货港以外的其他港口卸货和交付货物，变更卸货港的申请应由收货人提出。如果收货人认为将货物改在提单上所载明的卸货港以外的其他港口卸货并交付对其更为方便或有利时，可以向船公司提出变更卸货港申请。

（5）凭保函交付货物。按规定，收货人应以正本提单换取提货单后才能提取货物。但是，在班轮运输中，有时因提单邮寄延误而出现提单到达的时间迟于船舶到港的时间的情况（特别是装货港与卸货港距离比较近）；或因为提单遗失或被窃；或者是当到港时，作为押汇的跟单票据的提单已经到达进口地银行，但因为汇票的兑现期限未到，收货人暂时还没拿到提单，因而造成船舶虽已到港而收货人尚未收到或取得提单的情形。这时，收货人无法用提单来换取提货单提取货物。按照一般的航运习惯，通常要由收货人向船方开具保证书，以保证书交换提货单，然后拿提货单提取货物。这种交付货物的方式，称为凭保证书交付货物（delivery against letter of guarantee）。

三、国际海运集装箱运输

集装箱运输（container transport）是以集装箱作为运输单位进行货物运输的现代化运输方式，是国际贸易货物运输高度发展的必然产物，目前已成为国际上普遍采用的一种重要的运输方式。集装箱运输是件杂货运输的发展方向，是交通运输现代化的产物和重要标志，是运输领域的重要变革。因此，世界各国都把集装箱运输称为 20 世纪的"运输革命"。由于集装箱运输具有巨大的优越性，因此，集装箱化的热潮已遍及全世界。目前，集装箱运输已进入以国际多式联运为特征的新时期。

（一）集装箱进出口货运程序

1. 订舱托运

发货人或货物托运人根据贸易合同或信用证有关条款的规定，在货物托运前一定的时间，填制订舱单向船公司或其代理人，或向其他运输经营人申请订舱。

2. 接受托运申请

船公司或其代理人，或其他运输经营人在决定是否接受发货人的托运申请

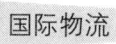

时，首先应考虑其航线、港口船舶运输条件等能否满足发货人的要求。在接收托运申请后，应着手编制订舱清单，然后分送集装箱码头堆场、集装箱货运站，据以安排空箱及办理货运交接。

3. 发放空箱

通常集装箱的空箱由发货人到集装箱码头堆场领取，拼箱货运的空箱则由集装箱货运站负责领取。

4. 拼箱货装箱

发货人将不足一整箱的货物交集装箱货运站，由货运站根据订舱单的资料，核对场站收据装箱。

5. 整箱货交接

由发货人自行负责装箱并加海关封志的整箱货运至集装箱码头堆场，码头堆场根据订舱清单，核对场站收据及装箱单验收货物。

6. 集装箱的交接签证

集装箱码头堆场在验收货物和集装箱后，即在场站收据上签字，并将签署的场站收据交还给发货人，据此换取提单。

7. 换取提单

发货人凭经签署的场站收据，向负责集装箱运输的人或其代理换人取提单，然后去银行结汇。

8. 装船

集装箱码头根据待装的货箱情况，制订出装船计划后，待船舶靠泊后即行装船。

9. 海上运输

海上承运人对装船的集装箱负有安全运输、保管、照料之责任，并依据集装箱提单条款划分与货主之间的责任、权利和义务。

10. 卸船

集装箱码头根据装船港承运人代理寄来的有关货运单证制订出卸船计划，待船舶靠泊后即卸船。

11. 整箱货交付

如内陆运输由收货人自己负责安排，集装箱码头堆场根据收货人出具的提货单将货箱交收货人。

12. 拼箱货交付

集装箱货运站在掏箱后,根据收货人出具的提货单将货物交收货人。

13. 空箱回运

收货人和集装箱货运站在掏箱完毕后,应及时将空箱回运至集装箱码头堆场。

(二) 集装箱班轮运费的计算

1. 计费方法

集装箱班轮运费的计算办法与普通班轮运费的计算办法一样,即在费率表中规定了基本运费和附加运费,并给出了费率和计费方法。不过,由于在整个运输过程中,货物要装箱、拆箱,而这些作业既可以由承运人负责进行,也可以由托运人自行负责进行,随之,费用的负担责任也就相应确定,所以,不同情况下的运费计算办法也就有所不同。

集装箱班轮运输中的基本运费的计算方法有以下两种:

第一,采用与普通杂货班轮运输基本运费相同的计算方法,对具体的航线按货物的等级和不同的计费标准来计算基本运费。

第二,按包箱费率计算运费,包箱费率以每个集装箱为计费单位,常用于集装箱交货的情况,即 CFS-CY 或 CY-CY 条款,常见的包箱费率有以下三种形式:FAK 包箱费率;FCS 包箱费率和 FCB 包箱费率(如表 4-5 所示)。

表 4-5 包箱费率的三种形式及运费计算

形式	运费计算
FAK 包箱费率 (Freight for All Kinds)	对每一集装箱不分货类统一收取的费率
FCS 包箱费率 (Freight for Class)	按不同货物等级制定的包箱费率
FCB 包箱费率 (Freight for Class 或 Basis)	既按不同货物等级或货类,又按计算标准制定的费率

采用 FAK 包箱费率,可能会使低价值的货物的运费负担过重,这对于低价值货物的货主来说可能难以接受。例如,集装箱班轮公司对托运瓶装水和瓶装酒

的货主统一收取同样的运价,尽管瓶装酒的货主对此并不在意,但瓶装水的货主则会拒绝接受这种状况,因此,船公司被迫对这两种货物分别收取不同的运价。

采用 FCS 包箱费率,集装箱货物的费率级差比杂货费率级差要小得多,一般低级的集装箱收费高于传统运输,高价货集装箱低于传统运输;同一等级的货物,重货集装箱运价高于体积货运价,因此,船公司鼓励人们把高价货和体积货装箱运输。

采用 FCB 包箱费率,同一级费率因计算标准不同,费率也不同。例如,8~10 级,CY/CY 交接方式,20 英尺集装箱货物如按重量计费为 1 500 美元,如按尺码计费则为 1 450 美元。

2. 运费计算

由于集装箱货物既可以交集装箱货运站(CFS)装箱,也可以由货主自行装箱整箱托运,因而在运费计算方式上也有所不同。主要表现在当集装箱货物是整箱托运,并且使用的是承运人的集装箱时,集装箱海运运费计收有"最低计费吨"和"最高计费吨"的规定,此外,对于特种货物运费的计算以及附加费的计算也有规定。

(1) 拼箱货海运运费的计算。目前,各船公司对集装箱运输的拼箱货运费的计算,基本上是依据件杂货运费的计算标准,按所托运货物的实际运费吨计费,即尺码大的按尺码吨计费,重量大的按重量吨计费;另外,在拼箱货海运运费中还要加收与集装箱有关的费用,如拼箱服务费等。由于拼箱货涉及不同的收货人,因而拼箱货不能接受货主提出的有关选港或变更目的港的要求,所以,在拼箱货海运运费中没有选港附加费和变更目的港附加费。

(2) 整箱货海运运费的计算。对于整箱托运的集装箱货物运费的计收有两种方法:一种方法是同拼箱货一样,按实际运费吨计费。另一种方法,也是目前普遍采用的方法,是根据集装箱的类型按箱计收运费。

整箱货的运费计算虽然有"最低运费"和"最高运费"的原则,但实践中并不使用。

最低运费是在货物由托运人自行整箱装箱,在 CY 交货的情况下,且又采用拼箱货运费的计算方法时,一箱货物的运费应按集装箱的最低运费吨(计费吨)计算运费。如果箱内所装货物没有达到规定的最低装箱标准,亦即箱内所装货物没有达到规定的最低运费吨时,其亏损部分,托运人应支付"亏箱运费"。

最高运费是在集装箱运输中,为鼓励托运人采用整箱装运货物,并能最大限度地利用集装箱内部容积，而使用的一种运费计算方法。运费计算时为各种规格和类型的集装箱规定一个按集装箱的内部容积折算的最高运费吨。例如，规定20英尺的干货箱的最高运费吨为31立方米，40英尺的干货箱的最高运费吨为67立方米。实际装入箱内的尺码吨超过规定的最高运费吨时，仍然按最高运费吨为限计收运费。由于整箱所装的商品可能是分属不同运费等级的商品，则免收运费的商品应从运价等级最低的商品起始上推。在托运人没有提供整箱货的正确度量单位或者计算运费的基础数据时，按最高运费吨和箱内运价等级最高的货物的运价计收运费。在只提供了部分货物的资料时，已有资料的货物的运费按实际计费吨和此类货物的等级费率计算；缺乏必要资料的货物的运费吨时，则为最高运费吨和已提供资料的货物的计费吨之差。这一计费吨差与未提供或提供资料不足的货物中运价等级最高的费率之积，即为这类货物的运费。最高运费仅适用于以容积吨作为计费单位的货物，而不适用于按重量吨计算运费的货物。

集装箱班轮运输中的附加费也与杂货班轮运输中的情况相似。但是，实践中有时会将基本运费和附加费合并在一起，以包干费（All in Freight）的形式计收运费。此时的运价称为包干费率，又称"全包价"（All in Rate，A.I.R）。

3. 滞期费

集装箱班轮运输中的滞期费是指在集装箱货物运输中，货主未在规定的免费堆存时间内前往指定的集装箱堆场或集装箱货运站提取货物及交还集装箱，而由承运人向货主收取的费用，实践中也称其为滞期费。滞期费按天计算。

四、港口发展历史及经营管理模式

（一）世界港口发展历史

在历史上，港口多是随着商品贸易的发展，在合适的地理环境下自然发展而成的，一般来说，港口多先于港口城市诞生。港口为其经济腹地转运生产资料和消费品，并直接推动港口周边地区人口、工商业的集聚，从而有力地促进了港口城市的成长。而港口也随着港口城市和腹地经济的发展而壮大，与其所在城市共同成长。现代港口大体经历了从一般基础产业到多元功能产业，从单一陆向腹地到周边共同腹地，从城市一般社区向港城经济一体化区域转变的过程。①

---

① 舒洪峰. 集装箱港口发展动态研究［D］. 北京：中国社会科学院研究生院，2007.

港口的装卸方式是港口发展阶段的重要标志。最早的装卸是通过人力进行肩挑背扛，后来则广泛使用大型起重机和装卸索道，随着港口的发展，再进一步发展到使用专业化的集装箱起吊设备——集装箱岸桥。

随着经济全球化、市场国际化和信息网络化，集装箱港口已成为国际海陆间物流通道的重要枢纽和节点，是区域性乃至国际性的商务中心和信息中心。因而，集装箱港口是现代港口发展的典型代表，也是未来港口发展的方向。港口的划分及主要特点如表4-6所示。

表4-6 港口的划分及主要特点

港口	形成年代	主要货种	功能	空间范围	生产特点	服务方式	决定性因素
第一代港口	20世纪60年代前	一般散杂货	货物装卸、储存、航运服务	港区、码头装卸区	货物流动，简单分项服务，低增值	港到港	资源与劳动力
第二代港口	始于20世纪60年代后	杂货、成组件货、大宗干液散货	临港工业及相关产业	港区、临港工业社区	货物流动，联合服务，提高增值	部分联运，点到点	资源与资本
第三代港口	始于20世纪80年代后	大宗中转干液散货、集装箱货物	商贸中转及相关产业	港区、工商保税区、陆路分运带	货物信息流动；分运分拨和全程运输服务；高增值	多式联运，门到门	技术与信息

(二) 港口经营管理主要模式

从世界范围看，港口管理的具体形式有很大差异，表现在不同国家、同一国家不同港口、同一港口不同时期，港口管理模式各不相同。由于各国国情不同，地理位置不同，自然条件也不同，因此各国差异很大。

1. 按港口建设资金来源不同的管理模式分类

(1) 英国模式。英国模式以英国、中国香港和北欧一些国家和地区为代表，把港口作为企业看待，港口的水下设施和水上设施投资原则上都是由港口解决，国家和地方政府不给补助。这种政策的好处是港口当局十分重视经济效益，港口经营多能盈利,不利之处是因国家和地方政府对港口无补助,所以港口的收费较高。因为港口企业比其他企业盈利少,导致投资不足而大大制约了港口的发展。①

(2)日本模式。日本模式是以日本为代表的一些发达国家,包括德国、法国和新加坡等地的管理模式。这些国家把港口作为基础设施之一看待,认为港口除了起到运输枢纽作用外,还是国民经济发展中不可缺少的公用基础设施,能对国家经济和地区经济起到带动和促进作用,因此政府对港口给予大的财务支持。这种模式大多能利用港口的多种功能带动整个国家经济迅速发展,缺点是港口的经济效益比较差,政府需经常给予巨额补助和投资。

(3)美国模式。美国模式的特点是既承认港口的公共性(联邦政府进行一部分公共投资),又重视港口的企业性质。国家负责投资防波堤以外的航道治理,不少州市对港口有补助,各州对港口的支持表现为有的用政策,有的用资金。美国政府还把港口作为基础设施的一部分,每年的公共投资都列出了对港口的支出,政府承担内河航道、远洋航道以及五大湖的建设和维护费用,并由陆军工程兵团负责。另外,当政府认为港口面临失业危机时,也给予经济补助,不少州市给予港口财政补助。

2. 按经营管理者不同的经营管理模式分类

(1)私人企业经营管理的模式。

世界上完全由私人经营管理的港口并不多,比较具有代表性的是中国香港的港口。香港的港口设施全部由私人投资建设、私人经营管理,集装箱码头完全遵循自由港政策。例如,葵涌码头的19个集装箱泊位,分别由和记黄埔、(美国)海陆联运、韩国现代和中远(与和记黄埔合营)四家公司所经营。香港私营企业的业务经营极少受到行政干预,完全自主定价。香港港口经营的特点表现在使私营企业的商业技巧得到充分发挥。因此,香港以其高效率和可靠性,吸引着大批航运公司长期与之合作,并成为现今世界上最繁忙的集装箱港口之一。然而私营企业的投资方式也制约了香港港口进行长期、大规模的战略发展。

私人经营管理的港口最主要的特点是经营管理市场化、效率高。私人经营管理港口模式的形成有其特殊的历史背景,并与港口所在地发达的私人经济分不开。

(2)由政府机构、国有企业经营管理的模式。

世界上完全由政府机构、国有企业经营管理的港口总体上不占多数,尤其是

---

① 江鹏. 我国港口经营管理模式研究 [D]. 武汉:武汉理工大学,2005.

在欧美和亚洲比较发达的国家中，这种模式相对更少。我国计划经济时期的港口管理模式属该种模式。港口系国家拥有，港口的运作围绕国家的计划任务进行。不管是发达国家还是发展中国家，港口公有公营都存在着投资浪费、服务质量不高、效率低下等问题，其结果是一方面增加了政府财政负担，另一方面也影响了港口竞争力。

公有公营有三个弊端：一是港口基础设施服务不存在竞争，尤其是港口内部同一服务类型的各部门间无竞争可言；二是提供服务的港口企业缺少自主的经营权和财产权，一方面被迫以低于成本的价格提供服务，另一方面造成了港口企业不能很好地对其工作负责；三是港口设施的使用者可能因国家无偿投资而要求拥有更多的设施，以至造成设施资源浪费。由于港口公有公营存在种种弊端，故许多此类管理模式的港口已经或正在进行改革，逐步向私企或股份制企业经营管理的模式转变。

(3) 三方共同经营管理的模式

世界上由政府机构或国有企业和私营企业共同经营管理港口的模式最为普遍。近年来，有相当多国家的港口管理模式正在由政府机构和国有企业经营管理的模式转向由政府机构或国有企业和私营企业共同经营管理的模式，这种趋势被称为港口的商业化或民营化。民营化的特点是打破单一由国家或政府经营的港口管理模式，减少国家在港口经营管理中的直接参与。日本、新加坡和我国台湾地区的港口都属这种管理模式。

①日本港口由政府、私人共同参与管理。一方面，日本政府非常重视港口的社会公益性，把港口看作是国家和地区发展的核心，强调把港口开发建设纳入国家和地区经济发展的总体规划之中，明确政府在港口建设中的投资责任，确保国家对港口的所有权，强调地方政府对港口的管理权，注重以地方经济的发展来保证总体国民经济的发展水平。另一方面，日本政府又强调企业的独立经营权，港口管理机构被禁止妨碍和干涉私营企业的正常业务活动，不允许经营和私营企业相竞争的业务，港口管理机构也被禁止在设施利用、港口经营管理等方面对任意一方给予歧视性待遇，政府仅通过法律、财税等手段对港口经营企业进行宏观指导与调控。

日本的港口管理实践表明，加强对港口所有权的控制与放手港口经营权并不矛盾，私营企业经营港口比港口管理机构直接参与港口营运对提高营运效率更有好处，港口的社会效益发挥得更加充分。在投资对象上，日本实行由政府投资港口基础设施的建设、规划和维护，由私营企业投资经营性设施并经营港口。私营企业的投资一方面加大了港口投资力度，有利于港口筹集更多资金；同时，私人企业的投资促使其真正关心港口的经营状况。而政府为支持港口、航运业的发展，不要求港口通过经营来收回其基础建设费用。日本的这种港口管理模式，使政府对港口的所有权与私人企业的经营能力高效地结合起来，使其以海运为基础的贸易立国的基本国策得到可靠保证。

②新加坡港口管理的民营化。新加坡的港口是世界最繁忙的港口之一。新加坡于1996年进行港口管理体制改革，开始实行港口民营化。在此之前，新加坡实行政企合一的港口管理体制，港务局既行使部分管理职能，又直接经营港口装卸、仓储等业务。改革后，原港务局分为新加坡海运与港口局和新加坡港务集团。

海运与港口局主要处理港口和海运方面的管制和技术问题，港务集团由原来的法定机构转化为一个商业机构，承担港口投资、经营职能。目前，政府是港务集团的股东，集团负责人由政府任命。

港口改革的最终目标是上市。一系列的改革为新加坡的港口带来了巨大的效益：一是港口企业职工的服务态度、服务意识增强；二是企业集团增加了在国外投资；三是效率提高并降低了成本。新加坡的民营化改革实际上是使从事港口经营性业务的企业实行股份制，进行市场化经营，以提高港口效率。新加坡港口的民营化改革同其他管理制度，其中包括政府投资制度、中央管理制度、自由港政策等相配合，共同巩固了新加坡国际航运的优势地位。

③高雄港政企分开的港口管理体制。高雄港虽然是世界最大的集装箱港口之一，但集装箱竞争能力并不强。高雄港务局属政府机关，既从事港政管理又从事岸上业务经营，这种集执行公务的权力机关与以营利为目的企业于一身的经营体制使高雄港管理效率低下。高雄港针对"政府官员"管理港口、管理者收入与港口运行绩效没有直接联系、惯于行政手段管理等弊端，提出港口民营化改革。1997年高雄港开始民营化改造，其中船舶作业由私营公司承担，并形成多家私营公司竞争的局面，建立境外航运中心和有竞争力的费率体系等措施，均取得了显著效果，为实现高雄港成为亚太营运中心奠定了基础。高雄港管理体制改革的实质是实行政企分开，引进企业间竞争机制，消除了公有公营的弊端，提高了港口的服务水平，增强了竞争力。

【本章小结】

本章从国际物流海运基础知识和国际海运实务与技能方面对国际物流海运进行了介绍。在国际物流海运基础知识中,首先对国际海运的概念、特点和重要性展开了介绍,其次阐述了国际海运类型及模式,最后介绍了世界主要海运航线。在国际海运实务与技能中,对国际海运业务流程、国际海运班轮运输、国际海运集装箱运输、港口发展历史及经营管理模式进行了分析。

【思考练习】

1. (单选题) 航次租船由( )负责船舶运营管理。
   A. 买方   B. 卖方
   C. 船东   D. 租船人

2. (单选题) 被称为"日租租船"的租船形式指的是( )。
   A. 航次租船   B. 定期租船
   C. 包运租船   D. 航次期租船

3. (简答题) 简述国际海运的特点。

【案例分析】

推进天津海运口岸贸易便利化

一、天津海运口岸贸易便利化问题亟待解决

天津港是辐射京津冀及三北地区的北方重要港口,连续多年位列全球十大港口前列。在国内较大的港口中,天津港通往满洲里、二连浩特、阿拉山口、霍尔果斯口岸,除去大连离满洲里较近外,天津港至四个口岸的运距全部为最短。同时,天津港也具有航线航班布局便捷以及多重战略机遇叠加等优势,在支持雄安新区发展、促进三北地区开放的过程中发挥了较好的区位、政策优势。与先天优势相比,天津港还存在诸多短板。天津港码头承载能力低,码头、堆场数量多且布局分散,港区设施"老"、企业成分"杂"、监管场所"多";同时,信息化亟待整合,一定程度上制约了口岸海关、港口、物流等各主体间的高效衔接运转。

二、推进天津海运口岸贸易便利化的实现路径

（一）提升天津港码头智能化运作水平

当前，世界经济处于深度调整期，集装箱吞吐量增速随之放缓，港口的同质化竞争态势加剧。在这种背景下，要对标国际一流港口建设水平，需要结合天津口岸实际，统筹谋划天津港中长期发展规划。一是提升口岸基础设施建设水平。提升天津港码头规划水平，综合考虑口岸通关能力、产业布局、物流配套、口岸仓储设施、生活配套等发展需要进行阶段性科学规划建设。二是加强科技信息化技术与港口作业各环节的深度融合。运用区块链技术、5G、大数据、北斗等先进技术，将港口信息流与港口通关作业操作指令深度嵌入，通过港口装卸作业设施设备、卡口以及海关监管设备进行体现，实现生产装卸智能化、管理智能化、操作便捷化、数据可视化，将以往的港口作业指令与海关监管操作串联模式改为同步并联运行。三是在港口作业过程中装配科技化设备，稳妥提升港口装卸、物流、监管作业模式的智能化水平。借助港区无人卡口操作的作业模式，建设"智能卡口""智能地磅""智能审图""智能装卸""智能选查"信息操作设备，推广特殊货物提离电子移动证、实施智能施验封、智能称重、堆场可视化监控等，将海关智能监督设备和系统有机地集成到港区入站和出站物流的过程中，以简化物流过程的监督，减少对实际物流的干扰。四是加强信息化服务，规范船舶市场运营行为。完善天津港电子商务网运营服务，为进出口企业提供标准化、一站式的航运交易、咨询等服务。

（二）持续提升海关通关处置效率

一是以关检融合为契机，推行智能化监管模式。应用智能查验设备和人工智能技术，推行"先期机检"，对需要海关查验的货物实施非侵入式监管。二是优化进出口监管模式。实施预约通关、延时通关举措，在企业有紧急需要时，依据相关法律法规优先实施查验和检疫处理，合理提高查验作业效率，减少企业单据审核、货物查验等候时间。三是理顺海关内部信息流转环节，减少管理冗余，提升内部决策行政执行效率，实现信息顺畅对接运转。推行企业信用管理评价模式，在排除高风险后，对高认证等信用较好的企业实施先放后税、汇总征税等便利措施，减少企业在通关过程中的资金垫付和周转压力。四是合力推动关务、商务、港务、船务、金融服务等联网联动和口岸部门"并联"作业。五是打通关港等口岸部门间信息、数据交换壁垒，扩充进口货物数据源头，为开展大数据风险研判提供精准支撑。

（三）打造跨境贸易互信和监管合作平台

当前，我国围绕共建"一带一路"，加快推进与沿线国家和地区自由贸易园区在投资、贸易、金融等方面开展功能对接。招商局等龙头企业依托其"一带一路"沿线的港口、物流、园区等网络，开展为所在国提供一站式服务平台、促进与东道国之间"五通"的行动。海关可大胆创新，发起并协调、组织和推动相关企业，建设一个旨在为跨境贸易提供更加安全便利高效综合服务的区块链平台。初期可考虑在总署拟出台的"一带一路"重要支点港口海关合作计划框架下，从落实认证经营者（AEO）企业通关便利措施这一"小切口"入手，实现港口海关间"点对点"信息共享和监管互认，推动更多贸易主体、贸易服务企业、监管机构"入链"，拓展在舱单信息、合同信息、许可证信息、结付汇信息等共享，以促进更高效便利的跨境贸易和相关监管部门的执法互助。

（四）降低企业通关成本

持续减免港口收费，清理规范服务性收费。科学合理开展风险布控，减少出口环节布控比例，减少企业货物重复多次无效布控，从而降低额外的通关成本支出。优化港口管理体制，赋予天津港集团对一港八区的调度，对港区实行统一管理、统一建设、统一经营。深化港口企业改革，推动天津港集团全面剥离与港口业务无关的企业，做实做强港口的主力，规范各类市场经营主体行为。开展口岸收费专项整治，畅通投诉举报渠道，加大惩戒力度，倒逼口岸运营市场规范合法经营。

（资料来源：李晶. 天津海关推进海运口岸贸易便利化路径研究［D］. 天津：天津大学，2020.）

思考：

比较班轮运输方式与租船运输方式的异同。

第五章 国际物流其他运输方式

【学习目标】

1. 掌握国际公路、铁路、管道运输以及多式联运的概念
2. 掌握国际公路、铁路和多式联运基本流程
3. 了解《国际公路运输公约》
4. 掌握铁路货物联运相关内容
5. 了解国际铁路运输主要路线
6. 了解世界主要地区和中国管道运输线路
7. 掌握国际多式联运组织形式和业务运作

【重点难点】

1. 国际公路、铁路和多式联运基本流程
2. 铁路货物联运相关内容
3. 多式联运组织形式和业务运作

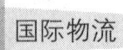
国际物流

【导入案例】

泛亚铁路北部路线建设

泛亚铁路是由亚洲及太平洋经济社会委员会(简称"亚太经社会")策划打造的欧亚大陆铁路运输网络的构筑计划,该计划贯通新加坡至土耳其伊斯坦布尔,并将铁路延伸至欧洲及非洲,铁路总长预计 14 080 公里。作为该计划总体目标的一部分,亚太经社会推进泛亚铁路网络的发展,以期为该区域发展国际综合多式联运和物流系统,以及实现亚洲域内运输便利化。泛亚铁路共划分为四条路线,分别为北部路线、南部路线、南北路线和东盟路线。

一、铁路网基本形成,部分路段未贯通

泛亚铁路北部路线最初由中国境内五条线路、朝鲜境内两条线路、哈萨克斯坦境内两条线路、蒙古国境内两条线路、韩国境内一条线路、俄罗斯境内四条线路构成,这些铁路线路形成最初始的"五维一体"铁路网。2010 年,中国、哈萨克斯坦、蒙古国、俄罗斯等国参加欧盟项目"东西方交通走廊大联盟",构筑东亚到波罗的海的陆海联运新通道。其他与泛亚铁路北部路线有关联的铁路通道还有横贯亚欧两大洲的铁路大通道——新亚欧大陆桥、中蒙俄出海大通道建设、图们江区域国际运输通道,其建设尚在持续推进。最初的泛亚铁路北部路线"五维一体"铁路网逐步完善。

二、部分铁路基础设施落后,需改造升级

泛亚铁路北部路线虽然是泛亚铁路四条路线中铁路干线连网状态最好的路线,但是该条路线中的大部分铁路线路、站点均是在苏联时期修建而成。随着科学技术的进步,铁路技术以及铁路设施设备也在随之发展进步,现在的部分铁路基础设施已不足以支撑当下所需的运力要求。其中,蒙古国铁路基础设施建设进展缓慢,铁路设备供应不足且已有设备老化严重;朝鲜铁路装备陈旧,国内机车车辆、牵引能力及口岸站换装设备能力严重不足;俄罗斯扎鲁比诺港,铁路基础设施设备陈旧,港口吞吐能力有限,效率低下。北部线路基础设施设备需全面升级改造。

三、运输便利化水平有待提高

(一)沿线国家间通关效率有待优化

海关监管结果互认,能够使口岸工作人员的工作量大幅度下降,货物运输企

业在口岸的通过速度也得到极大的提高。然而，海关监管结果互认没有在泛亚铁路北部路线沿线各国铁路口岸通关放行中得以全线实施，这对铁路货物通关速度造成一定的影响。

（二）沿线国家间存在复杂的双边运输限制

以中朝和中蒙铁路间办理国际铁路联运为例，其存在一些特殊规定（如表5-1所示）。

表5-1 中朝与中蒙国际铁路联运特殊规定

中朝间特殊规定	中蒙间特殊规定
①针对装载并加固敞车类的运输货车的规定，中朝两国按发送国国内的规章制度办理即可，可以不用按照《国际铁路货物联运协定》的规定执行。 ②每年的11月15日至次年的3月15日是易冻货物的停运时期，在这一时期内，若有解冻需求时，可向中朝两国铁路中央机关提出申请改变期限等	①当敞车、平车装载的货物不超过100件时，按照货物的件数进行交接，超过100件时，则按照货物的现状或者是重量进行交接。 ②当以20~40英尺的大吨位集装箱过境蒙古国时，需要发货人在货物运单的第20栏中填写该货物付费的代理部门的名称，并在第4栏中填写发货人与该货物付费的代理部门之间签订的合同号码等

从中朝和中蒙铁路间办理国际铁路联运的部分特殊规定可以看出，泛亚铁路北部路线沿线各国之间存在着不一致的复杂的双边运输限制，不利于泛亚铁路北部路线铁路线的通畅运行。

（资料来源：赵依. 泛亚铁路北部路线建设研究 [D]. 长春：吉林大学，2019.）

第一节 国际公路运输

一、国际公路运输概述

（一）国际公路运输的概念

国际公路运输是指起运地点、目的地点或约定的经停点位于不同国家或地区的公路货物运输。在我国，只要起运地点、目的地点或约定的经停点不在我国境内的，均构成国际公路货物运输。

（二）国际公路运输的优缺点

公路运输是一种机动灵活、简捷方便的运输方式，在短途货物集散运输上，比铁路、航空运输具有更大的优越性，尤其是在实现"门到门"的运输过程中作用更为突出。其他的运输方式都或多或少地依赖公路来最终完成两端的运输任务。国际公路运输优缺点如表5-2所示。

表5-2 国际公路运输的优缺点

优点	缺点
配送能力强，运输环节短及手续凭证简便	运输过程不稳定因素较多，易发生事故
适应性强，运输业务种类多，可作为其他运输方式的衔接段	载重量小，不适宜装载大件、重件货物，不适宜长途运输
司机同行，运输过程控制力强	长途运输成本高，能耗大，运输经济性差
建设期短，投资较低，易于因地制宜	尾气排放严重污染环境

（三）国际公路运输的业务种类

公路运输中主要经营的运输种类包括整车货物运输、零担货物运输、特种货物运输、集装箱货物运输和包车运输（如表5-3所示）。

表5-3 国际公路运输业务种类、含义及适用情况

运输业务种类	含义及适用情况
整车货物运输	含义：指托运人租用一台或若干台汽车，发运一批货物的运输。 适用情况：①货物重量或体积能够装满整车；②货物为不能拼装的特种货物，以防止对其他货物造成不良影响；③货主为自身货物或基于运输便利考虑而特别提出整车运输
零担货物运输	含义：指承接需要拼装的众多小件货物的运输。 适用情况：货物托运量小，托运批次多，托运时间和到站分散
特种货物运输	含义：指被运输货物由于本身的性质特殊，在装卸、存储、运送过程中有特殊要求，需要保证完整无损及安全的运输。 适用情况：①危险货物，如易燃、易爆、易污染、易腐蚀和具有放射性的特殊货物运输；②大件货物，只能采用大件车或特种车运输；③活货物，如冷冻品、鲜花、鲜活水产品等，一般要由冷藏车、保温车运输；④贵重物品，如稀有矿物品、核心设备等，须有特种车体运载
集装箱货物运输	含义：指以标准拖车专门运送标准集装箱的一种运输。 适用情况：①货物数量众多且需集中运输；②货物需要进行"门到门"的集中运输

第五章 国际物流其他运输方式

续表

运输业务种类	含义及适用情况
包车运输	含义：指承运人将车辆包租给托运人使用，由托运人按时间或里程支付运费的方式。 适用情况：①时间紧、要求高、等货的紧急抢运；②因货物性质、体积的限制，车辆不能按正常速度行驶的运输；③运输批量大、产品品种繁多，事先较难提出托运计划而又需将货物分送各处的托运

二、国际公路运输基本流程

（一）公路运输流程

公路运输的流程从客户委托开始到客户收到回单并结账完成后结束，共包括业务受理、现场装货、运行监控、现场卸货、回单处理5个主要环节（如图5-1所示）。

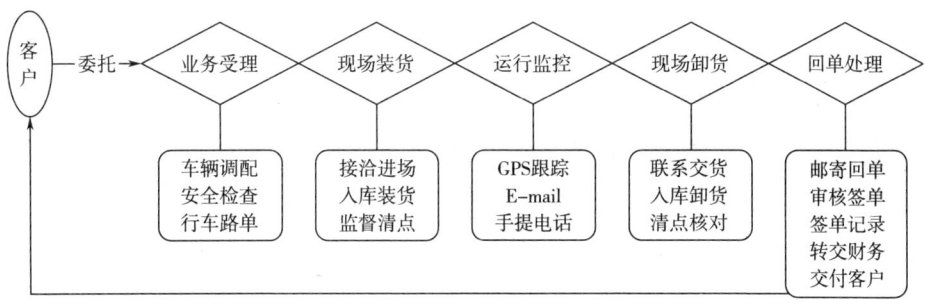

图 5-1 公路运输流程

公路运输在具体的操作流程中共包含以下9个具体的操作环节（如表5-4所示）。

表 5-4 公路运输具体操作环节

环节	具体操作
接单	公路运输主管从客户处接收传真运输发送计划；公路运输调度员从客户处接出库提货单证；核对单证
登记	运输调度员在登记表上分送货目的地、分收货客户，标定提货号码；司机（指定人员及车辆）到运输调度中心取提货单，并确认签收
调用安排	填写运输计划；填写运输在途及送到情况；追踪反馈表；电脑输单

续表

环节	具体操作
车队交接	根据送货方向、重量、体积，统筹安排车辆；报运输计划给客户处，并确认到厂提货时间
提货发运	按时到达客户提货仓库；检查车辆情况，办理提货手续；提货，盖好车棚，锁好箱门办好出厂手续，电话通知收货客户预达时间
在途追踪	建立收货客户档案，司机及时反馈途中信息；与收货客户电话联系送货情况；填写跟踪记录；有异常情况及时与客户联系
到达签收	通过电话或传真确认到达时间；司机将回单用航空快递或传真寄（发）回公司；定期将回单送至客户处
回单	按时准确到达指定卸货地点；货物交接；百分之百签收，保证运输产品的数量和质量与客户出库单一致；了解送货人对客户产品在当地市场的销售情况
运费结算	整理好收费票据；做好收费汇总表并交至客户，确认后交回结算中心；结算中心开具发票，向客户收取运费

（二）公路零担运输流程

零担运输货运环节多，货物品种多样，规格不一，作业工艺细致，对货物配载和装载要求也相对较高，因此运作流程复杂。公路零担货运业务流程与操作要求如表5-5所示。

表5-5 公路零担货运流程、业务操作及操作要求

流程	操作人员	业务操作	操作要求
业务联络	业务员	①预约 ②订立合同 ③接单（派车联系单、发货单） ④电话联系客户 ⑤将运输单分配给各调度员	①以多种接单方式方便客户及时下达指令 ②确保客户满意 ③派单及时准确
配载派车	调度员、司机	①接单 ②按货物数量、品种及去向、时间要求配载 ③签订货物运输清单，落实车辆安全防护工作 ④发车至仓库或客户处提货	①及时优质高效配载 ②确保车辆安全性 ③各项运输注意事项交代完整、清楚 ④确保车辆准时到位

续表

流程	操作人员	业务操作	操作要求
装货发运	调度员、司机、仓管员、现场员、卸载工	①凭单提货 ②仓库核对发货并登记 ③装车前后做好各项核对工作 ④规范文明、准确卸载 ⑤现场监督、记录作业情况	①单、货相符 ②做好运输安全措施 ③文明卸载、按时发运 ④出库手续齐备、统计准确
在途跟踪	客服专员	①主动向客户汇报货物在途状态 ②主动向客户提供查询服务	及时妥善处理货运途中问题
单货验收	调度员、司机	①在指定舱位按时卸货 ②单据签章及时、完整、有效 ③签收后通知调度，回单返回及时	①签收单据如有破损，司机负责 ②回单于卸货后5~7天内返回
单证处理	调度员、回单处理员、结算员	①调度将回单核对后交回单管理员 ②回单管理员将回单交结算员 ③结算员审核结算收支费用	①回单返回及时、准确 ②统计、计价准确 ③结算费用及时

(三) 公路整车运输流程

无论是零担运输还是整车运输，其业务运作过程均由发货管理、在运管理、中转管理和交付管理四个方面构成，但在具体流程上仍存在差异，其具体运作差异如表5-6所示。

表5-6 公路整车运输与零担运输业务运作对比

对比项目	整车运输	零担运输
承运人责任期间	装车—卸车	货运站—货运站
是否进行存储	否	是
营运方式	一般为直达不定期运输	定期定班发车
运输时间长短	时间相对短	时间相对长
运输合同形式	通常预先签订运输合同	以托运单和运单代表合同
运费构成形式及高低	单位运费率一般较低，仓储、装卸分担在合同中约定	单位运费率较高，仓储、装卸费用包含在所付运费中
货源组织与特点	货物品质比较单一，地点固定，组织较简单	货物品种多样化，地点分散，组织运输复杂

三、国际货物运输的有关关税协定

《国际货物运输的有关关税协定》(*Customs Convention on the International Transport of Goods under Cover of TIR Carnets*),亦称《国际运输车辆规则担保下国际货物运输的有关关税协定》或《根据 TIR 手册进行国际货物运输的关关税协定》(简称《TIR 协定》)。《TIR 协定》目前共有 70 多个缔约国,分布于整个欧洲,并延伸至北亚、北美洲乃至中东和北非地区。根据《TIR 协定》缔约国的分布情况,亚欧大陆为适用该协定的主要地区,且这些地区的国家大部分同时也是"一带一路"沿线国家。

(一) 基本规定

为了确保货物在运输途中尽可能少受干扰,TIR 制度共有五项基本规定。

①货物应由具有海关控管设置的车辆或者集装箱装运。

②在整个运输途中的税费风险应得到国际有效担保。

③货物应附带起运国启用的国际公认的海关文件(TIR 证),并以此作为在起运国、沿途国和目的地国的海关控管凭据。

④海关控管措施得到国际承认。

⑤控制使用,即在使用 TIR 程序方面,由国家协会颁发 TIR 证;自然人和法人使用 TIR 证,均应由国家的主管部门授权。

(二) 协定的主要内容

《TIR 协定》所规定的 TIR 运输制度主要是指获得有权机关授权的公路运输承运人在接受《TIR 协定》缔约国境内内陆海关对货物和运输车辆的查验并对货物施加关封后,可以凭借有权机关颁发的 TIR 单证册在经过《TIR 协定》其他缔约国时,免于受到过境国海关对货物和车辆的查验甚至开箱验货,而且可以实现将货物直接运往目的地国家内陆海关的海关过境货物运输制度。

《TIR 协定》的这一制度主要包括以下几个方面的内容:通过有控管设置的车辆或集装箱装运货物,针对运输途中的税费风险设置专门的国际担保,货物附带 TIR 证作为海关控管凭证,缔约国间海关监管的国际承认以及有关 TIR 证的控管使用。这五个方面的基本规定共同构成了 TIR 制度的五大支柱,不仅能够保证货物实现高效快速的过境运输,同时还在很大程度上为过境国海关提供了一定的保障。

（三）协定的标准化要求

《TIR协定》适用于无须中途换装的情况下用公路车辆、车辆组合或者集装箱运输货物，一缔约方启运地海关与同一或者另一缔约方目的地海关之间跨越一个或者多个边界，且TIR运输起点与终点之间行程有一部分是公路。如果行程的部分在外国境内，则使用TIR证的运输业务的起点与终点可以在同一个国家。由于未预见的商业方面的原因或者事出偶然，尽管发货人在行程开始时曾拟经由一段公路加以运输，也可能出现行程中没有公路运输的部分，在这种例外的情况下，缔约方仍应接受TIR证。

本节重点聚焦TIR运输中货运车辆及道路运输部分的相关标准内容，重点对货运车辆的运输、集装箱的运输、长大笨重货物的运输和货物运输程序四个方面的标准进行介绍。

1. 货运车辆相关标准化要求

《TIR协定》规定，"公路车辆"既指动力驱动的任何公路车辆，又指设计与之挂接的任何拖车或半拖车。所有公路车辆的制造和设备必须符合协定列出的技术标准，并且依照相关程序报批。

（1）货运车辆的技术标准。《TIR协定》关于货运车辆的技术标准主要包括：装载室基本原则、装载室结构标准、篷车标准以及装备滑动帘布车辆的标准。《TIR协定》中的附件2具体规定了对可接受作为海关加封的国际运输公路车辆所适用的技术条件，首先对被批准作为海关加封的国际货运车辆的装载室的制造和装备方式进行了规范，列出了国际运输公路车辆批准的基本原则，之后具体对装载室的结构、篷车以及装备滑动帘布的车辆做出了详细的技术条件规定。

（2）货运车辆的审批标准。《TIR协定》关于货运车辆的审批标准主要涉及审批程序总则、单独审批程序、按定型设计（公路车辆的系列）审批程序以及审批证明书的批注程序。

2. 集装箱运输相关标准化要求

《TIR协定》规定，"集装箱"是指一件运输设备（货箱、可移动货罐箱和其他类似结构），兼指一种调换箱，即为公路和铁路联合运输而特别设计的装载箱。《TIR协定》还规定，所有集装箱的制造设备必须符合协定列出的制造标准，并且依照相关程序报批。但《TIR协定》也同时指出，根据《1956年集装箱海关公约》、在联合国主持下依据该公约达成的《1972年集装箱关务公约》及其他国际文书,由海关加封审批运输货物的集装箱,应被视为符合《TIR 协定》的规定,准予在 TIR 程序下运输,无须进一步审批。

(1) 集装箱的技术标准。《TIR 协定》关于集装箱的技术标准主要包括集装箱基本原则、集装箱结构标准、可折叠或拆散的集装箱标准、加苫集装箱标准以及装备滑动帘布的集装箱标准。

(2) 集装箱的审批标准。《TIR 协定》关于集装箱的审批标准主要包括审批程序总则、两种审批程序的共同规定、在制造阶段按定型设计审批程序以及制成后审批程序。

3. 长大笨重货物运输相关标准化要求

《TIR 协定》中的"长大笨重货物运输"即国内简称的"大件运输","长大笨重货物"是指因重量、体积或特性而通常无法用封闭型车辆或封闭型集装箱运载的任何沉重物体或大体积物体。《TIR 协定》对长大笨重货物的运输的适用对象、适用情况、特别规定、担保协会赔偿责任的涵盖范围、TIR 证封面和凭单要求等内容进行了规定。

4. 货物运输程序标准

《TIR 协定》对持有 TIR 证的货物运输从起运地到目的地的全运输过程中涉及的操作流程、手续及规程做出了相关规定,主要涉及海关程序、标识、TIR 证的使用及效用等内容。

第二节 国际铁路运输

一、国际铁路运输概述

国际铁路运输是指起运地点、目的地点或约定的经停地点位于不同的国家或地区的铁路货物运输。在我国,只要铁路运输的起运地点、目的地点或约定的经停地点不在我国境内,均构成国际铁路运输。

铁路运输所承担的进出口货物运输工作主要体现在三个方面:第一,通过国际铁路货物联运承运中东、近东和欧洲各国的进出口货物;第二,承运我国内地与港澳地区之间的贸易物资和通过香港转运的进出口货物;第三,内陆与口岸之间的铁路集疏运。

二、国际铁路货物联运

在国际铁路物流中,一般涉及两个或两个以上国家或地区的铁路运送。在两个或两个以上国家或地区的铁路运送中,使用一份运送票据,并以连带责任办理货物的全程运送,并且在由一国(地区)铁路向另一国(地区)铁路移交货物时,无须发货人、收货人参加,这种运输方式称为国际铁路货物联运(International through railway transport,international railway through goods traffic)。国际铁路货物联运是我国国际货物铁路运输的主要方式。

(一)国际铁路货物联运的特点及业务类别

1. 国际铁路货物联运的特点

与国内铁路运输相比,国际铁路货物联运有以下几个特点。

(1)涉及面广。每运送一批货物都要涉及两个或两个以上国家、国境站。

(2)运输条件高。每批货物的运输条件(如包装、转载、票据的编制、添附文件及车辆使用)都要符合有关国际联运的规章、规定。

(3)办理手续复杂。货物必须由两个或两个以上国家的铁路部门参加运送,在办理国际铁路联运时,运输票据、货物、车辆及有关单证都必须符合有关规定和一些国家的正当要求。

(4)用一份铁路联运票据完成货物的跨国运输。

(5)运输责任方面采用统一责任制。每一个负责运送的铁路部门自接收附有运单的货物时起,即认为参加了这项运输合同,并承担由此而产生的责任和义务,即承担连带责任。

2. 国际铁路货物联运的业务类别

国际铁路货物联运的业务类别分为整车货物运输,零担货物运输,集装箱货物运输,慢运、快运和整车货物随旅客列车挂运。

(1)整车货物运输。根据《国际铁路货物联运协定》(2020年)(Agreement on International Railroad Through Transport of Goods,简称《国际货协》)第7条,凡按一张运单办理的需要单独车辆运送的一批货物,即为整车货物。整车货物运输装载量大,运输费用较低,运输速度快,能承担的运量也较大,是铁路运输的主要形式。

(2)零担货物运输。凡按一张运单办理的重量不超过5 000公斤,并按其体积又不需要单独车辆运送的一批货物,即为零担货物。中朝铁路相互间和从朝鲜通过中国运往越南、蒙古及相反方向运送的零担货物，不受《国际货协》第7条有关每批零担货物重量不应超过5 000公斤规定的限制。

（3）集装箱货物运输。根据《国际货协》附件第5号，联运集装箱分为小型集装箱（容量1~3立方米、总重小于2.5吨）、大型集装箱（容量超过3立方米、总重2.5~5吨）以及其他铁路集装箱。其中，其他铁路集装箱包括专用集装箱，专用集装箱的使用只有在参加运送的各铁路商定后，才准许办理。

（4）慢运、快运和整车货物随旅客列车挂运。国际铁路货物联运按运送速度可分为慢运和快运。根据《国际货协》的规定，慢运整车应为每昼夜200运价公里，慢运零担应为每昼夜150运价公里；快运整车应为每昼夜320运价公里，快运零担应为每昼夜200运价公里；挂旅客列车运送的整车应为每昼夜420运价公里。

根据有关铁路间的商定，可准许承运在《国际货协》的一个或数个参加路上随旅客列车挂运整车货物。

（二）国际铁路联运合同与国际铁路货物运输代理合同

1. 国际铁路联运合同

（1）国际铁路联运合同的当事人有两方，即承运人和托运人。承运人是所有参加运送货物的各国经批准的铁路企业；托运人是指本人或者委托他人以本人名义，或者委托他人为本人承运人订立国际联运合同的人，一般称为发货人或收货人。

（2）国际联运合同的性质及特征。国际联运合同属于国际运输合同，是托运人同国际联运承运人签订的就国际铁路货物联运明确有关各方权利和义务的协议，其标的是跨国运送货物的行为。

（3）国际联运合同的形式。国际联运合同是以书面形式表现的联运单和必要的添附文件，具有格式合同的特点。联运单是承运人与托运人之间缔结的运送契约，规定了参加联运各国铁路和收/发货人在货物运送整个过程中的权利和义务，对各方当事人具有法律约束力。

2. 国际铁路货物运输代理合同

（1）国际铁路货物运输代理合同的当事人。国际铁路货物运输代理合同有两方当事人，即代理人和被代理人。此外，该代理关系还涉及代理行为的相对人。

我国的铁路运输货运代理人必须是经商务部审批,并经国铁集团认可的从事国际铁路货物运输代理业务的合法企业,被代理人是国际联运的发货人或收货人,代理行为的相对人是国际联运的承运人。

(2)国际铁路货物运输代理合同的性质及特征。国际铁路货物运输代理合同属于委托代理合同,是代理人与被代理人之间订立的由代理人代替被代理人从事某些国际运输行为的协议。我国国际铁路货物运输代理合同的形式、订立、履行、变更和解除、违反合同的法律责任适用《中华人民共和国民法典》(2021年)及有关规定。

(三)国际铁路联运业务

国际铁路货物联运按进出口货物可分为出口货物的国际铁路联运和进口货物的国际铁路联运。国际铁路联运的主要流程如图5-2所示。

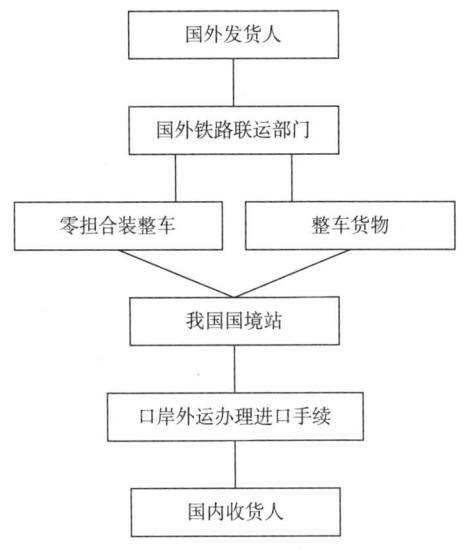

图5-2 国际铁路联运流程

下面对进出口货物的国际铁路联运分别进行阐述。

1. 出口货物的国际铁路联运

我国出口货物国际铁路联运流程主要包括接受货主委托,代理货物的托运,报检、报关以及办理发运后事项四大环节。货运代理人接受货主委托,向铁路部门提出要车计划,在托运前将货物按规定进行严格的包装和标记等待发运,并查验发货人提供的报检报关文件,随车递交口岸站或在发站报检、报关,在一系列流程完成后办理发运后事项，包括登记、信息传递、与国外代理结算等事项，其具体流程如图 5-3 所示。

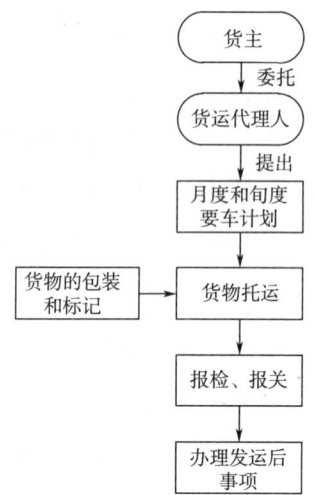

图 5-3　出口货物国际铁路联运流程

2. 进口货物国际铁路联运

进口货物国际铁路联运的发运工作是由国外发货人根据合同规定，并在该国铁路车站办理。根据《国际货协》的规定，我国从参加国际货运的国家通过铁路联运进口货物，凡国外发货人向其所在国铁路部门办理托运，一切手续和规定均按《国际货协》和该国国内规章办理。

货运代理人与货主（收货人）签订代理协议，沟通运输细节，包括到达站的车站名称和到达路局的名称，注明货物经由的国境站。货运代理还需编制运输标志，我国规定联运进口货物在订货工作开始前，由国家统一编制向国外订货的代号，作为收货人的唛头，进口商必须按照统一规定的收货人唛头对外签订合同。同时，货运代理人应及时将贸易合同的副本、附件、补充协议书、变更申请书、确认函电、交货清单等寄送国境站外运机构。事后如有某种变更事项也应及时将变更资料抄送外运机构。完成后，进行代理报检、报关业务并将代理费和关税交报检报关代理或海关。最后，在国境站交接与分拨，我国国境站将根据邻国国境站货物列车的预报和确报，通知交接所及海关做好到达列车的检查准备工作，进行货物交接，在接收货物后按流向编组向国内发运。进口货物国际铁路联运的具体流程如图 5-4 所示。

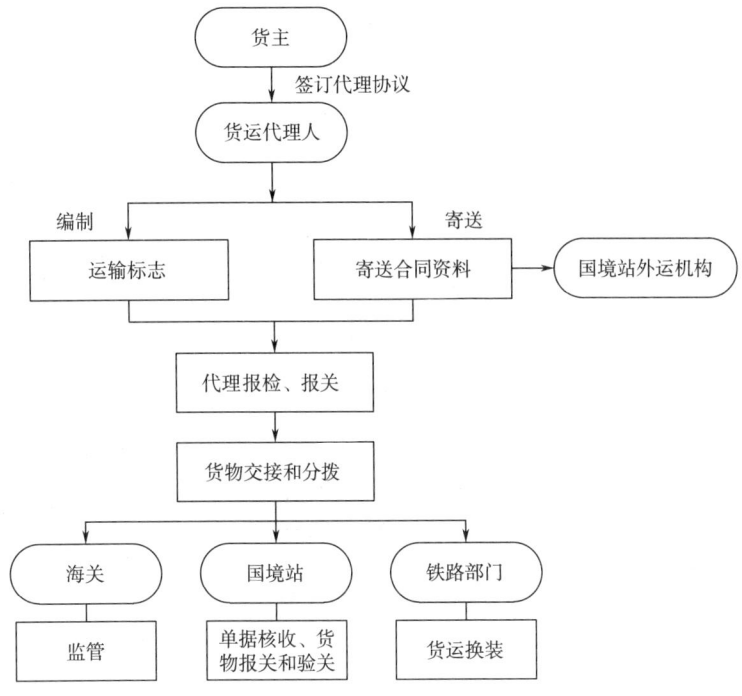

图 5-4 进口货物国际铁路联运流程

(四) 国际铁路货物联运费用的计算和核收

国际铁路货物联运费用的计算和核收,必须遵循《国际货协》、《国际铁路货物联运统一过境运价规程(2012 年)》(简称《统一货价》)和中国国家铁路集团有限公司《铁路货物运价规则(2005 年)》(简称《国内价规》)的规定。联运货物运送费用包括货物运费、押运人乘车费、杂费和其他费用。

1. 运送费用核收的规定

(1) 参加《国际货协》各铁路间运送费用核收的原则(如表 5-7 所示)。

表 5-7 各运送费用核收规则

运送费用	核收规则
发送路的运送费用	在发站向发货人或根据发送路国现行规定核收
到达路的运送费用	在到站向收货人或根据到达路国现行规定核收
过境路的运送费用	按《统一货价》在发站向发货人或在到站向收货人核收

(2)《国际货协》参加路与非《国际货协》铁路间运送费用核收的规定

如下。

①发送路和到达路的运送费用与《国际货协》各铁路间运送费用核收相同。

②过境路的运送费用按下列规定计收（如表5-8所示）。

表5-8 过境路运送费用核收规则

过境路运送费用	核收规则
参加《国际货协》并实行《统一货价》各过境路的运送费用	在发站向发货人（相反方向运送则在到站向收货人）核收
办理转发送国家铁路的运送费用	在发站向发货人或在到站向收货人核收
过境非《国际货协》铁路的运送费用	在到站向收货人（相反方向运送则在发站向发货人）核收
港口站所发生的杂费和其他费用	在港口站向发货人或收货人的代理人核收

2. 国际铁路货物联运国内段运送费用的计算

根据《国际货协》的规定，我国通过国际铁路联运的进出口货物，其国内段运送费用的核收应按照我国《国内价规》进行计算（如图5-5所示）。

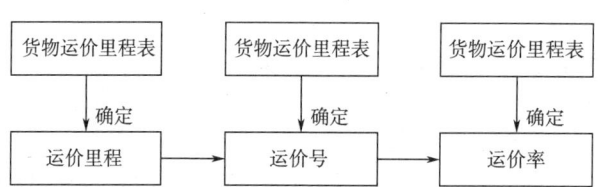

图5-5 国内段运送费用计算程序

运费计算公式如下（重量以吨为单位，吨以下四舍五入）：

$$整车货物每吨运价（运价率）= 发到基价 + 运行基价 \times 运价公里$$

$$运费 = 运价率 \times 计费重量$$

【例5-1】某公司从国外进口一整车的矿石，该货物的品名分类代码为"04"，经查该商品的运价号为"4"，按照《铁路货物运价规则》的规定，使用矿石车、平车、砂石车经铁路局批准装运"铁路货物运输品名分类与代码表"中，"01""0310""04""06""081""14"类货物按40吨计费，国内段从发站至到站的运价里程为200公里，试根据运价表（如表5-9所示）核算该票货物的国内段运费。

表 5-9 铁路货物运价率

办理类别	运价号	发到基价		运行基价	
		单位	标准	单位	标准
整车	1	元/吨	7.40	元/（吨·公里）	0.0565
	2	元/吨	7.90	元/（吨·公里）	0.0651
	3	元/吨	10.50	元/（吨·公里）	0.0700
	4	元/吨	13.80	元/（吨·公里）	0.0753
	5	元/吨	15.40	元/（吨·公里）	0.0849
	6	元/吨	22.20	元/（吨·公里）	0.1146

解：

步骤 1：根据商品的运价号为"4"，从表可以确定该批货物的发到基价为 13.80 元/吨，货物的运行基价为 0.075 3 元/（吨·公里）。

步骤 2：该批货物整车货物每吨运价=发货基价+运行基价×运价公里=13.8+0.075 3×200=28.86（元/吨）

步骤 3：运费=运价率×计费重量=28.86×40=1 154.40（元）

该票货物的国内段运费为 1 154.40 元。

3. 国际铁路货物联运过境运费的计算

国际铁路货物联运过境运费按照《统一货价》的规定计算。其运费计算的程序如图 5-6 所示。

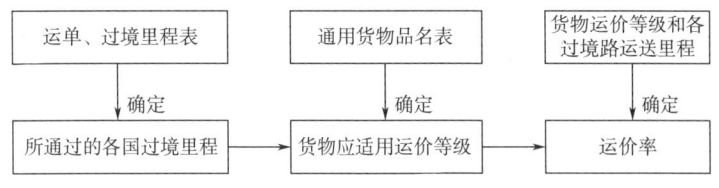

图 5-6 过境段运送费用计算程序

《统一货价》对过境货物运费的计算是以慢运整车货物的运费额为基础的（即基本运费额），其他种别的货物运费则在基本运费额的基础上分别乘以不同的加成率。运费计算公式如下：

总运费=基本运费额×加成率

基本运费额=货物运价率×计费重量

4. 运到逾期费用的计算

进口货物国际铁路联运还涉及运到逾期的问题。铁路部门承运货物后，应在最短期限内将货物运至最终到站，货物从发站至到站所允许的最大限度的运送时间，即为货物运到期限。货物运到期限应从承运货物的次日零时起开始计算，不足 1 天按 1 天计算。如果承运的货物在发送前需预先保管，运到期限则从货物指定装车的次日零时起开始计算。货物实际运到天数超过规定的运到期限天数，表示该批货物运到逾期。如果货物运到逾期，造成逾期的铁路部门应按该部门收取的运费的一定比例，向收货人支付逾期罚款。逾期罚款的规定及计算方法如下：

$$逾期罚款 = 运费 \times 罚款率$$

$$逾期百分率 = \frac{实际运送天数 - 按规定计算运到期限天数}{按规定计算运到期限天数} \times 100\%$$

【例 5-2】某公司从保加利亚进口一批机器，该批货物按规定计算的运到期限天数为 60 天。保加利亚瓦尔纳港口站于某年 3 月 10 日以慢运整车承运。该批货物经由鲁塞东/翁格内、后贝加尔/满洲里，5 月 16 日到达北京东站。铁路部门所收运费为 8 000 欧元。问题：该批货物是否运到逾期？如逾期，铁路部门应向收货人支付多少逾期罚款？

解：

（1）计算该批货物从 3 月 11 日至 5 月 16 日的实际运送时间为 67 天（从承运货物的次日零时起开始计算，不足一天按一天计算）。该批货物按规定计算的运到期限天数为 60 天，因此，该批货物运到逾期。

（2）计算逾期百分率：

逾期百分率 =（67-60）/60×100% = 11.67%

逾期百分率按公式计算为 11.67%。

（3）逾期罚款率据逾期百分率决定。其逾期超过总运到期限的 1/10，但不超过 2/10 时，逾期罚款率按运费的 12% 支付。

（4）按逾期罚款公式计算，逾期罚款 = 8 000 欧元×12% = 960 欧元，运到逾期的铁路部门对该批货物应支付逾期罚款 960 欧元。

（五）国际铁路货物联运的规章和国际公约

国际铁路联运的国际公约主要有：以英、法、德等 32 个国家组成的"货约"集团所制定的《关于铁路货物运输的国际公约》（简称《国际货约》，也称《伯尔尼货运公约》）；以苏联为首的12个国家组成的"货协"集团所制定的《国际铁路货物联运协定》。我国是"货协"的成员国，凡经由铁路运输的进出口货物均按"货协"的规定办理。

1. 我国办理国际铁路货物联运时主要适用的规章

（1）《国际铁路货物联运协定》。

（2）《国际铁路货物联运协定办事细则》（简称《货协细则》）。

（3）《国际铁路货物联运统一过境运价规程》。

（4）《国际联运车辆使用规则》（简称《车规》）。

（5）《国际旅客联运和铁路货物联运清算规则》（简称《清算规则》）。

（6）《国境铁路协定》和《国境铁路会议议定书》。

（7）我国《铁路货物运价规则》。

（8）我国《国际铁路货物联运办法》（简称《联运办法》）。

2.《国际货协》的主要内容

《国际货协》是缔约各国发货人、收货人以及过境办理货物联运所共同遵循的基本文件。该协议于1951年11月1日签订（我国在1954年1月1日加入）。目前，参与签字国有中、俄、越、蒙、哈等22个国家，铁路总长26万公里。《国际货协》共设8章40条，主要内容包括：适用范围、运输契约缔结、托运人与承运人的权利和义务、赔偿请求与诉讼时效等。

（1）适用范围。《国际货协》适用于缔约国之间铁路方面的国际直通货物联运，协定对铁路部门、发货人、收货人都有约束力。但不适用三种情况：一是发、到站都在同一国内，而用发送国列车只通过另一国家过境运送货物；二是两国车站间，用发送国或到达国列车通过第三国过境运送；三是两邻国车站间，全程都用某一方列车，并根据这一铁路的国内规章办理货物运送。

（2）运输契约缔结。发货人托运时，要填写运单和运单副本。

（3）托运人与承运人（铁路）的权利与义务。托运人又称"货主"，是委托承运人运送货物并支付运费的社会组织和个人。承运人（铁路）是指本人或者委托他人以本人名义与托运人订立铁路货物运输合同的人，两者分别享有一定的权利并需履行相应的义务，其具体权利与义务如表5-10所示。

表 5-10 托运人与承运人（铁路）的权利与义务

	托运人	承运人（铁路）
权利与义务	①发货人对运单记载和声明事项的正确性承担义务，否则，承担相应的一切后果。 ②发货人对货物包装、标记符合要求负责。 ③按规定计算、支付运费。 ④货到站后，收货方应付清运费并领取货物。 ⑤货物发生重大质变，不能按原用途使用时，收货人有拒绝领取货物的权利。 ⑥发货人和收货人都有对运送契约变更一次的权利	①收取运送费用和其他费用，并交付货物和运单。 ②有权检查运单中记载事项的正确性，并对不完全、不准确记载和声明核收罚款。 ③对非承运人过失而引起的货物灭失、损坏、短量不负责任。 ④铁路对于按《国际货协》办妥联运手续的货物负全程运输责任。 ⑤如果货物发往非《国际货协》国，铁路应负责按另一种有关协定的运单要求办理运送手续

（4）赔偿请求与诉讼时效。对赔偿请求和诉讼时效的规定如下。

①托运人有权根据合同提出赔偿请求。赔偿请求应采用书面形式，由全权代理人、代表提出时，应有发货人或收货人的委托证明书。

②列明具体赔偿金额。当请求人是发货人时，则向发送路局提出；如由收货人提赔，则应向到达站提出。

③索赔不能得到合理解决时，可起诉。

④提赔和诉讼时效为 9 个月，但逾期的请求赔偿和诉讼应在 2 个月内提出。部分灭失、损坏以及逾期索赔，自交付货物之日起算；全部灭失赔偿，自货物运到期限届满后 30 日内计算。

三、国际铁路运输主要路线

国际铁路运输在国际贸易中仅次于海洋运输，其最大的优势是运量较大，速度较快，运输风险明显低于海洋运输，能常年保持准点运营。目前世界铁路总里程已有 140 万公里。世界铁路分布不均衡，欧洲、美洲各占世界铁路总长度的 1/3，而亚洲、非洲和大洋洲相加仅占 1/3。

（一）世界主要铁路货物运输干线

世界主要铁路货物运输网络分布在欧洲、北美洲以及亚洲。其中欧洲铁路线密度最大，但欧洲客货运量在总运量中所占比重不大；北美洲的横贯东西铁路线是世界上第一条跨洲铁路，全长 3 000 多公里，穿越了整个北美大陆；亚洲则拥有泛亚铁路与南亚铁路两大铁路网。三大国际铁路网络的主要铁路线如表 5-11 所示。

表 5-11　三大国际铁路网络的主要铁路线

铁路网络	主要铁路线
欧洲铁路网	①巴黎—巴格达铁路线；②巴黎—西伯利亚铁路线；③里斯本—赫尔辛基铁路线
北美洲横贯东西铁路线	①西雅图—波斯坎的美国北太平洋铁路线；②洛杉矶—新奥尔良的美国南太平洋铁路线；③旧金山—纽约的美国联合太平洋铁路线
亚洲铁路主干网	①巴士拉（伊拉克）—巴尔干地区铁路线；②横穿印度的加尔各答—孟买的铁路线

（二）我国通往邻国的铁路干线

中国的铁路是亚洲之最，北方的铁路可以通过欧亚陆桥与中亚及欧洲相连，南方铁路与东南亚相连。总体来说，我国通往邻国的主要铁路干线如表 5-12 所示。

表 5-12　我国通往邻国的主要铁路干线

铁路线	起始点
滨洲线	自哈尔滨起向西北至满洲里，该线经满洲里可直通赤塔，与西伯利亚大铁路相衔接，全长 942 公里
滨绥线	自哈尔滨起，向东经绥芬河与俄罗斯远东地区铁路相连接，全长 495 公里。我国对俄罗斯远东地区和库页岛进出口货物的国境交换站和换装站
集二线	自京包线的集宁站，向西北到二连浩特，全长 336 公里
沈丹线	自沈阳至丹东，越过鸭绿江与朝鲜铁路相接，全长 261 公里
长图线	自吉林长春起，向东至图们，横穿图们江，与朝鲜铁路相连接，全长 530 公里
梅集线	自吉林省梅河口至集安，越过鸭绿江直通朝鲜满浦车站，全长 251 公里
湘桂线	自湖南衡阳起，经广西柳州、南宁到达终点站凭祥，全长 1 013 公里
昆河线	自云南昆明经碧色寨到河口，全长 468 公里
北疆线	自乌鲁木齐到阿拉山口，连接连云港和鹿特丹两大亚欧港口，是新亚欧大陆桥的重要枢纽，全长 476 公里

我国通往邻国的铁路干线、国境站站名、货物和车辆的交换地点如表 5-13 所示。

表 5-13 我国通往邻国的铁路干线信息

我国与邻国	我国干线	我国国境站	邻国国境站	我国轨距（毫米）	邻国轨距（毫米）	交接、换装地点 出口	交接、换装地点 进口	至国境线距离（公里）我国国境站	至国境线距离（公里）邻国国境站
中俄	滨洲线	满洲里	后贝加尔	1435	1520	后贝加尔	满洲里	9.8	1.3
中俄	滨绥线	绥芬河	格罗迭科沃	1435	1520	格罗迭科沃	绥芬河	5.9	20.6
中俄	珲马线	珲春	卡梅绍娃亚	1435	1520	卡梅绍娃亚	珲春	17	—
中哈	北疆铁路	阿拉山口	多斯德克/德鲁日巴	1435	1520	多斯德克/德鲁日巴	阿拉山口	4.02	8.13
中蒙	集二线	二连	扎门乌德	1435	1520	扎门乌德	二连	4.8	4.5
中朝	沈丹线	丹东	新义州	1435	1435	新义州	丹东	1.4	1.7
中朝	长图线	图们	南阳	1435	1435	南阳	图们	2.1	1.3
中朝	梅集线	集安	满浦	1435	1435	满浦	集安	7.3	3.8
中越	湘桂线	凭祥	同登	1435	1435/1000	凭祥	同登	13.2	4.6
中越	昆河线	山腰	老街	1000	1000	老街	山腰	6.5	4.2

第三节 国际管道运输

一、国际管道运输概述

（一）国际管道运输的概念

国际管道运输（International Pipeline Transportation）随着石油的生产而发展，是一种特殊的运输方式，与普通的货物运输形态完全不同，具有独特的性质。普通货物运输是货物随着运输工具的移动而移动，而管道运输是货物本身在管道内移动，是一种运输通道和运输工具合二为一的运输方式。

(二) 国际管道运输的类型

随着石油矿源的大量发现和开采，传统的油罐车和油轮运输已不能满足迅速发展的运输要求。管道运输以运量大、输送快、费用省的优点得到了迅速发展。为了加速运送、增加运量，管道的内径不断加大，并利用气压泵推动，以应付长达数千公里的运送。管道运输已经成为一种独立、重要的运输方式。管道运输类型按其不同的运送对象可分为液体管道运输、气体管道运输和浆液管道运输，其主要运输对象如表5-14所示。

表5-14 不同管道运输的主要运输对象

管道运输类型	运输对象
液体管道	原油、成品油
气体管道	天然气
浆液管道	煤、铁矿石、磷矿石、铜矿石、铝矾土和石灰石等固体物料与适量的液体（如水、燃料油、甲醇等）配制而成的浆液

(三) 管道运输的优缺点

管道运输与铁路公路水运航运并称为五大运输行业，在液体运输上占有绝对地位。管道运输特别是长距离管道运输方式，与其他运输方式相比，存在一定的优缺点（如表5-15所示）。

表5-15 管道运输的优缺点

	优点	缺点
管道运输	无需其他运载工具，运营费用低、能耗小	只能输送特定的物料，运输功能比较单一
	输送系统简单，基建投资少、建设速度快、施工周期短	只能进行定向定点运输
	受地形条件的限制小，且占地少，建设路径灵活	管道运输系统的输送能力不易改变
	封闭式输送，可实现连续输送，安全可靠、无污染、成本低	对于固体料浆运输，运输工艺复杂

二、世界主要地区的管道运输

目前,世界管道已成为能源运输的主要方式之一,世界上80%以上的原油运输通过管道运输实现。然而,世界管道运输网分布不均匀,主要集中在北美、欧洲、俄罗斯和中东,除中东外的发展中国家管道运输相对落后。

(一)北美管道

美国是世界上最大的石油消费国和生产国之一,同时也是全球最大的天然气消费国和生产国,是全球管道技术最为先进的国家。截至2020年,美国共计修建了长达55万公里的输气管道,其各类管道总长度居世界第一位,是世界管道技术最先进的国家。目前,美国拥有得克萨斯州朗维尤至纽约州费城的原油管道(管径610毫米)、得克萨斯州博蒙特至新泽西州贝永的成品油管道(管径508毫米)。此外,还有世界著名的阿拉斯加州输油管道,这是一条伸入北极圈的管道,北起阿拉斯加北冰洋沿岸的普拉德霍湾,南至太平洋岸的瓦尔迪兹港,全长1277公里,管径1220毫米,年输油能力为1亿吨。

(二)欧洲、苏联及俄罗斯管道

在欧洲主要发达国家,油气运输已实现管网化。自北海油田开发后,欧洲陆续新建了一批大口径(1 000毫米以上)的高压力管道,长度已超过1万公里。在20世纪50年代的苏联,共有管道7 700公里,此后以每年6 000~7 000公里的建设速度递增,建有东欧能源大动脉——"友谊"输油管道。俄罗斯的石油管网总长约5万公里,由于国土辽阔,横贯俄罗斯的每条输油管道的干线长度一般都在3 500~4 000公里。欧洲、苏联及俄罗斯具体管道基本情况如表5-16所示。

表5-16 欧洲、苏联及俄罗斯具体管道基本情况

	管道	起始点	长度	运输能力
欧洲	亚马尔—欧洲输气管线	自西西伯利亚北部亚马尔半岛横穿俄罗斯到达德国	5 952公里	330亿立方米/年
苏联	"友谊"输油管道	自俄罗斯萨马拉市,到达莫济里,分南北线:南线经乌克兰、斯洛伐克、捷克、匈牙利和克罗地亚;北线经白俄罗斯、波兰和德国	9 739公里	1亿吨/年

第五章　国际物流其他运输方式

续表

	管道	起始点	长度	运输能力
俄罗斯	"蓝溪"天然气管道	自俄罗斯伊扎比热内至土耳其安卡拉	1 213公里	160亿立方米/年
	"南溪"天然气管道	自俄罗斯新罗西斯克,至保加利亚瓦尔纳,分为两线:一线至意大利南部,另一线至奥地利、德国等西欧国家	2 386公里	630亿立方米/年
	"北溪"天然气管道	自俄罗斯维堡,到德国格赖夫斯瓦尔德	1 222公里	275亿立方米/年

(三) 中东地区管道

中东地区是目前世界上最大的石油产区和输出区,提供了世界石油贸易量的半数以上,建有东西石油管道、基尔库克—杰伊汉石油管道、阿布扎比原油管道(如表5-17所示)。

表5-17　中东地区管道基本情况

管道	起始点	长度	运输能力
东西石油管道	东起波斯湾岸的阿卜凯克,西止红海沿岸的延布港,横贯沙特阿拉伯中部	1 200公里	480万桶/日
基尔库克—杰伊汉石油管道	始于伊拉克北部基尔库克省,止于土耳其杰伊汉港,横跨伊拉克和土耳其	1 000公里	150万桶/日
阿布扎比原油管道(哈布善—富查伊拉管道)	始于哈布善,止于富查伊拉,横跨阿联酋	424公里	150万桶/日

(四) 里海(中亚)地区管道

里海地处欧亚大陆接合部,位于中亚、外高加索和伊朗之间。里海沿岸及其大陆架蕴藏着丰富的石油和天然气,是世界第三大油气资源富集区。里海石油主要供应欧洲市场,以及消费量日增的中国、印度和巴基斯坦。为方便石油的运输,里海地区建有里海财团(CPC)管道、巴库—第比利斯—杰伊汉管道、中哈原油管道、阿特劳—萨马尔原油管道等,将石油运往销售市场,其主要管道情况如表5-18所示。

表 5-18 里海（中亚）地区管道基本情况

管道	起始点	长度	运输能力
里海财团（CPC）管道	自哈萨克斯坦西部地区的田吉兹油田，至俄罗斯黑海沿岸新罗西斯克港的海上终端，横跨里海和高加索	1 511公里	6 700万吨/年
巴库—第比利斯—杰伊汉管道	自阿塞拜疆首都巴库，至土耳其地中海港口城市杰伊汉，横跨阿塞拜疆、格鲁吉亚、土耳其	1 768公里	5 000万吨/年
中哈原油管道	西起里海的阿特劳，终至中哈边界博州阿拉山口市，途经哈萨克斯坦阿克纠宾及基亚克	2 798公里	2 000万吨/年
阿特劳—萨马尔原油管道	自哈萨克斯坦阿特劳，至俄罗斯萨马尔，横跨哈萨克斯坦	695公里	1 500万吨/年

（五）我国至国外的油气管道

中国是进口管道最长的国家，有中国—中亚天然气管道、中缅油气管道、中俄东线天然气管道及中哈原油管道等。其中，中国—中亚天然气管道是世界上最长的输气管道，也成为我国的"西气东输二线"；中缅油气管道是我国西南方的能源进口战略通道；中俄东线天然气管道是中国东北方向首条陆上天然气跨境战略通道，也是我国继中国—中亚天然气管道、中缅油气管道后第三条跨国天然气长输管道；中哈原油管道则是中国的第一条战略级跨国原油进口管道，实现由哈萨克斯坦西部到中国新疆全线贯通。我国至国外的具体油气管道基本情况如表 5-19 所示。

表 5-19 我国至国外的油气管道基本情况

管道	起始点	长度	运输能力
中国—中亚天然气管道	始于阿姆河右岸的土库曼斯坦和乌兹别克斯坦边境，从霍尔果斯进入中国，成为"西气东输二线"	10 018公里	600亿立方米/年
中缅原油管道	始于缅甸西海岸孟加拉湾马德岛，终至中国云南省的瑞丽	2 402公里	2 200万吨/年
中缅天然气管道	始于缅甸西部皎漂港，终至我国广西贵港	2 520公里	120亿立方米/年
中俄东线天然气管道	自俄罗斯东西伯利亚，由布拉戈维申斯克（海兰泡）进入中国黑龙江省黑河市	8 111公里	380亿立方米/年

续表

管道	起始点	长度	运输能力
中哈原油管道	西起里海的阿特劳，终至中哈边界博州阿拉山口市	2 834公里	2 000万吨/年

三、中国的管道运输

长期以来，我国长输管道的技术水平比较落后，与国外相比，在管道材料、输送工艺、设备、自动化、施工等方面都有一定的差距。近年建设的一些管道引进了一些国外的先进技术，部分老管道也进行了更新改造。因此，我国管道总体技术水平得到了很大提高，甚至有的管道已接近或达到国际先进水平。截至2020年底，我国油气管道总里程达到14.5万公里，累计建成原油、成品油和天然气管道达到3.1万公里、2.94万公里、8.5万公里。

（一）原油管道

我国石油资源分布不均，生产地与消费地的石油消费量不能实现均衡，因此我国建有东北管网，华北管网，西北管网，华东、华中管网四大管网，实现国内石油的运输，具体情况如表5-20所示。

表5-20　我国的原油管道

管网	管线
东北管网	庆抚线（大庆—抚顺）、庆秦线（大庆—秦皇岛）、庆大线（大庆—大连）、抚沈线（抚顺—沈阳）、盘锦线（盘锦—锦西）、中朝线（丹东—朝鲜新义州）、吉林输油管道
华北管网	秦京线（秦皇岛—北京）、任沧线（河北任丘—沧州）、任京线（任丘—北京）、沧河线（河北沧州—河间）、河石线（河间—石家庄）、阿赛线（内蒙古阿尔善—赛汉塔拉）、沧津线（沧州—天津）、津燕线（天津—北京燕山）、大港油田外输管道
西北管网	克独线（新疆克拉玛依—独山子）、克乌线（克拉玛依—乌鲁木齐）、塔轮线（新疆塔中—轮南）、轮库线（轮南—库尔勒）、库鄯线（库尔勒—鄯善）、花格线（青海花土沟—格尔木）、马惠宁线（甘肃马岭—宁夏惠安堡—宁夏中宁）
华东、华中管网	东临线（山东东营—临邑）、鲁宁线（山东东营—江苏仪征）、东幸线（山东东营—幸店）、东黄线（山东东营—黄岛）、临济线（临邑—济南）、临濮线（临邑—河南濮阳）、临沧线（临邑—河北沧州）、中洛线（河南濮阳中原油—洛阳）、魏荆线（河南魏岗—湖北荆门）、仪金线（仪征—南京金陵石化）、甬沪宁线（宁波—上海—南京）

(二) 成品油管道

成品油管道建设在我国起步较晚。中国第一条长距离成品油管道格拉线（青海格尔木—西藏拉萨），全长 1 080 公里，年输送能力 25 万吨。格拉线是我国海投最高的输油管道，也是我国首条采用顺序输送工艺的管线，可顺序输送汽油、柴油、航空煤油和照明煤油等不同品种的油品，供军地两用。2003 年建成投产的兰成渝线（兰州—成都—重庆），干线全长 1 250 公里，这条从西北到西南的石油运输大动脉设计年输送成品油 500 万吨，并具有一定的增输余量。兰成渝线的建成，可从根本上解决将我国西北地区富集的石油资源销往石油匮乏的西南地区的运输"瓶颈"的矛盾。该项目作为国家实施西部大开发战略的重要能源基础设施项目，同时也将极大地促进西部地区经济的整体发展。此外，还有中朝线（辽宁丹东—朝鲜新义州）、克乌线（新疆克拉玛依—乌鲁木齐）、京津线（天津塘沽—天津国际机场—北京首都国际机场）等。我国目前在建和即将建设的长距离成品油管道，主要是大西南成品油管道、珠江三角洲成品油管道以及规划中的山东至安徽成品油管道。

(三) 输气管道

我国已建成的天然气管道，主要有川渝地区输气管网、陕京线（陕西靖边—北京）、靖西线（靖边—西安）、陕宁线（靖边—宁夏）、涩宁兰线（青海涩北—宁夏—兰州）、塔轮线（新疆塔中—轮南）、轮库线（轮南—库尔勒）、鄯乌线（鄯善—乌鲁木齐）、中济线（河南中原油田—山东济南）、中沧线（中原油田—河北沧州）、沧淄线（河北沧州—山东淄博）、海南线（海南东方—洋浦—海口）等。

第四节 国际多式联运

一、国际多式联运概述

(一) 国际多式联运的概念

1980 年 5 月在日内瓦通过了《联合国国际货物多式联运公约》。该公约对国际多式联运的定义为，国际多式联运（International Multimodal Transportation）是指按照多式联运合同，以至少两种不同的运输方式，由多式联运经营人将货物从一国境内接管货物的地点运至另一国境内指定交付货物的地点。

(二) 国际多式联运的优点

国际多式联运是今后国际运输发展的方向。开展国际多式联运具有许多优越性,主要表现在以下四个方面。

1. 发挥各种运输方式的优势

对于单一运输方式而言,由于其经营各自为政、自成体系,因而其经营业务范围受到限制,货运量相应也有限。而一旦由不同的运输经营人共同参与多式联运,可以扩展经营范围,同时可以最大限度地发挥现有设备的作用,选择最佳运输线路、组织合理化运输。

2. 方便货主

在国际多式联运方式下,无论货物运输的距离有多远、由多少种运输方式共同完成、在运输途中经过多少次转换,所有一切运输事项均由联运经营人负责办理。托运人只需办理一次托运,订立一份运输合同,一次支付费用,一次保险,从而省去办理托运手续的许多不便。同时,由于多式联运采用一份单证和统一计费,因而也可简化制单和结算手续,节省人力物力。

3. 提高货物运输的质量

在国际多式联运方式下,各个运输环节和各种运输工具之间配合密切,衔接紧凑,货物所到之处中转迅速及时,减少了货物的在途停留时间,从而从根本上保证了货物安全、迅速、准确、及时地运达目的地。同时,多式联运是通过集装箱进行直达运输的,尽管货运途中需经过多次转换,但由于使用专业机械装卸且不涉及箱内货物,因而货损货差事故人为减少,从而在很大程度上提高了货物的运输质量。

4. 降低运输成本

由于多式联运可实行门到门运输,因此,对货主来说,在货物交由第一承运人以后即可取得货运单证,并据以结汇,从而提前结汇时间。这不仅有利于加速货物占用资金的周转,而且可以减少利息的支出。此外,由于货物被放在集装箱内进行运输,因而从某种意义上来说,可相应地节省货物的包装、理货和保险等费用支出。

(三) 国际多式联运经营人

国际多式联运经营人(multimodal transport operator,MTO)是指本人或委托

他人以本人名义与托运人订立的一项国际多式联运合同,并以承运人身份承担完成此项合同责任的人。国际多式联运人的经营人既不是发货人的代理或代表也不是承运人的代理或代表,而是一个独立的法律实体(签订多式联运合同且负有履行责任的法人),具有双重身份,既是货主的承运人,又是实际承运人(分承运人)的托运人,分别签订运输合同(如图5-7所示)。

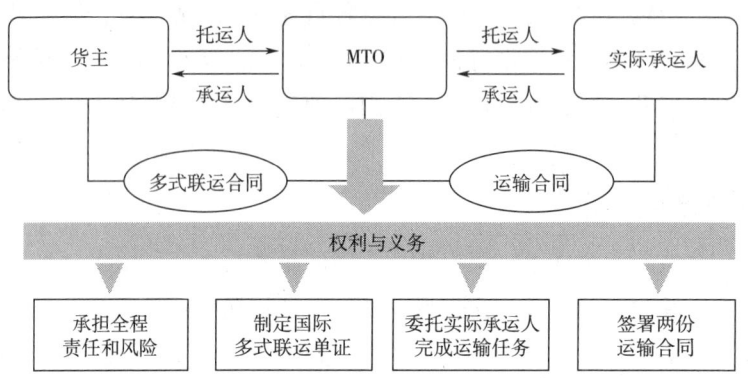

图5-7 国际多式联运经营人与货主、实际承运人的关系

1. 国际多式联运的技术要求

开展国际多式联运应具备比单一运输方式更为先进、更为复杂的技术条件。这些条件主要包括以下几个。

(1)建立国际多式联运线路与集装箱货运站。开展国际多式联运业务涉及多个国家和地区,需建立多条多式联运线路,保证货物准时准确送达。确定建立一条多式联运线路,首先需要进行国际货物流向、流量的调查,在此基础上,选择货物流量较大且较稳定的路线;其次要考虑联运线路的全程应具备适当规模的运输能力;最后,由于国际多式联运通常以集装箱运输为主,所以联运线路需要有一定的装卸、运送集装箱的设备条件。

(2)建立国内外联运网点。国际多式联运是跨国运输,要国内外有关单位的共同合作才能进行有效的联合运输。因此,经营国际多式联运必须根据业务的需要建立国内外的业务合作网,不仅要在国内外的沿海沿江港口有自己的分支机构代理,而且在国内外的内陆大城市也要有自己的分支机构或代理,负责办理国内外运输、交接手续。多式联运经营人只有具备这样的网络才能把两种或两种以上的不同运输方式联成一体以完成一批货物的连贯运输。

(3) 制定多式联运单一费率。采用单一费率是国际多式联运的基本特征之一，由于多式联运环节的复杂性，需要综合考虑各种因素，使制定的费率具有竞争性，以利于联运业务的顺利进行。国际集装箱多式联运全程运费主要由运输费用（国内外内陆段运费、海运段运费或国际铁路、航空运费）、经营管理费用以及利润三大部分组成，该单一费率因货物的交接地点和业务项目的不同而异。

(4) 制定国际多式联运单据。多式联运单据，是证明多式联运合同存在及多式联运经营人接管货物并按合同条款提交货物的证据，由承运人或其代理人签发，具有有价证券的性质，可以进行转让和向银行抵押贷款。

在实际业务中，多式联运提单和各区段实际承运人的货运单证的缮制大多交由多式联运经营人的各区段代理负责。多式联运经营人主要充当全面控制和发布必要指示的角色。图5-8以一程是公路运输、二程是海上运输、三程是铁路运输的多式联运为例，说明了多式联运经营人签发的多式联运提单及各区段实际承运人签发的运输单证的流转程序。

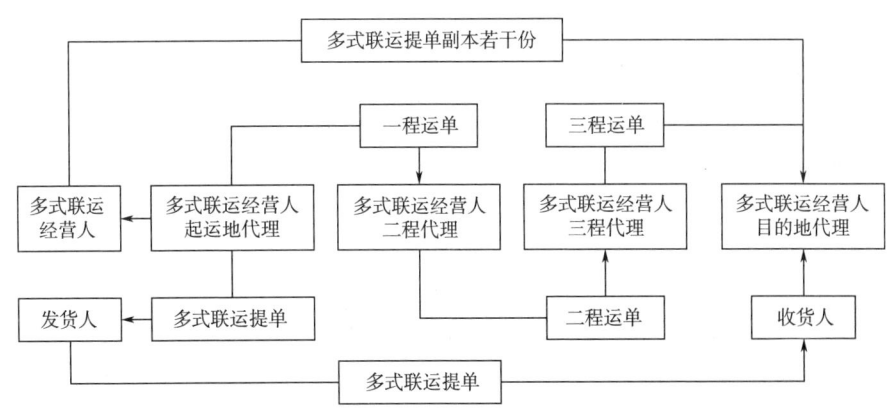

图 5-8　多式联运提单及各区段单证的流转程序

2. 国际多式联运经营人的责任

国际多式联运经营人的责任期间是从接受货物之时起到交付货物之时为止，在此期间，其对货主负全程运输责任。但在责任范围和赔偿限额方面，分为统一责任制和网状责任制。此外，在某些特定情况下，多式联运经营人可免责。

(1) 统一责任制。统一责任制（uniform liability system）又称同一责任制，是多式联运经营人负货物损害责任的一种赔偿责任制度。按照这种制度，统一由签发联运提单的承运人对货主负全程运输责任，无论货损货差发生在哪一个运输阶段，都按统一原则由多式联运经营人赔偿。如果可以查清发生损害的运输阶段，联运经营人在赔偿以后，可以向该段运输的实际承运人追偿。

（2）网状责任制。网状责任制（network liability system）又称分段责任制，是多式联运经营人负货物损害责任的一种赔偿责任制度。按照这种制度，签发联运提单的承运人虽然仍对货主负全程运输的责任，但损害赔偿按发生损害的运输阶段的责任内容负责。例如，若损害发生在海上运输阶段，则按国际货运规则办理；若损害发生在铁路或公路运输阶段，则按有关国际法或国内法处理。

（3）国际多式联运经营人的免责。对下述原因造成的货损或灭失，国际多式联运经营人不负责。

①托运人所提供的货名、种类、包装、件数、重量、尺码及标志不实，或由于托运人的过失和疏忽而造成的货损或灭失，均由托运人自行承担责任。

②发生损失的货物由托运人或其代理装箱、计数或封箱。

③货物品质不良，外包装完好而内包装货物短缺、变质。

④货物装载于托运人自备的集装箱内的损坏或短少。

⑤由于运输标志不清而造成的损失。

⑥对危险品等特殊货物的说明及注意事项不清或不正确而造成的损失。

⑦对有特殊装载要求的货物未加标明而引起的损失。

⑧由于海关、商检、承运人等行使检查权所引起的损失。

二、国际多式联运组织形式

国际多式联运是采用两种或两种以上不同运输方式进行联运的运输形式。这里所指的至少两种运输方式可以是海空联运、海陆联运、大陆桥运输。下面对这三种多式联运形式进行介绍。

（一）海空联运

海空联运又被称为空桥运输（Air Bridge Service）。在运输组织方式上，空桥运输与陆桥运输有所不同：陆桥运输在整个货运过程中使用的是同一个集装箱，不用换装，而空桥运输的货物通常要在航空港换入航空集装箱，不过，两者的目标一致，即以低费率提供快捷、可靠的运输服务。国际海空联运线主要有以下三条。

1. 远东—欧洲

远东与欧洲间的航线有以温哥华、西雅图、洛杉矶为中转地，也有以香港、仁川、曼谷、符拉迪沃斯托克市（海参崴）为中转地，还有以旧金山、新加坡为中转地。

2. 远东—中南美

近年远东至中南美的海空联运发展较快，因为此处港口和内陆运输不稳定，所以对海空运输的需求很大。该联运线以迈阿密、洛杉矶、温哥华为中转地。

3. 远东—中近东、非洲、大洋洲

这是以香港、曼谷、仁川为中转地至中近东、非洲的运输服务。在特殊情况下，还有经马赛至非洲、经曼谷至印度、经香港至大洋洲等联运线，但这些线路货运量较小。

运输距离越远，采用海空联运的优越性就越大，因为与完全采用海运相比，运输时间更短；同直接采用空运相比，费率更低。因此，从远东出发将欧洲、中南美以及非洲作为海空联运的主要市场最优。

(二) 海陆联运

海陆联运是国际集装箱多式联运的主要组织形式，这种组织形式以航运公司为主体，签发联运提单，与航线两端的内陆运输部门开展联运业务。海陆联运是远东—欧洲、远东—北美多式联运的主要组织形式之一。海陆联运进一步分为以下两种形式。

1. 海铁货物联运经营方式

跨国经营已成为发达国家国际集装箱海陆联运的主要特征，所采用的联合经营方式主要有以下几种。

（1）多边跨国运输公司。国际集装箱运输公司的联营运输安排，是依据公司和联营伙伴之间签订的多边合作协议。协议主要内容包括：调整集装箱的使用机械、种类和运用、请拨义务、集装箱的处理成本核算、结算和担保问题、接纳新成员以及解约条件等。

（2）双边合资公司。通过成立合资公司的形式来拓展多式联运业务。

（3）双边协议合作。通过双边协议的形式来拓展多式联运业务。

2. 国际集装箱铁-海多式联运出口

这是指运货方采取铁-海/水多式联运方式，在内地口岸将出口集装箱装上铁路集装箱班列，由铁路集装箱班列运至集装箱码头后，换装海运船舶，由海运船舶继续将集装箱运至目的港,并交付收货人。

(三) 大陆桥运输

大陆桥运输(Land Bridge Transport)也称陆桥运输,是指使用横贯大陆的铁路、公路运输系统作为中间桥梁,把大陆两端的海洋连接起来,形成跨越大陆、连接海洋的运输组织形式。大陆桥运输为海-陆-海的多式联运形式。大陆桥运输线路主要包括以下类型。

1. 西伯利亚大陆桥(第一亚欧大陆桥)

西伯利亚大陆桥(Siberian Land Bridge,SLB)是世界第一条连接欧洲、亚洲的大陆桥。西伯利亚铁路在1891—1916年在俄罗斯政府监督下兴建。

西伯利亚铁路以俄罗斯东部的符拉迪沃斯托克(海参崴)为起点(从海参崴分有支线,即原东清铁路的西部干线);由绥芬河入中国境,途中经由哈尔滨、齐齐哈尔、昂昂溪、扎兰屯、海拉尔直至满洲里出中国境,横穿西伯利亚大铁路通向莫斯科,然后通向欧洲各国,最后到荷兰鹿特丹港。贯通亚洲北部,整个大陆桥共经过俄罗斯、中国(支线段)、哈萨克斯坦、白俄罗斯、波兰、德国、荷兰7个国家,全长13 000公里。铁路设计时速为80公里,从莫斯科到海参崴共9 288公里,需要七天七夜的时间。

2. 新亚欧大陆桥(第二亚欧大陆桥)

新亚欧大陆桥,也称第二亚欧大陆桥,是指经我国陇海铁路、兰新铁路与哈萨克斯坦铁路接轨的亚欧大陆桥,由于所经路线很大一部分是原"丝绸之路",所以人们又称之为现代"丝绸之路",是亚欧大陆桥东西最为便捷的通道。

新亚欧大陆桥东起我国黄海之滨的连云港,向西经陇海铁路的徐州、商丘、开封、郑州、洛阳、三门峡、渭南、西安、宝鸡、天水等站(由东向西),兰新铁路的兰州、武威、金昌、张掖、酒泉、嘉峪关、哈密、吐鲁番、乌鲁木齐等站(由东向西),再向西经北疆铁路到达我国边境的阿拉山口,进入哈萨克斯坦,再经俄罗斯、白俄罗斯、波兰、德国,西止荷兰的世界第一大港鹿特丹港。

3. 第三亚欧大陆桥(规划)

以深圳港为代表的广东沿海港口群为起点,以昆明为枢纽,经缅甸、孟加拉国、印度、巴基斯坦、伊朗,从土耳其进入欧洲,最终抵达荷兰鹿特丹港,横贯亚欧20个国家,全长15 000公里,比目前经东南沿海通过马六甲海峡进入印度洋行程要短3 000公里。

4. 北美陆桥

北美陆桥包括北美大陆桥（North American）、小陆桥（Mini-land Bridge）和微陆桥（Micro-land Bridge）等形式。

（1）北美大陆桥。北美大陆桥运输是指利用北美的大铁路从远东到欧洲的海-陆-海联运方式。北美大陆桥包括美国大陆桥和加拿大大陆桥，由于二者平行，且都是连接大西洋和太平洋的大陆通道，情况相似，故统称北美大陆桥。

美国大陆桥东起纽约，西至旧金山。美国大陆桥包括两条路线：

①从西部太平洋口岸到东部大西洋口岸，全长3 200公里。

②从西部太平洋口岸到南部墨西哥湾口岸，全长500~1 000公里。

（2）小陆桥。小陆桥运输也就是比大陆桥的海-陆-海形式缩短了一段海上运输，形成海-陆或陆-海形式。小陆桥避免了绕道巴拿马运河，可以享受集装箱专用列车优惠运价，从而降低了成本，缩短了路径。以日本—美东航线为例，从日本的大阪到美国的纽约全程水运（经巴拿马运河）航线距离为9 700海里，运输时间21~24天。而采用小陆桥运输，运输距离仅7 400海里，运输时间为16天，可节省1周的时间。

（3）微陆桥。微陆桥又称半陆桥，就是没有通过整条陆桥，而只利用了部分陆桥区段，是比小陆桥更短的海陆运输方式。通常是指由美国西海岸或东海岸之港口采用铁路或公路转运至一贯运输（Interior point Intermodal，IPI）内陆点，如芝加哥、凤凰城、底特律等。

其中，IPI运输是内陆地点多式联运，是指使用联运提单，经美国西海岸和美国湾沿海港口，利用集装箱拖车或铁路运输车将货物运至美国内陆城市。

三、国际多式联运业务运作

国际多式联运业务主要包括：与发货人订立多式联运合同，组织全程运输，完成从接货到交付过程的合同事项等基本内容。由于多式联运是依托不同运输方式、跨国跨地区的物流业务，是不同运输方式的组合，因而具体业务运作也不尽相同。

（一）国际多式联运经营人的出口运作

总体来说，国际多式联运经营人的出口运作大致需要经过11个环节（如图5-9所示）。

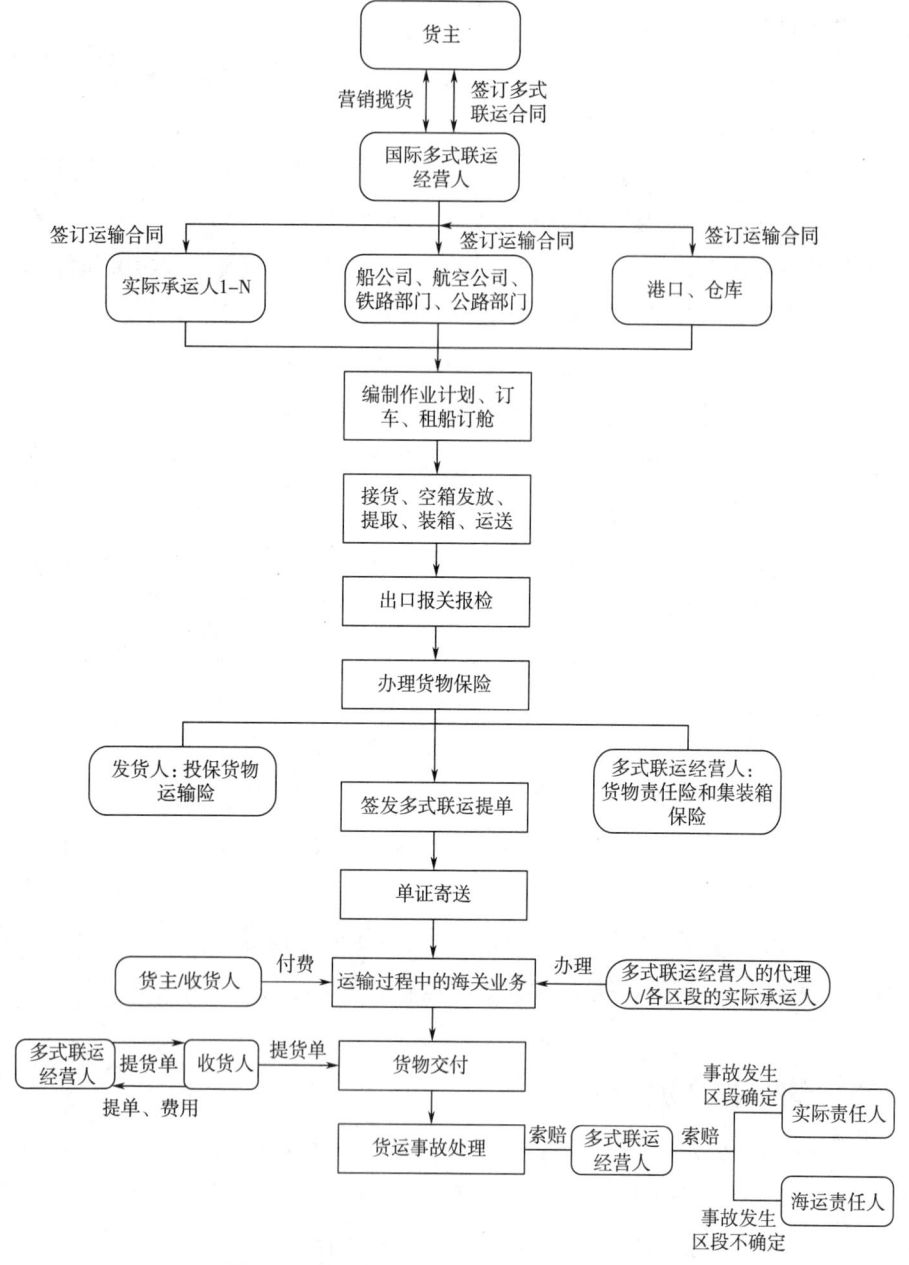

图 5-9 国际多式联运经营人的出口运作流程

1. 营销揽货

营销揽货环节的工作内容就是向货主承揽运输业务。经过与竞争者的费率进行比较，调整各种费用报价，访问货主拟委托的业务项目并向货主提出报价单，报价经货主接受后,双方签订协议书,正式成交。

2. 接受托运申请,订立多式联运合同

多式联运经营人根据货主提出的托运申请和自己的运输线路等情况,判断是否接受该托运申请。如果能够接受,则双方协定有关事项后,签订多式联运合同。

3. 编制作业计划,订车、租船订舱

总承运人与分承运人及运输的各连接点之间签订合同,与船公司、航空公司、铁路部门、具体作业的部门、仓库、港口、商检、理货签订合同;收集托运人出口所需的各种单证;编制作业计划,填制作业安排书。作业计划应包括货物的运输线路、区段的划分、各区段实际承运人的选择确定及各区段间衔接地点的到达、起运时间等内容;国际多式联运经营人根据具体情况向合适的实际区段的承运人租船、订舱或要求列车车皮进行货物运输。

4. 接货、空箱发放、提取、装箱、运送

如果双方协议由发货人自行装箱,则多式联运经营人应签发提箱单,或者租箱公司或分运人签发的提箱单交给发货人或其代理人,由多式联运经营人在规定的日期到指定的堆场提箱并自行将空箱托运到货物装箱地点,准备装货。如果是发货人委托,亦可由经营人办理从堆场到装箱地点的空箱托运(这种情况需加收空箱托运费)。装箱人均需制作装箱单,并办理海关监装与加封事宜。由货主自装箱的装箱货物被运至双方协议规定的地点,多式联运经营人或其代表(包括委托的场站业务员)在指定地点接收货物。

如果是拼箱货(或是整箱货但发货人无装箱条件而不能自装),则由多式联运经营人将所用空箱调运至接收货物的集装箱货运站,做好装箱准备。货主应负责将货物运至指定的集装箱货运站,由货运站按多式联运经营人的指示装箱。装箱人均需制作装箱单,并办理海关监装与加封事宜。多式联运经营人在指定的货运站接收货物。验收货物后,代表联运经营人接收货物的人应在堆场收据正本上签章并将其交给发货人或代理人。

国际多式联运经营人按托运人的托运要求,将货物送至实际承运人指定的车站、堆场或港口,实际承运人向多式联运经营人签发提单或运单(如图5-10所示)。

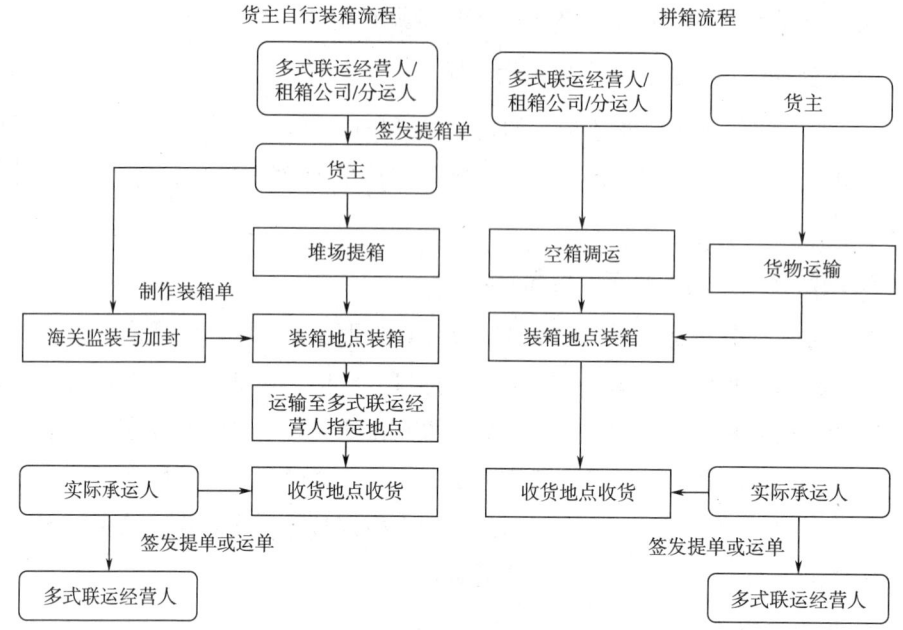

图 5-10 货主自行装箱发货和拼箱发货流程

5. 出口报检报关

若联运从港口开始，则在港口报检报关；若从内陆地区开始，应在附近的内陆地点办理报检报关。出口报检报关事宜一般由发货人或其代理人办理，也可委托多式联运经营人代为办理。

6. 办理货物保险

在发货人方面，应投保货物运输险。该保险由发货人自行办理，或由发货人承担费用由多式联运经营人代为代理。货物运输保险可以是全程投保，也可分段投保。

在多式联运经营人方面，应投保货物责任险和集装箱保险，由经营人或其代理人负责办理。

7. 签发多式联运提单，组织完成货物的全程运输

多式联运经营人的代表收取货物后，应向发货人签发多式联运提单。组织各区段实际承运人、各派出机构及代表人共同协调工作，完成全程中各区段的运输、各区段之间的衔接工作以及运输过程中所涉及的各种服务性工作，并做好运输单据、文件及有关信息等的组织和协调工作。

8. 单证寄送

货物装船（车、飞机）发运后，国际多式联运经营人将船名（车号、航空运单号）、集装箱、发运日期、中转地、目的地等项内容，先以电传通知国外代理人，然后填制发运单或指示（shipping notification，shipping instruction），连同联合运输单据副本、承运单证、装箱单等有关发运单据寄国外代理人，由该代理人凭以办理接货、交货或转运工作。

9. 办理运输过程中的海关业务

办理运输过程中的海关业务主要包括货物及集装箱进口国的通关手续、进口国内陆段保税（海关监管）运输手续及结关等内容。如果陆上运输要通过其他国家海关和内陆运输线路，则还应包括这些海关的通关及保税运输手续。

10. 货物交付

当货物运至目的地后，由国际多式联运经营人在目的地的代理人通知收货人提货。如是整箱提货，则收货人要负责至拆箱地点的运输，并在货物取出后将集装箱运回指定的堆场，运输合同方告终止。

11. 货运事故处理

如果全程运输中发生了货物灭失、损害和运输延误，无论是否能确定损害发生的区段，发（收）货人均可向多式联运经营人提出索赔。如果已对货物及责任投保，则存在要求保险公司赔偿和向保险公司进一步追索的问题。如果受损人和责任人之间不能取得一致意见，则须通过在诉讼时效内提起诉讼和仲裁来解决。

（二）国际多式联运经营人的进口运作

国际多式联运经营人的进口运作的业务主要包括如下环节：接受托运申请，订立多式联运合同→向船公司、铁路部门或航空公司申请订车、租船订舱→收货人通知托运人准备集装箱装船等事宜→签发全程多式联运提单和收取海运提单→传递货运信息和寄送相关单证→办理货物在中转港的海关转关手续及制作货运单据→办理海关手续，提取货物与交付货物。

（三）国际多式联运单据

根据《联合国国际货物多式联运公约》的定义，国际多式联运单据（Multimodal transport Document，MTD）指证明多式联运合同以及多式联运经营人

接管货物并负责按照合同条款交付货物的单据。

国际多式联运单据分为可转让的多式联运单据和不可转让的多式联运单据。可转让的多式联运单据类似于提单,即可转让的多式联运单据是多式联运合同的证明、货物收据与物权凭证。不可转让的多式联运单据类似于运单,即不可转让的多式联运单据是多式联运合同的证明和货物收据,但不具有物权凭证的作用。如果多式联运单据以不可转让的方式签发,则多式联运经营人交付货物时,应凭单据上记名的收货人的身份证明向其交付货物。国际多式联运单据一般包括以下15项内容(如表5-21所示)。

表5-21 国际多式联运单据内容

主体	内容
货物	货物品类、标志、危险特征的声明、包数或者件数、重量
	货物的外表状况
托运人	托运人名称
收货人	收货人名称
多式联运经营人	多式联运经营人的名称与主要营业地
	多式联运经营人或其授权的签字
时间、地点	多式联运经营人接管货物的时间、地点
	交货地点、交货日期或者期间
	多式联运单据签发的时间地点
	航线、运输方式和转运地点
声明	多式联运单据可转让或者不可转让的声明
	关于多式联运遵守公约的规定的声明
	每种运输方式的运费、用于支付的货币、运费由收货人支付的声明等
其他	双方商定的其他事项

(四)国际多式联运合同

1. 国际多式联运合同的定义

国际多式联运合同,指由多式联运经营人与托运人或发货人签订,由多式联运经营人以"本人"的名义和以至少两种不同的运输方式,将货物从一国境内接管货物的地点运至另一国境内指定的交付货物的地点,凭已完成或组织完成国际货物多式联运并收取运费及其他约定费用的协议。

2. 国际多式联运合同的特点

（1）托运人与多式联运经营人签订一项全程运输合同。托运人仅与多式联运经营人签订一项全程运输合同，由多式联运经营人对全程运输负责。合同明确规定了多式联运经营人和托运人之间的权利、义务和责任。多式联运经营人负责履行或者组织履行多式联运合同，对全程运输享有承运人的权利，承担承运人的义务。① 多式联运经营人的行为对全体承运人均具有法律效力，运费的单一性、运输全程化是多式联运合同的基本特征。

（2）多式联运经营人与各区间段承运人分别签订运输合同。多式联运的各区段实际承运人至少是两个以上的运输法人，而且是不同运输方式的运输企业法人；否则，就不能称之为多式联运。多式联运经营人与参加多式联运的各区段承运人，可以就多式联运合同的各区段运输，另以合同约定相互之间的责任。但是此项合同不得影响多式联运经营人对全程运输所承担的责任。②

（3）多式联运单据是一份全程运输合同。多式联运经营人收到托运人交付的货物时，应当签发多式联运单据。按照托运人的要求，多式联运单据可以是可转让单据，也可以是不可转让单据。③ 多式联运单据是用以证明多式联运货物并交付货物的单据，其作用与海运提单相似，但提单本身并不是运输合同，其承运人只对自己执行的一段运输负责，而多式联运签发的运单，只要托运人和承运人在运单上签字，则可以认为是运输合同，多式联运经营人对全程负责。

（4）多式联运合同是双务合同、有偿合同、不要式合同。多式联运合同的双方当事人均负有义务，并享有相应的权利。多式联运经营人有负责接管货物、保管货物、全程货物运输以及向收货人交付货物的义务，享有收取运费的权利；而发货人则有交付按合同约定的货物，提供货物性能、资料，以及支付运费的义务，收货人和发货人有完好提取货物的权利，如出现货物损坏、灭失，有向多式联运经营人索赔的权利。

（五）国际多式联运运费

国际多式联运一般制定单一费率，向托运人一次收取。费率的制定主要考虑如下因素。

---

① 《中华人民共和国民法典》第八百三十八条。
② 《中华人民共和国海商法》第一百零四条。
③ 《中华人民共和国民法典》第八百四十条。

第一,两种以上运输方式各区段的运费。例如,海空陆联运,需支付海运费、空运费、陆运费。

第二,装运港包干费。装运港包干费主要包括内陆运费、市内运费、仓储费、装拆费、报关费、港建费、港杂费、服务费等。包干费有大包干和小包干之分,举例说明如图5-11所示。

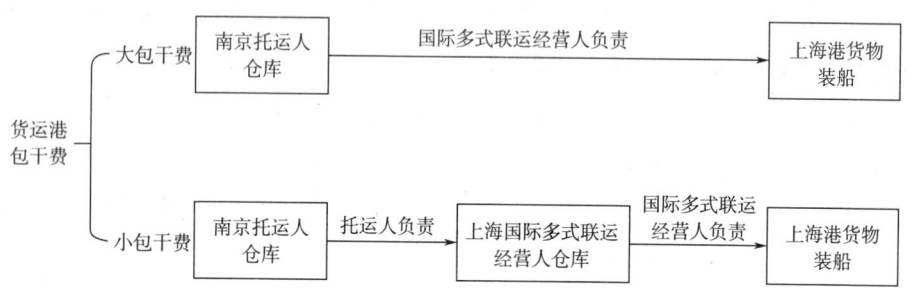

图5-11　大包干费与小包干费收费情景

第三,中途港的中转费用。中途港的中转费用指货物到了中转港,由一种运输方式转移至另一种运输方式所产生的各种费用。主要有中途运费、堆存费、吊卸吊装费,必要时还有拆装箱费、服务费等。

第四,特殊费用与适当利润。

【本章小结】

本章根据国际物流运输方式的不同,介绍了国际公路运输、国际铁路货物联运、国际管道运输和国际多式联运4类运输方式的基本内涵、相关公约及其线路、设施情况。首先,提出了公路运输的优势在于其机动灵活、简捷方便,利于实现"门到门"的运输;公路运输包含整车货物运输、零担货物运输、特种货物运输、集装箱货物运输、包车运输5种业务种类;详细梳理了公路运输的运作流程;介绍了国际道路运输公约的主要内容和意义。其次,提出了国际铁路联运是我国国际货物铁路运输的主要方式;国际铁路货物联运包含整车货物运输,零担货物运输,集装箱货物运输,慢运、快运和整车货物随旅客列车挂运4种业务种类;分析了国际铁路货物联运费用的计算和核收方法;介绍了国际铁路货物联运的规章和国际公约,及其主要运输线路。再次,分析了管道运输作为一种特殊的运输方式的基本类型和优缺点,介绍了国际管道运输的主要线路及我国的管道运输基本情况。最后,阐述了国际多式联运的基本概念及责任落实,介绍了海空联运、海陆联运、大陆桥运输等3种国际多式联运组织形式的主要线路,梳理了国际多式联运的业务流程。

【思考练习】

1. 请列举4个我国公路对外运输口岸。
2. 请简单比较公路整车运输与零担运输业务运作方面的差异。
3. 请对铁路运输所承担的进出口货物运输工作进行说明。
4. 某公司从俄罗斯进口一批铁矿,该批铁矿按规定计算的运到期限天数为60天。内蒙古的满洲里口岸站于某年6月10日以慢运整车承运,8月17日到达南京站,铁路部门所收运费为9 000欧元。问题:该批货物是否运到逾期?假如逾期,铁路部门应向收货人支付多少逾期罚款?
5. 请简要描述管道运输的优缺点。
6. 国际多式联运经营人有哪些赔偿责任?
7. 国际多式联运组织形式中海空联运中空桥运输和陆桥运输的共同点和不同点是什么?
8. 请简单叙述国际多式联运经营人的出口运作的环节。

【案例分析】

中国平板电脑出口多式联运方案设计

在全球战"疫"的大背景下,足不出户、在家上网成了全球人民隔离病毒的"新常态",这促进了全球电子产品的消费。通过"丝绸之路经济带"和"21世纪海上丝绸之路",中国对外出口大量电子产品。其中,中国的平板电脑以其性价比高的特点,深受东盟各国人民的喜爱。在疫情之下,平板电脑的出口仍非常大。那么,中国企业该如何设计出口联运方案,让中国的平板电脑更顺利地开展"南向"出口之旅呢?在此通过一票中国平板电脑出口业务进行分析。

一、案例背景

2020年4月,四川眉山市金珀进出口有限公司要将一批平板电脑出口到越南河内市区,平板电脑装箱规格为每箱长0.84米、宽0.25米、高0.15米,共500箱,总毛重为1 155公斤,公司要求国际货代员根据客户的需求设计国际多式联运方案,即按照客户的要求,借助船公司、船期表、行业协会、资源库、互联网等资源,设计多式联运线路,并对比运费和运输时间,做出最优方案并告知客户。

国际货代员的日常工作非常繁琐,除了要熟悉国际上的港口,还要掌握揽货、航线选择、运费计算和国际多式联运方案设计等综合业务。按照惯例,国际多式联运方案的设计有五个步骤:一是设计备选线路;二是计算所需的集装箱数量;三是计算各线路运输费用及时间;四是选择最佳线路;五是查询运输日期并告知客户。按照这五个步骤,本案例的实际操作分析如下。

二、设计备选线路

(一)考虑因素

在备选线路设计中首先要考虑以下五点影响因素。

1. 物品特征方面,平板电脑属电子产品类,在集装箱的选择上要选择专用集装箱。

2. 运输与装卸搬运方面,尽量少换装。

3. 储运保管方面,全程防震防摔。

4. 客户其他要求方面,要保价。

5. 门到门运输方面,要求货物运达河内市区收货点。

(二)线路设计

根据以上影响因素,可设计出以下四条线路。

线路一:从眉山出发至宜宾,再到上海,最后运至越南河内的公-铁-海-公联运线路。首先将眉山的平板电脑装入专用集装箱,公路运输至宜宾,其次从宜宾铁路运输到上海,再次海运至河内港口,最后公路运输到客户手中。

线路二:从眉山至宜宾,再到南宁,最后运至河内的公-铁-公联运线路。首先将眉山的平板电脑装入专用集装箱,公路运输至宜宾,然后从宜宾铁路运输到南宁,最后从南宁换装货柜车公路运输到河内客户手中。

线路三:从眉山到宜宾,再到南宁东站,运至南宁吴圩国际机场,再到河内机场,最后运至河内市区的公-铁-公-空-公联运线路。首先将眉山的平板电脑装入专用集装箱,公路运输至宜宾,然后从宜宾铁路运输到南宁东站,通过货柜车公路运输至南宁吴圩国际机场,再航空运输到河内机场,最后公路运输到客户手中。

线路四:从眉山至宜宾,再到南宁,最后运至河内市区的公-铁-公联运线路。首先将眉山的平板电脑装入专用集装箱,公路运输至宜宾,然后从宜宾铁路运输到南宁南站,再从南宁南站乘中越跨境集装箱专列 X9101 车次经凭祥直达河内市区,最后公路运输到客户手中。

三、计算集装箱的数量

根据平板电脑的重量、体积和件数计算所需集装箱的数量,计算过程如下:其中 20 尺柜箱容率为 80%,集装箱容积为 33.2 立方米,单位容重为 820.4 公斤/立方米。40 尺柜的箱容率为 88%,集装箱容积为 77.02 立方米,单位容重为 325.97 公斤/立方米。由于平板电脑装箱规格为每箱长 0.84 米、宽 0.25 米、高 0.15 米,共 500 箱,总毛重为 1 155 公斤,可计算出货物体积为 15.75 立方米,货物密度为 73.33,属于轻货,用体积计算出集装箱的数量为 15.75/(33.2×80%)= 0.59,四舍五入等于 1,故实际需要集装箱的数量为 1 个。

四、计算费用及时间

货代员可通过船务公告、船期表、铁路公司文件、航空公司规定、货代软件、船公司网站及客服等资源查询各分支线路所需要的费用和时间。货代首先在船公司网站上下载各公司的报价表,其次查询海运运费、文件费、订舱费、封志费、设备交接费、发货港码头操作费、AMS、电放费用及服务费(对外报价)等各项费用,然后查询公路、铁路、空运及中转费用,最后将每条线路前段、中段、后段运输的运费和时间加起来得到总费用和总时间(如表 5-22 所示)。

表 5-22 运输线路总费用及总时间汇总

初始站	公路/元	时间/天	中转站	铁路/元	时间/天	中转站	海、公、空或铁路/元	时间/天	目的地	总运费	总时间	线路编号
中国眉山	300	1	宜宾	250	2	上海	海路 2 457	5	河内	3 007	8	一
	300	1	宜宾	250	2	南宁	公路 4 500	2		5 050	5	二
	300	1	宜宾	250	2	南宁	空运 29 300	1		29 850	4	三
	300	1	宜宾	250	2	南宁	铁路 3 800	1		4 350	4	四

五、选择最佳线路

(一)舍弃线路

线路二和线路三换装多,总运费较高,总时间也未有明显优势,因此舍弃这两条线路。

(二) 选择线路

剩下线路一和线路四供客户选择,如果客户想运费低廉,对时间要求不高,可选择线路一,每柜只需 3 007 元运费,可通过"21 世纪海上丝绸之路"通道出口;如果客户想要快速收货,运费适中,则选择线路四,搭上中越跨境集装箱专列 X9101 车次,走陆上丝绸之路,只需 4 天便可到达客户手中。

六、查询运输日期

(一) 线路一的查询方式

若选定线路一则登录船公司网站,根据选定的方案进行运输日期查询。在本案例中,货代人员首先登录中远海运集装箱运输有限公司网站,然后查询"上海至河内"最近的船期,并把船期表上的内容告知客户,提示客户每条船舶具体的截重、截关、补单时间,每一条近期船舶的具体离港时间、预计到达时间、装货港、中转港、船名、航次、运输时间,并提醒客户或其代理人及时将货物送至堆场,以待装船出运。

(二) 线路四的查询方式

若选定线路四则进行货代行业网站查询。货代登陆"中国铁路供应链物流"网站,查询 2020 年 4 月中欧班列、中亚班列的班次,并及时提醒客户。此为国际多式联运方案设计第五步,而中国的电子产品通常也是这样通过"一带一路"通道完成出口东盟的"南向"之旅。在中国对越南出口实务中,由于线路四的运输成本较低,成为许多客户的首选线路。此线路上的畅销货物包括笔记本电脑产品、液晶面板和集成电路等高附加值产品,也涵盖电子通信、汽车整车、农副食品、生物医药、水果肉类等产品。

(资料来源:以中国平板电脑出口为例谈国际多式联运方案的设计 [EB/OL]. (2021-02-23) [2023-03-06]. https://www.docin.com/p-2604632161.html.)

思考:

1. 如何在国际多式联运中选择合适的运输方式?
2. 如果通过海路运输,主要包括哪些成本?
3. 以越南为例,开展一个国家或地区的国际多式联运业务,业务员需要考虑哪些因素?

第六章　国际物流仓储与包装

【学习目标】

1. 掌握国际物流仓储的概念、分类、布局
2. 掌握国际物流仓储的作业程序
3. 掌握保税仓与保税区概念
4. 掌握国际物流包装的概念、分类、基本要求
5. 掌握国际物流包装标志
6. 理解绿色包装

【重点难点】

1. 国际物流仓储的相关概念、作业程序，包装的相关概念、包装标志
2. 保税仓与保税区相关概念

国际物流

【导入案例】

保税区的跨境电商发展典型案例

在全球电子商务高速发展的时代,保税区由于其所具有的境外商品保税功能,获得了重大的发展机遇。对于拥有保税区的地方政府而言,利用跨境电商的机遇,发展保税仓储、加工及物流行业,吸引从事跨境电商的平台和企业入驻,不仅能提升当地的经济发展层次,促进当地的产品在互联网这个无国界的平台上销售,还能形成以保税区为中心的产业集聚,带动一地的仓储业、运输业、贸易业、金融业、信息业等多种服务业发展,也能增加税收、扩大就业,使当地居民生活水平显著提升。

2012年12月20日,海关总署在郑州召开了跨境贸易电子商务服务试点工作启动部署会,上海、重庆、杭州、宁波、郑州这5个试点城市成为承建单位,标志着跨境贸易电子商务服务试点工作的全面启动。接下来以宁波、上海、郑州三个城市为例介绍一下保税区的跨境电商发展。

宁波是首批获得跨境贸易电子商务服务试点的城市之一。2013年3月,宁波市人民政府按照"功能集中、服务集成、企业集群"的思路,打造电子商务商品进口的阳光通道。2014年4月,全球第一大电商企业阿里巴巴旗下专门经营海外商品的天猫国际与宁波保税区跨境贸易(进口业务)电子商务服务平台"保税通"开展战略合作,天猫国际的海外商品可以选择"保税通"作为入境渠道。2020年11月11日,通过天猫国际平台,全国共有80余万名消费者体验了"宁波版海淘",宁波保税区销售货值破亿,真正实现了跨越式发展。"宁波模式"采用典型的B2C业务模式,在区域内实现了消费者网上选购、下单、付款,商家保税区发货。宁波地区跨境电商的成功,与江浙地区深厚的商业基础密不可分。

在上海自贸区的大环境下,上海地区发展跨境电商也可谓是得天独厚。2013年12月28日,上海自贸试验区跨境电子商务试点平台正式启动,平台包括了"跨境通"导购门户网站以及报关报检、个人行邮税网上征缴、跨境外汇支付等系统,还包括位于自贸试验区内约5 000平方米的跨境贸易电子商务物流中心。2014年8月,美国大型电商企业亚马逊在上海自贸区设立了国际贸易总部,确定落户自贸区,开展跨境电子商务业务。除此之外,上海的松江区、嘉定区、普陀区也相继成为在上海地区自贸区外获准开展跨境电商业务的区域。目前，上海的跨境电商业务模式以 B2C 为主，主要是为综合类电商平台提供跨境商品仓储。

2014 年 3 月，同样作为首批跨境电子商务试点城市的郑州，其跨境贸易电子商务平台"E 贸易"也开始了上线启动。郑州的跨境电商主要依托于新郑综合保税区，以航空物流为主，辅以铁路和公路运输。业务模式以 B2C 为主，辅以 O2O 模式，与国内其他地区发展跨境电商形成差异竞争优势。在 B2C 模式下，消费者在京东、聚美优品等国内知名的综合类电商平台上购物，所选择的海外商品已经事先存储在了郑州保税区的仓库中，再通过国内快递发货。在 O2O 模式下，消费者直接在保税区的体验馆中选择商品，通过保税区的平台下单购物，自行选择送货上门或者展区自行提货的配送方式。"郑州模式"下的跨境电商发展在于充分发挥地处我国中部中心地区的区位优势，铁路大动脉在此交汇，公路运输业发达。

（资料来源：中国电子信息产业发展研究院赛迪研究院. 保税区的发展状况与时代机遇 [EB/OL]. (2022-02-24) [2023-02-27]. https://www.ccidgroup.com/info/1105/28442.htm.）

第一节　国际物流仓储

商品在国际物流的过程中，从商品生产地向消费地的转移一般都要经过仓储这个阶段，这主要是由于商品的生产和消费在时间、空间、品种、数量等方面的不同步造成的，这也正体现了仓储活动的重要意义。

一、国际物流仓储概述

（一）国际物流仓储的概念及特点

"仓"即仓库，为存放、保管、储存物品的建筑物和场地的总称，可以是房屋建筑、洞穴、大型容器和特定的场地等，具有存放和保护物品的功能。"储"即储存、储备，表示收存以备使用，具有收存、保管的意思。仓储就是利用仓库及相关设施设备进行物品的入库、储存、出库的活动。仓储是集中反映工厂物资活动状况的综合场所，是连接生产、供应、销售的中转站，对促进生产、提高效率起着重要的辅助作用。

在国际物流活动中,仓储可为出口货物、进口货物、转关运输提供储存保管服务,能满足客户对不同货物诸如一般化学品、危险品、粮谷、矿产品等不同货物的储存、运输、分拨等一系列的物流需求。国际物流仓储是国际物流业务中非常重要的环节之一,随着国际贸易的发展,国际物流仓储不仅承担着进出口货物保管储存的任务,在货物的加工、挑选、整理、包装、备货、组装和发运等一系列环节中也起着至关重要的作用。具备一流设施、各种仓储作业设备齐全的现代化物流仓库,可将客户所需的不同品种的产品分类入库,随时随地按照客户的要求提供及时的配送服务,保证货物进出通畅又快捷。

国际货物的仓储具有以下特点。

第一,主要以集装箱货物的存储为主。随着国际集装箱运输的发展,国际物流中集装箱运输的地位越来越重要,绝大多数货物都是通过集装箱运输来实现国际物流。所以作为国际物流的中转站、集疏中心的港口,存储的货物主要是集装箱以及装在或准备装入集装箱的货物。

第二,理论仓储量取决于进出口贸易量,实际仓储量则取决于出口贸易量。国际货物仓储业的服务对象主要是进出口贸易,这和国内货物仓储服务于国内再生产有着明显的区别。又因进口商品大多采取就港直拨的方式运往全国各地,因此进口商品卸船后进入仓库储存再等待外调的现象已经大幅度减少。

第三,出入库次数频繁而储存期短暂。出口商品是以国际贸易合同的合同期为基点,于是商品的收购、集结、仓储和集港均依船期而有所准备,故国际货物仓储相对短暂,是有计划的待船而存。然而,随着国际贸易的发展、进出口贸易量的递增,作为国际物流的一个必要环节,这些物资必然要在装卸船之前有个滞留阶段,于是便形成了出入库频繁、仓储期短暂这一港口货物仓储独有的特点。

(二) 国际物流仓储的意义

国际物流货物仓储同国际物流货物运输一样,都是国际贸易及国际物流不可缺少的环节,国际物流货物仓储的意义主要有以下几点。

1. 克服商品在生产和消费之间的时间错位

许多商品在生产和消费之间都存在着时间间隔与地域差异,因此,为了更好地促进国际商品的流通,必须设置仓库将这些商品储存于其中,使其发挥时间效应的作用。

2. 保证进入国际市场的商品质量

商品从生产领域进入流通领域的过程中,通过仓储环节,对即将进入市场的商品在仓库进行检验，可以防止质量不合格的伪劣商品进入市场。通过仓储来保证商品的质量主要有两个关键环节：一是商品入库保管期间的质量检查；二是商品出库前的检验检查。对于前者，待入库商品应满足仓储要求，在仓库保管期间，商品处于相对静止状态并使其不发生物理、化学变化，保证储存商品的质量。对于后者，保证出口商品符合国家出口标准和国际贸易合同对出口商品质量的约定，维护参与国际贸易企业的国际商业信誉。

3. 延伸生产特性的加工业务

随着仓储业的发展，仓储本身已不仅具有储存货物的功能，而且越来越多地承担起具有生产特性的加工业务，例如分拣、挑选、整理、加工、简单装配、包装、加标签、备货等活动，使仓储过程与生产过程更有机地结合在一起，从而增加商品的价值。随着物流业的发展，仓储业在货物储存过程中，为物流活动提供更多的服务项目，为商品进入市场缩短后续环节的作业过程和时间，加快商品的销售，将发挥更多的功能和作用。

4. 调节国际市场上商品的价格

国际商品的仓储业务可以克服国与国之间巨大的供求矛盾，并以储存调节供求关系，调整由于供求矛盾而造成的价格差异。所以，仓储还具有调节商品价格的作用。

5. 调节内外运输工具载运能力的不平衡

在各种运输工具中，由于其运载能力差别很大，容易出现极其不平衡的状态，国际物流货物无论在出口仓储还是进口仓储都可以减少压船、压港，弥补内陆运输工具运载量的不足，在船舶运输与内陆运输之间起着缓冲调节作用，保证国际货物运输顺利畅通。

（三）国际物流仓库的分类

1. 按仓库在国际物流中的用途分类

国际物流仓库可分为口岸仓库、中转仓库、加工仓库和储存仓库。

（1）口岸仓库。口岸仓库的特点是商品储存期短、商品周转快。仓库大都设在商品集中的发运出口货物的沿海港口城市，仓库规模大，主要储存口岸和内地相关业务部门收购的出口待运商品和进口待分拨的商品。因此，这类仓库又称为周转仓库。

（2）中转仓库。中转仓库也称转运仓库。其特点是大都设在商品生产集中的地区和出运港口之间，如铁路、公路车站，江河水运港口码头附近，商品生产集中的大、中城市和商品集中分运的交通枢纽地带。其主要职能是按照商品的合理流向，收储、转运经过口岸出口的商品。大型中转仓库一般都设有铁路专用线，将商品的储存、转运业务紧密结合起来。

（3）加工仓库。加工仓库的特点是将出口商品的储存和加工结合在一起。除商品储存外，还兼营对某些商品的挑选、整理、分级、包装、改装等简单的加工业务，以适应国际市场的需要。

（4）储存仓库。储存仓库的商品储存期较长，主要用于储存待销的出口商品、援外的储备物资、进口待分拨、出口业务需要的储备商品等。这类仓库所储存的商品要定期检查，加强商品养护。

2. 按仓库管理体制分类

国际物流仓库可分为自有仓库、租赁公共仓库和合同仓库。

（1）自有仓库。

①相对于公共仓储来说，企业利用自有仓库进行仓储活动具有以下优势。

一是可以更大程度地控制仓储。由于企业对自有仓库拥有所有权，所以企业作为货主能够对仓储实施更大程度的控制。在产成品移交给客户之前，企业对产成品负有直接责任并可直接控制。这种控制使企业易于将仓储的功能与企业的整个分销系统进行协调。

二是管理更具灵活性。这里的灵活性并不是指能迅速增加或减少仓储空间，而是指由于企业是仓库的所有者，可以按照企业要求和产品的特点对仓库进行合理的设计与布局。高度专业化的产品往往需要专业的保管和搬运技术，而公共仓储难以满足这种要求。因此，这样的企业必须拥有自有仓库或直接将货物送至客户。

三是长期仓储时，自有仓储的成本低于公共仓储。如果自有仓库得到长期的充分利用，自有仓储的成本将低于公共仓储的成本。这是由于长期使用自有仓库保管大量货物会降低单位货物的仓储成本，在某种程度上说这也是一种规模经济。如果企业自有仓库的利用率较低，说明自有仓储的规模经济不足以补偿自有仓储的成本，则应转向公共仓储。当然，降低自有仓储成本的前提是有效地管理与控制，否则将影响整个物流系统的运转。

四是可为国际贸易企业树立良好形象。当企业将产品储存在自有仓库时，会给客户一种企业长期持续经营的良好印象,客户会认为企业经营十分稳定、可靠,是产品的持续供应者,这有助于提高企业的竞争优势。

②自有仓储也存在以下缺点。

一是自有仓库固定的容量和成本使得企业的一部分资金被长期占用。不管企业对仓储空间的需求如何,自有仓库的容量保持固定,不随着需求的增加或减少而扩大或减小。当企业对仓储空间的需求减少时,仍须承担自有仓库中未利用部分的成本;而当企业对仓储空间有额外需求时,自有仓库却无法满足。另外,自有仓库还存在位置和结构的局限性。如果企业只能使用自有仓库,就会由于数量限制而失去战略性优化选址的灵活性;市场的大小、市场的位置和客户的偏好经常变化,如果企业在仓库结构和服务上不能适应这种变化,企业就会失去许多商业机会。

二是由于自有仓库的成本高,所以许多企业因资金问题而难以修建自有仓库。自有仓库是一项长期、有风险的投资,并且因其专业性强而难以出售,而企业将资金投资于其他项目可能会得到更高的回报。因此,投资建造自有仓库的决策要非常慎重。

(2)租赁公共仓库。

①利用公共仓库进行仓储活动的优点有以下几点。

一是从财务角度看,最重要的原因是企业不需要资本投资。任何一项资本投资都要在详细的可行性研究基础上才能实施,但利用公共仓储,企业可以避免资本投资和财务风险。公共仓储不要求企业对其设施和设备做任何投资,企业只需支付相对较少的租金即可得到仓储服务。

二是可以满足企业在库存高峰时大量额外的库存需求。如果企业销售具有季节性,那么公共仓储将满足企业在销售旺季所需要的仓储空间。而自有仓储则会受到仓库容量的限制,并且在某些时期仓库可能闲置。大多数企业由于产品的季节性、促销活动和其他原因而导致存货水平变化,利用公共仓储,则没有仓库容量的限制,从而能满足企业在不同时期对仓储空间的需求,尤其是库存高峰时大量额外的库存需求。同时,使用公共仓储的成本将直接随着储存货物数量的变化而变化,从而便于管理者掌握成本。

三是使用公共仓储可以避免管理上的困难。工人的培训和管理是任何一类仓库都要面临的一个重要问题。尤其是对于产品需要特殊搬运或具有季节性的企业来说,很难维持一个有经验的仓库员工队伍,而使用公共仓储可以避免这一困难。

四是公共仓储的规模经济可以降低货主的仓储成本。公共仓储会产生自有仓储难以达到的规模经济。公共仓储为众多企业保管大量库存,与自有仓储相比,有效提高了仓库的利用率,降低了存货的单位储存成本;另外,规模经济还使公共仓储能够采用更加有效的物料搬运设备,从而提供更好的服务;最后,公共仓储的规模经济还有利于拼箱作业和大批量运输,降低货主的运输成本。

五是使用公共仓储时企业的经营活动更加灵活。如果自己拥有或长期租赁仓库,那么当需要设立仓库的位置发生变化时,原来的仓库就变成了企业的负担。由于公共仓储的合同期较短,当市场、运输方式、产品销售和企业财务发生变化时,企业能灵活地改变仓库的位置;另外,企业不必因仓库业务量的变化而增减员工;再有,企业还可以根据仓库对整个分销系统的贡献以及成本和服务质量等因素,临时签订或终止租赁合同。

六是便于企业掌握保管和搬运成本。当企业使用公共仓储时,由于每月可以得到仓储费用单据,可以清楚掌握保管和搬运的成本,有助于企业预测和控制不同仓储水平的成本。而企业自己拥有仓库时,很难确定其可变成本和固定成本的变化情况。

②使用公共仓库进行仓储活动的缺点有以下几点。

一是增加了企业的包装成本。公共仓库中储存了各种不同种类的货物,而各种不同性质的货物有可能互相影响,因此,企业使用公共仓储时必须对货物进行保护性包装,从而增加了包装成本。

二是增加了企业控制库存的难度。企业与仓库经营者都有履行合同的义务,但盗窃等对货物的损坏给货主造成的损失将远远大于得到的赔偿。因此在控制库存方面,使用公共仓库会比使用自有仓库承担更大的风险。另外,企业还有可能由此泄露有关的商业机密。

(3) 合同仓库。在物流发达的国家,越来越多的企业转向利用合同仓库或称第三方仓储。合同仓库是指企业将物流活动转包给外部公司,由外部公司为企业提供综合物流服务。

合同仓库不同于一般公共仓库。合同仓储公司能够提供专业化的高效、经济和准确的分销服务。企业若想得到高水平的质量与服务,则可利用合同仓库,因为合同仓库的设计水平更高,并且符合特殊商品的高标准、专业化的搬运要求。如果企业只需要一般水平的搬运服务,则应利用公共仓储。从本质上说,合同仓库是生产企业和仓储企业之间建立的伙伴关系。正是由于这种伙伴关系，合同仓储公司与传统仓储公司相比，能为货主提供特殊要求的空间、人力、设备和特殊服务。

合同仓库的优势有以下几点。

一是有利于企业有效利用资源。合同仓库比自有仓储更能有效处理季节性产品普遍存在的产品的淡、旺季存储问题。例如，合同仓储企业能够同时为销售旺季分别在冬季和夏季的企业提供服务，如羽绒服与空调。这种高峰需求交替出现的模式使得合同仓库比只处理一季产品的自有仓储能更有效地利用设备与空间。另外，合同仓库的管理具有专业性，管理专家更具创新性的分销理念和减低成本的方法，因此有利于物流系统发挥功能，从而提高效率。

二是有利于企业扩大市场。合同仓库能通过设施齐全的网络系统扩大企业的市场覆盖范围。由于合同仓储企业具有战略性选址的设施与服务，因此，货主在不同位置的仓库得到的仓储管理和一系列物流服务相同。

三是有利于企业进行新市场的测试。合同仓库的灵活性能加强客户服务。企业在促销现有产品或推出新产品时，可以利用短期合同仓库来考察产品的市场需求。当企业试图进入一个新的市场区域时，要花很长时间建立一套分销设施，然而通过合同仓库网络，企业可利用这一地区的现有设施为客户服务。

四是有利于企业降低运输成本。由于合同仓库处理不同货主的大量产品，因此经过拼箱作业后可大规模运输，有效降低了运输成本。

3. 按存储商品的性能及技术设备分类

按存储商品的性能及技术设备分类，国际物流仓库可分为通用仓库、专用仓库和特种仓库。

（1）通用仓库。通用仓库是用以储存一般没有特殊要求的工业品或农用品的仓库，在各类国际贸易仓库中占比最大。

（2）专用仓库。专用仓库是专门用于储存某一类商品的仓库。在保养技术设备方面相应地增加了密封、防虫、防霉、防火以及监测等设施，以确保特殊商品的质量安全。

（3）特种仓库。特种仓库是用于存储具有特殊性质，要求使用特别保管设备的商品，一般指化学危险品、易腐蚀品、石油及部分医药商品等。这类仓库配备有专门的设备，如冷藏库、保温库、危险品仓库等。

除了以上类别，还有保税仓库。保税仓库是一种专门保管国外进口而暂未缴纳进口税的商品的仓库,由海关统一进行监督和管理。

(四) 国际物流货物仓库的合理布局

国际物流货物仓库网点的合理配置,对货物储备的合理分布、组织合理运输、加速国际物流货物流转速度和减少中转次数、降低物流费用和提高服务水平等都具有重要意义。国际物流货物仓库网点建设随着工农业生产的发展和国际贸易商品流通规模的扩大而不断发展。

1. 国际物流货物仓库的布局原则

(1) 根据工农业生产发展与国际贸易商品流通规模之间的比例关系,预测掌握好相应期间的国际贸易商品流通量(即出口商品收购量和进口商品采购量)。

(2) 处理好商品储存与商品收购、销售、调拨运输之间的比例关系,扣除直运、直拨等不经仓库环节的商品量,弄清计划期国际贸易商品的储存量或中转量。

(3) 掌握好国际贸易商品储存量与仓库建筑面积和实际使用面积之间的比例关系,掌握实际需要的仓库容积数据。

(4) 了解计划期库存商品预计的周转次数。

2. 制约国际物流货物仓库分布的综合因素

(1) 一个国家的工农业生产布局。工农业生产发展了才会有大量商品出口,而储存这些出口商品的国际物流货物仓库应建设在大、中城市及出口工业品生产较集中的地区,确保就近收购、就近储存。

(2) 进出口业务发展。国际物流货物仓库网点布局应满足进出口购销业务发展需要,确定国际物流货物仓库建设的规模、类型、分布及发展方向。

(3) 经济区划和商品合理流向。国际物流货物仓库网点布局还应考虑经济区划和商品合理流向,做好国际物流货物仓库网点布局,降低物流费用。

(4) 国际物流运输条件。国际物流货物仓库网点布局应考虑铁路、公路、航运等交通运输条件。只有交通运输通畅了,国际贸易商品的流通才能近运、近储,快速将国际贸易商品发送出去,实现国际贸易商品的快速流转。

具体的一个国际物流货物仓库的选址应要求尽量靠近以下地点:出口商品生产厂、供货单位以及国际贸易专用出口商品生产基地;交通运输枢纽;中心城市;口岸、车站、机场;消费地,即进口厂家等。建立一个国际贸易仓库还必须考虑六点:一是提供"六供"条件,即供电、煤、气、水、油、热;二是排出废气、废水、废渣的条件;三是消除烟尘、噪声、震动等自然条件;四是地质条件差、震区等地不能建立国际贸易仓库;五是特殊国际贸易专用仓库的建立应有特殊的条件要求;六是要求具有防火、防污和环境安全卫生等条件。①

二、国际物流仓储作业程序

国际物流仓储业务运作基本程序包括四个环节:保税仓库货物进口、入库、储存保管和出库(如图6-1所示)。

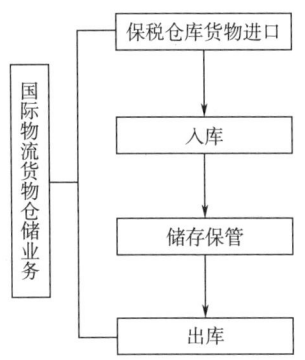

图 6-1 国际物流仓储业务运作基本程序

(一)保税仓库货物进口

保税仓库货物进口主要有两种情况:本地进货与异地进货。

1. 本地进货

当进口货物在保税仓库所在地入境时,应由货物所有人或其代理人向入境所在地海关申报,填写"进口货物报关单",在报关单上加盖"保税仓库货物"戳记并注明"存入××保税仓库",经入境地海关审查验放后,货物所有人或其代理人应将有关货物存入保税仓库,并将两份"进口货物报关单"随货交保税仓库,保税仓库经营人应在核对报关单上申报进口货物与实际入库货物无误后,在有关报关单上签收,其中一份报关单交回海关存查(连同保税仓库货物入库单据),另一份由保税仓库留存。

---

① 陈艳. 国际物流(双语)[M]. 北京:化学工业出版社,2016.

2. 异地进货

进口货物在保税仓库所在地以外其他口岸入境时,货主或其代理人应按海关进口货物转关运输管理规定办理转关运输手续。货主或其代理人应先向保税仓库所在地主管海关提出将进口货物转运至保税仓库的申请,主管海关核实后,签发"进口货物转关运输联系单",并注明货物"转运存入××保税仓库"。货主或其代理人凭此联系单到入境地海关办理转关运输手续,入境地海关核准后,将进口货物监管运至保税仓库所在地,货物抵达目的地后,货主或其代理人应按上述本地进货手续向主管海关办理进口申报及入库手续。

(二)入库

入库分为卸货、入库验收、办理入库手续、贴储位标签和上架五个步骤。

1. 卸货

卸货有散货卸货和拆箱卸货两类。散货卸货是指一般货物与空运货物(未曾事先堆栈在托盘上并固定者)从仓库的收货码头卸下到堆栈在托盘上。拆箱卸货是指海运集装箱装载的货物,在仓库收货区拆封,卸至托盘上。拆箱卸货又有两种:一种是机械拆箱,货物已打托盘或木箱,可以用堆高机直接开进集装箱内卸装;另一种是人工拆箱,货物呈松散堆栈,须以人力逐件搬出后堆放于托盘。

2. 入库验收

为了防止商品在储存期间发生各种不应有的变化,在商品入库时首先要严格验收,弄清商品及其包装的质量状况。入库验收的内容主要包括:

(1)数量检验。在进行数量检验时,必须把好点数(过磅)、记码单和码垛三个环节,以保证数量准确。

(2)质量检验。质量检验即对入库商品进行内在质量、物理性能、化学性能的检验,以及通过耳、鼻、手等感觉器官和其他简单工具检验。检验商品是否受潮、玷污、腐蚀、霉烂、缺件、变形、破损等。

(3)包装验收。包装对商品安全运输和存储关系甚大,是仓库验收中必须重点检查的一项工作,尤其对于商品包装有具体规定的,仓库都要按规定进行验收。

3. 办理入库手续

货物入库时,应由仓库保管员填写入库通知单,完整的入库通知单必须具备以下四联：送货回单、储存凭证、仓储账页和货卡，并附上检验记录单、产品合格证、装箱单等有关资料凭证，以证实该批货物已经检验合格，可以正式上架保管。

4. 贴储位标签或条形码

为便于仓库保管员查找货物及理货，对办理完入库手续的货物通常贴上储位标签或条形码后，再入库上架。

5. 上架

入库的最后一步工作就是把堆栈好的托盘放上货架。货品检验完毕后，根据性质的不同由仓储管理系统分配储位，上架人员将按照终端打印机印出的卷标（有些用条形码）粘附在货物外侧（至少两张分贴在对侧）后，缠上透明收缩膜，以堆高机放置入货架或者大货区。大货区主要适合大量出货而且进出频繁的品类，是零库存作业中不可或缺的场地，但必须有良好的进出码头，以及妥善的整仓变动规划，否则会适得其反。

（三）储存保管

货物入库以后，便进入了储存保管阶段，这是仓储业务的重要环节。其主要内容包括货物的存放、保管、检查与盘点等。

1. 存放

在储存区内，全托盘装载的物品被分配到预定的托盘位置上。对此，有两种常用的货位分配方法，即可变货位安排系统和固定货位安排系统。

可变货位安排系统，也称作动态定位系统，是在每次有新的装运到达时允许产品改变位置，以便有效地利用仓库空间。固定货位安排系统，则是在选择区内为每种产品分配一个永久性的位置。只要产品的移动流量保持相同水平，储存物品就始终保持这种位置。如果物品的流量一旦发生增减，就有可能对储存物品进行重新分配位置。一般来说，固定货位安排优于可变货位安排，因为固定货位安排可以对某种物品提供及时定位。

2. 保管

仓库一般首先考虑出入库的时间和效率，因而较多地着眼于拣选和搬运的方便，但保管方式必须与之协调。通常，仓库中货物保管的方式主要有：地面平放式，将保管物品直接堆放在地面上；直接堆放式，将货物在地面上直接码放堆积;托盘平放式,将保管物品直接放在托盘上,再将托盘平放在地面上;托盘堆码式,将货物直接堆码在托盘上,再将托盘堆放在地面上;货架存放式,将货物直接码放在货架上。

仓库保管的基本要求有以下几方面。

(1) 面向通道进行保管。为使货物出入库方便,容易在仓库内移动,一般将货物面向通道保管。

(2) 根据出库频率选定位置。出货和进货频率高的物品应放在靠近出入口、易于作业的地方,流动性差的物品可放在距离出入口稍远的地方,季节性物品则根据其季节特性来年选定放置的场所。

(3) 同一品种放在同一地方。为提高作业效率和保管效率,同一物品或类似物品应放在同一地方保管,员工对库内物品放置位置的熟悉程度直接影响着出入库的时间,将类似的物品放在邻近的地方,有利于提高仓储作业效率。

(4) 根据物品重量安排保管的位置。安排放置场所时,要把重的东西放在下边,把轻的东西放在货架的上边。需要人工搬运的大型物品则以腰部的高度为基准。这对于提高效率、保证安全是一项重要的原则。

(5) 要注意保证商品的存放安全。例如,确定货垛高度要考虑到物品及其包装的承压能力、库内设备的操作条件和竖向布局的方式等。

3. 检查与盘点

(1) 保管期间货物的检查。在对货物保管的过程中,保管人员应对货物进行经常和定期的检查,以确保在库货物的质量完好、数量准确。

①检查内容。检查的内容主要有以下几方面。

第一,数量检查。货物在存储期间,仓库保管人员要检查货物的数量是否准确,查账上的记载是否正确,核对账、卡、物是否一致。保持仓库的账账相符、账卡相符、账物相符、钱物相符。

第二,质量检查。检查存储货物质量有无变化,包括有无受潮、玷污、锈蚀、发霉、干裂、虫蛀、鼠咬,甚至货物变质等现象;检查技术证件是否齐全,证物是否相符;必要时,还要对货物进行技术检查。

第三,保管条件检查。检查各类货物堆码是否合理稳固,货垛是否苫垫严密,库房是否漏雨,货场是否积水,门窗通风洞是否良好,库内温度、湿度是否符合要求,保管条件是否符合各种货物的保管要求等。

第四,安全检查。检查仓库各种安全措施和消防设备、器材是否齐备,是否符合安全要求，检查库房建筑物是否影响货物正常储存等。

②检查方式。检查的方式主要有以下几种。

第一，日常检查。每日上下班前后，保管员对所保管的货物的安全情况、保管情况、库房和货场的整洁情况进行检查。

第二，定期检查。根据季节变化和业务需要，由仓库组织有关专业人员对在库货物进行检查。

第三，临时性检查。临时性检查是指有灾害性气候预报时所组织的临时性检查。例如，在暴风雨、台风到来之前，要检查建筑物是否承受得住风雨袭击，水道是否畅通，露天货场苫盖是否严密牢固；灾害性风雨过后检查有无损失等。

在检查的过程中，如果保管人员发现货物发生变质或有变质迹象、数量有出入、货物出现破损等情况，应及时查明原因，通知存货人或仓单持有者及时采取措施进行处理；并对检查结果和问题做出详细的检查记录。

（2）货物的盘点。货物的盘点是指定期或临时核对库存商品实际数量与保管账上的数量是否相符；查明超过保管期限、长期积压货物的实际品种、规格和数量，以便提前处理；检查商品有无质量变化、残损等情况；检查库存货物数量的溢余或缺少的原因，以利改进货物的仓储管理。

一般情况下，对仓储货物的盘点方法主要有动态盘点法、循环盘点法、重点盘点法。

①动态盘点法。动态盘点法是指在发生出库动态时，就随之清点货物的余额，并同保管卡片的记录数额相互对照核对。

②循环盘点法。循环盘点法是指按照相关货物入库的先后次序，有计划对库存保管货物循环不断地进行盘点的一种方法，即保管员按计划每天都盘点一定量的在库货物，直至库存货物全部盘点完毕，再继续下一循环。

③重点盘点法。重点盘点法是指对货物进出动态频率高，或者易损耗，或者昂贵的货物进行盘点的一种方法。

通过这些日常盘点，可保证定期的全面盘点。对库存货物盘点中出现的盈亏，必须及时做出处理。如果盘盈盘亏的数额不超出国家主管部门规定或合同约定的保管损耗标准，可由仓储保管企业核销；如果超出了损耗标准，则必须查明原因，做出分析，写出报告，承担责任；凡同类货物在规格上发生的数量此多彼少总量相符的，可与存货人根据仓储合同约定直接协商处理。依据处理结果，调整账、卡数额，使账、卡、物数额保持一致。

(四) 出库

1. 出库流向

对于存入保税仓库的货物,其出库的流向较为复杂,一般可分为以下三种情况。

(1) 原物复出口。存入保税仓库的货物在规定期限内复运出境时,货物所有人或其代理人应向保税仓库所在地主管海关申报,填写出口货物报关单,并提交货物进口时的经海关签章确认的进口报关单,经主管海关核实后予以验放有关货物或按转关运输管理办法,将有关货物监管运至出境地海关验放出境。复出境手续办理后,海关在一份出口报关单上加盖印章退还货物所有人或其代理人,作为保税仓库货物核销依据。

(2) 加工贸易提取使用。从保税仓库提取货物用于进料加工、来料加工项目加工生产成品复出口时,经营加工贸易单位首先按进料加工或来料加工的程序办理合同备案等手续后,由主管海关核发相关的登记手册。

(3) 转入国内销售。存入保税仓库的货物需转为国内市场销售时,货物所有人或其代理人应事先报主管海关核准并办理正式进口手续,填写"进口货物报关单",其贸易性质由"保税仓库货物"转变为"一般贸易进口"。货物属于国家进口配额、进口许可证、机电产品进口管理,以及特定登记进口商品和其他进口管理商品的,须向海关提交有关进口许可证或其他有关证件,并缴纳进口关税、消费税和进口环节增值税。上述进口手续办理后,海关在进口货物报关单上加盖放行章,其中一份用以向保税仓库提取货物,另一份由保税仓库留存,作为保税仓库货物的核销依据。

2. 出库步骤

货物出库的一般步骤如下。

(1) 审核仓单。仓库接到存货人或仓单持有人出库通知后,必须对仓单进行核对。因为存货人取得仓单后,可以通过背书的方式将仓单转让给第三人,也可以分割原仓单的货物,填发两份以上新的仓单,将其中一部分转让给第三人。存货人与仓储人原来所签订的合同关系被转让部分规定适用于第三人。第三人在取得仓单后,还可以在仓单有效期内,再次转让或分割仓单。如果存货人需要转让仓储物提取权,应当经保管人签字或盖章。

(2) 核对登账。仓单审核以后,仓库财务人员要检查货物的品名、型号、规格、单价、数量等有无错误，收货单位、到站、银行账号等是否齐全和准确，单证上书写的字迹是否清楚，有无涂改痕迹，是否超过了规定的提货有效期等。核对无误后，可根据凭证所列各项内容，登入商品保管账，核销储存量，并在出库凭证上批注发货商品存放的货区、库房、货位编号以及发货后应有的储存数量。同时，收回仓单，签发仓库货物出库单，写清各项内容，连同提货单或调拨单，一起交仓库保管员查对配货。

（3）配货备货。财务人员转来的货物出库凭证经复核无误后，仓库保管员按出库凭证上所列项目内容和上面的批注，到编号的货位对货，核实后进行配货。配货要执行"先进先出""易坏先出""不利保管先出"的发货原则。货物从货垛上搬下后，应整齐堆放在备货区位上，以便刷唛、复核、交付等备货作业的进行。

（4）复核查对。备货后仓管人员应立即进行复核，以确保出库货物不出差错。复核的形式有保管员自行复查、保管员互核、专职人员复核、负责人复查等。复核的内容主要包括以下几方面。

①认真审查正式出库凭证填写的项目是否齐全，出库凭证的抬头、印鉴、日期是否符合要求，复核商品名称、规格、等级、产地、重量、数量、标志、合同号等是否正确。

②根据正式出库凭证所列项目，与备好的货物相对照，逐项复核、检查其是否与出库凭证所列完全相符，如经反复核对确实不符时，应立即调换，并将原错备商品标志除掉，退回原库房。

③检查包装是否破损、污染，标志、箱（包）号是否清楚，标签是否完好，配套是否齐全，技术证件是否齐备。

④需要计重、计尺的货物，要与提货人一起过磅，或根据货物的具体情况抽磅，或理论换算重量，一起检尺。要填写磅码单或尺码单，并会同提货人签字。

⑤复核结余商品数量或重量是否与保管账目、货物保管卡片结余数相符，发现不符应立即查明原因。复核的目的就是要求出库货物手续完备、交接清楚，不错发，不错运。出库货物经过复核无误后，方可发运。

（5）出库交接。备齐货物经复核无误后，仓库保管员必须当面与提货人或运输承运人按单逐件点交清楚、分清责任、办好交接手续。自提货物的待货物交清后，提货人应在出库凭证上签章；待发运货物保管员应向发运人员点交，发运人员在出库凭证上签字。发货结束，应在出库凭证发货联上加盖"发讫"或

"商品付讫"戳记,并留据存查。同时,应由仓库填写出库商品清单或出门证,写明承运单位名称、商品名称、数量、运输工具和编号,并会同承运人或司机签字。出库商品清单或出门证一式三联,一联由仓库发货人员留查;二联由承运人交仓库,以便门卫查验放行;三联给承运人作为交货凭据。

(6)填单销账。货物交点以后,保管员应在出库单上填写"实发数""发货日期"等项内容,并签名。然后将出库单及相关联证件资料及时交送货主以便货主办理货款结算。保管员根据留存联出库凭证清点货垛余数,并与账、卡核对,登记、核销实物保管明细账,账面余额应与实际库存量和货卡登记相符;出库凭证应在当日清理,定期装订成册,妥善保管;在规定时间内,转交账务人员登账复核。①

三、保税仓与保税区

(一)保税仓

1. 保税仓的概念

保税仓是指经海关批准设立的专门存放保税货物及其他未办结海关手续货物的仓库。随着国际贸易的不断发展,贸易方式日益多样化,如进口原材料、配件进行加工装配后复出口、补偿贸易、转口贸易、期货贸易等灵活的贸易方式。如果进口时要征收关税,复出时再申请退税,手续过于繁琐,必然会加大货物的成本,增加国际贸易的风险,不利于发展国际贸易。建立保税仓库,能够降低进口货风险,有利于鼓励进口,鼓励外国企业在中国投资。

保税仓的设立需要专门批准,外国货物的保税期一般最长为两年,在这个时期可存放在保税仓中。在此期间,经营者可以找到最适当的销售时机,一旦实现销售,再办理关税等通关手续。如果两年之内未能销售完毕,可再运往其他国家,保税仓所在国不收取关税。

2. 保税仓的分类

(1)公共保税仓。公共保税仓指根据公众需要设立,可供任何人存放货物的保税仓库。公共保税仓是一种较普遍的保税仓库,公共保税仓的选择、建筑物形式及经营管理都必须经过海关批准,以确保满足海关的监管条件。此类仓库面

---

① 蒋长兵,王姗姗. 国际物流学教程[M]. 北京:中国物资出版社,2008.

向任何想利用保税仓储存海关监管货物的人。

(2) 自有公共保税仓。自有公共保税仓指只有仓库经营人才能存放货物的保税仓,但所存放的货物并非必须属于仓库经营人。在一些贸易比较集中的地方,因贸易往来又纯属地方性而不宜设公共保税仓,或公共保税仓不能满足需要,或公共保税仓远离货物目的地时,可设立自有公共保税仓。

(3) 专用保税仓。专用保税仓是从事国际贸易的企业,经海关批准后建立的自营自用性质的保税仓。专用保税仓仅储存本企业经营的保税货物,多设在其所属区域内。除海关监管外,该类保税仓库根据生产和贸易的需要而开设,且不受地点限制。

(4) 保税工厂。保税工厂是将整个工厂或部分专用车间置于海关的监管之下,专门从事来料加工、零件装配等业务。对于这种仓库,海关的审批较为严格,对其加工项目的规定也做了严格的限制。

(5) 海关监管仓。海关监管仓主要存放已经入境却无人提取的货物,或因为无证到货、单证不齐、手续不全及违反海关相关规定等海关不予放行的货物。海关监管仓也可用于放置已办妥出境手续的出口物品。

(二) 保税区

1. 保税区的概念

保税区(bonded area)又称保税仓库区,是海关设置或经海关批准注册,受海关监管的特定地区和仓库。国外商品存入保税区内,可以暂时不缴进口税;如再出口,不缴出口税;如要进入所在国的国内市场,则要办理报关手续,缴纳进口税。进入保税区的国外商品,可以进行储存、分装、混装、加工、展览等。有的保税区还允许在区内经营保险、金融、旅游、展销等业务。

1990年,经国务院批准,我国借鉴国际通行做法,按照自由贸易区模式建立了中国第一个自由经济区——上海外高桥保税区。随后又建立了深圳沙头角、深圳福田、烟台、青岛、天津港、大连大窑湾、张家港、宁波、厦门、福州、广州和海口等保税区,总启动面积达17.6平方公里。

兴建保税区是我国20世纪90年代实行全方位开放战略的新产物,设立的目的是为了改善投资环境和吸引外资。保税区是我国目前开放度最大的地区,对所在地区和全国经济发展都起着重要的作用。保税区是我国发展外向型经济和对外开放纵深发展的必然产物,是对我国20世纪80年代建立的经济特区、经济技术开发区等开放形式的补充和发展。保税区在发挥招商引资、出口加工、国际贸易、转口贸易和仓储等功能，带动区域经济发展等方面显示出独特的优势。我国保税区从性质、功能以及运作方式上看，基本上类同于国外的自由贸易区、自由经济区。我国现有的保税区英文名都译为 free trade zone。这表明，我国保税区与国际上通行的促进国际贸易发展的自由贸易区具有本质上的共同性，是借鉴国际通行惯例，利用特殊关税政策促进国际贸易发展的自由经济区形式之一。

20 世纪 80 年代以来，自由经济区发展的一个重要特点是突破传统的自由港、自由贸易区、出口加工区的模式，由原来的单一功能向着多功能、综合型方向发展。在发展过程中不仅重视国际贸易，也重视出口加工，并把金融、保险、旅游等第三产业引入自由经济区。在这一点上，我国保税区和世界自由经济区的发展趋势一致。在大力发展国际贸易的同时，各保税区纷纷开展出口加工、仓储、金融、保险等业务，努力走出一条有中国特色的工贸结合的综合型发展之路。[1]

2. 保税区的分类

我国的保税区可以分为三类：第一类为沿海港口型保税区，也就是在港内划出一个隔离区，以出口贸易和转口贸易为目标，发展保税仓储、出口加工、包装、转运业务，并带动其他产业发展。第二类为边境口岸型保税区，通过优越的投资环境和优惠的经营条件，集中引入外资，建立高科技产品研究、开发、加工和展销基地，发展金融、信息、零售等第三产业。第三类是内河港区型保税区，在内河港区附近建立。

3. 保税区的功能

保税区主要功能有出口加工、保税仓储、国际贸易三项主要功能以及商品展示的附加功能。

（1）出口加工。出口加工功能主要是指可利用保税区的条件发展生产加工型企业，区内企业可以从事出口加工及其他加工，可以充分利用进口设备及原料免税或保税的优惠政策，使各类原料增值。出口加工区的物流主要包括：非保税区加工企业从国际市场买进原材料的物资流动；保税区内加工企业购买进口和国内市场原材料带来的物资流动；加工企业加工成制成品后向国内国际的销售带来的物流活动。

（2）保税仓储。保税仓储是保税区最为基础的功能。保税区利用港口、工

---

[1] 寇亚明. 国际物流学［M］. 成都：西南财经大学出版社，2006.

业和贸易优势,在区内设仓储区,开辟专用码头和相关设施,建成大型仓库和服务设施,利用出口加工区形成的原材料和成品出口的优势,牵动各种物资向区内汇集。

(3) 国际贸易。国际贸易功能主要包括进出口贸易和转口贸易。保税区的自由贸易政策,为其进出口贸易提供了便利,吸引了大量外资企业与国际贸易公司进入区内从事国际贸易和进出口贸易。进出口贸易主要包括国外进口商品向国内市场分销和国内出口商品在保税区集结和配送。除此之外,转口贸易也是保税区国际贸易功能的重要组成部分,转口贸易的运作主要以区内的第三方物流企业为主体,其主要业务内容是为过境商品提供仓储、多式联运、向不同区域市场分拨以及物流信息服务等。转口贸易主要包括国际转口贸易和国内转口贸易,前者是由国外到保税区再到国外的贸易类型,后者是由国外到保税区再到国内的转口贸易。

(4) 商品展示。保税区的商品展示功能是扩大保税区贸易进口和加工贸易业务的一个重要辅助功能。保税区通过为企业提供商品展示功能和交易服务功能,可以促进保税区贸易活动的开展,增加保税区的物流量。

第二节 国际物流包装

在国际货物买卖中,包装是说明货物的重要组成部分,包装条件是买卖合同中的一项主要条件。按照某些国家的法律规定,如果卖方交付的货物未按约定的条件包装,或者货物的包装与行业习惯不符,买方有权拒收货物。如果货物虽按约定的方式包装,但与其他货物混杂在一起,买方可以拒收违反规定包装的那部分货物,甚至可以拒收整批货物。由此可见,做好包装工作和按约定的条件包装,具有重要的意义。[1]

一、国际物流包装概述

(一) 包装的概念

包装是为在流通过程中保护产品、方便储运、促进销售,按一定技术方法而

---

[1] 杨长春,顾永才. 国际物流 [M]. 7版. 北京:首都经济贸易大学出版社,2020.

采用的容器、材料及辅助物等的总体名称；也指为了达到上述目的而采用容器、材料和辅助物的过程中施加一定技术方法等的操作活动。简言之，包装就是包装物和包装操作的总称。

进入国际流通领域的货物一般都要经过长途运输，许多货物要经过多次转装和储存，对出口货物包装的要求也比国内贸易严格；不同国家对包装有不同的要求，有的国家还通过法律的形式，对包装的用料、尺寸、重量做出具体规定；不同市场、不同销售地区，对商品的销售包装也可能有不同的要求，因此，交易双方在签订合同时，一般要对包装问题进行洽商并做出具体规定。

（二）包装在国际物流中的作用

1. 保护功能

由于销往世界各地的出口商品运输环节多、路线长，装卸条件和地区间气候差异较大，容易受外力作用的破坏、环境变化的影响等，因此，国际物流对包装的要求更严格。我国出口商品每年因包装不良造成损失而导致减少的外汇收入约占总收入的10%。例如，某年云南出口俄罗斯的金属硅和出口新加坡的香芭油均由于包装破损，被外商退货。合理的包装能避免搬运过程中的脱落、运输过程中的震动或冲击和保管中由于承受物过重所造成的破损，能避免异物的混入和污染、防止因为化学或细菌的污染而出现的腐烂变质等。

2. 方便功能

经过包装的商品能为商品流转提供许多方便的条件。运输、装卸搬运通常是以包装的体积、重量为基本单位的，托盘、集装箱、货车等也是按一定包装单位来装运的。合适的包装形状、尺寸、重量和材料，能够方便运输、装卸搬运、保管的操作，提高其他物流环节的效率，降低流通费用。

3. 保障国际运输安全

危险货物具有易燃、易爆、有毒及放射性等特性，如果包装的性能不符合要求，或者使用不当，很容易引发起火、爆炸。我国是危险品的出口大国，全国出口危险品种类达300种，在过去一段较长的时期，由于我国产品的包装质量低劣，不能有效保护出口商品，而导致在装卸储存运输过程中危险品爆炸、起火等重、特大恶性事故时有发生。

为保障国际运输安全，国际海事组织制定了《国际海运危险货物规则》，并从1991年1月1日起强制执行。近年来，我国的海运出口危险货物，未发生过由于包装质量问题引起的重大运输安全事故,有效地保证了出口贸易的持续、健康发展。一方面,适当的包装增加了在运输储存和装卸过程中的安全性;另一方面,新型的包装容器能重复使用,减少了包装的浪费和对环境的污染。

4. 有利于打破国与国之间的有关壁垒,促进产品出口

不少国家对进口商品的包装有不同的规定,凡不符合要求的均不准进口或进口后亦不准投入市场销售。美国、新西兰、加拿大等国禁止使用稻草等做包装材料,以防止某些植物病虫害传播,对本国生态环境造成破坏;伊朗、沙特阿拉伯等国规定进口的货物必须使用集合运输包装,否则不准进口卸货;美国、加拿大、澳大利亚、新西兰、巴西以及欧盟相继颁布法令,要求来自中国的木质包装在进口时必须带有中国出入境检验检疫机关出具的证书,证明木质包装已经过熏蒸处理或防腐处理,或者出口商出具无木质包装的证明方可入境。

除对包装有强制性限制外,由于各国经济发展水平的差异,对包装质量的档次均有不同的要求,包装质量的好坏也会直接影响贸易的得失,因此,合理的包装有利于保证出口产品顺利进入国际市场。

5. 促进商品销售

商品能否畅销,除商品本身的性能、质量外,销售包装的作用也不能忽视,不仅能起到美化商品的作用,还起到广告宣传的作用,在商品陈列中包装就起着无声推销员的作用。1915 年,我国的茅台酒第一次参加世界博览会打入国际市场时,由于其"土衣布衫"的形象而受尽冷遇,但是本身质量过硬,在博览会上不慎打碎酒瓶后,酒香飘溢,茅台才被世人认可。著名的杜邦定律也表明:63%的消费者是根据产品的包装来选购商品的。

(三) 包装的分类

1. 按包装在流通过程中的作用分类

(1) 运输包装。运输包装又称大包装或外包装,其作用主要在于保护商品的品质和数量,便于运输、储存、检验、计数、分拨。运输包装的方式主要有以下两种。

①单件运输包装。单件运输包装是指根据商品的形态或特性将一件或数件商品装入一个较小容器内的包装方式。制作单件运输包装时,要注意选用适当的材料,并要求结构造型科学合理,同时还应考虑不同国家和地区的气温、湿度、港口设施和不同商品的性能、特点、形状等因素。单件运输包装的种类很多:按照

包装外形来分，习惯上常用的有包、箱、桶、袋等；按照包装的质地来分，主要有软性包装、半硬性包装和硬性包装；按照制作包装所采用的材料来分，一般常用的有纸质包装，金属包装，木制品包装，塑料包装，棉麻制品包装，竹、柳、草制品包装，玻璃制品包装和陶瓷包装。

②集合运输包装。集合运输包装主要是指将一定数量的单件商品组合成一件大的包装或装入一个大的包装容器内。集合运输包装的种类如下。

第一，集装箱。集装箱一般由钢板、铝板等金属制成，多为正方形，可以反复使用周转，集装箱既是货物的运输包装，又是运输工具的组成部分。目前国际上最常用的海运集装箱规格为8英尺×8英尺×20英尺和8英尺×8英尺×40英尺两种。

第二，集装包/袋。集装包/袋是用合成纤维或复合材料编织成抽口式的包/袋，适于装载已经包装好的桶装和袋装的多件商品。每包一般可容纳1~1.5吨重的货物。

第三，托盘。托盘是在一件或一组货物下面所附加的一块垫板。为防止货物散落，需要用厚箱板纸、收缩薄膜、拉伸薄膜等将货物牢固包扎在托盘上，组合成一件"托盘包装"。每一托盘的装载量一般为1~1.5吨。

（2）销售包装。销售包装又称小包装或内包装，是随着商品进入零售环节和消费者直接见面的包装，实际是一种零售包装。

在销售包装上，除附有装潢画面和文字说明外，有的还印有条形码的标志。许多国家的超级市场多使用条形码技术，进行自动扫描结算，如商品包装上没有条形码，即使是名优产品也不能进入超级市场。有的国家甚至规定商品包装上无条形码标志的不予进口。为了适应国际市场的需要和扩大出口，1991年4月，我国正式加入了国际物品编码协会，该会分配给我国的国别号为"690""691""692"。凡标有"690""691""692"条码的商品，即表示为中国产品。

2. 按形态对包装进行分类

按形态对包装进行的分类大致包括逐个包装、内部包装和外部包装三种。

（1）逐个包装。所谓逐个包装，是指交到使用者手里的最小包装，即把物品全部或一部分装进袋子或其他容器里并予以密封的状态和技术。

（2）内部包装。内部包装是指将逐个包装的物品归并为两个或两个以上的较大单位并放进中间容器里的状态和技术，其中也包括为保护里边的物品，在容器里放入其他材料的状态和技术。

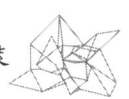

（3）外部包装。外部包装是指从运输作业的角度考虑，为了对物品加以保护并为方便搬运，将物品放入箱子、袋子等容器里的状态和技术，包括缓冲、固定、防湿、防水等措施。

3. 按在国际贸易中有无特殊要求进行分类

（1）一般包装。一般包装也就是普通包装，货主对包装无任何特殊的要求。

（2）中性包装。中性包装是指在商品的内外包装上不注明生产国别、产地、厂名、商标和牌号。采用中性包装是为了避开某些进口国家与地区的关税和非关税壁垒以及适应交易的特殊需要（如转口销售等），是出口国厂商加强对外竞销和扩大出口的一种手段。

（3）定牌包装。定牌包装是指在商品的内外包装上不强调注明生产国别、产地、厂名，但要注明买方指定的商标或牌号。当前，世界上许多国家的超级市场、大百货公司和专业商店，对其经营出售的商品，都要在商品上或包装上标有本商店使用的商标或品牌，以扩大本店知名度和显示该商品的身价。

此外，按包装技术的不同还有充气包装、脱氧包装、真空包装、防潮包装、防锈包装、防虫包装、防腐包装、防震包装、危险品包装等。

（四）国际货物包装的基本要求

1. 科学、牢固、安全

包装的用料和设计必须科学、牢固，既符合商品的特性，又适应国际贸易长途运输，适应各种不同的运输方式和沿途气候条件变化的要求，从而保护商品的品质安全和数量完整。

2. 适合国外市场的需要和规定

包装的用料和设计应力求适应国外市场的销售习惯和消费习惯，适应进口国家对于包装、装潢的合理规定，以利于扩大出口商品的销路。

3. 省工、省料、省运费

在选用材料与改进包装等方面，都要从节约物料、降低成本及节省运费的角度考虑。

二、包装标志

包装标志是指在商品外包装上刷制的简单图形和文字。

（一）运输标志

运输标志（Shipping Mark），习惯上称为"唛头"，通常是由一个简单的几何图形和一些字母、数字及简单的文字组成，其作用主要是便于识别货物。

运输标志的主要内容有收、发货人的代号，目的地的名称或代号，件号、批号。此外，有时根据需要还列有原产国名称、合同号、许可证号、重量（毛重和净重）以及尺码（长、宽、高）等内容。运输标志的内容繁简不一，由买卖双方根据商品特点和具体要求商定。

鉴于运输标志的内容繁简不一，联合国欧洲经济委员会简化国际贸易程序工作组，在国际标准化组织和国际装卸协调协会的支持下，制定了一套标准的运输标志向各国推荐使用。该运输标志包括收货人或买方的英文缩写字母或简称；参考号，如运单号、订单号或发货票号；目的地；件号。

（二）指示性标志

根据商品的性能和特点，用简单醒目的图形或文字对一些容易破碎、残损、变质的商品，提出某些在装卸搬运操作和存放保管条件方面的要求和注意事项，可用指示性标志（Indicative Mark）。例如，"此端向上""小心轻放""怕火""由此吊起""由此开启""勿用手钩""易碎"等。

（三）警告性标志

警告性标志（Warning Mark）是针对危险货物，为了在运输、保管和装卸过程中，使有关人员加强防护措施，以保护物资和人身的安全而加在外包装上的标志。

凡包装内装有爆炸品、易燃物品、自燃物品、遇水燃烧物品、有毒品、腐蚀性物品、氧化剂和放射性物品等危险品的，应在运输包装上刷写清楚明显的危险品警告标志。

三、绿色包装

国外非常重视国际贸易中绿色竞争力问题研究，绿色竞争力也被称作"环境竞争力"，它的意义是指产品在生产过程中是注重环境的保护力度、关心生态问题的，其包装是可回收、可循环利用的，对环境的污染程度没有那么高，具有可持续发展的意义。基于生态环境的国际竞争力的概念表明，国家、产业和产品的国际竞争力是建立在生态环境保护基础之上的。它的提出对国际贸易有着重大影

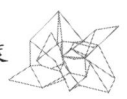

响:一方面,倘若一个产品的绿色竞争力强,那么它的产品质量、企业形象会获得顾客的青睐,从而也就有着更大的盈利性;另一方面,绿色竞争力是为了保护本国的环境资源,抵制其他污染程度较高的产品进入本国而进行的有效的制度安排,并争取制定对自己有利的国际生态环境、贸易与投资规则而参与国际上与生态环境有关的贸易和投资谈判的能力。①

从本质上讲,绿色包装是伴随人们对生活质量要求日益增高,对环境保护意识不断增强背景下的一种客观要求,是符合包装产业发展方向和可持续发展理念的一种必然选择。包装的材质选择对于资源和环境有着重大的影响:一是不符合环保标准的包装在自然状态下难以降解,给环境带来严重的污染;二是大量使用一次性包装或不合理包装浪费了有限的自然资源,同时,被抛弃的包装最终会成为废弃物,进而影响环境。随着环境资源的日益稀缺和环境污染的不断恶化,环保已成为新的国际焦点,国际贸易中货物及货物的包装同样涉及环保问题。一些国家出于对环保事业的支持,也出于对自己经济利益的保护,将包装也列入限制进口的非关税壁垒之一。例如,德国包装联盟禁止使用PVC包装材料,意大利1990年起通知外国出口商不能使用PVC片作泡罩包装,韩国从1993年起要求进口家电制品的销售商负责收回其产品包装中的泡沫塑料。所以,在国际贸易中要考虑到这一趋势的存在,预先采取适当的对策。

关于绿色包装,发达国家早在20世纪80年代就提出了"3R"原则,即"减量化"(reduce)、"重复使用"(reuse)和"再循环"(recycle),90年代又增加了一个"1D",即"可降解"(degradable)。我国从20世纪90年代初开始出现"绿色包装"的提法,这与发达国家对包装提出的"3R"和"1D"原则一致。按照上述定义和原则,绿色包装至少应当符合以下要求:尽量节省材料、资源和能源;废弃物能降解,不污染或少污染环境;对环境和人体健康无害等。②

【本章小结】

本章首先介绍了国际物流仓储的概念、分类、布局,接着重点介绍了国际物流仓储的作业程序,并对保税仓与保税区进行了阐述。其次,阐述了国际物流包装的概念、分类、基本要求,并对国际物流包装标志进行了说明。最后,对绿色

---

① 曾凡银. 绿色壁垒的风险预警与防范机制研究[J]. 经济研究参考, 2006 (75): 31-35.
② 毕功兵. 国际物流[M]. 北京:中国物资出版社, 2006.

包装进行了解释。

【思考练习】

1. 国际物流中如何对仓库进行分类?
2. 保税区的功能有哪些?
3. 商品包装的重要意义。
4. 商品包装标志都有哪些?

【案例分析】

日本的绿色包装

一、索尼公司电子产品的新包装

索尼公司采用"四原则"来推进该公司的产品包装。索尼公司不但遵循"减量化、再使用、再循环"循环经济的"3R"原则,而且还在替代使用(replace)上想办法,对产品包装进行改进。1998年,该公司对大型号的电视机的泡沫塑料材料(EPS)缓冲包装材料进行改进,采用八块小的EPS材料分割式包装来缓冲防震,减少了40%EPS的使用;有的产品前面使用EPS材料,后面使用瓦楞纸板材料,并在外包装采用特殊形状的瓦楞纸板箱,以节约资源;另外对小型号的电视机采用纸浆模塑材料替代原来的EPS材料。

二、大日本印刷株式会社的新型包装

该企业产品包装贯彻环境意识的四原则,即包装材料减量化、使用后包装体积减少、再循环使用、减轻环境污染的原则。

(1) 包装材料减量化原则:采用减少容器厚度、薄膜化、削减层数、变更包装材料等方法。

(2) 使用后包装体积减少原则:采用箱体凹槽、纸板箱表面压痕、变更包装材料等方法。

(3) 再循环使用原则:例如采用易分离的纸容器,纸盒里面放塑料薄膜,使用完毕后,纸、塑分离,减少废弃物,方便处理;还有一种可易分离的热塑成型的容器。

(4) 减轻环境污染原则:该企业在包装产品的材料、工艺等方面进行改进,

减少生产过程中二氧化碳的排放量，保护环境。

三、东洋制罐株式会社的包装产品

由东洋制罐开发的塑胶金属复合罐 TULC（Toyo Ultimate Can），是以 PET 及铁皮合成的二片罐，主要使用对象是饮料罐。这种复合罐既节约材料又易于再循环，在制作过程中低能耗、低消耗，属于环境友好型产品。东洋制罐还研发生产一种超轻级的玻璃瓶。用这种材料生产的 187 毫升牛奶瓶的厚度只有 1.63 毫米，重 89 克，普通牛奶瓶厚度为 2.26 毫米，重 130 克，比普通瓶轻 40%，可反复使用 40 次以上。该公司还生产不含木纤维的纸杯和可生物降解的纸塑杯子。东洋制罐为了使塑料包装桶/瓶在使用后方便处理，减少体积，会在塑料桶上设计几根环形折痕，废弃时可以很方便地折叠缩小体积，这类塑料桶（瓶）种类多达从 500 毫升到 10 升容积等品种。

（资料来源：日本包装减量化的典型案例［EB/OL］.（2006-07-31）［2023-03-06］. http://news.pack.cn/show-201087.html.）

思考：

1. 日本的物流包装对我国有什么启示？

第七章　国际物流系统与网络

【学习目标】

1. 理解国际物流系统的概念、构成要素和运行模式
2. 掌握国际物流网络的概念
3. 了解国际物流"枢纽–通道–网络"的结构
4. 掌握国际物流节点的概念、类型、功能
5. 了解主要港口节点、铁路节点和航空节点
6. 掌握国际物流通道的概念和主要类型,并了解主要国际物流连线、通道

【重点难点】

1. 国际物流网络设计
2. 国际物流节点和连线

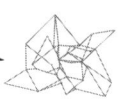

【导入案例】

中泰签署百亿铁路项目

2020年10月28日,中泰铁路合作项目一期(曼谷—呵叻段)线上工程2.3合同签约仪式在泰国总理府举行。中泰铁路合作项目作为中泰两国高质量共建"一带一路"旗舰项目,有力带动了泰国基础设施建设和经济社会发展。

此次合同签署双方为中国铁路国际有限公司与中国铁路设计集团有限公司联合体以及泰国国家铁路局。合同项目主要包括曼谷—呵叻段轨道,四电系统,机车车辆的采购、安装和调试以及相关培训工作。曼谷—呵叻段建成后将成为泰国重要的经济发展动力,中泰高铁南起泰国曼谷,北至泰国老挝边境与中老铁路接轨,形成直达昆明的大通道。这不仅是泰国第一条高速铁路,也将是中国连通东盟的一条干线。

中泰铁路最高时速将达到250公里,有望成为北京"高铁外交"的一个里程碑。该项目预计于2025年完工,将提升泰国的基础设施和交通运输水平,有助于缓解泰国的收入不平等状况,同时有利于加强泰国与中国的联系、加强中泰运输网络合作和区域互联互通。此外,该项目还有助于推动泰国成为东盟运输和物流枢纽,带动铁路沿线地区的贸易、投资和旅游发展。

(资料来源:中泰签署百亿铁路项目[N].环球时报,2020-10-30.)

第一节 国际物流系统及构成

一、国际物流系统的基本概念与特征

(一)国际物流系统的基本概念

国际物流系统指由国际物流要素组成的、具有特定物流功能的有机整体。国际物流系统以实现国际贸易、国际商品流通大系统的总体目标为核心,在国际信息流系统的支撑之下,借助于运输和仓储等作业的参与,在进出口中间商、国际货代、承运人的通力协助下,借助国际物流设施,共同完成一个遍布国内外、纵横交错、四通八达的物流运输网络。

（二）国际物流系统的特征

国际物流系统具有一般物流系统共有的特征。

1. 整体目的性

物流系统应该有明确的目的，即将商品按照用户的要求，用最低的成本、以最快的方式送至用户手中。

2. 跨度范围广

国际物流系统包括不同地域、不同国家间的企业的物流。

3. 较强动态性

国际物流连接了多个供方和需方，系统会随着需求、供应、渠道和价格的变化而变化，而且系统内的要素也同样经常发生变化。

4. 若干子系统

国际物流系统由若干子系统构成，同时又属于整个大社会的流通系统，受到整个社会经济系统的限制。

5. 较强复杂性

国际物流系统由各个不同要素构成，是有形因素和无形因素、可控因素和不可控因素的结合，从而导致了其复杂性。

（三）国际物流系统的运行模式

从投入产出的角度来看，任何系统都是一个投入产出的过程，国际物流系统亦然。国际物流系统（以出口为例）的一般运作模式包括：输入部分、输出部分以及系统输入/输出转化部分。

下面以出口为例进行详细说明。

1. 国际物流系统的输入部分

国际物流系统的输入部分主要包括：备货，货源落实；到证，接到买方开来的信用证；到船，买方派来船舶；制定出口货物运输计划；其他物流信息；等等。

2. 国际物流系统的输出部分

国际物流系统的输出部分主要包括：商品实体从卖方经由运输过程送至买方手中；交齐各项出口单证；结算、收汇；提供各种物流服务；经济活动分析以及理赔、索赔。

3. 国际物流系统的转化部分

国际物流系统的转化部分主要包括：商品出口前的加工整理；包装、标志（唛头、标签）；储存；国内段和国际段运输；货物集港、装船；制单、交单；报关、报验；现代管理手段、方法和现代物流设施的介入；等等。

除了上述三个主要部分外，还经常有许多外界不可控因素的干扰，使系统运行偏离原计划的内容。这些不可控因素可能会受到国际、国内、政治、经济、技术和政策法令、风俗习惯等因素的制约，对物流系统的影响非常大。

二、国际物流系统的构成要素

国际物流系统的基本要素包括一般要素、功能要素、支撑要素和物质基础要素。

（一）一般要素

国际物流系统的一般要素主要由劳动者、资金和物三方面构成。

1. 劳动者要素

这是现代物流系统的第一要素和核心要素。提高劳动者的素质，是建立一个合理化的国际物流系统并且保证其有效运转的根本。

2. 资金要素

实现交换的国际物流过程，实际就是资金的运动过程。同时，国际物流服务本身也需要以货币为媒介，国际物流系统建设是资本投入的一大领域，没有资金这一要素，国际物流就无法实现。

3. 物的要素

物的要素首先包括国际物流系统的劳动对象，即各种实物，还包括劳动工具、劳动手段，如各种物流工具、设施、各种消耗材料（燃料、保护材料）等。

（二）功能要素

国际物流系统的功能要素是指国际物流系统所具有的基本能力，这些基本能力有效地联结、组合在一起，形成了国际物流系统的总功能。国际物流系统的功能要素包括商品的包装、储存、运输、检验、商品加工和其前后的整理、再包装

及国际配送、物流信息处理等。其中，储存和运输子系统是国际物流系统的两大支柱。

（三）支撑要素

国际物流系统的运行需要许多支撑要素，这些要素主要包括以下几方面：

1. 体制、制度

物流系统的体制、制度决定了物流系统的组织、结构、领导和管理的方式。国家对其指挥、控制和管理的方式，是国际物流系统的重要保障。

2. 法律、规章

国际物流系统的运行，不可避免地涉及企业或人的权益问题，法律、规章一方面规范和限制物流系统的活动，使之与更大的系统相协调；另一方面则是给予保障。合同的执行、责任的确定、权益的划分都要靠法律、规章来维系。各个国家和国际组织的有关贸易、物流方面的安排、公约、法规、协定、协议等也是国际物流系统正常运行的重要保障。

3. 行政、命令

国际物流系统和一般系统的不同之处在于，国际物流系统关系到国家的经济和军事命脉，所以行政、命令等手段通常是保证国际物流系统正常运转的重要因素。

4. 标准化系统

标准化系统是保证国际物流各环节正常运行、保证国际物流系统与其他系统在技术上实现联结的重要支撑条件。

（四）物质基础要素

国际物流系统的建立和运行需要许多技术装备，这些技术装备的有机配合构成了物质基础要素。

1. 物流设施

物流设施是组织国际物流系统运行的基础物质条件，包括物流中心，物流站、场，仓库，国际物流线路，建筑物，公路，铁路，口岸（如机场、港口、车站、通道）等。

2. 物流设备

物流设备是保证国际物流系统运行的条件，包括加工设备、仓库货架、进出库设备、运输设备及装卸机械等。

3. 物流工具

物流工具是国际物流系统运行的物质条件，包括维修保养工具、包装工具及办公设备等。

4. 信息技术及网络

信息技术及网络是获得和传递国际物流信息的手段，根据所需信息水平的不同，包括传真设备、通信设备及线路、计算机及网络设备等。

5. 组织及管理

组织及管理是国际物流网络的"软件"，起着运筹、联结、调运、协调、指挥其他各要素以保证国际物流系统目的的实现等作用。

三、国际物流的子系统

国际物流由若干货物物流子系统构成，比如国际货物运输子系统、国际货物储存子系统、国际货物包装子系统、国际货物检验子系统、国际货物配送子系统和国际物流信息子系统。

（一）国际货物运输子系统

国际货物运输是国际物流系统的核心，因此有时就用运输代表物流全体。通过国际货物运输作业使商品在交易的前提下，由卖方转移到买方。在非贸易物流过程中，通过运输作业将物品由发货人转移到收货人。这种国际货物运输具有环节多、路线长、涉及面广、手续繁杂、时间性强、风险大、内外运两段性和联合运输等特点。

国际货物运输的两段性，是指国际货物运输包含国内运输段（包括输入国、输出国）和国际运输段。

国内运输段是指输出货物由产地或供货地到出运港（站、机场）的国内运输，是国际物流中不可缺少的重要环节。国内运输工作环节多、涉及面广，需要各方面协同努力，共同组织好运输工作。

国际运输段是国内运输的扩展和延伸，同时又是衔接输出国运输和输入国运输的桥梁和纽带，是保证国际物流畅通的重要环节。货物被集运至出运港（站、机场），办完出口手续后直接装船发运，便开始了国际段运输。有些则需暂时进港口仓库储存一段时间,等待有泊位或有船后再出库装船外运。国际运输段可采用由输出国转运港直接到输入国目的港卸货,也可以采用经过国际转运点中转,之后再运给用户。

国际货物运输业将伴随着科技革命的浪潮迅速发展。杂件货物集装箱化、大宗货物散装化已成为运输业技术革命的重要标志。现代物流业的迅速发展与运输业的技术革命相关联,现代运输中,联合运输和大陆桥运输的重要媒介——集装箱的发展与进步尤其令人瞩目。这种大规模国际货运业的发展又进一步促进了国际物流业的发展,两者相辅相成。

(二) 国际货物储存子系统

国际货物储存、保管使物品在流通过程中处于或长或短的相对停滞状态,这种停滞非常必要,因为国际货物流通是一个由分散到集中,再由集中到分散的源源不断的流通过程。例如,商品从生产商或供应部门被集中运送到装运出口港(站、机场),以备出口,有时需要临时存放一段时间,再从装运港转运出口,这是一个集和散的过程。为了保持不间断的商品往来,满足出口的需要,必然有一定量的周转储存。有些出口商品需要在流通领域内部进行出口商品贸易前的整理、组装、再加工、再包装或换装等,形成贸易前一定的准备储存。

由于某些出口商品在产销时间上的背离,如季节性生产但常年消费的商品和常年生产但季节性消费的商品,就必须留有一定数量的季节储备。当然,有时也会出现一些临时到货,货主短时间又运不走的情况,更严重的是进口商品到了港口或边境车站,却联系不到货主或无人认领,这种特殊的临时存放保管通常称为压港、压站现象。在这种情形下,国际物流堵塞、物流不畅会给贸易双方及港方、船方等都带来损失。因此,国际货物的库存量往往大于内贸企业货物的库存量。

由此可见,国际货物运输克服了货物使用价值在空间上的差异,创造了物流空间效益,使物品实体位置由输出方转移至输入方。而储存保管是克服货物使用价值在时间上的差异,物流部门依靠储存保管创造物品的时间价值。

(三) 国际货物包装子系统

国际物流运输运量大、距离长,在运输过程中,物品堆积存放、多次装卸,物品损伤的可能性大,因此在国际物流活动中,包装非常重要。集装箱的出现为国际物流活动提供了便利安全的包装方式。美国杜邦化学公司针对国际贸易提出的"杜邦定律"认为：63%的消费者根据商品的包装进行购买，国际市场和消费者通过商品来认识企业，而商品的商标及包装就作为企业的面孔，反映了一个国家综合的科技文化水平。

在考虑出口商品包装设计和具体作业的过程中，应该将包装、储存、装卸搬运和运输有机联系起来全面规划，统筹考虑，实现现代国际物流系统所要求的"包、储、运一体化"，即从商品进入包装工序开始，就要考虑运输的快速、储存的方便，以加速物流、方便储运和减少物流费用等，满足现代物流系统设计的各种要求。

（四）国际货物检验子系统

在国际物流中，货物检验最主要的应用是商品检验，因此，本部分主要介绍商品检验子系统。

由于国际贸易和跨国经营具有风险高、投资大、周期长等特点，因而商品检验子系统成为国际物流系统中非常重要的子系统。通过商品检验，确定交货品质、数量及包装条件是否符合合同规定。如发现问题，可划分责任，向有关方面索赔。在买卖合同中，一般都包括商品检验条款，主要内容有检验时间与地点、检验机构与检验证明、检验方法与检验标准等。

根据国际贸易惯例和国际物流经验，有关商品检验地点与时间的规定可概括为以下三种做法。

1. 出口国检验

出口国检验包括工厂检验和装船前或装船时检验，工厂检验强调卖方只承担货物离厂前的责任，对运输中数量、品质变化的风险概不负责；装船前或装船时检验强调其数量和品质以当时的检验结果为准。

2. 进口国检验

进口国检验包括卸货后在约定时间内检验以及在买方营业处所或最后用户所在地查验两种情况，其检验结果可作为货物数量和品质的最后依据。在此条件下，卖方应当承担运输过程中品质、重量变化的风险。

3. 出口国检验、进口国复验

货物在装船前进行检验，以装运港双方约定的商检机构出具的证明作为议付货款的凭证，但货物到达目的港后，买方有复验权。如果复验结果与合同规定不符，买方有权向卖方提出索赔，但是必须出具卖方承认的公证机构出具的检证明。

在国际贸易中,从事商品检验的机构有很多,包括卖方或制造厂商及买方或使用方的检验单位,有国家设立的商品检验机构、民间设立的公证机构及行业协会附属的检验机构。在我国,统一管理和监督商品检验工作的是国家进出口商品检验局及其分支机构。检验机构选择和出具检验证明,在买卖合同条款中,应该明确加以规定。商品检验证明是指进出口商品经检验、鉴定后,应由检验机构出具具有法律效力的证明文件。若经买卖双方同意,也可由出口商品的生产单位以及进口商品的使用部门出具证明。商品检验证明是证明卖方所交货物在重量、品质、包装、卫生条件等方面是否与合同规定相符的依据。如与合同规定不符,买卖双方可将检验证明作为拒收、索赔和理赔的依据。

另外,商品检验证明也是议付货款的单据之一。商品检验可以按照生产国的标准进行,或按照买卖双方协商同意的标准进行,或按国际标准或国际惯例进行。商品检验方法概括起来可分为感官鉴定法和理化鉴定法两种。理化鉴定法对进出口商品检验具有更重要的作用,一般采用各种化学仪器、试剂鉴定商品品质的方法,如化学鉴定法、光学仪器鉴定法、热学分析鉴定法以及机械性能鉴定法。

(五) 国际货物配送子系统

配送是指在经济合理范围内,根据用户要求,对物品进行拣选、加工、包装、分割及组配等作业,并按时送到指定地点的物流活动。配送功能完成的质量及其达到的服务水平,具体而直观地体现了顾客对物流服务的满意度。配送功能的价值实现程度是整个物流系统的价值和意义的体现。

配送过程集中了多种现代物流技术。建立高效的配送系统,必须以自动化技术和信息技术为手段,以良好的交通设施为基础,不断优化配送方式,而这又必然会推动物流新技术的开发和应用。配送系统可以利用计算机网络技术构筑,如建立 EDI 系统,以准确、快速、高效地传递、加工和处理大量的配送信息;还可以利用计算机技术,建立辅助进货系统、辅助配送系统、辅助分拣系统、辅助选址系统及辅助调度系统等。另外,在配送系统中利用自动装卸机、自动分拣机、无人取货系统和搬运系统及相应的条形码技术,与信息管理系统相配合,可以使配送中心的效率达到最高。

(六) 国际物流信息子系统

信息子系统的主要功能是采集、处理及传递国际物流和商流的信息。功能完善的信息系统是跨国经营和贸易开展的有力支撑。国际物流信息主要包括进出口单证的作业过程信息、支付方式信息、客户资料信息、市场行情信息以及供求信息等。

国际物流信息系统的特点是信息量大、传递量大、交换频繁，时间性强，环节多、点多、线长，所以必须建立技术先进的国际物流信息系统。国际贸易中 EDI 的发展是一个重要趋势。我国应当在国际物流中加强 EDI 的推广应用，建设国际贸易及跨国经营的信息高速公路。

第二节　国际物流网络布局

一、国际物流网络基本概念

（一）基本概念

国际物流网络是指由多个收发货的节点和节点之间的连线所构成的物流抽象网络以及与之相伴随的信息流网络的有机整体。国际物流网络通过其所联系的各个子系统发挥各自的功能，这些功能包括运输功能、仓储功能、装卸和搬运功能、流通加工功能、商品检验功能、商品包装功能以及信息处理功能等，协同实现国际物流系统的要求，以实现最低、合理的国际物流费用、较高的顾客服务水平，从而最终达到国际物流系统整体效益最大的目标。

要实现国际物流系统目标，保证为国际货物流动提供快速、全方位的物流支持，国际物流需要有完善、健全的网络体系。经济全球化的加强使得物流企业参与国际竞争的生命力在于其网络优势。

（二）构成要素

收发货节点、连线、物流网络、信息流动网络是国际物流网络的构成要素。

1. 收发货节点

收发货节点是指进、出口过程中所涉及的国内外的各层仓库，如制造厂仓库、中间商仓库、货运代理人仓库、口岸仓库、国内外中转点仓库以及流通加工配送中心和保税区仓库。国际贸易商品就是通过这些仓库的收进和发出，并在中间存放保管，实现国际物流系统的时间效益，克服生产时间和消费时间上的分离，促进国际贸易系统的顺利进行。

2. 连线

连线是指连接国内外众多收发货节点的运输连线,例如各种海运航线,飞机航线,铁路线,以及海、陆、空联合运输线路。从广义上讲,连线包括国内连线和国际连线。这些网络连线代表仓库货物的移动,即运输的路线及过程。每一对节点有许多连线以表示不同产品、不同路线的各种运输服务。各节点表示存货流动的暂时停滞,其目的是更有效地进行移动(收或发)。

3. 物流网络

物流网络可划分成线路和节点两部分,其相互交织连接,就成了物流网络。

4. 信息网络

信息网络上的连线通常包括国内外的邮件或电子媒介(如电子数据交换与互联网等),其信息网络的节点则是各种物流信息汇集及处理之点。

物流网络与信息网络都是由节点和连线组成的,二者密切相连,主要区别在于商品、物资的流向与商品的分配、进出口路线不同。物流网络向最终消费者的方向移动;信息网络的方向大多与商品进出口分配渠道的方向相反,向商品货源地方向移动,实施其反馈功能。信息流在整个国际物流网络系统中的作用不容忽视,其沟通、主导着物流活动。所以从流向上来讲,信息流具有双向反馈的特点,并且信息流活动是一个非常复杂的过程,如出口单证的编制、交寄、反馈过程等。

二、国际物流网络类型

国际物流网络由国际物流实体网络与国际物流信息网络组成。其中,国际物流实体网络是国际物流的承载体,由多个收发货的节点和连线构成;而国际物流信息网络则是国际物流信息交换与处理的网络系统。

(一)国际物流实体网络

国际物流实体网络也称为国际物流物理网络,由商品的运输、储存、装卸、检验、包装、流通加工以及前后的整理、再包装等各要素子系统组成。其中,运输和储存子系统是国际物流实体网络系统的两大支柱。国际物流实体网络的构成如图7-1所示。

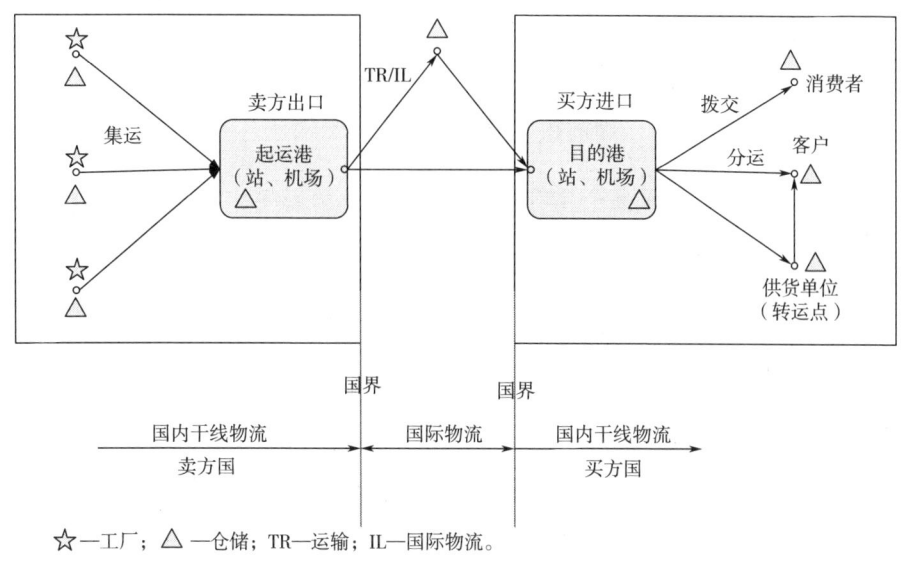

☆—工厂；△—仓储；TR—运输；IL—国际物流。

图 7-1　国际物流实体网络

（二）国际物流信息网络

国际物流信息网络也可理解成由节点和节点之间的连线构成。连线通常包括国内外的邮件或某些电子媒介（如电话、电传、EDI、物流信息平台等），节点则是各种物流信息的汇集及处理之点，如员工处理国际订货单据、编制大量出口单证、准备提单或用电脑对最新库存量进行记录。

一个高效的国际物流信息网络应该包括各种类型的信息子系统、例如管理信息子系统、采购信息子系统、库存信息子系统、生产信息子系统、销售信息子系统、报检报关子系统、国际运输信息子系统、财务信息子系统、决策支持子系统等。

由于国际物流是国际物品运动的过程，因此，不仅要研究国际物流系统内部的相互联系，还要研究横跨各国地域的整体物流的合理化，取得各有关国家之间的协助与配合，这就要做到时刻把握国际物流的脉搏，跟踪处理。信息流的动态跟踪作用解决了这一问题。以国际海运为例，在物品的载体——国际货船离港的次日，信息流便分别向发运国和到货国传递货物海运保险申请书并制作运费报告；当货物运送完毕时，信息流按港口类别的集装箱海运日程及时报告行踪，并预报到港地点、时间及各种服务；如果发生其他障碍和问题，信息流也会立刻发出警告信息。通过这种动态跟踪的信息流，不仅可以随时掌握国际物流的行踪，而且可以达到使损失最小、效益最大的目标。

> 知识链接

国际物流综合信息服务平台

国际物流综合信息服务平台不同于企业或行业的国际物流信息系统，其着眼于大区域的国际物流系统，主要是为了提高全社会的物流效率，降低物流成本，提升区域经济的竞争能力。

国际物流综合信息平台以政府为主导、企业跟踪运营的，集货运行业调控、监管、决策支持为一体，融合面向货运市场和企业的信息与交易服务功能，集管理和服务为一体的综合性服务信息平台。其目的是实现国际物流企业、货主、工商、税务、海关、检验检疫机构等众多国际贸易参与方之间的高效协作，并充分利用先进的信息技术和服务手段，向进出口企业提供一站式、全流程、跨区域的国际物流应用服务。其架构如图7-2所示。

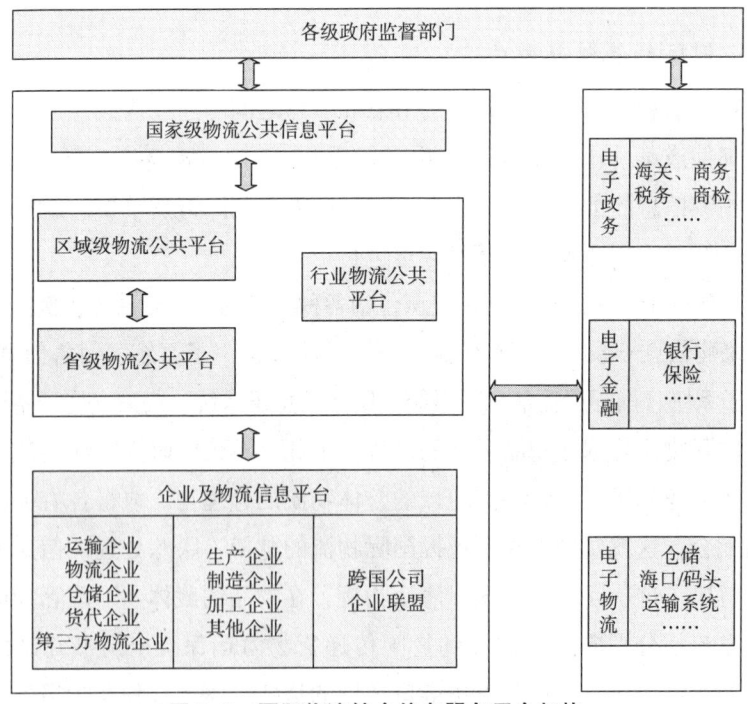

图7-2 国际物流综合信息服务平台架构

（三）实体网络与信息网络的关系

国际物流实体网络与国际物流信息网络并非各自独立，它们之间是密切相关的，共同构成国际物流网络。物流的每一个活动都有信息支撑，物流质量取决于信息，物流服务也要依靠信息。如果没有信息流，将只会成为一个单向的、难以调控的、半封闭式的国际物流系统。而信息流的双向反馈作用，则可以使国际物流系统易于控制、协调，从而能合理高效地运转，充分地调动人力、物力、财力、设备及资源，达到最大限度地降低国际物流总成本、提高经济效益的目的。

三、国际物流网络设计

分散的物流单体只有形成网络才能满足国际化生产与流通的需要。建设和优化国际物流实体网络，有利于扩大国际物流量，提高企业的物流竞争能力和成本优势。

（一）国际物流网络的基本结构

国际物流实体网络建设的中心问题是确定进出口货源点（或货源基地）和消费者的位置，各层级仓库及中间商批发点（零售点）的位置、规模和数量，从而决定国际物流系统的合理布局和合理化问题。

在合理布局国际物流实体网络的前提下，国际商品由卖方向买方实体流动的方向、规模和数量是可知的，同时，国际贸易的贸易量、贸易过程（流程）的重大战略问题，进出口货物的卖出和买进的流程、流向、物流费用，以及国际贸易经营效益等，也就一一得到了确定。

下面以进口物流为例，列举一些国际物流实体网络的结构图（如图7-3、图7-4、图7-5、图7-6所示）。

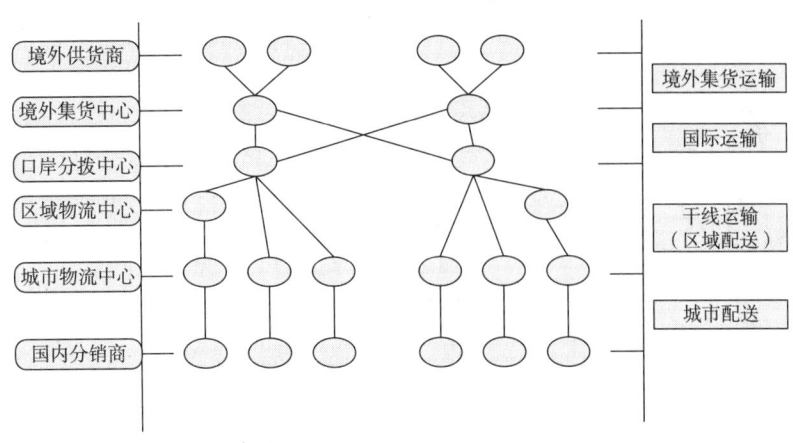

图7-3　国际物流实体网络基本结构

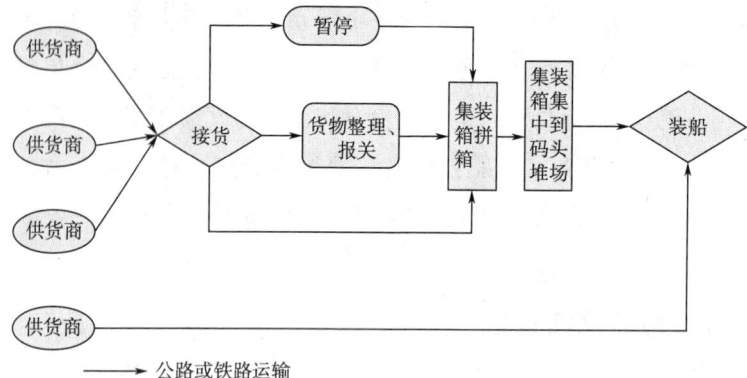

图 7-4 国外集货中心

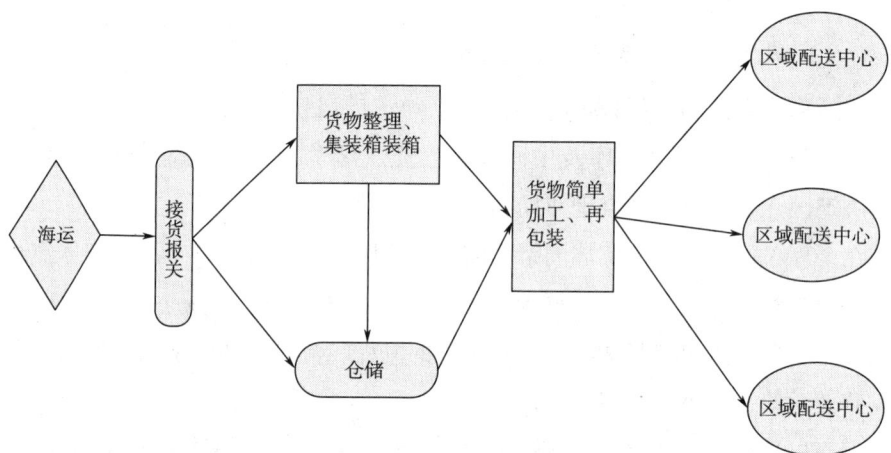

图 7-5 口岸分拨中心

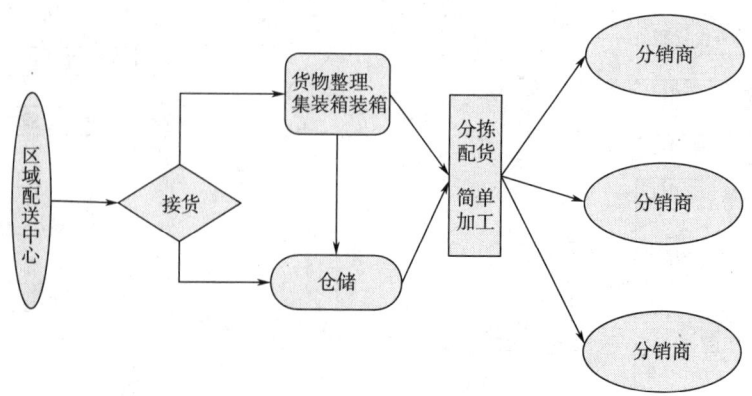

图 7-6 城市配送中心

(二) 投资合作方式

国际物流企业在全球物流网络的构建中，一般通过资本投资方式和合作方式来扩张网络建设。

1. 资本投资方式

国际物流企业筹措资金在世界各地建立自己的分支机构、扩大自己的船队规模、投资物流设施和并购其他公司。例如，海运物流公司在跨国经营的初期，一般是在班轮航线所挂靠的东道国，特别是在世界重要的航运中心投资设立自己的公司或办事处，从事为母公司船队的揽货、接受货主的订舱和为母公司船舶在东道国停泊期间服务。

2. 合作方式

合作方式是指企业间的合作、联盟和加盟。从产业链上看，国际物流企业既使用横向一体化战略以扩大公司的经营规模，也使用纵向一体化战略以扩大公司的业务范围。

(三) 国际物流网络的合理化建设

1. 国际物流网络建设应注意的问题

（1）建立和完善国际物流实体网络应注意的问题。

①规划网络内建库数目、地点和规模时，要紧密围绕商品交易计划乃至一个国家宏观的国际物流总体规划来进行。

②应明确各级仓库的供应范围、分层关系及供应或收购数量，注意各层仓库间的有机衔接。诸如生产厂家仓库与各中间商仓库、港（站、机场）仓库以及进出口装运能力的配合和协同，以保证国内外物流畅通，少出现或不出现在某一层仓库储存过多、过长的不均衡状态。

③国际物流网点规划要考虑现代物流技术的发展，留有余地，以备将来的扩建。为发展外向型经济，扩大国际贸易，增强商品在国际市场上的竞争力，必须建立健全高效、通畅的国际物流体系，实现国际物流的合理化和国际贸易的扩大化。

（2）建立和完善国际物流信息网络应注意的问题。

①以企业发展战略和物流竞争战略为基本方针。建立国际物流信息网络是企业的长期战略投资行为，必须以企业发展战略和物流竞争战略为基本方针。

②以客户服务需求为基本依据确定运作流程。国际物流运作流程的设计问

题,实际上是客户服务需求和企业服务能力的匹配问题,不能只注意企业的物流管理模式而忽视客户具体的物流服务需求。

③信息网络的结构要具有开放性和扩张性。

2. 国际物流网络建设的合理化建议

我国的国际物流网络已经具有一定的规模,为了促进我国的国际物流网络更加合理,应该采取以下措施。

(1) 合理选择和布局国内外物流网点,扩大国际贸易的范围和规模,以达到费用省、服务好、信誉高、效益高、创汇好的物流总体目标。

(2) 采用先进的运输方式和设施,加速进出口货物的流转。充分利用海运、多式联运方式,不断扩大集装箱运输和大陆桥运输的规模,增加物流量,扩大进出口贸易量和贸易额。

(3) 缩短进出口商品的在途积压,包括进货在途(如进货、到货的待验和待进等)、销售在途(如销售待运、进出口口岸待运)、结算在途(如托收承付中的拖延等),以便节省时间,加速商品和资金的周转。

(4) 改进运输路线,减少相向、迂回运输损耗。

(5) 改进包装,提高货物的装载技术,减少损耗。

(6) 改进港口装卸作业,有条件的要扩建港口设施,合理利用泊位与船舶的停靠时间,尽力减少港口杂费,吸引更多的买卖双方入港。

(7) 改进海运配载,避免空仓或船货不相适应的状况。

(8) 综合考虑国内物流运输。在出口时,有条件的要尽量采用就地就近收购、就地加工、就地包装、就地检验、直接出口的"四就一直"物流策略。

第三节 国际物流节点构成

一、国际物流节点概述

(一) 国际物流节点的定义

国际物流节点是指国际物流网络中物流线路的连接点或端点,具体是指国际物流网络中从事各种物流活动的空间场所,如制造厂仓库、中间商仓库、口岸仓库、流通加工配送中心和保税区仓库以及国内外中转点仓库、物流中心等。

国际物流节点对优化整个国际物流网络有重要作用，与国际物流通道的配置状况共同决定着国际物流网络的水平和功能。

（二）国际物流节点的功能

国际物流节点主要具有以下三项主要功能。

1. 衔接功能

国际物流节点将各个物流线路联结成一个系统，使各个线路通过节点变得更为贯通。在物流未成系统之前，不同线路的衔接有很大困难。例如，轮船的大量输送线和短途汽车的小量输送线，两者的输送形态、输送装备都不相同，再加上运量的巨大差异，所以往往在两者之间有长时间的间隔，然后才能逐渐实现转换，这就使两者不能贯通。物流节点利用各种技术、管理方法，可以有效地起到衔接作用，将中断转化为通畅。

2. 信息功能

国际物流节点是整个物流系统或与节点相接的物流信息的传递、收集、处理和发送的集中地，这种信息作用在国际物流系统中起着非常重要的作用，也是使复杂的国际物流能联结成有机整体的重要保证。在国际物流系统中，每一个节点都是物流信息的一个点，若干个这种信息点和国际物流系统中的信息中心结合起来，便形成了指挥、管理、调度整个系统的信息网络。

3. 管理功能

实际上，物流节点大都是集管理、指挥、调度、信息、衔接及货物处理为一体的物流综合设施。整个物流系统的运转有序化、正常化和整个物流系统的效率高低都取决于物流节点的管理水平。

知识链接

仓库与节点有何区别

物流的仓库网点分布或从物流供应链连接点来说，如果某仓库处于某物流的网络之中，或某仓库是某供应链的连接点，那么这个"仓库"就是一个"节点"，或者说，这个"节点"也就是一个"仓库"，两者具有相同功能，能起到相同的作用。反之，如果某仓库未纳入某项物流或不是供应链的连接点或不具有节点功能，则该仓库仅仅是一个仓库，而不是节点。口岸仓库、中转仓库、流通加工仓库、配送中心仓库均可视为节点，而不是一般的普通仓库。

（三）国际物流节点的类型

1. 根据节点的主要功能分类

（1）转运型节点。转运型节点是以连接不同运输方式为主要职能的节点，如铁道运输线上的货站、编组站、车站等，公路运输线上的车站、货场（站）等，航运线上的机场，海运线上的港口、码头等，不同运输方式之间的转运站、终点站、口岸等。货物在这类节点上停滞的时间较短。

（2）储存型节点。储存型节点是以存放货物为主要职能的节点，如储备仓库、营业仓库、中转仓库、口岸仓库、港口仓库、货栈等。国际货物在这类节点上停滞时间较长。

（3）流通型节点。流通型节点是以流通加工产生的活动为主要职能的节点。例如，流通仓库、流通中心、配送中心就属于这类节点。

（4）综合型节点。综合型节点是指在一个节点中全面实现两种以上的主要功能，并且在节点中并非独立完成各种功能，而是将若干功能有机结合于一体的集约型节点，如国际物流中心。综合型节点主要适用于大量化和复杂化的国际物流业务场景，使国际物流更为精密准确，在一个节点中要求实现多种转化而使物流系统简化。综合型节点是国际物流系统中节点发展的方向之一。

2. 根据运输方式分类

按照采用的运输方式不同，国际物流节点可以分为港口节点、铁路节点、公路节点和航空节点。

（1）港口节点。港口是指位于江、河、湖、海和水库沿岸，拥有一定的设备和条件，能提供船舶往来停靠、办理客货运输及其他专门业务的场所与基地。港口是水、陆、空交通的集结点和枢纽，是产品进出口货物的集散地。

由于各国的贸易政策不同，以及港口本身在水运系统中所处的位置不同，港口可划分不同的类型：按一国贸易政策的不同，国际港口可分为国内贸易港、国际贸易港和自由港；按港口在水运系统中的地位和作用的不同，国际港口可分为干线港、支线港和地区性港；根据装卸货物的不同，港口还可分为综合性港口和专业性港口。

（2）铁路节点。铁路节点也是国际物流系统的重要节点，主要包括铁路车站及铁路集装箱办理站。铁路车站是铁路运输的基本生产单位,集中了铁路运输的各种技术设备,并且参与整个陆路运输过程的各个作业环节。

铁路车站按技术作业性质可以分为中间站、区段站、编组站;按业务性质可以分为客运站、货运站和客货运站;按等级可以分为特级站、一级站、二级站等六个等级站。

铁路集装箱办理站按其业务性质及办理范围的不同可分为两种:一种集装箱运量较大,是定期直达列车始端或终端站,有的也称为基地站;另一种集装箱运量较小,仅仅办理集装箱运输业务,称为办理站。

(3) 公路节点。国际物流网络中的公路运输一般采用集装箱运输方式,公路集装箱货运站也被称集装箱公路中转站,是集装箱港口和铁路货运站向腹地延伸的运输枢纽和后方基地,是国际物流网络中的重要节点之一。

公路集装箱货运站是专门为集装箱货物的集散、仓储、中转、配送等提供作业以及相关服务的场所。随着现代物流的发展,公路集装箱货运站在当今国际物流中的作用越来越重要,其服务功能、作业内容和设置形式也更加专业化、多样化。

(4) 航空节点。随着国际贸易中的商品逐渐向轻、薄、短、小方向发展,加之鲜活商品需求的持续增长,使得航空物流服务需求迅速增长。在国际航空业迅速发展的背景下,航空物流节点在国际物流网络中拥有了越来越重要的地位。

航空节点主要依赖航空货运,并以机场为基地,是各种航空物流设施和以航空物流服务为主的物流企业在空间上集中布局的场所,是拥有一定规模和综合服务功能的航空物流的集结点。目前,许多国际大型机场已在向现代专业货运及工业加工型机场的方向发展,航空节点已经成为国际物流节点的重要形式。

(四) 主要物流节点

1. 主要港口节点

国际物流中的主要港口节点有欧洲的鹿特丹港、安特卫普港、马赛港、汉堡港和伦敦港,日本的横滨港和大阪港,以及美国的纽约港和洛杉矶港。①

---

① http://www.ccpitzj.gov.cn/art/2022/5/16/art_1229557691_34014.html;http://www.chinaports.com/portlspnews/1904;http://www.chinaports.com/portlspnews/1442;https://wenku.baidu.com/view/0117ebca514de518964bcf84b9d528ea81c72fa7.html;https://www.5688.cn/news/detail-14754.html;https://wenku.baidu.com/view/0117ebca514de518964bcf84b9d528ea81c72fa7.html;https://www.5684.com/news/article/15460.html。

（1）鹿特丹港。鹿特丹港（Rotterdam）位于莱茵河与马斯河交汇处，是欧洲最大港口。鹿特丹港港口长度40公里，码头长度89公里，总泊位656个，货运量占荷兰全国78%。鹿特丹港拥有世界上最先进的ECT集装箱码头，是世界上第六大集装箱转运港口，2021年通过鹿特丹港的集装箱吞吐量按TEU（集装箱的标准衡量单位）计算为1 530万个，港口的货物总吞吐量达4.687亿吨。

（2）安特卫普港。安特卫普港（Port of Antwerp）位于比利时北部斯海尔德河的下游，是欧洲第二大港口。安特卫普港总面积130平方公里，可靠岸码头岸线总长度166公里，最大水深15.8米，泊位500个。2020年，安特卫普港集装箱吞吐量为1 202万个TEU，货运量2.4亿吨，全球集装箱港口排位第十三位。2022年4月28日，安特卫普港和泽布吕赫港正式合并为安特卫普-布鲁日港。

（3）马赛港。马赛港（Marseilles）位于法国东南沿海利翁湾东北岸，共有马赛港区、拉沃拉和贝尔港区、卡隆特港区、圣路易港区和福斯港区五个港区。马赛港码头岸线总长度为21公里，总泊位122个，最大水深为22.2米，货物吞吐量有8 000万吨。

（4）汉堡港。汉堡港（Port of Hamburg）位于阿尔斯特河、易北河和比勒河的汇流处，是德国最大的港口，是世界上最灵活、最高效的综合性港口之一。汉堡港全长43公里，总泊位300个，每年运营7 500个航运班次。2020年，汉堡港的货物流动量达1.263亿吨，约850万个TEU，这使得汉堡成为欧洲第三大集装箱港口，在全球大型集装箱港口名单中位列第十八。

（5）伦敦港。伦敦港（Port of London）位于英格兰东南部，泰晤士河入海处，是西北欧最大的集装箱港和英国最大的港口。伦敦港有三个码头区：皇家码头区、提尔伯里码头区、印度与米勒沃尔码头区。伦敦港口全长80公里，码头岸线长33公里，最大水深14米，2018年的伦敦港货物吞吐量达5 320万吨。大量的封闭式港池群是伦敦港的一大特色。

（6）横滨港。横滨港（Port of Yokohama）位于日本本州中部东京湾西岸，是日本三大贸易港之一。港内水域面积达7.5平方公里，港区中部是商港区，共91个泊位，最大水深约为12米，可停靠5万吨级的货轮。港口南北两侧主要是工业专用码头，共有44个泊位，最大水深约为20米，最大的可停靠15万吨级的大型散装货船。20世纪70年代建成的本牧码头，全长5 435米，有泊位26个，年货物吞吐量1.3亿吨。

（7）大阪港。大阪港（Osaka Port）位于日本本州岛西南部的大阪湾畔，拥有供外贸使用的泊位63个,内贸使用的泊位97个,另有私有泊位33个,大阪港的集装箱年吞吐量为212万个TEU。

(8)纽约港。纽约港(Port of New York)地处纽约州东南部哈得逊河口东岸,濒临大西洋,是美国最大的港口。受墨西哥湾暖流的影响,该港口全年不冻。纽约港码头岸线总长70公里,深水远洋泊位400个,水深达12.8米,纽约港的集装箱年吞吐量为755万个TEU。

(9)洛杉矶港。洛杉矶港(Port of Los Angeles)位于美国加利福尼亚南部太平洋沿岸,是美国西部海岸的最大海港,也是北美最繁忙的集装箱港口。港口保持高效、可持续的供应链,采用新技术提高全球货物流动的可靠性、可预测性和效率。2021年洛杉矶港的年吞吐量为1 070万个TEU。

2. 主要航空节点[①]

国际物流中主要的航空港有芝加哥国际航空港、法兰克福国际机场、伦敦希思罗航空港、巴黎戴高乐航空港、旧金山国际机场、新加坡樟宜国际机场和东京羽田航空港。

(1)芝加哥国际航空港。芝加哥国际航空港距离芝加哥市中心35公里,是美国中部航空运输中心和世界上运量最大、最繁忙的航空港。该航空港现占地2 800万平方米,建有8条跑道,其中最长的跑道3 535米,最短的跑道1 628米。2019年客运量8 464.9万人次,货运量175.8万吨,起落次数90.3万次。

(2)法兰克福国际机场。法兰克福国际机场位于德国黑森州美茵河畔法兰克福市,是欧洲第二大机场,也是德国最大的机场,更是全球各国际航班重要的集散中心。机场有3座航站楼、4条跑道。2019年客运量为7 056万人次,货运量为209.1万吨,飞机起落次数51.3万次。

(3)伦敦希思罗航空港。伦敦希思罗航空港位于伦敦市西郊,距市区23公里,是英国同时也是全欧洲最繁忙的机场。该航空港拥有2条平行的东西向跑道及5座航站楼,航站楼面积59.7万平方米,机位数量212个,2019年客运量8 088.4万人次,货邮吞吐量158.7万吨,起降47.5万架次。

(4)巴黎戴高乐航空港。巴黎戴高乐航空港位于巴黎市东北大约25公里处,是法国最大的航空港和世界级航空港之一。该航空港占地2 995万平方米,建有

---

① https://new.qq.com/omn/20200818/20200818A0BVNH00.html; http://www.logclub.com/articleInfo/Mzk5MzI=.

4条跑道。戴高乐机场2019年旅客吞吐量7 615万人次,货邮吞吐量192.7万吨,飞机起降50.4万架次。

(5)旧金山国际机场。旧金山国际机场又称圣弗朗西斯科国际机场,位于旧金山市南方约21公里处,毗邻圣马刁县的圣布诺市和密尔比瑞市,是美国加州的大型商用机场,拥有可直飞美洲、欧洲、亚洲和大洋洲各个大城市的航班。旧金山国际机场是旧金山湾区和北加州最大的机场和主要的国际门户,也是按旅客人数排名加州第二位、美国第十二位和全世界第二十一位的机场。该机场有4座航站楼,建有4条跑道,分别长2 332米、2 637米、3 470米和3 618米。2019年客运量5 748.8万人次,货运量为54.6万吨,飞机起落45.8万架次。

(6)新加坡樟宜国际机场。新加坡樟宜国际机场距新加坡市中心大约20公里,隶属新加坡民航局,是新加坡航空公司的基地。该航空港为全世界79家航空公司服务,每周有3 972个航班,飞往世界177个城市,是亚洲的主要航运枢纽。2019年客运量6 830万人次,货运量为200万吨,飞机起落38.2万架次。

(7)东京羽田航空港。东京羽田航空港又称东京国际航空港,地处东京市大田区东南端,多摩川河口的左岸,拥有3座航站楼、4条跑道,航站楼面积74.29万平方米。2019年客运量8 550.51万人次,货运量为264.4万吨,起落飞机460架次。

二、国际物流园区

(一)国际物流园区的基本概念

物流园区也称为物流基地或物流中心,一般是指在物流作业集中的地区,在几种运输方式衔接地,将多种物流设施和不同类型的物流企业在空间上集中布局的场所,具有一定规模和综合服务功能的大型的、综合性物流集结点。

国际物流园区是为了满足国际物流大批量、小批次、少品种的需要,以跨两个或两个以上海关管辖区域为服务范围的物流中心,功能一般比较齐全,是最高形式的物流节点,对国际物流网络系统起着决定性和战略性的控制作用。

(二)国际物流园区的功能

国际物流园区的作业涉及海关报关清关、跨国运输保险、国际贸易、国际金融、进出口商品检验检疫、海关监督、保管等诸多跨关境、跨国境、跨行业、跨部门的工作。

国际物流园区的功能可以划分为物流功能、商务功能和信息服务功能等。物流功能主要包括货物集散、中转、分拨、仓储、配送、流通加工，以及货代、保险、结算、法律等增值服务；商务功能主要包括商品展示、交易和电子商务；信息服务功能主要包括物流信息、商务信息以及其他相关信息（如图7-7所示）。

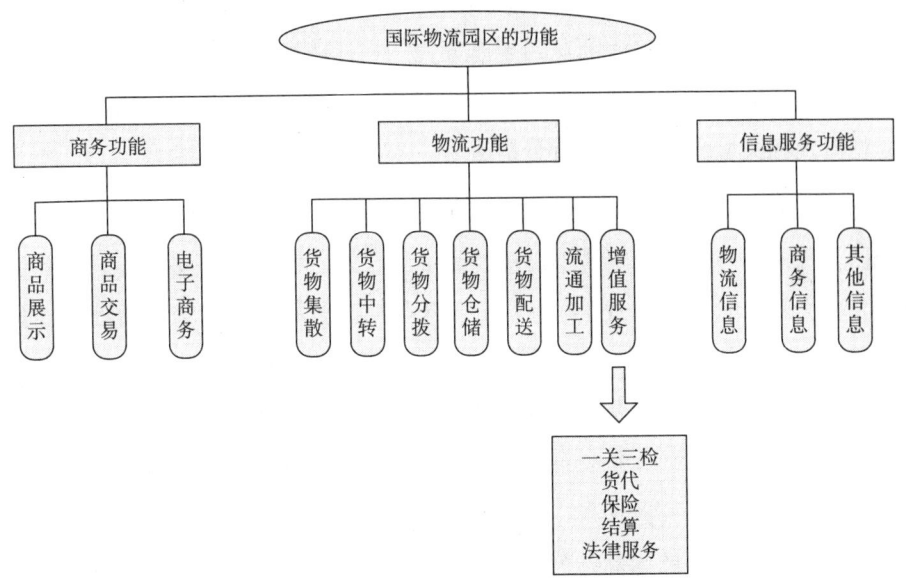

图7-7 国际物流园区的功能

（三）国际物流园区的运作模式

国际物流园区的运作模式主要包括如下四种。

1. 基于大宗进口商品向国内市场分销的国际物流业务运作模式

利用国际物流园区作为大宗进口商品物流分拨基地，面向国内市场开展分销活动，是目前一些跨国公司和具有较强专业性的国际企业在本地化市场上的一种主要运作方式。其物流运作的特点：一是进口环节的批量大，进入国内市场采用"多批次、小批量"；二是物流运作的主体比较多元化，既可以是跨国公司和专业化国际企业在国际物流园区设立的分支机构，也可以是当地的代理商，还可以是受企业委托的国际物流园区内的物流企业。以国际物流园区为分拨基地的国际物流活动，可以从整体上降低进口商品的销售成本、提高服务效率和质量。

基于大宗进口商品向国内市场分销的物流业务运作模式对国际物流园区物流

的功能要求主要是仓储、配送、报关、简单流通加工和物流信息服务。

2. 基于出口商品在国际物流园区集结和配送的物流业务运作模式

随着经济的全球化，跨国采购和销售活动日益频繁，许多生产性跨国公司、国际大型零售企业和专业化国际采购公司的国际采购网络正在向世界各地延伸，全球生产制造体系将逐步形成并不断趋于完善，出口商品集散的网络物流业务就成为国际物流园区物流运作的又一主要方式。其具体活动内容包括两方面：一是根据国际市场的生产和销售需求，提供配套商品和服务；二是利用物流园区低成本的物流及相关服务设施，进行分销活动。

3. 基于加工贸易的原材料进口与制成品出口的物流业务运作模式

加工贸易是当前国际贸易中最重要的贸易方式之一，也是支撑各国经济发展和物流功能发展的主要动力。国际物流园区与加工贸易有关的物流活动可以分为两种类型：一是与非保税区加工贸易企业从国际市场进口原材料有关的物流活动，以及与制成品向国际市场和国内市场销售相关的物流活动；二是保税区内的加工企业利用进口和国内市场的原材料的物流活动，以及制成品向国际市场出口和国内市场销售的物流活动。

4. 基于转口贸易的国际物流运作模式

转口贸易的开展和扩大，是多方面因素作用的结果：一是国际物流园区（或自由贸易区）在区域市场中具有较好的区位优势；二是国际物流园区能够提供货物进出自由的制度环境和便利条件；三是国际物流园区位于区域或世界交通枢纽，具有良好的运输条件和物流设施；四是国际物流园区的物流运作成本相对较低；五是国际物流园区及港口、海关等方面的管理效率较高。

基于转口贸易的国际物流运作模式的物流业务的主要内容是为转口过境商品提供仓储、多式联运、向不同区域市场分拨以及物流信息服务等。

三、国际物流口岸

（一）国际物流口岸的基本概念

口岸，过去指设在出海口的商埠，也称通商口岸，是由国家指定对外通商的沿海港口。随着社会经济的发展和国际间的政治、经济、文化等交往的日益频繁，口岸已不仅仅是经济贸易往来（即通商）的港口，而是进一步承担了政治、外交、科技、文化、旅游和移民等方面的往来通道作用。随着陆、空交通运输的发展，国际贸易的货物、进出境人员及其行李物品、邮件包裹等，可以通过铁路、公路和航空直达一国腹地，国家在开展国际联运、国际航空、国际邮包邮件交换业务以及其他有国际边贸活动的地方也设置了口岸。因此，口岸已不仅仅是指设在沿海的港口，还包括国际航线上的飞机场，山脉国境线上对外开放的山口，国际铁路、国际公路上对外开放的火车站、汽车站，以及国界河流和内河上对外开放的水运港口。

综上所述，口岸是由国家指定对外经贸、政治、外交、科技、文化、旅游和移民等往来，并供往来人员、货物和交通工具出入国（边）境的港口、机场、车站和通道。

（二）国际物流口岸的地位

口岸权是国家主权的重要体现。口岸权包括口岸开放权、口岸关闭权和口岸管理权。哪些港口、车站、机场等通道对外开放，哪些不能对外开放，对外开放的程度和方式，哪些口岸要关闭或暂时关闭，这是国家的主权。口岸管理权包括口岸行政权、关税自主权、进出境交通运输工具的检查权和监护权、入出境货物和人员的检查权和检验权，等等。

国际间交流与合作通过口岸得以实现。对外开放表现为政府间或民间在政治、外交、经济、军事、科技、文化、艺术、体育、教育、医疗、环境保护、资源保护、移民、制止国际犯罪、世界和平以及共同抗击自然灾害等广泛领域里的合作和交流。加强口岸管理，在维护国家安全、维护国家利益、保障国内安定局面方面具有极其重要的作用。

口岸是国际物流系统中的一个子系统，是国际货物运输的枢纽，其必须与交通运输发展规划相配套。口岸作为对外开放的门户，又必须与国际贸易的发展规划相协调。所以，在大力发展口岸建设时，合理布局，规模适当，设施配套，业务组织高效，会促进经济特别是外向型经济的发展。

（三）国际物流口岸的类型

按照口岸被批准开放的权限，可将口岸分为一类口岸和二类口岸。

按照出入国境的交通运输方式划分，可将口岸分为港口口岸、陆地口岸和航空口岸。

根据口岸所处的地理位置划分，可将口岸分为沿海口岸、沿江口岸、沿边

（边境）口岸和内陆口岸。

（四）国际物流的典型口岸

中国主要的边境口岸有满洲里口岸、二连浩特公路铁路口岸、绥芬河铁路公路口岸、阿拉山口铁路陆运口岸，以及凭祥铁路公路陆运口岸、瑞丽公路陆运口岸、霍尔果斯公路运输口岸和珲春铁路口岸。

1. 满洲里口岸

满洲里口岸是中国东北和内蒙古地区通往俄罗斯联邦和欧洲各国的重要交通枢纽，素有"亚欧大陆桥"上口岸之称。满洲里口岸年出口货运量400万吨，铁路换转能力达500万吨。国际贸易、地方贸易、边境贸易、转口贸易的吞吐能力均居全国内陆口岸之首。

2. 二连浩特公路铁路口岸

二连浩特公路铁路口岸是中国与蒙古、独联体及东欧各国进行经济贸易的窗口，是中欧班列中线通道的出入境节点，主要功能是国际铁路联运和口岸业务。2021年，二连浩特铁路口岸共完成进出口运量1 605.10万吨，接运出入境中欧班列2 739列。

3. 绥芬河铁路公路口岸

绥芬河铁路公路口岸地处绥芬河市境内，绥芬河市东面与俄罗斯联邦波格拉尼奇内区接壤，南、西、北三面与东宁市相连。绥芬河有1条铁路、3条公路与俄罗斯相连，铁路与俄罗斯格罗迭科沃站相接，是黑龙江省最大的陆运口岸。

4. 阿拉山口铁路陆运口岸

阿拉山口铁路陆运口岸是新疆四大重点建设口岸之一，位于博尔塔拉自治州博乐市的北部边境。阿拉山口铁路陆运口岸是在北疆铁路建成并在阿拉山口与哈萨克斯坦土西铁路支线接轨后新设立的铁路口岸。1992年12月正式开通国际货物铁路联运。中哈两国铁路轨距不同，凡联运列车均要在哈萨克斯坦的德鲁日巴换装。

5. 凭祥铁路公路陆运口岸

凭祥铁路口岸位于广西南部中越边境线上。凭祥铁路口岸于1955年开通开始办理中越铁路联运。莫斯科—北京—凭祥—河内的国际联运铁路穿过凭祥市区，使其成为连接东欧、独联体与东南亚地区的交通要道。凭祥公路口岸又称友谊关,在历史上是我国著名的边关和"南大门",明初设置"镇南关",1953年改为"睦南关",1965年改称"友谊关"。友谊关位于广西凭祥市境内,在凭祥市西南18公里处的中越边界上,是我国九大名关之一。

6. 瑞丽公路陆运口岸

瑞丽的南、西、北三面和缅甸的木姐、南坎相接,三市鼎足而立,构成"两国三城"的边境口岸特色。目前,瑞丽公路陆运口岸是中国和缅甸边境最大的人员、货物出入口岸通道。2019年,瑞丽口岸进出口货运量1 745.8万吨,出入境人员1 672.4万人次,出入境交通运输工具484.6万辆次。

7. 霍尔果斯公路运输口岸

霍尔果斯公路运输口岸是新疆与哈萨克斯坦之间历史最悠久的口岸之一,是目前新疆西进中亚最大的公路口岸,也是新疆重点建设的四大口岸之一。1992年,中哈两国政府同意该口岸向第三国开放,使其具有国际大通道的地位和作用。口岸位于伊犁地区霍城县境内,对面离边境线1.5公里处是哈萨克斯坦的霍尔果斯口岸。目前霍尔果斯口岸已成为集商贸、旅游、进出口贸易和货物中转为一体的、功能齐全、基础设施配备、具有全天候通过能力并对第三国开放的综合性口岸。

8. 珲春铁路口岸

珲春铁路是中国图们至俄罗斯马哈林诺口岸铁路的中国境内部分。珲春铁路口岸地处中国、俄罗斯、朝鲜三国交界的"金三角"地带,是联合国开发计划署规划的图们江地区开发的基础设施,是吉林省唯一对俄开放的铁路通道。这条口岸铁路开通后,从近期看,可通过俄罗斯的扎鲁比诺港、波塞图港实现对日、韩等国的客货运输,缩短吉林省和黑龙江省部分地区运输的海上运距,实现吉林省供港出海的战略目标。从长远看,这条口岸铁路将成为国际通道的重要连接线,是缩短吉林省与世界距离的重要通道之一。

前四个国境站均担负着过境集装箱和国际联运货物的换装或交接的繁重任务,是中国主要的国境站,也是较早对外开放的铁路口岸。这些站不仅是中国与独联体各国、蒙古国进行经济贸易的重要门户,也是中国沟通欧洲各国的咽喉要冲。新建的阿拉山口国境站,是新疆通往哈萨克斯坦的门户,也是连接新亚欧大陆桥西端的重要桥头堡。按照国家有关文件规定,中国办理新亚欧大陆桥过境集装箱运输的陆运口岸,除阿拉山口、二连浩特、满洲里外,考虑到由中国香港经陆路上桥的需要,又增加了深圳北铁路换装站。对海运口岸暂定为连云港、天津港、上海港和广州港。

第四节　国际物流连线概况

一、基本概念与分类

国际物流连线指连接国内外众多收发货节点的运输线,如各种海运航线、铁路线、飞机航线及海陆空联合运输航线。这些网络连线是库存货物的移动(运输)轨迹的物化形式。每一对节点间有很多连线,以表示不同产品、不同的运输路线的各种运输服务。国际物流连线实际上也是国际物流流动的路径。

国际物流连线主要包括国际航线及海上通道、国际航空线、国际铁路运输线与大陆桥及国际主要输油管道等。

二、国际航线及海上通道

(一) 航线的基本概念

世界各地水域,在港湾、风向、潮流、水深及地球球面距离等自然条件的限制下,可供船舶航行的路径,称为航路。海上运输承运人从许多不同的航路中,根据主客观的条件,为达到经济效益的最大化所选定的营运航路通称为航线。

(二) 航线的形成因素

航线的形成主要取决于以下因素。

1. 安全因素

安全因素是指船舶航行的路线需要考虑到自然因素,如风向、水流、波浪、潮汐、暗礁及流冰等,这些自然因素会影响到船舶航行的安全。

2. 货运因素

货运因素是指该航线沿途货运量的多少。货运量多,航行的船舶就多,也是繁忙的航线。

3. 港口因素

港口因素是指船舶途经和停泊的港口水深是否适宜、气候是否良好、有无较

第七章 国际物流系统与网络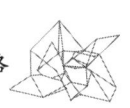

好的存储装卸设备、航道是否宽阔、内陆交通条件是否便利、港口使用费是否低廉及燃料供应是否充足。

4. 技术因素

技术因素是指船舶航行时从技术上考虑选择最快速、最经济的航线航行。

除上述因素外，国际政治形势的变化及有关国家的经济政策、航运政策等也会对航线的形成和选择产生一定影响。

（三）国际航线的分类

1. 按照船舶经营方式可分为定期航线和不定期航线

（1）定期航线，是指使用固定的船舶和固定的航线，以固定的船期，靠泊固定的港口，以相对固定的运价经营客货运输业务的航线。定期航线的经营，以航线上各港口有持续和稳定的往返货源为先决条件，所以定期航线又称班轮航线。

（2）不定期航线，指使用不固定的船舶和不固定的航线，以不固定的船期，靠泊不固定的港口，以租船市场的运价，经营大宗、低价货物运输业务为主的航线。

2. 按照航程远近可分为远洋航线、近洋航线和沿海航线

（1）远洋航线（ocean shipping line），是指使用船舶（或其他水运工具）跨越大洋的运输航线。如我国各港口跨越大洋航行至欧洲、美洲、非洲和大洋洲等处的货运路线。国际贸易货物运输主要由远洋运输完成。

（2）近洋航线（near-sea shipping line），是指本国各港到邻近国家港口间的海上运输航线。我国习惯上指的是由我国各港东至日本海，西至马六甲海峡，南至印度尼西亚沿海，北至鄂霍次克海的各海港间的航线。

（3）沿海航线（coastal shipping line），是指本国沿海各港口间的海上运输路线。

（四）国际代表性大洋航线

国际远洋航线，又称为大洋航线，是指贯通一个或数个大洋的航线，包括太平洋航线、大西洋航线、印度洋航线、北冰洋航线以及通过巴拿马运河和苏伊士运河的航线等。

1. 太平洋航线

（1）远东—北美西海岸航线。该航线是从中国、日本、朝鲜、俄罗斯远东海港到美国、加拿大、墨西哥等北美西海岸各港的贸易运输线。从我国的沿海各港出发，偏南的经大隅海峡出东海；偏北的经对马海峡穿过日本海，或经过津轻海峡进入太平洋，或经过宗谷海峡穿过鄂霍次克海进入北太平洋。

（2）远东—加勒比、北美东海岸航线。该航线经夏威夷群岛至巴拿马运河后到达。从我国北方沿海港口出发的船只大多经大隅海峡或经琉球奄美大岛出东海。

（3）远东—南美西海岸航线。从我国北方沿海各港出发的船只多经琉球奄美大岛、威克岛、硫黄列岛、夏威夷群岛之南的莱恩群岛，穿越赤道进入南太平洋，至南美西海岸各港口。

（4）远东—东南亚航线。该航线是中国、日本、朝鲜货船去东南亚各港，以及经马六甲海峡去大西洋、印度洋沿岸各港的主要航线。东海、台湾海峡、巴士海峡、南海是该航线船只的必经之路，航运非常繁忙。

（5）远东—澳大利亚、新西兰航线。远东至澳大利亚东南海岸分为两条航线。中国北方沿海港口经朝鲜、日本至澳大利亚东海岸和新西兰港口的船只，需走琉球久米岛、加罗林群岛的雅浦岛进入所罗门海、珊瑚海；中澳之间的集装箱船必须在中国香港加载或转船后经南海、班达海、苏拉威西海、阿拉弗拉海，后经托雷斯海峡进入珊瑚海。

（6）澳大利亚、新西兰—北美东西海岸航线。由澳大利亚、新西兰到北美西海岸多经苏瓦、火奴鲁鲁等太平洋上的重要港口到达。至北美东海岸则取道帕皮提，过巴拿马运河而至。

2. 大西洋航线

（1）西北欧—北美东海岸航线。该航线是西欧、北美两个世界工业最发达地区之间的燃料、原料和产品交换的运输线，两岸拥有世界重要的港口，运输极为繁忙，船舶大多走偏北大圆航线。该航区冬季风浪大，并有冰山、浓雾，对航行安全构成威胁。

（2）西北欧、北美东海岸—加勒比航线。西北欧—加勒比航线大多出英吉利海峡后横渡北大西洋。该航线和北美东海岸各港出发的船舶一样，一般都经加勒比海。除了加勒比海沿岸各港口外，还可经巴拿马运河到达美洲太平洋岸港口。

（3）西北欧、北美东海岸—地中海—苏伊士运河—亚太航线。这是世界上最繁忙的航段，也是北美、西北欧和亚太海湾地区间贸易往来的捷径。该航线一般经过亚速尔群岛、马德拉群岛上的航站。

（4）西北欧、地中海—南美东海岸航线。该航线一般经西非大西洋岛屿到加那利群岛、佛得角群岛上的航站。

（5）西北欧、北美东海岸—好望角—远东航线。此航线一般是巨型油轮的航线。佛得角群岛、加那利群岛是过往船只停泊的主要航站。

（6）南美东海岸—好望角—远东航线。这是一条以矿石、石油为主的运输线。该航线位于西风漂流海域，风浪较大，一般西航偏北行，东航偏南行。

3. 印度洋航线

印度洋航线以石油运输线为主，另外还有不少是大宗货物的过境运输。

（1）波斯湾—好望角—西欧、北美航线。该航线主要由超级油轮经营，是世界上最重要的海上石油运输线。

（2）波斯湾—东南亚—日本航线。该航线东经马六甲海峡或龙目海峡、望加锡海峡到日本。

（3）波斯湾—苏伊士运河—地中海—西欧、北美运输线，此航线目前可通行载重达30万吨的超级油轮。

除了以上3条油运线之外，印度洋上的其他航线还包括：远东—东南亚—东非航线；远东—东南亚、地中海—西北欧航线；远东—东南亚—好望角—西非、南美航线；澳大利亚、新西兰—地中海—西北欧航线；印度洋北部地区—欧洲航线。

另外，目前世界海运集装箱航线主要包括：远东—北美航线；北美—欧洲、地中海航线；欧洲、地中海—远东航线；远东—澳大利亚航线；澳大利亚、新西兰—北美航线；欧洲、地中海—西非、南非航线。

（五）重要海峡、运河

1. 海峡

在国际远洋航线中最重要的海峡有：英吉利海峡、霍尔木兹海峡、马六甲海峡、直布罗陀海峡、朝鲜海峡、黑海海峡、曼德海峡、台湾海峡、望加锡海峡、龙目海峡等。其中英吉利海峡、马六甲海峡和霍尔木兹海峡是最繁忙的海峡。

英吉利海峡在大不列颠岛和欧洲大陆之间，连同东部的多佛尔海峡总长600公里。海峡东窄西宽，东端最窄处仅为33公里，西端则宽达180公里。西通大西洋，东北通北海，一般水深至少为25米。英吉利海峡地处国际海运要冲，是世界上最繁忙的水道，西欧、北欧的十多个国家和世界各国的海运航线几乎全部通过这里。通过海峡的船舶有17.5万艘次，货运量达6亿吨。由于海峡地处西风带，海水自西向东流入，而海峡恰向西开口呈喇叭形，因此会造成很大的海潮，加上航道狭窄，风大雾多，所以经常发生事故。

马六甲海峡处于马来半岛和苏门答腊岛之间，连接南海和安达曼海，是沟通太平洋和印度洋的海上交通要道。海峡长800公里，可通行25万吨级大型油轮。海峡地处赤道无风带，风力很小，潮差较小，海流缓慢，海峡底部较为平坦，对航运极为有利。北太平洋沿岸国家与中东、南亚和非洲各国间的航线多经过这里。

霍尔木兹海峡位于亚洲西南部，是波斯湾出印度洋的咽喉，东连阿曼湾，海峡长约148公里。油轮从波斯湾经这里开出，将原油运往西欧、日本和美国等地，使该海峡在国际航运中占有重要的地位，也因此而成为一条著名的"石油海峡"。

2. 运河

国际远洋航线中最重要的运河有：苏伊士运河、巴拿马运河等。

苏伊士运河北起塞得港，南至陶菲克港，全长173.2公里。苏伊士运河是沟通地中海和红海的运河，把大西洋及印度洋连接起来，缩短了从欧洲通往印度洋及太平洋西岸各国的航程，比绕好望角的航线要缩短8 000~14 000公里，而且更加安全。目前，苏伊士运河是最繁忙的国际运河，通过运河的船主要是油船，其中由中东运往西欧的石油占运河总货运量的60%以上。

巴拿马运河始建于1881年，1914年建成，1920年正式通航。运河自巴尔博亚海茨起至克里斯蒂巴尔止，全长81.3公里。巴拿马运河缩短了大西洋与太平洋之间的航程，比绕道麦哲伦海峡近5 000~10 000公里。巴拿马运河是仅次于苏伊士运河的世界第二大通航运河。

（六）中国海运航线

1. 近洋航线

（1）港澳线。到香港及澳门地区。

（2）新马线。到新加坡、马来西亚的巴生港、槟城及马六甲等港。

（3）暹罗湾线，又称越南、柬埔寨、泰国航线。到越南的海防、柬埔寨的磅逊和泰国的曼谷等港。

（4）科伦坡、孟加拉湾线。到斯里兰卡的科伦坡、缅甸的仰光、孟加拉国的吉大港及印度东海岸的加尔各答等港。

（5）菲律宾线。至菲律宾的马尼拉港。

（6）印度尼西亚线。到爪哇岛的雅加达和三宝垄等。

（7）澳大利亚、新西兰线。到澳大利亚的悉尼、墨尔本、布里斯班及新西兰的奥克兰、惠灵顿。

（8）巴布亚新几内亚线。到巴布亚新几内亚的莱城和莫尔兹比港等。

（9）日本线。到日本九州岛的门司和本州岛的神户、名古屋、大阪、横滨及川崎等港口。

（10）韩国线。到韩国的釜山和仁川等港口。

（11）波斯湾线，又称阿拉伯湾线。到巴基斯坦的卡拉奇，伊拉克的巴士拉，伊朗的阿巴斯、霍拉姆沙赫尔，科威特的科威特港，沙特阿拉伯的达曼等港口。

2. 远洋航线

（1）地中海线。到地中海东部黎巴嫩的的黎波里、贝鲁特，以色列的海法、阿什杜德，叙利亚的拉塔基亚，地中海南部埃及的亚历山大、塞得港，突尼斯的突尼斯，地中海北部意大利的热那亚，阿尔及利亚的阿尔及尔、奥兰，法国的马赛，西班牙的巴塞罗那和塞浦路斯的利马索尔等港口。

（2）西北欧线。到比利时的安特卫普，德国的汉堡、不来梅，荷兰的鹿特丹，法国的勒弗尔，英国的伦敦、利物浦，挪威的奥斯陆，丹麦的哥本哈根，瑞典的斯德哥尔摩、哥德堡，芬兰的赫尔辛基等港口。

（3）美国、加拿大线。包括加拿大西海岸的温哥华，加拿大东岸的多伦多、蒙特利尔，美国西岸的西雅图、波特兰、旧金山、洛杉矶，美国东岸的纽约、波士顿、巴尔的摩、费城、波特兰和美国墨西哥湾的莫比尔、新奥尔良、休斯敦等港口。其中美国墨西哥湾各港也属于美国东海岸航线。

（4）南美洲西岸线。到秘鲁的卡亚俄，智利的瓦尔帕莱索、阿里卡及伊基克、安托法加斯塔等港口。

三、国际航空线

（一）国际航空站

目前，不少国家的首都和重要城市都建有国际航空站，比如亚洲地区代表性的航空站有北京、上海、香港、东京、新加坡、曼谷、马尼拉、仰光、加尔各答、孟买、卡拉奇、德黑兰、贝鲁特。

北美洲代表性的航空站有华盛顿、纽约、洛杉矶、旧金山、芝加哥、亚特兰大、西雅图、蒙特利尔、温哥华。

欧洲代表性航空站包括伦敦、巴黎、法兰克福、维也纳、柏林、苏黎世、罗马、哥本哈根、雅典、华沙、莫斯科、布加勒斯特。

非洲则是开罗、喀土穆、拉各斯、内罗毕、约翰内斯堡、达喀尔、阿尔及尔、布拉柴维尔。

南美洲的墨西哥城、布宜诺斯艾利斯、加拉加斯、里约热内卢、圣地亚哥、利马等也是有代表性的国际航空站。

(二) 国际航空线

西欧—北美的北大西洋航空线。主要往返于西欧的巴黎、法兰克福、伦敦与北美的纽约、芝加哥、蒙特利尔等机场。

西欧—中东—远东航空线。该航线连接西欧各主要机场及远东的香港、北京、东京等各机场。途经的重要航空站有雅典、卡拉奇、开罗、德黑兰、新德里、曼谷和新加坡等。

远东—北美的北太平洋航线。此航线是远东的北京、香港、东京等主要国际机场经北太平洋上空至北美西海岸的西雅图、温哥华、旧金山和洛杉矶等国际机场,再连接北美大西洋岸的航空中心的航线。太平洋的火奴鲁鲁等国际机场是该航线重要的中续加油站。

另外,还有北美—南美、西欧—南美、西欧—非洲、西欧—东南亚—澳新、远东—澳新、北美—澳新等重要国际航空线。

四、其他国际通道

(一) 铁路通道

1. 国际货物运输中的主要铁路干线

目前国际货物运输中主要的铁路干线有西伯利亚大铁路、加拿大连接东西两大洋的铁路、美国连接东西两大洋的铁路,以及中东—欧洲铁路。

(1) 西伯利亚大铁路。东起海参崴,途经伯力、伊尔库茨克、赤塔、新西伯利亚、鄂木斯克、车里雅宾斯克、古比雪夫,止于莫斯科,全长为9 300公里。后来又向远东延伸至纳霍德卡和东方港。该线路东连朝鲜和中国，西接北欧、中欧、西欧各国，再由莫斯科往南可连接伊朗。我国与俄罗斯、东欧国家及伊朗之间的贸易，主要依靠此干线。

（2）加拿大连接东西两大洋的铁路。具体有以下两条线。

①鲁珀特港—埃德蒙顿—温尼伯—魁北克（加拿大国家铁路）。

②温哥华—卡尔加里—温尼伯—散德贝—蒙特利尔—圣约翰—哈利法克斯（加拿大太平洋大铁路）。

（3）美国连接东西两大洋的铁路。具体有以下四条线。

①西雅图—斯波坎—俾斯麦—圣保罗—芝加哥—底特律（北太平洋铁路）。

②洛杉矶—阿尔布开克—堪萨斯城—圣路易斯—辛辛那提—华盛顿—巴尔的摩（圣菲铁路）。

③洛杉矶—图森—帕索—休斯敦—新奥尔良（南太平洋铁路）。

④旧金山—奥格登—奥马哈—芝加哥—匹兹堡—费城—纽约（联合太平洋铁路）。

（4）中东——欧洲铁路。该线从伊拉克的巴士拉，向西经伊拉克的巴格达、摩苏尔，叙利亚的穆斯林米亚，土耳其的科尼亚、阿达纳、厄斯基色希尔，至博斯普鲁斯海峡东岸的土耳其的于斯屈达尔，过博斯普鲁斯大桥至土耳其的伊斯坦布尔，接巴尔干铁路，向西经保加利亚的索非亚、塞尔维亚的贝尔格莱德、匈牙利的布达佩斯到达奥地利的维也纳，连接中、西欧铁路网。

2. 大陆桥

目前广泛使用的大陆桥包括西伯利亚大陆桥、新亚欧大陆桥和北美大陆桥（包括美国大陆桥和加拿大大陆桥）。这里仅介绍西伯利亚大陆桥。

西伯利亚大陆桥将太平洋远东地区与波罗的海、黑海沿岸及西欧大西洋岸连接起来，是世界最长的大陆桥。从西欧到远东，经大陆桥为13 000公里，比海上经好望角航线缩短了约1/2的路程，比经苏伊士运河航线缩短了约1/3的路程，同时也降低了运费和时间。

（二）管道运输

世界管道运输网分布非常不均匀，主要集中在北美和欧洲，美国的管道运输最为发达。除美国和独联体国家外，加拿大、西欧、中东地区的管道网也较为发达。

【本章小结】

本章主要介绍了国际物流系统的概念、构成要素和运行模式;从国际物流"枢纽-通道-网络"的结构引入对国际物流网络的相关介绍;进一步分析国际物流节点的概念、类型、功能;并列举了国际及我国主要港口节点、铁路节点和航空节点;最后介绍了国际物流通道的概念和主要类型,并分别罗列了主要的国际物流连线、通道。

【思考练习】

1. 简述国际物流系统的特征。
2. 试介绍国际物流系统的基本要素。
3. 简述国际物流系统的物质基础要素。
4. 试介绍国际港口的分类。
5. 简述国际物流节点的功能。
6. 简述影响航线形成的因素。
7. 试介绍海上航线的分类。

【案例分析】

舟山港:从全球第一大港驶向世界一流强港

宁波舟山港码头可接卸世界最大集装箱船、最大的油轮和最大的矿船,货物吞吐量连续12年世界第一,集装箱吞吐量连续3年居世界第三,成就了其全球最大的全货种综合性港口地位。

为服务大宗原料市场需求,宁波舟山港主动与世界第一大铁矿公司淡水河谷合作,利用鼠浪湖码头中转优势,在前期投产混配矿石业务、磨矿业务的基础上,进一步扩充合作领域,建设集铁矿石装卸、中转、储备、交易、保税物流等功能于一体的国际铁矿石物流基地、东北亚铁矿石分销中心。

为服务浙江发展,宁波舟山港首创"一体两翼多联"全省海洋港口一体化发展模式,被交通运输部专门下文在全国推广。

为服务小商品出口,宁波舟山港把义乌陆港列为宁波舟山港第六港区重点建设,促进海陆空铁邮、义甬舟、义新欧等多种物流模式集成与多种业态联动发展。

为服务好中西部发展,宁波舟山港主动出击与相关城市政府合作,合营陆港、物流园区,打造海铁联运等多模式联运线路,其中海铁联运班列线路开行19条,服务15个省(区、市)的60个城市。"宁波舟山港-浙赣湘(渝川)"集装箱海铁公多式联运示范工程被命名为"国家多式联运示范工程"。

为服务好船主、货主和集卡司机,宁波舟山港充分运用航运大数据推动港口生态圈共享开放。四港联动智慧物流云平台联通海陆空物流信息与业务,实现"一点接入、四港联通,一次查询、全程可视,一单到底、货畅其流"。"一站式"港口电子商务平台"易港通",实现集装箱进提箱环节全程单证无纸化。创新开通了集装箱运输"顺风车"业务,提高集卡车辆全程重载率。

舟山港自主研制了拥有自主知识产权的集装箱码头生产操作系统(n-TOS系统),单日最高完成3.3万标准箱,结束了我国千万级大型集装箱码头依赖国外系统的历史。目前该系统可支撑超过2 500万标准箱集装箱作业,有用户近7 000人,累计节约系统外购及维护成本上亿元。这个系统和自主研发的生产业务协同管理平台一起,实现船、港、货等生产业务全要素数字化管理,构建起了"一个调度中心、二级货运、三级调度、四大功能、五大职能、六大货类体系"的生产管理模式。

面向未来,宁波舟山港绘出了发展的"海图":到2025年,大型设备自动化比例达到30%以上,干线船时效率超过130自然箱/小时,货物年吞吐量超过13亿吨,集装箱年吞吐量超3 500万标准箱,集装箱海铁联运量超200万标准箱,中欧班列达到3 000列,江海联运吞吐量达到4.5亿吨,西向布局陆港42个,率先形成陆海内外联动、东西双向互济格局。

(资料来源:从全球第一大港驶向世界一流强港:来自浙江宁波舟山港的质量发展报告之一[N]. 中国质量报,2021-08-30(1).)

思考:
1. 试分析舟山港的国际物流的网络布局。
2. 思考舟山港未来的发展方向。

第八章　国际物流成本管理

【学习目标】

1. 理解会计的概念、目标与职能
2. 理解会计三大报表的编制流程
3. 掌握 ROA、ROE 进行财务分析
4. 掌握运输成本、装卸搬运成本和仓储成本

【重点难点】

1. 会计的三大报表
2. ROA 与 ROE 的分析思路
3. 物流成本的构成

第八章　国际物流成本管理

【导入案例】

联邦快递业务发展

联邦快递公司（FedEx Corp）成立于1971年，其首创的"隔夜快递"在全世界掀起了一场革命，也在一定程度上影响并推动了世界经济的发展。经过三十多年的发展，联邦快递已经壮大，成为卓越的、世界范围的航空货运公司，为全球超过220个国家及地区提供全面的运输、电子贸易和商业服务（如图8-1所示）。

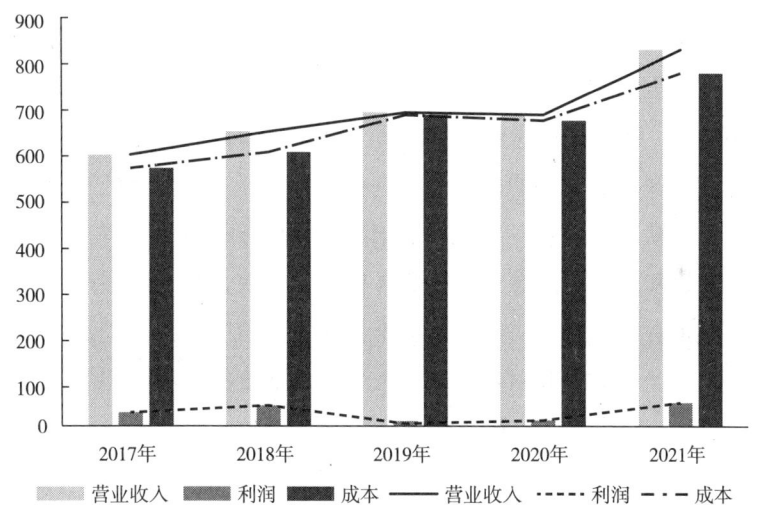

图8-1　联邦快递公司近五年财务状况（单位：亿美元）

从地区来看，联邦快递业务的地区集中性较高。美国业务占76%，国际业务占24%。从运输方式来看，空运业务占总收入的83%，公路占11%，其他占6%。

从近五年的数据来看，整体还是属于平稳发展的状态。2018年营收稳健增长，全年营收从2017年的603亿美元增加到655亿美元，增幅接近9%，盈利能力也有大幅增强，前景乐观。而到了2019年，虽然营收仍在增长，但利润却出现了大幅下滑，主要原因有全球经济增长乏力、国际快递企业市场竞争加剧、全球贸易放缓等。2020年利润有所增长，主要得益于疫情和罕见的暴风雪导致的

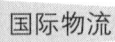

包裹激增,但受到贸易的不确定性和不乐观的宏观经济条件影响,2020年利润尽管有大幅提高,仍未达到预期利润。受疫情影响,民众线上购物需求迅速增长,2021年营收和利润都急剧增长,并创造了历史新高。

(资料来源:http://att.caacnews.com.cn/zsfw/ysfw/202203/t20220312_60605.html.)

第一节　财务会计基础

一、会计的概念与目标

会计是对企业经济业务进行分类、计量和报告的系统,进而发挥保证经济业务合规、资产安全的控制作用。会计活动呈现在人们眼前的是处理并报告会计信息,如填制凭证、登记账簿、编制报表等,往往被人们忽视也很难被外部人员观测到的是蕴藏在这些活动中的内在的控制机制,实际上,会计的控制机制一直随着会计信息过程默默地、自发地发挥作用。会计目标是向使用者提供与企业财务状况、经济成果和现金流量等有关的会计信息,反映企业管理层受托责任履行情况,有助于使用者做出经济决策。不同干系人关注角度不同,但总体来说就是企业的财务状况、经营成果和财务变动以及未来创造价值的潜力。①

二、会计三大报表

(一)资产负债表

资产负债表是反映企业资产、负债和所有者权益状况的报表,通常称为财务状况。严格意义上的财务状况至少包括三层意思:一是关于资产、负债和所有者权益的构成情况及其合理性;二是关于流动性,通常指资产的流动性,也就是资产变成现金的能力,俗称"变现能力";三是关于财务弹性,即企业应付意外情况的能力,如意外灾害、意外机会等。我国企业的资产负债表各个项目按照流动性顺序排列。对于资产和负债,流动性分别有不同的含义。资产的流动性是指资产的变现能力,变现能力越强的资产,越排在前面。比如,货币资金本身就是现

---

① 戴德明,林钢,赵西卜.财务会计学[M].12版.北京:中国人民大学出版社,2019.

金，不存在变现问题，所以，货币资金在资产负债表中排第一；应收票据和应收账款可以在比较短的时间里转变成现金；原材料、产成品、库存商品变成现金的时间更长一些，所以，要依次靠后排。负债的流动性是指负债的偿还期限，偿还期越短的负债，流动性越强，所以，短期借款比长期借款要排在更前面（如表8-1所示）。

表8-1　资产负债表

编制单位：东方工厂　　　　　　　　年　月　日　　　　　　　　　　单位：元

资产	期末余额	年初余额	负债和所有者权益（或股东权益）	期末余额	年初余额
流动资产：			流动负债：		
货币资金	74 288		短期借款	76 000	
交易性金融资产	12 200		交易性金融负债		
应收票据			应付票据		
应收账款	31 900		应付账款	37 350	
预付款项			预收账款		
应收利息			应付职工薪酬	27 550	
应收股利			应交税费	8 290	
其他应收款	300		应付利息	1 400	
存货	224 022		应付股利（利润）	12 100	
一年内到期的非流动资产			一年内到期的非流动负债		
其他流动资产			其他应付款	3 780	
流动资产合计	342 710		其他流动负债		
非流动资产：			流动负债合计	166 470	
可供出售金融资产			非流动负债：		
持有至到期投资			长期借款	50 000	
长期应收款			应付债券		
长期股权投资	60 000		长期应付款		
投资性房地产			专项应付款		
固定资产	318 500		预计负债		
在建工程			递延所得税负债		

续表

资产	期末余额	年初余额	负债和所有者权益（或股东权益）	期末余额	年初余额
工程物资			其他非流动负债		
固定资产清理			非流动负债合计	50 000	
生产性生物资产			负债合计	216 470	
油气资产			所有者权益（或股东权益）：		
无形资产	15 000		实收资本（或股本）	491 500	
开发支出			资本公积		
商誉			减：库存股		
长期待摊费用			盈余公积	25 000	
递延所得税资产			未分配利润	3 240	
其他非流动资产			所有者权益（或股东权益）合计	519 740	
非流动资产合计	393 500				
资产合计	736 210		负债和所有者权益（或股东权益）合计	736 210	

一般认为，资产负债表按流动性排列是一种传统习惯。股票市场还没有发达起来以前，企业的资金来源主要是从银行借款，银行关心的是企业的还债能力，这就要看流动资产是否充裕。为了适应银行的这种要求，企业在编资产负债表时都习惯地将流动资产排在前面，慢慢就形成了按流动性顺序排列的方式。

(二) 利润表

1. 利润表的性质和应用

资产负债表只能报告企业某一时点的财务状况，而不能反映在过去某一期间里的经营业绩。企业的经营业绩可以用利润及其相关指标反映，为此编制的会计报表是利润表。利润表也称损益表，是反映企业在报告期内的收入、费用和利润情况的会计报表。利润表报告了在某特定的时间范围内收入的来源和数额、费用的性质和数额，以及企业的利润状况，据此可以判断企业的获利能力（如表8-2所示）。

表 8-2 利润表

编制单位：东方工厂　　　　　　　　　年　月　　　　　　　　　　单位：元

项目	本期金额	上期金额
一、营业收入	427 500	
减：营业成本	277 875	
营业税金及附加		
销售费用	21 480	
管理费用	59 230	
财务费用	1 400	
资产减值损失		
加：公允价值变动收益（损失以"-"号填列）		
投资收益（损失以"-"号填列）	10 600	
其中：对联营企业和合营企业的投资收益		
二、营业利润（亏损以"-"号填列）		
加：营业外收入	1 200	
减：营业外支出	1 000	
其中：非流动资产处置净损失		
三、利润总额（亏损总额以"-"号填列）		
减：所得税费用	25 844	
四、净利润（净亏损以"-"号填列）		
五、每股收益		
（一）基本每股收益		
（二）稀释每股收益		

2. 利润表的编制与格式

利润表的表首，应标明企业和该表的名称。表的名称下面标明编制的期间。由于利润表反映企业某一期间的经营成果，因而其时间只能标明为"某年某月"，或"某年度"，或"某年某月某日至某年某月某日"，或"某年某月某日结束的会计年度"。为了提供与报表使用者的经营决策相关的信息，收入和费用在利润表中有不同的列示方法，因而利润表的本体部分可以有多步式和单步式两种格式。

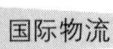

（三）现金流量表

现金流量表用来提供企业有关现金流入、现金流出及投资与筹资活动方面的信息。报表使用者利用现金流量表可以评估如下事项。

（1）企业在未来会计期间产生净现金流量的能力。

（2）企业偿还债务及支付企业所有者的投资报酬的能力。

（3）企业的利润与经营活动所产生的净现金流量发生差异的原因。

（4）企业年度内影响或不影响现金的投资活动与筹资活动。

现金流量表的示例如表8-3所示。

表8-3 现金流量表

编制单位：东方工厂　　　　　　　　年　月　　　　　　　　单位：元

项目	本期金额
一、经营活动产生的现金流量：	
销售商品、提供劳务收到的现金	1 400 000
收到的税费返还	6 444
收到其他与经营活动有关的现金	1 200 000
经营活动现金流入小计	290 030
购买商品、接受劳务支付的现金	1
支付给职工以及为职工支付的现金	1
支付的各项税费	—
支付其他与经营活动有关的现金	—
经营活动现金流出小计	
经营活动产生的现金流量净额	−83 588
二、投资活动产生的现金流量：	
收回投资收到的现金	13 332
取得投资收益收到的现金	—
处置固定资产、无形资产和其他长期资产收回的现金净额	—
处置子公司及其他营业单位收到的现金净额	—
收到其他与投资活动有关的现金	—
投资活动现金流入小计	13 332
购建固定资产、无形资产和其他长期资产支付的现金	—
投资支付的现金	—

续表

项目	本期金额
取得子公司及其他营业单位支付的现金净额	—
支付其他与投资活动有关的现金	—
投资活动现金流出小计	—
投资活动产生的现金流量净额	—
三、筹资活动产生的现金流量：	54 690
吸收投资收到的现金	1
取得借款收到的现金	1
收到其他与筹资活动有关的现金	1
筹资活动现金流入小计	1
偿还债务支付的现金	—
分配股利、利润或偿付利息支付的现金	—
支付其他与筹资活动有关的现金	—
筹资活动现金流出小计	—
筹资活动产生的现金流量净额	-15 568
四、汇率变动对现金及现金等价物的影响	1
五、现金及现金等价物净增加额	—
加：期初现金及现金等价物余额	—
六、期末现金及现金等价物余额	-15 567

三、回报率分析

（一）资产回报率（ROA）

1. 资产回报率概念

资产回报率（Return on Assets，ROA）是一种财务比率，显示了公司所赚取的利润相对于其整体资源的百分比。通常定义为净利润除以总资产。净利润来自公司的损益表，是税后利润。总资产可从资产负债表中读取，包括现金和现金等价物、应收款、存货、土地、已折旧的资本设备以及知识产权的价值（如专利）等。被收购的公司也可能有一个名为"善意"的类别，代表了为公司支付且超出收购时实际账面价值的额外款项。由于资产倾向于随时间变化，因此应使用要计量的期间内资产的平均值。一个季度的 ROA 应该以该季度的净利润除以该季度的平均资产总额。ROA 是一个比率，通常以百分比表示。

2. ROA 计算公式

$$资产回报率 = 净利润 / 平均资产总额 \times 100\%$$

$$资产回报率 = 销售利润率 \times 资产周转率$$

该指标反映企业运用资产获取利润的能力。对于投资者而言，资产回报率越高，资产的获利能力越强。较高的 ROA 表示资产使用效率更高。

例如，假设小李和小王都开始经营手抓饼。小李在购买制作工具上花费了 1 500 元，而小王在购买以花园宝宝为主题的 COS 服装上花费了 15 000 元。

假设这些是每个公司部署的唯一资产。如果在一定时期内，小李赚了 150 元，而小王赚了 1 200 元，基于上述 ROA 的计算公式可以得出，小李的 ROA 为（150 元/1 500 元）×100% = 10%，而小王的 ROA 为（1 200 元/15 000 元）×100% = 8%。

那么小王会拥有更有价值的业务，而小李会拥有更高效的业务。

基本而言，ROA 表示投资资本（资产）中产生了多少收益。上市公司的 ROA 可能会有很大差异，并且高度依赖于行业。这就是为什么在将 ROA 用作比较指标时，最好将其与公司以前的 ROA 或类似公司的 ROA 进行比较。ROA 使投资者了解公司每单位资产创造多少净利润。ROA 越高越好，因为公司通过使用资产获得了更多的净利润。由于存在资产负债表会计等式，因此请注意，总资产等于总负债与股东权益之和。这两种类型都用于为公司的运营提供资金，但一些分析师和投资者只考虑了利息费用而忽略了购买资产的成本。

换言之，通过将借款成本增加到净利润中，并使用给定时期内的平均资产作为分母，可以抵消承担更多债务的影响。之所以加上利息费用，是因为利润表中的净利润金额不包括利息费用。

3. ROA 的基本用途

与其他获利率不同，ROA 度量包括企业的所有资产，这些资产由对债权人的负债以及投资者投入的资本组成。使用总资产而不是净资产。例如，公司通过借入持有的现金由负债进行平衡。同样，公司的应收账款绝对是一种资产，但以应付账款（一种负债）来平衡。因此，股东对资产回报率的兴趣通常不如其他财务指标。股东对所投资的公司的投入回报更感兴趣。但是，包括净利润在内的所有资产，无论是从债务还是权益中获得，管理人员对此更加感兴趣，股东期望评估投入资金的使用情况。

ROA 的另一个常见内部用途是评估投资新系统相对于扩大当前运营的收益。最理想的选择是提高生产率和收入，并降低资产成本，从而提高 ROA。例如，假设一家小型制造公司的当前销售额为 50 000 元，平均资产为 30 000 元，净利润为 6 000 元（其 ROA 为 6 000 元/30 000 元，即 20%），必须决定是否改善其现有的库存管理系统。扩展当前的系统将使销售量增加到 65 000 元，净利润增加到 7 800 元，但也会使平均资产增加到 39 000 元。尽管销售量会增加，但此选项的 ROA 并未变化，即 20%。另一方面，安装新系统将使销售额增加到 70 000 元，净利润增加到 12 250 元。由于新系统将使公司能够更有效地管理其库存，因此平均资产将仅增加到 35 000 元。结果，该选项的 ROA 将增加到 35%，这意味着该公司应选择安装新系统。

（二）净资产收益率（ROE）

1. 净资产收益率基本概念

净资产收益率（Return on Equity，ROE）是公司税后利润除以净资产得到的百分比率，该指标反映股东权益的收益水平，用以衡量公司运用自有资本的效率。由于股东权益等于公司资产减去负债，因此 ROE 被视为净资产收益率。ROE 被认为是衡量公司与股东权益相关获利能力的指标。

2. ROE 计算公式

该指标反映投资者投入资本获取利润的能力。对于投资者而言，净资产收益率越高，企业的获利能力越强。ROE 的计算公式如下：

$$净资产收益率 = 净利润/所有者权益平均余额$$

$$净资产收益率 = 销售净利率 \times 资产周转率 \times 权益乘数$$

例如，假设一家公司的年净利润为 180 万元，平均股东权益为 1 200 万元。该公司的 ROE 如下：

ROE =（1 800 000/12 000 000）×100% = 15%

ROE 是好是坏取决于同业之间的正常情况。例如，与相对较少的净收入相比，公用事业在资产负债表上拥有许多资产和债务。公用事业部门的正常 ROE 可能为 10% 或更低。相对于净收入而言，资产负债表账户较小的技术或零售公司的正常 ROE 水平可能为 18% 或更高。

3. ROE 的用途

简而言之，借助 ROE，投资者可以查看是否获得了良好的资金回报，而公司可以评估管理者利用公司股权的效率。必须将 ROE 与公司的历史 ROE 以及行业的 ROE 平均值进行比较，仅凭孤立的眼光来看，这几乎没有什么意义。可以查看其他财务比率以获得更完整、更全面的公司前景，以进行评估。

为了使投资者满意，公司应该能够产生比低风险投资可得到的回报更高的净资产收益率。一个好的经验法则是将 ROE 设置为等于或刚好高于对等组的平均值。例如，假设一家公司 TechCo 在过去几年中保持了 18% 的净资产收益率，而同业的平均值为 15%。投资者可以得出结论，认为 TechCo 的管理层在利用公司资产创造利润方面高于平均水平。相对较高或较低的 ROE 比率在一个行业组或行业与另一行业组或行业之间有很大差异。当用来评估一个公司与另一个相似的公司时，这种比较将更有意义。投资者通常的捷径是将接近标准普尔 500 指数长期平均值（14%）的股本收益率视为可接受的比率。

较高的净资产收益率可能意味着公司在内部产生利润方面更为成功。但是，ROE 未完全显示与该回报相关的风险。公司可能严重依赖债务来产生更高的净利润，从而提高净资产收益率。例如，如果一家公司拥有 150 000 元的股本和 850 000 元的债务，那么所使用的总资本为 1 000 000 元。这与所使用的总资产数量相同。利率为 5% 时，每年偿还债务的成本为 42 000 元。如果公司设法将利息前利润提高到使用资本回报率的 12%，则支付利息后的剩余利润为 78 000 元，假设所产生的利润被重新投资，这将使股本增加 50% 以上。综上所述，债务可以放大净资产收益率。

第二节　物流成本分析

一、运输成本

（一）运输成本概述

1. 运输成本的概念

运输成本是指企业在原材料、在制品及成品的运输活动中所产生的费用。它包括直接费用和间接费用。运输成本在物流成本中占有很大的比重。运输成本与运输量和运输里程都成正比,运输里程越长,运输量越大,运输的成本也就越高,在整个物流成本中所占的比例也就越大。从运费方面来看,运费在全部物流费中占最高的比例,有些产品的运费甚至高于产品的生产费。

2. 运输成本的构成

在现代物流企业中,运输在其经营业务中占有主导地位,因此物流运输费用在整个物流业务中占有较大比例。一般综合分析计算,运输费用在社会物流费用中占50%。由于运输是物流中最重要的功能要素之一,物流合理化在很大程度上依赖于运输合理化。而运输合理与否直接影响着运输费用的高低,进而影响物流成本的高低。一般来讲,运输总成本包括货运、车队、燃料、设备维护、劳动力、保险、装卸、逾期/滞留费用、税收、跨国费用等。不同的运输方式所包含的运输成本有不同的构成类别和范围,一般可以分为3类,即营运成本、管理费用和财务费用。现以水路货运为例,运输成本包括以下三个方面。

(1)营运成本。营运成本是指与船舶营运生产直接有关的各项支出。包括实际消耗的各种燃料、物料、油料、用具和索具;船舶固定资产折旧费、修理费、租赁费、保险费、港口费、货物费、代理费、船工工资福利费及事故净损失等。

(2)管理费用。管理费用是指运输企业行政管理部门为管理和组织营运生产活动的各项费用。包括公司经费、工会经费、劳动保险费、财产、土地使用税、技术转让费、技术开发费等。

(3)财务费用。财务费用是指运输企业为筹集资金而发生的各项费用。包括企业营运期间发生的利息支出、汇兑净损失、调剂外汇手续费、金融机构手续费,以及筹资发生的其他财务费用等。

3. 影响运输成本的因素

影响运输成本的因素很多,尽管这些因素并不是运费表上的组成部分,但在承运人制定运输费率时,必须对每一个因素加以考虑。这些因素主要有三个方面,即产品特征、运输特征和市场因素。

(1)产品特征。具体表现为以下几点。

①产品密度。产品密度把重量和空间两方面因素结合起来考虑。产品密度这一因素之所以重要,是因为运输成本通常表示为每单位重量所花费的数额,如每吨金额数等。在重量和空间方面,单独的一辆运输卡车更多地是受空间限制,而

不是受重量限制。即使该产品的重量很轻，车辆一旦装满，就不可能再增加装运数量。既然运输车辆实际消耗的劳动成本和燃料成本主要不受重量的影响，那么货物的疏密度越高，相对地可以把固定运输成本分摊到增加的重量上去，使这些产品所承担的每单位重量的运输成本相对较低。

②一般来说，物流管理人员会设法增加产品密度，以便更好地利用车辆的容积，使车辆能装载更多数量的货物。增加货物包装密度，可以将更多单位的产品装载进具有固定体积的车辆中去。在某种程度上，由于车辆已经满载，即使再增加产品的密度，也无法再增加利益。例如，从容积的角度来看，像啤酒或汽水之类的液体货物在装入公路拖车容量的一半时，重量就会达到满载程度。显然，这类货物在还没有充分利用容量时，就有可能受到重量的限制。尽管如此，努力增加货物的密度通常会使运输成本降低。

③产品的可靠性。对容易损坏或者容易被偷盗、单位价值高的许多货物（如计算机、珠宝及家用娱乐产品等）而言，可靠性是非常重要的一个指标。货物运输时，需要承运人提供的可靠性越大，货物的运输成本就越高。其他因货物种类不同，其重要性也不同的因素包括产品是否是危险品，是否需要牢固、严格的包装等，对化学行业和塑料行业的产品而言，这些因素尤其重要。承运人必须通过向保险公司投保来预防可能发生的索赔，否则就有可能要承担任何可能损坏的赔偿责任。托运人可能通过改善保护性包装，或通过减少货物灭失损坏的可能性，降低其风险，最终降低运输成本。

④产品的装载性能。装载性能这一因素是指产品的具体尺寸及其对运输工具（如铁路车辆、拖车和集装箱）空间利用程度的影响。例如，谷物、矿石和散装石油具有良好的装载性能，因为这些货物可以完全填满运输工具（如火车车厢、货车车厢、管道等），其他货物，如车辆、机械和牲畜，都不具有良好的装载性能。货物的装载性能由其大小、形状和弹性等物理特性所决定。具有古怪的尺寸和形状，以及超重或超长等特征的产品，通常不能很好地进行装载，因此浪费运输工具的空间。尽管装载能力的性质与产品密度相关，但很可能存在这样的情况，即具有相同密度的产品，其装载差异很大。一般来说，具有标准矩形的产品要比形状古怪的产品更容易装载。

(2) 运输特征。具体表现为以下几方面。

①输送距离。输送距离是影响运输成本的主要因素，因为运输距离直接对劳动、燃料和维修保养等变动成本发生作用。

第一,成本曲线不从原点开始,其与距离无直接相关,但与货物的提取和交付活动所产生的固定费用有关。

第二,成本曲线增长速度随距离增长而减少,这种特征被称为递减原则,即输送距离越长,城市间的输送距离所占的比例趋于更高,而不是使市内的公里数更大。

于是,承运人可能利用更高的速度,使城市间每公里单位费用相对较低,并且利用较长的距离使用相同的燃料和劳动费用;而市内输送通常会频繁地停车,因此要增加额外的装卸成本。

②载货量。载货量之所以会影响运输成本,是因为与其他许多物流活动一样,大多数运输活动中存在着规模经济:每单位重量的运输成本随装载重量的增加而减少。之所以会产生这种现象,是因为提取和交付活动的固定费用及行政管理费用可以随载货量的增加而被分摊。但是,这种关系受到运输工具(如卡车)最大尺寸的限制,一旦该车辆满载,对下一辆车会重复这种关系。

③装卸搬运。卡车、铁路车辆和船舶等的运输可能需要特别的装卸搬运设备,运输成本通常较高,产品大小或形状一致的货物(如纸箱、罐头、筒等)或可以用专门搬运设备(如装箱或装在托盘上等)处理的产品,搬运费用较低,因此运输成本较低。

(3)市场因素。具体表现为以下几点。

①竞争性。不同运输模式间的单价、同一运输模式的线路竞争及同种运输方式之间的竞争会影响运输费用的波动。铁路、水路、航空及海运之间长期以来都存在不同程度的竞争,有时为了赢得市场份额,会提供一些不同的价格策略或优惠策略。例如,相同起讫地的货物运输可采用两种不同的运输方式进行,运输速度较慢的那种运输方式只能实行较低的运价。

②流通的平衡性。运输通道流量和通道流量均衡等运输供需市场因素也会影响到运输成本。这里的"运输通道"是指起运地与目的地之间的移动,显然运输车辆和驾驶员都必须返回到起运地,否则只能空车返回。当发生空车返回时,有关劳力、燃料和维修保养等费用仍然必须按照原先的全程运输支付,于是理想的情况就是"平衡"运输,即运输通道两端的流量相等。但由于制造地点与消费地点的需求不平衡,通道两端流量相等的情况很少见。例如,有许多货物在美国东海岸加工制造,而后装运到美国西部的消费市场,这样就会产生运往西部的流量要大于流向东部的流量。这种不平衡会使东行运输的费率降低。此外,这种

平衡也会受到季节性影响，类似于在销售旺季里运输水果和蔬菜的情况，这种需求的方向性和季节性会导致运输费率随方向和季节的变化而变化。

（二）运输成本核算

1. 核算材料

（1）某远洋运输公司，其甲船第 5 航次航行于国外某航线，自 6 月开航至 7 月 20 日结束。甲船于 6 月月末为未完航次，当时的"航次成本计算单"所列费用如表 8-4 所示。

表 8-4 甲船 6 月航次运算成本   单位：元

费用项	金额
航次运行费用	532 000
燃料	40 000
港口费	30 000
货物费	100 000
航次其他费用	2 000
6 月分配该船舶固定费用	600 000
6 月分配该船舶集装箱固定费用	20 000

甲船第 5 航次尚未结束，计未完成航次成本 1 684 000 元，由于该航次尚未结束，不分配营运间接费用。

（2）甲船于 7 月航次结束，当月甲船第 5 航次的运行费用以及 7 月船舶固定费用、集装箱固定费用、营运间接费用如表 8-5 所示。

表 8-5 甲船 7 月航次运行费、船舶固定费及集装箱固定费 单位：元

费用项	金额
航次运行费用	528 000
燃料	350 000
港口费	25 000
货物费	150 000
航次其他费用	3 000
7 月分配该船舶固定费用	682 000
7 月分配该船舶集装箱固定费用	372 000

2. 核算过程

（1）甲船7月船舶固定费用682 000元，按航次营运天数分配，由该月第5航次和第6航次负担（第5航次为已完航次，第6航次为未完航次）。计算如下：

甲船7月每天船舶固定费用=22 000（元）

甲船第6航次负担固定费用：22 000元/天×11天=242 000（元）

（2）该公司7月的集装箱固定费用为372 000元，按重量标准箱天3 100箱天计算分配由甲船第5航次和第6航次负担（其中，第5航次使用集装箱2 000箱天，第6航次使用集装箱1 100箱天）。计算如下：

每箱天固定集装箱费用=120（元）

甲船第5航次7月使用集装箱应负担的费用=120×2 000=240 000（元）

甲船第6航次7月使用集装箱应负担的费用=120×1 100=132 000（元）

（3）甲船第5航次已完航次成本如表8-6所示。

表8-6　甲船第5航次运行费、船舶固定费及集装箱固定费　　单位：元

项目	6月	7月	合计
航次运行费用	532 000	528 000	1 060 000
燃料	40 000	350 000	750 000
港口费	30 000	25 000	55 000
货物费	100 000	150 000	250 000
航次其他费用	2 000	3 000	5 000
船舶固定费用	600 000	682 000	1 040 000
船舶集装箱固定费用	20 000	372 000	260 000
甲船第5次航行直接费用合计	1 684 000	1 736 000	3 420 000

（4）该公司7月的营运间接费用共为1 000 000元，7月各船已完航次运行费用合计10 000 000元。营运间接费用按月已完航次直接费用比例计算分配。计算如下：

7月营运间接费用分配率=（1 000 000/10 000 000）×100%=10%

甲船第5航次应分配营运间接费用为：3 420 000×10%=342 000（元）

甲船第5航次总成本=3 420 000+342 000=3 762 000（元）

（5）设甲船第5航次完成运输周转量313 500 000吨/公里，则其单位成本可计算如下：

单位运输成本 = 3 762 000/313 500 000 = 0.012（元每吨/公里）

（6）根据上述结果，可按船名或航线编制"船舶已完航次成本汇总表"（本例略）。

以上是从财务成本核算规定与要求的角度，介绍了海运企业财务成本的核算方法和成本报告的编制方法。在实际工作中，海运企业的成本核算除财务成本核算方法外，还有许多其他计算方法，这些方法没有统一的规定，完全是根据企业内部经营管理的需要计算的成本，因此可称之为管理成本。

二、装卸搬运成本

（一）装卸搬运成本概述

1. 装卸搬运的含义

物品在指定地点以人力或机械装入运输设备或卸下叫作装卸，装卸是指物品以垂直方向为主的空间位移。在同一场所内，对物品进行水平移动为主的物流作业叫作搬运，搬运是指物品以水平方向为主的空间位移。装卸搬运通常发生在某一物流节点范围内，是一种改变物品的存放状态和空间位置的活动。有时候在特定场合，单称"装卸"或单称"搬运"也包含了"装卸搬运"的完整含义。

习惯上，物流领域（如铁路运输）经常将装卸搬运这一整体活动称作"货物装卸"，在企业物流中经常将这一整体活动称作"物料搬运"，其实活动内容相同，只是领域不同。装卸和搬运两者密不可分，在物流活动中通常作为一种活动来对待。[①]

2. 装卸搬运成本构成

物品在装卸搬运过程中所支出费用的总和，构成装卸搬运成本。装卸搬运作业所发生的主要费用构成如下。

（1）设备投资额。设备投资额包括以下几方面。

①机械设备购置费。机械设备购置费是指购买机械时发生的费用。

②机械安装费。机械安装费是有些固定或半固定式的装卸机械在安装调试时发生的费用。

③基本折旧费。基本折旧费是按照机械使用年限而计算的每年提取的折旧

---

① 王欣兰. 物流成本管理 [M]. 北京：清华大学出版社，2014.

费用。

④附属设备费。装卸机械和运输机械在作业时往往要有相应附属设备的配合，以便使作业过程更加顺利或有利于提高设备的生产率，如装卸机械的各种吊夹具。购买或制造附属设备或工具的费用即附属设备费。

（2）运营费用。运营费用是指在某一装卸搬运机械作业现场一年内的运营总支出。运营费用包括以下几方面。

①设备维修费用。为了延长机械设备的使用年限，确保机械工作安全，提高机械设备的作业效率，各项设备需要进行大、中、小修和必要的保养，这些修理过程中所发生的费用就是设备维修费用。

②人工费用。人工费用指在设备作业过程中用于支付人工的费用。人工费用与装卸搬运机械化程度有密切的关系，机械化程度越高，人工费用支出越少，反之则越大。

③燃料和电力费用。燃料和电力费用指在机械作业过程中所必须消耗的燃料、动力以及必要的照明费用。这部分费用的大小与设备的功率和使用时间有直接关系。

④轮胎费。轮胎费指装卸搬运机械领用的外胎、内胎、垫带的费用，以及轮胎翻新费和零星的修补费。

⑤租赁费。租赁费指企业租入装卸机械设备，按合同规定支付的租金。

⑥其他费用，指除了上述费用以外所发生的费用，如劳保费用、管理费用、事故损失费用等。

（二）装卸搬运成本核算

1. 装卸搬运成本核算程序及方法

（1）确定计算对象和计算单位。装卸搬运成本的计算对象视具体情况而定，如以机械装卸作业为主、以人工作业为辅，可不单独计算人工装卸成本；如以人工装卸作业为主、以机械装卸作业为辅，可不单独计算机械装卸成本。当然，有时也可将两者分别计算。

（2）确定成本计算项目。

①人工成本。人工成本是指按规定支付给装卸搬运工人、装卸机械司机的计时工资、计件工资以及按工资总额计提的职工福利费（如退休保险金、失业保险金、住房基金和医疗保险等），职工福利费根据工资和福利费分配表中有关装卸

搬运的部分计入装卸搬运成本。

②燃料和电力费用。装卸机械在作业过程中需要耗用一定的燃料、动力和电力费用，燃料费用在月末根据领用燃料记录，计算实际耗用数量和金额；电力费用则根据收费单或企业分配单直接计入装卸搬运成本。

③轮胎费。轮胎费按实际领用数和发生数计入成本。如果一次领用的轮胎数较大，可作为预提费用或待摊费用，在一年内分月计入成本。

④修理费。根据安全生产的要求和提高效率的需要，装卸搬运机械、设备、设施和工具等必须定期进行修理、保养和检查，这些操作所发生的材料费、人工费等即为修理费。由专职装卸搬运机械维修工或维修班组产生的维修工料费直接计入装卸搬运成本，由维修车间进行维修的工料费，通过辅助营运费用账户归集分配计入装卸搬运成本。装卸搬运机械在运行和装卸搬运操作过程中耗用的机油、润滑油以及装卸搬运机械保修领用的材料，月终根据油料库的领料凭证直接计入装卸搬运成本。

⑤折旧费。装卸搬运机械按规定方法计提折旧费。可直接引入财务会计的相应装卸搬运机械设备的折旧费计入装卸搬运成本，包括选择平均年限法、工作量法、年数总和法和双倍余额递减法等。

⑥工具和劳保费。工具和劳保费是指装卸搬运机械耗用的工具费和使用的劳动保护用品，以及防暑、防寒等发生的各项费用。工具和劳保费在领用时按实际一次计入成本。

⑦事故损失费。事故损失费是指在装卸作业过程中，因此项工作造成的应由本期装卸成本负担的货损、机械损坏、外单位人员人身伤亡等事故发生的损失，包括货物破损等货损、货差损失和损坏装卸机械设备应支付的修理费用。事故损失费应由本期负担的净损失计入成本。

⑧外付装卸费。外付装卸费是指支付给外单位支援装卸工作所发生的费用。将实际发生数直接计入成本。

（3）计算总成本和单位成本。将计算期内各装卸搬运成本计算对象的成本加总即得总成本，再除以计算单位的数量，就得到单位装卸搬运成本。

2. 作业成本法在装卸搬运成本核算中的应用

现代成本管理的重点越来越集中于作业层次的管理，在装卸搬运成本核算中应用作业成本法，通过对作业的追踪，形成一个清晰的动态信息系统，进行动态的信息反馈，从而达到改进装卸搬运活动的目的，作业成本法对于装卸搬运成本核算无疑具有重要的意义。作业成本法在装卸搬运成本核算中的运用步骤如下。

（1）分析和确定装卸搬运作业。装卸搬运作业是一个占用时间、空间和场地的实际操作过程，与包装作业、保管作业、流通加工作业、物流信息处理作业等信息相关。由于装卸搬运作业成本取决于装卸搬运作业的业务数量和复杂程度，因此装卸搬运作业可以按照作业层级进行分解，大作业中包含若干小作业，每个小作业又包含若干更小的作业，最终分解为员工、设备的每一个具体动作，就可以明晰费用与时间。在分析和确定装卸搬运作业资源时，根据需要把一些会计账目和预算账目结合起来，组合成一个资源库。

（2）建立作业成本库，按不同的作业成本库归集成本。装卸搬运作业管理部门必须建立必要的作业成本库，以便核算管理，可以采用成本核算关联表，由专人负责管理，按不同的作业成本库归集成本。

（3）将各作业成本库中的成本按相应的成本动因率分配到各产品中。通过对各作业特性及其与其他各作业关系的分析，为各个作业找出相对应的成本动因，计算出成本动因率，然后列表计算分配到各作业中去。

（4）计算作业成本。根据每次的作业成本进行计算，这个过程通常会在作业清单上进行，列出各项作业内容和每次作业成本，并存入成本库，作为信息反馈的渠道。

三、仓储成本

（一）仓储成本概述

1. 仓储成本的含义

仓储成本是指在储存、管理、保养、维护物品的相关物流活动中发生的各种费用，即伴随着物流仓储活动消耗的物化劳动和活劳动的货币表现。大多数仓储成本不随存货水平的变动而变动，而是随着存货地点多少而变动。仓储成本包括仓库折旧、设备折旧、装卸费用、货物包装材料费用等。① 仓储成本具有以下特点。

（1）重要性。仓储成本是物流总成本的重要组成部分，而物流成本又占国民经济生产总值的很大部分。2016年企业物流费用支出快速增加，共支出735.4

---

① 陈文，吴智峰. 物流成本管理［M］. 4版. 北京：北京理工大学出版社，2021.

亿元，比 2015 年增长 21.8%。企业各项物流费用快速增长，其中仓储费用增长 14%。在物流费用构成中，运输费用占 62.9%，保管费用占 16.7%。2016 年物流业务总额同比增长 13.6%，其中仓储成本上升 41.5%。因此，降低仓储成本成为"第三利润源泉"的重要源泉之一。

（2）效益背反性。仓储成本管理是在保证储存功能实现的前提下，尽量减少投入。这是一个投入产出的关系问题。但要提高客户服务水平，就意味着要加强仓库建设、管理，仓库工作人员的工资、存货费。"效益背反"是物流活动中普遍存在的基本规律。仓储作为一种必要活动，由自身特点决定，对社会经济活动存在"逆"作用。这种作用主要由于不合理存储和被储物在储存期间所发生的质量变化和价值损失造成的。

（3）复杂性。在现行的会计制度下，对物流成本的核算缺乏统一的标准。例如，仓储成本中的仓储保管费用、仓储办公费用、仓储物资的合理损耗等一般计入企业的经营管理费用，而不是仓储成本。此外，对于内部所发生的仓储成本有时因涉及面广、环节多而无法划归相应科目，因此，增加了仓储成本的复杂性。

2. 仓储成本管理的含义

仓储成本管理就是用最经济的办法实现储存的功能，即在保证实现存储功能的前提下，如何尽量减少投入。仓储成本管理的任务是用最低的费用在合适的时间和合适的地点取得适当数量的存货。在企业的物流总成本中，仓储成本是一个重要组成部分，对各种仓储成本的合理控制能增加企业的利润，反之就会增加物流总成本，降低企业利润。

在某些领域，仓储成本合理化是利用 JIT 管理思想实现"零库存"。现代仓储技术发展的一个方向是利用有效的信息技术、现代物流技术、现代管理技术，通过配送方式来满足产品需要。

（二）仓储成本核算

1. 仓储成本的核算范围

在核算仓储成本之前，需要明确仓储成本的核算范围。核算范围取决于成本核算的目的，目的不同，核算范围也不同，结果也不同。在核算仓储成本时，原始数据主要来自财务部门提供的数据，因此首先要掌握按支付形态分类的成本。由于仓储成本在财务会计中没有直接对应的科目，而是与其他部门发生的费用混合在一起，因此，计算仓储成本既要分析其构成，也要考虑仓储成本与其他费用分离的方式。计算仓储成本可从以下方面着手。

（1）材料费。仓储成本中的材料主要是仓储过程中使用的衬垫、毡盖材料等。材料费根据材料出入库记录中各种材料的领用数量乘以单价后的数额计入仓储成本。

（2）人工费。仓储成本中人工费包括仓库管理人员和仓库作业上工人的工资、奖金和福利费等。人工费根据工资和福利费分配表中有关仓储人员的部分计入仓储成本。

（3）物业管理费。物业管理费包括水、电、气等费用，可以从安装在仓库设施上的用量记录装置获得相关数据，也可以按其他比例推算，如仓库建筑设施的比例、仓库工作人员的比例等。

（4）管理费。管理费无法从财务会计方面直接得到相关数据，可按仓库工作人员比例推算。

（5）营业外费用。仓储成本营业外费用包括折旧费、利息等。折旧费根据仓库中设施设备确定的折旧方法计算，利息根据购置相关资产的贷款利率计算。

（6）对外支付的保管费用。对外支付的保管费用应全额计入仓储成本。

计算仓储成本时，将各项成本分离出来，汇总就可得到总仓储成本。如果采取一定的分配方法，还可计算出单位仓储成本。

2. 仓储成本核算

仓储成本核算可以把仓储成本分别按仓储搬运费、仓储保管费、材料费、人工费、仓储管理费、仓储占用资金利息等支付形态分类，就可以计算出仓储成本的总额。这种计算方法是从月度损益表中"管理费用""财务费用""营业费用"等各个科目中，取出一定数值乘以一定的比率（指物流部门比率，分别按人数平均、台数平均、面积平均、时间平均等计算出来），算出仓储部门的费用，再将算出的成本总额与上一年度的数值做比较，分析增减的原因，最后制定修改方案（如表8-7所示）。

表8-7 远航公司按支付形态划分的仓储成本核算表

项目	管理等费用（元）	仓储成本（元）	计算基础（%）	备注
仓库租赁费	50 040	50 040.00	100	金额
材料消耗费	15 092	15 092.00	100	金额

续表

项目	管理等费用（元）	仓储成本（元）	计算基础（%）	备注
工资津贴费	315 668	94 700.00	30	人数比率
燃料动力费	6 322	3 288.00	52	面积比率
保险费	5 124	2 664.48	52	面积比率
修缮维护费	9 798	5 094.96	52	面积比率
仓储搬运费	14 057	7 309.64	42	仓储费比率
易消耗费	19 902	10 349.04	42	仓储费比率
资金占用利息	9 638	4 047.96	42	仓储费比率
税金等	10 658	4 476.36	42	仓储费比率
仓储成本合计	11 930	5 010.60	46	仓储费占费用总额比率

核算基准的计算公式如下：

人数比率 =（物流工作人员数/全公司人数）×100% =（21/70）×100% = 30%

面积比率 =（物流设施面积/全公司面积）×100% =（1 600/3 077）×100% = 52%

仓储费用比率 =（1~8 项的仓储费之和/1~8 项的管理等费用之和）×100%
=（50 040+15 092+94 700+3 288+2 664.48+5 094.96+7 309.64+
10 349.04）/（50 040+15 092+315 668+6 322+5 124+9 798+14 057+
19 902）×100% = 42%

【本章小结】

本章对会计的概念与目标进行了介绍，阐述了会计的职能，着重对会计三大报表的编制方法、流程及规范进行描述。其次，对 ROA 和 ROE 的分析流程进行示范。最后，辅以从运输成本、装卸搬运成本和仓储成本进行物流成本分析。

【思考练习】

（简答题）某企业 2019 年 12 月 31 日固定资产账户余额为 3 000 万元，累计折旧账户余额为 800 万元，固定资产减值准备账户余额为 200 万元，固定资产清理借方余额为 50 万元，在建工程账户余额为 200 万元。该企业 2019 年 12 月 31 日，资产负债表中固定资产项目金额是多少？

第八章 国际物流成本管理

【案例分析】

百胜物流降低连锁餐饮企业运输成本

1. 背景介绍

对于连锁餐饮行业来说,靠物流手段降低成本并不容易。然而,百胜物流公司抓住运输环节做文章,通过合理的运输安排,降低配送频率,实施歇业时间送货等优化管理方法,有效地实现了物流成本的"缩水",给业内管理者指出了一条细致而周密的低物流成本之路。由于连锁餐饮业(QSR)的原料价格相差不大,物流成本始终是企业成本竞争的焦点。据有关资料显示,在一家连锁餐饮企业的总体配送成本中,运输成本占到60%左右,而运输成本中的55%到60%又是可以控制的。因此,降低物流成本应当紧紧围绕运输这个核心环节。

2. 具体举措

运输排程的意义在于,尽量使车辆满载只要货量许可,就应该做相应的调整以减少总行驶里程。由于连锁餐饮业餐厅的进货时间是事先约定的,这就需要配送中心根据餐厅的需要,制定一个主班表,它是针对连锁餐饮餐厅的进货时间和路线详细规划制定的。众所周知,餐厅的销售存在着季节性波动,因此主班表至少有旺季、淡季两套方案。在主班表确定以后,就要进入每日运输排程,也就是每天审视各条路线的实际运货量,根据实际运货量对配送路线进行安排、调整。

对于产品保鲜要求很高的连锁餐饮业来说,尽力和餐厅沟通,减少不必要的配送频率,这样可以有效地降低物流配送成本。配送频率增加会影响配送中心的几乎所有职能,最大的影响在于运输里程上升所造成的运费上升。因此,减少不必要的配送,对于连锁餐饮企业显得尤其关键。

车辆时间利用率也是值得关注的,提高卡车的时间利用率可以从增大卡车尺寸、改变作业班次、二次出车和增加每周运行天数四个方面着手。

歇业时间送货避开了城市交通高峰时间,既没有交通拥挤的打扰,也没有餐厅运营的打扰。由于餐厅一般处在繁华路段,夜间停车也不用像白天那样有许多顾忌,可以有充裕的时间进行配送。由于送货窗口拓宽到了下半夜,使卡车可以二次出车,提高了车辆利用率。在餐厅歇业时段送货的最大顾虑在于安全。歇业时间送货要求配送中心与餐厅之间有很高的互信度,如此才能将系统成本降低。所以,这种方式并非在所有地方都可行。

3. 评述

不论是传统储运，还是现代物流，运输都是其中的核心职能，本案例中的百胜物流在为连锁餐饮业作物流配送服务时，通过抓好配送中的运输环节，在其他环节相差无几的情况下，实现物流成本"缩水"。在为餐饮业服务中，百胜物流的服务方式相对简单，即以市内短途汽车运输为主。

（资料来源：www.docin.com/p-333698413.html。）

思考：

百胜降低运输成本的举措为现代物流管理带来了哪些启示？

第九章 国际物流风险管理

【学习目标】

1. 理解国际物流风险的概念、分类及特点
2. 理解国际物流风险管理流程、方法和策略
3. 掌握国际货物运输保险投保与承保
4. 掌握国际货物运输保险的业务环节
5. 理解国际陆运货运保险理论与实务
6. 了解国际空运货运保险理论与实务
7. 了解国际邮包货运保险理论与实务
8. 了解国际应急物流概念及特点

【重点难点】

1. 国际物流风险管理流程、方法及策略
2. 国际货物运输保险的业务环节
3. 国际陆运货运保险理论与实务

【导入案例】

新冠疫情下的国际物流风险管理

2020 年,全球范围内爆发了新冠疫情。疫情防范的初始阶段,我国积极推动从境外进口防疫物资。随着疫情形势变化,国外就物资和医疗资源等向我国求援,我国采取多种方式将国内生产的物资输送到国外防疫一线。新冠疫情中,国际物流所面临的风险主要集中于运输方面,其中航空运输风险和海路运输风险最为突出。

一、新冠疫情中的国际物流风险

(一) 财务风险

新冠疫情中,航运业、卡车运输、货运代理和第三方物流业的财务能力因需求减少而受损。国际航空运输协会(IATA)预计,2020 年新冠疫情引起的航空业相关损失可能达到 1 130 亿美元,而新冠疫情导致的道路运营商损失,则可能高达 8 000 亿美元。[①]

(二) 流动性风险

1. 货物流动性风险。全球疫情的蔓延,导致交通运输的速度减慢或交通运输中断;货物包装表面可能传播疫情,国际物流的国境卫生检验检疫的程序也会导致国际物流的货物流动处于不畅的状态。国际物流中跨地区流动受到疫情的影响,均会产生无法按时履约的风险。

2. 人员流动性风险。国际物流从业人员的流动,如航运业中的海员、航空运输业的飞行员的健康也是一个重要的风险点。每月有 10 万海员需要上岸,由于海员和乘客以及公众在保持贸易航线正常运行方面的重要作用,在疫情中,人员卫生健康管控也成为关键。

二、新冠疫情中的航空运输风险

受新冠疫情影响,货物国际运输往来受阻,航空成本暴涨。在国际航空货运方面,各大客运航空公司是重要的市场力量。在 2020 年 2 月和 3 月,全部国际航空销售市场的运输能力比正常阶段降低了 60% 以上,航空运输面临高度中断

---

① 国际道路运输联盟(International Road Transport Union, IRU)。

风险。

2020年末，全国尚没有以货运功能为主的机场。在疫情暴发的情况下，货运需求加大，但货机停靠、装卸等基础设施和操作流程的调整以及时间安排难度大，与其配合的其他物流操作环节难度及成本加大，极大增加了国际运输中断风险。

三、新冠疫情中的海路运输风险

海运是国际物流中最主要的运输方式。国际贸易总运量中的2/3以上，中国进出口货运总量的90%，都是利用海上运输。因此，新冠疫情导致订单锐减，首先受冲击的便是国际海运。反映航运经济指标的波罗的海干散货指数已经跌到历史低位，2020年1—3月下降了60%。

四、应对举措

（一）多主体发力应对国际航空运输风险

一是民航局鼓励客运航空公司通过"客改货"来弥补货机运力不足，对部分航线使用客机执行全货运航班；二是邮政快递企业通过境外中转、增加包机、开辟航线等方式来积极应对；三是相关的商家和电商平台也积极采取措施应对疫情的冲击。

（二）中欧班列为国际陆路运输提供保障

在陆路国际物流运输方面，随着班次密度的增加，中欧班列运输保障能力进一步发挥出来。在疫情发生后，原来一直走海运的一些客户，转而咨询国际铁路出运细节，而客户所联系的中欧国际班列部分班次开始出现业务爆仓的情况。

（三）完善国际物流网络布局

在疫情中，国内各家快递企业积极向国际市场拓展，通过自建或与国外企业合作，建立海外物流运营网络。在全球范围内，阿里旗下的菜鸟通过与32家主要航空公司合作，实现货物直接运达全球40个国家和地区，积极在全球各地推动物流枢纽ehub（数字贸易中心）建设，将阿里智能物流骨干网延展到世界范围。京东也确定了2018—2028年的国际化发展方向，以物流打头阵引领其供应链服务全球化，实现48小时中国通达全球。

（资料来源：刘连花. 新冠肺炎疫情对国际物流服务供应链运行的影响研究［J］. 供应链管理，2020，1（09）：5-13. 喜崇彬. 疫情下国际物流面临的挑战与对策［J］. 物流技术与应用，2020，25（05）：58-62.）

国际物流

第一节 国际物流风险概述

一、国际物流风险的概念

CIPS（英国皇家采购与供应学会）将风险定义为："不希望的结果所发生的概率。"概率是某一事件或结果发生可能性的量度。《风险管理国际标准》（ISO31000：2018）将风险定义为："不确定性对目标造成的影响。"从这些定义中可以看出风险就是发生不幸事件的概率。换句话说，风险是指一个事件产生我们所不希望的后果的可能性，也就是某一特定危险情况发生的可能性和后果的组合。

二、国际物流风险的分类

如今，企业规模越来越庞大，产品越来越多样化和复杂化，物流业务对以计算机为代表的IT技术的高度依赖、物流业和物流市场的全球化趋势，使得物流活动日趋复杂。与国内物流相比，国际物流明显具有更高的风险水平，如表9-1所示。

表9-1 国内物流与国际物流的比较

比较项目	国内物流	国际物流
物流环境	较简单	复杂，因各国社会制度、法律人文、习俗、语言、科技、自然环境、经营管理方法等不同
沟通	口头或书面的系统就可实现沟通，目前已越来越多使用电子数据交换	口头或书面的成本较高，电子数据交换又因各国的标准不同而受到一定程度的限制
市场准入	限制较少	限制较多
政府监管机构	主要是物流安全机构	除物流安全机构外，还包括一关三检等监管机构
标准化要求	较低	较高
物流保险	货物与运输工具保险欠发达	货物与运输工具保险较发达

续表

比较项目	国内物流	国际物流
物流信息系统	较容易建立	较难建立
代理机构	较少	对国际运输代理（货代、船代）、运输经纪人、报关行有较强的依赖性
完成周期	以3~5天或4~10天为单位	以周或月为单位
库存水平	库存水平较低，反映较短的订货前置期、较小的需求及改善的运输能力	库存水平较高，反映较长的订货前置期、较大的需求和不稳定的运输能力
物流单证	涉及单证较少，且标准化程度低	繁杂且要求具有国际通用性
适用法规	本国的法律法规	已加入的国际公约与国际惯例
运输方式	以陆路（公路、铁路）为主	主要是以海运为主，空运与多式联运得到较广泛的应用
路线选择	路线选择所受限制较少，但同时也带来了路线选择上的困难	经由路线受到各国口岸及国际贸易方式等方面的限制，而且为了利用自由贸易区、保税区等优势，易使商品运输路线发生变化
承运人责任	普遍实行严格责任制或完全过失责任制	各运输方式之间尚未统一，如国际海上运输基本上实行不完全过失责任制
物流联盟	重要性没有国际物流大	较国内物流而言更为重要

（一）基于宏观外部环境的分类

1. 政治风险

政治风险是宏观环境背景，涉及政府法律政策、政府宏观调控措施、社会战乱等多方因素。一些进出口贸易项目，因为政府的政策倾向可能会有所限制或者得到鼓励。政治的动荡、战争的爆发，也会对物流运作产生影响。多数物流可能因为政治环境的不稳定而陷入停滞，也有某些领域的物流会谋得暴利。

2. 经济风险

经济风险是指因为经济条件的变动而带来的损失风险。比如，银行利率、进出口汇率的调整，会影响跨国物流。因为国际物流链条短，稳定性不足，经济的大幅波动对其考验也是严峻的。在市场经济条件下，市场的潜在风险是难以预知的。供求双方的准确预测难度越来越大。国内外竞争激烈程度也在加大，物流企业面临着巨大的竞争挑战。

3. 科技风险

科技风险是指企业在运用前沿科学技术时，存在不可知的风险。科技风险包含产品生产技术的风险、运输技术的风险、库存技术的风险以及信息传递技术的风险等。新技术因为其高新尖，其安全稳定性与适用可靠性都没有得到充分的实践检验，可能因为新技术的启用，导致企业前期方案与实际操作难以匹配。

4. 自然风险

自然风险则完全是人力不可抗拒因素。在进行国际物流服务时，如发生自然灾害，比如地震、海啸、水灾、火灾等时，物流供应链只有中断。

（二）基于物流功能的分类

1. 运输和搬运活动的风险

国际物流的物理位移很大，运输方式有陆、海、空及其组合等；运输工具可以是汽车、火车、轮船和飞机，因此其面临的风险也复杂。主要风险有运输过程中遇到的各种自然灾害和意外事故造成的损失，以及为减少损失而采取的某些救助或施救措施而发生的额外费用，还有某些非故意的人为因素引起的损失。

2. 储备和库存活动的风险

不论是原材料、半成品还是产成品，当被作为存货进行储存时就会面临各种自然灾害和意外事故造成的仓库存储的损失风险，例如，火灾、水灾对存货的危害性很大。存货的种类很多，不同种类的存货对仓储条件和存货管理的要求也不同，因此不当的库存管理也会形成仓储损失风险。

3. 配送活动的风险

是否能及时、按量、保质地将货物送到客户手中是配送所面临的风险，这将影响到国际物流的综合服务能力。在货物的配送过程中因自然灾害或意外事故而造成的货物损毁，非故意的人为因素造成的时、量、质无法保障，以及人为因素等风险的存在，对物流企业会造成重大冲击和经济损失。

4. 其他服务活动的风险

国际物流强调的竞争优势已不仅仅是降低成本，而是需要具有高超和不断改善的物流能力，及时识别所有出现和潜在的物流作业障碍，即物流中的风险，并在向顾客提供的物流服务可能失败之前采取有效行动，提前通知顾客，或在失败之后有能力减轻因物流服务失败给顾客造成的损失，以保证国际物流所强调的物流服务衡量标准，即可得性、作业表现的及时性和缴付一贯性、服务可靠性。

（三）按照责任性质的分类

按照国际物流风险的责任性质，可将物流风险分为合同风险、侵权风险和不可抗力风险。

1. 合同风险

物流合同是物流服务提供者与接受者之间就运输、储存、装卸、搬运、包装、流通加工、配送、信息处理等基本物流活动的一项或几项达成的协议。

由自己完成还是委托第三方完成，总的物流风险在量上不一定发生很大的变化，但是，风险承担主体发生了变化。通过物流合同，物流风险在合同当事人之间进行了重新分配。

物流合同风险主要是基于物流合同产生的当事人违约的风险。

2. 侵权风险

当物流合同当事人一方，尤其是物流服务商对合同当事人以外的人造成损害时，应当承担侵权责任，承担这种责任的风险属于侵权风险。物流侵权风险在运输、仓储、装卸等环节普遍存在，承担这些风险的主体一般是物流服务商。有时，这种风险被称为第三者责任风险，如仓库存放危险品发生爆炸引起周围的财产损失或人身伤亡时；物流服务提供者使用自己拥有的卡车运送有毒有害液体而产生泄漏，造成环境污染等。

3. 不可抗力风险

不可抗力是指不能预期、不能避免和不能克服的自然事件和社会事件。不可抗力风险客观存在，与物流活动由买卖双方当事人自己承担还是委托第三方承担一般不存在直接的关系。在不可抗力风险承担上，一般是作为物流服务提供者免责的范围，控制和减少该风险最好的方法是保险。

三、国际物流风险的特点

国际物流风险具有一般风险的特征，也有特有风险的特征。

（一）国际物流风险的一般特征

1. 不确定性

风险是否发生是不确定的，若是确定则不为风险。风险的不确定性表现在空间的不确定，即不知在何地发生；时间的不确定，即不知何时发生；程度的不确定，即不知损失多少。

2. 损害性

风险事故发生之后往往造成一定的损失。这种损失既可以是有形的，也可以是无形的。例如，运送高度腐蚀性液体的物流企业的槽罐车出车祸造成液体泄漏，此事故造成的车辆损害以及赔偿等是有形的，但是该事故对企业声誉的损害却是无形的。

3. 客观性

风险是客观存在的。自然灾害、意外事故等风险不可能被完全排除。但是随着人们认识水平的不断提高，人们发现和预防风险的能力也在不断提高，客观的风险发生概率是可以降低的。

4. 未来性

风险是发生在未来的事情。过去的事情已经发生，不存在不确定性。为了准确测量和管理风险，风险总是对未来有可能发生的事情进行衡量。

5. 发展性

在不同的历史时期，风险会有不同。随着时代的发展，新产品、新技术的采用会给人们带来新的风险。例如，船舶的发展，帆船时代人们最担心的是船，而现代的船舶则有油污的风险。

6. 两面性

这是指风险既有损失的一面，也有收益的一面。风险既可能给人带来损失，也可能给人带来收益。风险的这一特性是随着人们对风险认识的加深而被认识的。这一特性告诉我们，既要看到风险可能带来的损失，也要考虑到可能的收益，要准确把握时机冒险获利。

（二）国际物流特有风险特征

①由于各国法律、习俗、科技水平、文化等的不同，国际物流环境复杂。
②风险管理主体与其他主体间的沟通成本大。
③对代理机构依赖大，使得自己不可控的因素增加。
④物流完成周期长。
⑤使用多种运输方式，需要遵守的法律更多，因法律规定不统一造成的风险大。

四、国际物流风险管理流程、方法和策略

（一）国际物流风险管理流程

国际物流风险管理，从理论上看是一般风险管理理论与物流管理理论的交叉。紧密结合国际物流系统的特点和国际物流风险的特点，参照工程风险管理的方法体系，构建国际物流风险管理的基本流程如图9-1所示。

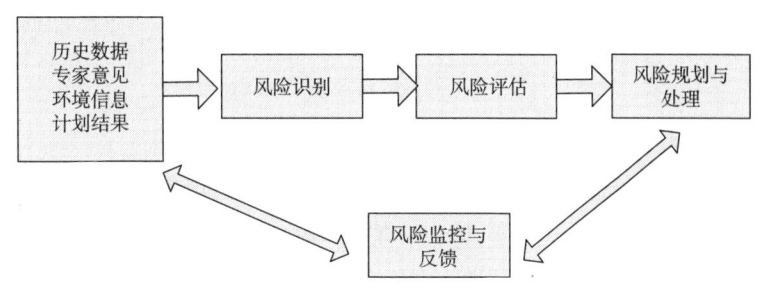

图9-1 国际物流风险管理的基本流程

国际物流风险管理的全过程，包括风险识别、风险评估、风险规划与处理，以及风险监控与反馈等几个阶段。

1. 风险识别

风险识别是指国际物流风险管理主体在各类风险事件发生之前运用各种方法系统地认识所面临的各种风险以及分析风险事件发生的潜在原因。风险识别阶段是物流风险管理最重要的一步，也是有效进行风险管理的一步。国际物流风险识别是国际物流风险管理的前提，具有非常重要的意义。由于风险存在的客观性、普遍性与风险识别的主观性存在差异，因此，正确识别风险成为风险管理中最重要也是难度最大的工作。

2. 风险评估

风险评估是指对风险发生的可能性或损失的范围与程度进行估计与度量。只有准确地评估风险，才能选择有效的工具应对风险，并达到以最少费用支出获得最佳风险管理效果的目的。在评估国际物流风险时，不仅要考虑到风险对某个国际物流企业的影响，还要考虑到国际物流风险的发生对国际物流整体造成的后果；不仅要考虑到国际物流风险带来的经济损失，还要考虑到国际物流风险带来的非经济损失，如信任危机、企业的声誉下降等无形的非经济损失，这些非经济

损失有时是很难用金钱来衡量的。风险评估有定性和定量两类方法。

3. 风险规划与处理

国际物流风险规划与处理是国际物流风险管理的核心，是制定物流风险规避策略以及实施措施和手段的过程。识别和评估国际物流风险都是为了有效地处理国际物流风险，减少国际物流风险发生的概率和造成的损失。对于可能面临的各种风险，可以采取不同的风险响应策略，如预防、减轻、转移、回避、接受和后备措施等。风险规划的结果是制订风险管理计划、应急计划、保险计划、资源储备计划等。

4. 风险监控与反馈

国际物流风险的监控与反馈就是将在风险识别、风险分析以及风险处理中得到的经验、新知识，或者从损失或接近损失中获取有价值的经验教训，集中起来加以分析并反馈到与国际物流相关的经营活动中，从而避免犯同样错误的过程。国际物流风险管理是一项长期的、艰巨的工作，不可能一蹴而就，必须动态地重复风险管理过程的各步骤，以使这一过程融入国际物流管理运作，真正做到长期有效地管理风险。

根据物流风险管理的过程，国际物流风险管理就是管理人员通过风险识别、风险评估和风险处理，合理地使用多种管理方法、技术和手段，对可能影响国际物流的各种风险因素实行有效控制，妥善处理风险事件造成的不利后果，保证国际物流管理目标的实现。

（二）国际物流风险管理基本方法

处理国际物流风险的方法包括国际物流风险回避、国际物流风险控制、国际物流风险转移和国际物流风险自担。

1. 国际物流风险回避

这是彻底规避国际物流风险的一种做法，即断绝风险的来源。国际物流风险回避的方法是放弃或终止某项国际物流合作，或改变国际物流的合作环境，尽量避免一些外部事件对企业造成的影响。当然，国际物流风险回避在某种程度上意味着丧失可能获利的机会。

2. 国际物流风险控制

这是在国际物流风险识别和评估的基础上，有针对性地采取积极防范控制措施的行为。国际物流风险控制的目标是：在风险发生之前，降低风险发生的概率；在风险发生之后，降低风险发生造成的损失，从而把风险造成的损失降到最低限度。这是一种主动积极的风险管理方法，但经常受到技术条件、成本费用、管理水平等限制。

3. 国际物流风险转移

这是将国际物流中可能发生的部分风险转移出去的风险防范方式。风险转移可分为保险转移和非保险转移两种。保险转移是向保险公司投保，将国际物流的部分风险损失转移给保险公司承担；非保险转移是将国际物流部分风险转移给国际物流以外的企业，或由整个供应链企业来共同承担风险。

4. 国际物流风险自担

这是国际物流中的企业将可能的风险损失留给自己承担的方式，是被动的措施。一种可能是，对于企业而言，为获得高额利润回报而甘愿冒险。另一种可能是，由于国际物流系统风险无法回避，因此各国际物流企业只能通过系统吸纳接受风险。

第二节　国际物流保险实务

一、国际物流保险基础知识

（一）保险的概念

保险是指投保人根据合同约定，向保险人支付保险费，保险人对于合同约定的可能发生的事故因其发生所造成的财产损失承担赔偿保险金责任，或者当被保险人死亡、伤残、疾病或者达到合同约定的年龄、期限时承担给付保险金责任的商业保险行为。[1]

（二）可保风险与可保利益

货物在海上或在其他运输过程中可能遭受各种风险和损失。保险公司并不是对一切风险都予以承保，也不是对一切损失都予以赔偿。保险公司为了明确责任，将其承保的各类风险和由这些风险所造成的各种损失的赔偿责任在其各种不

---

[1] 《中华人民共和国保险法》（2015年第四次修订）第二条。

同的险别条款中加以规定。因此，保险业务中的风险和损失有其特定的含义，而不是一般的泛指。投保人只有首先弄清风险和损失的内容，才能正确理解各种险别的责任，而后方能有针对性地办理投保。

1. 可保风险

可保风险（insurable risks）或称可保危险，是指保险人可以接受承保的风险。风险有很多种，但并不是所有的风险都可以通过保险进行转嫁并取得保障。从保险就是保障危险这一特点来说，保险实际上只是对纯粹风险进行保险，给予补偿。

2. 可保利益

可保利益是对保险标的物所具有的利益。只有具有真正利益的人才有权利对标的进行保险。在国际海运货物保险中，货物的所有人、承运人和其他与货物有实际利益关系的人都是具有保险利益的人。也就是说，货物本身价值、运费、保险费、预期利润、卖方利益、佣金等都可作为保险利益向保险公司进行投保。

（三）国际货物运输保险的意义

1. 有利于企业经营的正常进行

如果企业事先向保险公司办理了货物运输的投保手续，只要交付少量的保险费，就可以在发生损失时从保险公司取得经济赔偿。由于保险费的支出可以计入经营成本，所以参加保险实际上是把可能产生的不确定的风险损失转化成确定的日常费用开支，从而有助于企业经营的顺利进行。

2. 有助于推动国际物流和贸易的顺利开展

在国际贸易中，买卖双方所在的国家相距遥远，进出口货物在运输途中容易因灾害事故的发生而遭受损失，所以每笔交易都必须办理货物运输保险。

3. 可以为国家增加外汇收入

货物运输保险除了有助于推动国际贸易和国际物流的顺利开展之外，在出口贸易中，尤其是在卖方负责办理保险的交易中，还可以增加出口创汇的能力。就世界范围来看，外汇保费的收入已经成为一个国家一项重要的非贸易外汇收入。在进口贸易中，如由买方在本国自行办理保险，则可为国家节省外汇支出。

4. 有利于防灾防损工作的开展

保险公司从自身利益出发，一般都愿意参与该项工作，因为防灾防损工作做得好,灾害事故就会减少,经济赔偿也会随之减少。同时,保险公司在处理众多的赔偿案件时,可从中找出致损的原因和规律,从而进行防灾防损的宣传。

二、国际货物运输保险的业务环节

国际物流中的货物在从出口国到进口国的运输过程中,一般均需要办理货物运输保险。办理货物运输保险,是指被保险人就其货物按一定的金额和险别向保险人提出投保申请,保险人同意后,便按投保金额和投保险别的费率收取保险费,并出具保险单证。事后,如所投保货物在运输过程中遭受保险责任范围内的损失,享有保险利益的单证持有人即可向保险人要求赔偿。通常情况下,国际货物运输保险业务包括投保人的投保、保险人的承保以及保险的索赔和理赔几个阶段。

(一)国际货物运输保险的投保

国际货物运输保险的投保是指投保人向保险人订立保险合同的意愿,提出投保申请,将自己所面临的风险和投保的要求告知保险人,向保险人发出要约或询价,保险人表示承诺或对此询价提出包括保险条件及费率的要约。

国际货物运输保险应由卖方还是买方办理投保手续,主要取决于贸易合同中采用的贸易术语。例如,我国出口货物时采用 FOB、FCA 或 CFR、CPT 以及 EXW、FAS 术语时,投保手续由国外买方办理;采用 CIF 或 CIP 术语时,则由我方办理手续。此外,采用 DES 等到达术语时,也应由我方自行办理手续。

1. 投保险别的选择

保险公司承担的保险责任以险别为依据,不同的险别所承保的责任范围并不相同,其保险费率也不同。在国际货物运输保险业务中,选择何种险别,一般应考虑下列因素。

(1)货物的性质和特点。不同种类的货物,由于其性质和特点不同,在运输时即使遭遇同一风险事故,所导致的损失后果往往也并不相同。例如,粮谷类商品海运时一般需投保一切险,或在水渍险的基础上加保受潮受热及短量险,陆运时则需要投保一切险,或在陆运险的基础上加保短险。

(2)货物的包装。货物的包装方式会直接影响到货物的完好情况。集装箱运输货物在运输途中遭遇各类风险而损失的可能性就相对较小,但也可能因箱内货物堆放不妥而致运输途中出现碰损、混杂等损失,这就往往需要在平安险或水渍险的基础上加保碰损、破碎险或混杂、玷污险。因此，投保人应根据不同包装方式的特点选择适当的险别。

（3）货物的用途与价值。一般而言，食品、化妆品及药品等与人的身体、生命息息相关的商品，由于其用途的特殊性，一旦发生污染或变质损失，就会丧失全部使用价值。因此，在投保时应尽量考虑能得到充分全面的保障。例如，茶叶在运输途中一旦被海水浸湿或吸收异味即无法饮用，失去使用价值，故应当投保一切险。

价值的高低对投保险别的选择也有影响。对于古玩、古画、金银、珠宝及贵重工艺品之类的商品，由于其价值昂贵，而且一旦损坏对其价值的影响会很大，所以应投保一切险，以获得全面保障。

（4）运输方式、运输工具、运输路线、运输季节和港口（车站）。货物通过不同的运输方式，采用不同的运输工具进行运输，途中可能遭遇的风险并不相同，可供选择的险别也因运输方式而各异。例如，多式联运利用现代化的组织手段，将海运、陆运、空运等单一的运输方式有机地结合起来，因此货主在投保时应全面考虑整个运输过程中分别采用的运输工具的具体特点，分段选择响应的保险险别。

运输路线的长短和货物的损失也有一定的关系。一般而言，运输路线越长，所需的运输时间也越长，货物在运输途中可能遭遇到的风险越多；反之，运输路线越短，货物可能遭遇到的风险就越少。因此，投保人应根据运输路线的不同选择合适的保险险别。

装货港、卸货港及中转港的装卸条件和装卸工具不同，运送能力、装卸设备、安全设施、管理水平及治安状况等方面存在的差异，也会影响到货物在装卸及存放时发生货损、货差的可能性。另外，运输季节的不同，也会对运输货物带来不同的风险和损失。因此，投保人在进行投保时应根据这些不同的要求选择适当的险别。

2. 保险金额的确定

保险金额是保险合同中必不可少的项目，是保险人对保险标的承担的最高赔偿金额，也是保险人计算保险费的依据。投保人在投保时须按照保险价值申报保险金额。

（1）出口业务中保险金额的确定。在国际货运保险中，保险金额一般以CIF或CIP的发票价格为基础确定，除应包括商品的价值、运费和保险费外，还应包括被保险人在贸易过程中支付的经营费用，如开证费、电报费、借款利息、税款等，此外还应包括在正常情况下可以获得的预期利润。如果以 CIF 或 CIP 条件成交，保险金额应为：

保险金额=CIF（CIP）×（1+保险加成率）

关于保险加成率，在《跟单信用证统一惯例》（2007 年修订本）和《2020 年国际贸易术语解释通则》中均规定，最低保险金额应为货物的 CIF 或 CIP 价格加 10%，如果以其他四种贸易术语成交时，则应先折算成 CIF 或 CIP 再加成。

当然，保险加成率并非必须是 10%，因为加成的目的是为弥补被保险人的各项经营费用及预期利润的损失，所以被保险人可以根据不同时间、不同交易的预期利润的不同及经营费用的高低，在买卖方协商一致的基础上和保险人约定不同的加成率。

以 CIF 或 CIP 价作为保险金额的计算基础，表明货物的国内成本、运费以及保险费均应作为保险标的，共同加成投保，因此若出口商原先报的是 CFR 或 CPT 价，而对方要求改成 CIF 或 CIP 价，或合同中规定采用 CFR 或 CPT 价，进口商却要求出口商代为办理货运保险，此时均不能直接以 CFR 或 CPT 价作为保险金额，应先把 CFR 或 CPT 价折算成 CIF 或 CIP 价，再加成计算保险金额。计算公式为：

CIF（或 CIP）价=CFR（或 CPT）价/［1-保险费×（1+保险加成率）］

保险金额=CIF（或 CIP）价×（1+保险加成率）

【例 9-1】

北京某货运公司出口一批货物到日本，原报 CFR 日本大阪，总金额 80 000 美元，现进口商来电要求改报 CIF 价格，目的地不变，并按 CIF 价加成 10% 投保海运一切险。假设运至日本大阪的该项货物海运一切险的保险费率为 0.5%，应按如下方法计算保险金额：

CIF=80 000/［1-0.5%×（1+10%）］=80 442.43（美元）

保险金额=80 442.43×（1+10%）=88 486.67（美元）

（2）进口业务中保险金额的确定。在进口业务中，贸易合同采用的贸易术语决定着何方办理货运保险。例如，采用 CIF 术语时，应由出口商办理保险，此时我国进口商应事先在贸易合同中确定保险金额。若采用的是 CFR、CPT、FCA 或 FOB 等术语，保险金额则按保险费率和平均运费率直接计算，公式如下：

按 CFR 进口时，

$$\text{保险金额} = \text{CFR 价} \times (1 + \text{保险费率})$$

按 FOB 进口时，

$$\text{保险金额} = \text{FOB 价} \times (1 + \text{平均运费率} + \text{保险费率})$$

【例 9-2】

进口商品 A 的 CFR 价格为 8 846.4 美元，要投保一切险（保险费率 0.8%）和战争险（保险费率 0.08%），试计算进口商应付给保险公司的保险费用。

$$\text{保险金额} = 8\,846.4 \times (1 + 0.8\% + 0.08\%) = 8\,924.25 \text{（美元）}$$

$$\text{保险费} = 8\,924.25 \times (0.8\% + 0.08\%) = 78.53 \text{（美元）}$$

3. 填写投保单

投保单是投保人在投保时对保险标的及有关事实的告知和陈述，也是保险人签保险单和确定保险费的依据，因此，投保单的填写必须准确、真实。中国人民保险公司的进出口货物运输保险投保单的具体内容主要有以下几项：被保险人，发票号码和合同号码，包装数量，保险货物项目，保险金额，装载运输工具、航次、航班、开航日期，运输路线，承保险别，赔款地，投保人签章及企业名称、电话、地址、投保日期等。如果投保人申报不实，会影响保险人对风险程度的预测以及做出正确的承保决策。如果投保人因过失而未如实申报重要事实，保险人也可以酌情做出解除保险合同或加收保费的决定。

（二）国际货物运输保险的承保

保险公司在接受投保人的投保申请后，应及时开立保险单，并确定投保人应缴纳的保险费。

1. 保险单的缮制

保险单由保险公司根据投保人提供的投保单的内容制作，因此保险人在接受投保后，所缮制的保险单内容应与投保单一致，以满足投保人对保险的要求。

2. 保险费的结算

保险费的金额取决于保险金额的保险费率的高低。按照各国法律的规定，保险金额在不超过保险价值的前提下，可由保险人和投保人约定，在实践中，通常由投保人根据货物的合同价并适当加成后经保险人同意确定。

由于国际货物运输保险承保的是国际贸易的货物，所以还应注意国际因素，使保险费率水平能适应国际市场的行情，以增强自身在国际市场上的竞争能力，而且还应使保险费率水平能为国际再保险人接受，以便保险人在需要时通过国际范围内的再保险，使承保风险得以分散和转移。

出口货物和进口货物保险费率的确定方式基本相同。进出口货物的保险费率主要分四种：一般货物费率，指明货物加费费率，战争险、罢工险费率以及其他规定。

（1）一般货物费率。凡投保货运保险的货物均需按此项核定基本保险费，是根据运输方式、基本险和目的地的不同而确定的费率。

（2）指明货物加费费率。它是针对易损货物加收的一种附加费率。凡属于指定货物加费费率项中的货物，无论是用何种运输方式，如果投保一切险，在计算保险费时均需要在一般货物费率的基础上，再按此项加费规定加收保险费。

（3）战争险、罢工险费率。战争险、罢工险费率实际上仅规定了战争险费率，而且不管采用何种运输方式，费率均相同。罢工险如果和战争险一起加保，只按战争险费率计收，不另加收；如果单保罢工险，则按战争险费率计收。在保险货物航程经过地区的战争或罢工风险发生变化时，保险人有权随时调整原定的战争险、罢工险费率。

（4）其他规定。这是对其他导致投保风险变化的具体情况或特殊情况所制定的加费或减费规定，具体包括以下几项：一般附加险加费、特殊附加费、舱面险加费、内陆运输加费、延长保险期限加费、转运加费、免赔率增减计费、贵重商品保险计费、国内运输收费等。

总之，计算进出口货物费率时，应根据投保险别、货物情况、运输工具、目的港以及运输中其他的情况综合考虑，从上述四类费率中选择适合的费率。

3. 再保险

再保险，又称"分保"，是原保险的保险人（original insurer）为了分散本身承担的风险，在支付事先商定的保险费条件下，将所承保的风险责任的一部分转给其他的一个或几个保险人承担。凡经再保险的业务，当发生保险责任范围内的损失时，原保险人在向投保人理赔时，可向再保险人（reinsurer）取得相应部分的赔款补偿。

（三）国际货物运输保险索赔与理赔

被保险货物遭受损失后，被保险人应按规定办理索赔手续，向保险人要求赔偿。保险人在接到被保险人的索赔要求后，应对被保险货物的损失赔偿要求进行处理。

1. 被保险人的索赔程序与义务

索赔时，被保险人对保险标的必须具有保险利益。被保险人在索赔时必须履行如下手续。

（1）损失通知。一旦获悉保险货物受损，被保险人应立即向保险人或其指定的代理人发出损失通知。保险人或其指定的代理人接到损失通知后，一方面对货物提出施救意见并及时对货物进行施救，避免损失扩大；另一方面应尽快对货物的损失进行检验，核实损失原因，确定损失责任，查核发货人或承运人的责任等。

（2）申请检验。被保险人在向保险人或其代理人发出损失通知的同时，也应向其申请货物检验，而不能自行请第三方进行检验。货物的检验对查清损失原因、审定责任归属极其重要，因而被保险人应及时申请检验。特别是当被保险人在货物运抵目的地的最后仓库才发现货损时，被保险人更应尽快向保险人申请检验，以便确定损失是否在运抵最后目的地的仓库前，即在保险期内发生。

（3）提交索赔单证。被保险人在向保险人或其代理人索赔时，应提交索赔必需的各种单证。按照我国货物运输保险条款的规定，被保险人在索赔时应提供保险单正本、提单、发票、装箱单、磅码单、货损货差证明、检验报告及索赔清单。如果涉及第三者责任，还须提供向责任方追偿的有关函电及其他必要的单证或文件。

2. 保险理赔

保险理赔是指保险人在接到被保险人的损失通知后，通过对损失的检验和必要的调查研究，确定损失的原因、损失的程度，并对责任归属进行审定，最后计算保险赔款金额并给付赔款的一系列过程。每一份保险单都明确规定了所承保的险别及适用的保险条款，保险人应以保险条款为依据，确定损失是否属于承保责任。

例如，运输货物投保平安险①，如果根据检验结果，被保险人提交的海事声明书可确定因船舶在运输途中遇台风而导致货物部分被水浸湿，据保险条款规定可知，货物因恶劣气候而致的部分损失，属平安险的承保责任，故保险人应予赔偿。

---

① 按照《海洋运输货物保险条款》（1981修订版）。

三、国际海运货物保险

海上运输保险以海上运输工具运载的货物为保险标的,保险人承担运输中因遭受自然灾害和意外事故造成的保险标的损失。海运保险是各类保险中发展最早的一种,在国际海运保险业务中,各国保险界对海上风险与海上损失都有其特定的解释。在目前的国际贸易中,买卖双方投保海上货物运输保险来获得经济保障已成为国际惯例。我国海上运输保险按承保责任不同,可分为平安险、水渍险和一切险三个基本险种,并有偷窃、提货不着险等多个一般附加险和交货不到险等多个特别附加险供投保人选择。

(一) 海运风险与损失

海运风险包括海上风险(perils of sea)与外来风险(extraneous risks)两类。海上风险一般包括自然灾害(natural calamities)和意外事故(fortuitous accidents)两类。自然灾害即自然现象的力量造成的灾害,是人力不可抗拒的灾害,包括恶劣气候、雷电、地震、海啸、洪水等。意外事故一般是偶然的非意料之中的原因造成的事故,如搁浅、触礁、沉没、失火、爆炸、与流冰等其他物体碰撞等。外来风险是指由海上风险以外的其他外来原因引起的风险所造成的损失。例如,因偷窃、破损、玷污、受潮、锈损和钩损等,或因战争、罢工等原因以致不能到货等。

海上损失是指被保险货物在海运过程中,由于海上风险所造成的损坏或灭失。根据国际保险市场的一般解释,凡在海陆连接的陆运过程中发生的损坏或灭失,也属海损范围。就货物损失的程度而言,海损可分为全部损失(total loss)和部分损失(partial loss);就货物损失的性质而言,海损又可分为共同海损(general average)和单独海损(particular average)。

全部损失简称全损,是指运输中的整批货物或不可分割的一批货物的全部损失。有实际全损(actual total loss)和推定全损(constructive total loss)两种。前者是指货物全部灭失,或完全变质,或不可能归还被保险人;后者是指货物发生事故后,认为实际全损已不可避免,或者为避免实际全损所需支付的费用与继续将货物运抵目的地的费用之和将超过保险价值。

构成全部损失的情况有四种:一是保险标的物全部灭失;二是保险标的物已全部丧失无法复得;三是保险标的物已丧失商业价值或原有用途;四是船舶失踪达到一定时期,如半年无音讯即可视为全部损失。

构成推定全损的情况有四种：一是保险货物受损后，修理费用已超过货物修复后的价值；二是保险标的实际受损后，整理和续运到目的地的价值超过原标的货物价值；三是保险标的实际受损已无法避免，或者受损后的施救费用将超过获救后的标的价值；四是保险标的遭受保险责任范围内的事故，使被保险人失去标的所有权，而为收回这一所有权所花的费用，将超过收回标的物的价值。

【例9-3】

某货轮在海上航行时，某舱发生火灾，船长命令灌水施救。扑灭大火后，发现船上所载货物纸张已经烧毁一部分，未烧毁的部分，因灌水后无法使用，只能作为纸浆处理，损失原价值的80%；另有印花棉布没有烧毁，但是有水渍损失，其水渍损失使该布降价出售，损失原价值的20%。请问：纸张损失的80%，棉布损失的20%，都是部分损失吗？为什么？

分析：不都是部分损失。棉布损失的20%是部分损失，纸张损失的80%可视为全部损失中的推定全损。因为纸张已烧毁一部分，未烧毁的部分尽管有一定的价值，但估计继续运抵目的地的运费将超过残存纸张的价值，被保险人可以向保险公司办理委付，要求保险公司按全损赔偿。

共同海损是指在海洋运输途中，船舶、货物或其他财产遭遇共同危险，为了解决共同危险有意采取合理的救难措施所直接造成的特殊损失和支付的特殊费用。共同海损具有以下特点：

（1）危险必须共同，采取的措施合理。这是共同海损成立的前提条件。

（2）危险必须真实存在，不可避免地发生。

（3）损失必须是自动的和有意采取的行为，费用额外发生。

（4）必须是属于非常情况下的损失。

共同海损的牺牲和费用要由船、货、运三方共同承担责任，即在最后获救价值的基础上按比例分摊，这种分摊叫作共同海损分摊。凡是由保险承保范围内的风险引起的共同海损的牺牲费用，保险人按共同海损分摊方法，就各方承担的损失额赔偿给被保险人，同时被保险人在共同海损中的权利由保险人"代位"，但代位的金额不得超过保险人原来赔出的金额。

单独海损是指仅涉及船舶或货物所有人单方面利益的损失。造成的原因是承保风险所直接导致的船、货损失，并且其损失一般由受损方单独承担。例如，在整船运输中，有面粉、机器设备、钢材三种货物，途中遇到暴风雨，海水进入船舱，海水浸泡了部分面粉，使其变质。面粉的损失只是使面粉一家货主的利益遭受影响，跟同船所装的其他货物的货主和船东利益无关，因而属于单独海损。

单独海损与共同海损的区别如下。

第一，造成海损的原因不同。单独海损是承保风险所直接导致的船、货损失；共同海损不是承保风险所直接导致的损失，而是为了解除或减轻共同危险人为造成的一种损失。

第二，承担损失的责任不同。单独海损的损失一般由受损方自行承担；而共同海损的损失，则应由受益的各方按照受益大小的比例共同分摊。

此外，海上风险还会造成费用上的损失。保险公司除对货物损失进行经济赔偿外，还要支付由于损失而产生的费用。由海上风险所造成的海上费用，主要有施救费用和救助费用。

施救费用是指被保险的货物在遭受承保责任范围内的灾害事故时，被保险人或其代理人与受让人，为了避免或减少损失，采取了各种抢救或防护措施所支付的合理费用。

救助费用是指被保险货物在遭受了承保责任范围内的灾害事故时，由保险人和被保险人以外的第三者采取了有效的救助措施，在救助成功后，由被救方付给救助人的一种报酬。

【例9-4】

某远洋运输公司的"庆风轮"在4月23日满载货物起航，出公海后由于风浪过大偏离航线而触礁，船底划开长1.6米的裂缝，海水不断渗入。为了船货的共同安全，船长下令抛掉A舱的所有钢材并及时组织人员堵塞裂缝，但无效果。为使船舶能继续航行，船长请来拯救队施救，共支出4万美元施救费。船修好后继续航行，不久又遇恶劣气候，入侵海水使B舱底层货物严重受损，甲板上的1 600箱货物也被风浪卷入海里。问：以上损失各属什么性质的损失？

分析：本案中，A舱钢材损失为共同海损，组织船上人员堵塞产生的费用应为共同海损，请来的拯救队施救费用4万美元为共同海损，B舱货物的损失为单独海损，甲板上的1 600箱货的损失为单独海损。

除上述各种风险损失外，保险货物在运输途中还可能发生其他损失，如运输途中的自然损耗以及由于货物本身特点和内在缺陷所造成的货损等。这些损失不属于保险公司承保的范围。

(二) **海运货物保险的险别**

世界各主要国家都有自己的保险条款，其中影响最大的是英国伦敦保险协会制定的《协会货物条款》(Institute Cargo Clause, ICC, 1982 修订版),目前世界上 2/3 的国家在海运货物保险方面直接采用了该条款。我国为适应对外经济贸易发展的需要,中国人民保险公司参照国际保险市场的一般做法,并结合我国的实际情况,自行制订了各种保险条款,简称为《中国保险条款》(China Insurance Clause, CIC, 1981 年修订版),其中包括《海洋运输货物保险条款》(1981 年修订版)和《海洋运输货物战争险条款》(1981 年修订版)。

1. 基本险别

基本险亦称主险,是可以单独投保的险种。

(1) 平安险。被保险的货物在运输途中由于恶劣气候、雷电、海啸、地震、洪水等自然灾害造成整批货物的全部损失或推定全损。若被保险的货物用驳船运往或运离海轮时,则第一驳船所装的货物可视作一个整批。

(2) 水渍险。保水渍险后,保险公司除担负上述平安险的各项责任外,还对被保险货物由于恶劣气候、雷电、海啸、地震、洪水等自然灾害所造成的部分损失负赔偿责任。

(3) 一切险。保一切险后,保险公司除负担平安险和水渍险的各项责任外,还对被保险货物由于外来原因而遭受的全部或部分损失负赔偿责任。

2. 除外责任

保险公司对于由下列原因所造成的损失不负赔偿责任。

(1) 被保险人的故意行为或过失所造成的损失。

(2) 属于发货人责任所引起的损失。

(3) 在保险责任开始前,被保险货物已存在品质不良或数量短差所造成的损失。

(4) 被保险货物的自然损耗、本质缺陷、特性以及市价跌落、运输延迟所引起的损失费用。

(5) 保险公司海洋运输货物战争险条款和货物运输罢工险条款规定的责任范围和除外责任。

3. 附加险别

附加险是基本险的扩大和补充,在海运保险业务中,进出口商除了投保货物的上述基本险别外,还可根据货物的特点和实际需要,酌情再选择若干适当的附加险别。

特殊附加险，主要有战争险和罢工险。按中国人民保险公司的保险条款规定，战争险的保险责任起讫不采取"仓至仓"条款，而是从货物装上海轮开始至货物运抵目的地港卸离海轮为止，即只负水面风险。根据国际保险市场的习惯做法，一般将罢工险同时承保，如投保了战争险又需加保罢工险，仅需在保单上附有罢工险条款即可，保险公司不再另行收费。

（三）我国海运进出口货物保险的基本做法

1. 出口货物保险的基本做法

我国出口货物如按 CIF 条件成交，应由我国出口人向当地中国人民保险公司逐笔办理投保手续。其具体做法是：根据买卖合同或信用证的规定，在备妥货物后和确定装船出运时，按规定格式填制投保单。投保的日期应不迟于货物装船的日期。投保金额若合同没有明确规定，应按 CIF 或 CIP 价格加成 10%，如买方要求提高投保加成比例，一般情况下可以接受。但增加的保险费应由买方负担。

2. 进口货物保险的基本做法

我国进口货物一般多按 FOB 或 CFR 条件成交，由国内各进口公司负责向中国人民保险公司办理保险。为简化投保手续和避免漏保，一般采用预约保险的做法，即被保险人（投保人）和保险人就保险标的物的范围、险别、责任、费率以及赔款处理等条款与保险公司签订长期性的保险合同。

3. 索赔

当海运进出口货物遭受承保范围内的损失时，具有保险利益的人，应在分清责任的基础上确定索赔对象，备好必要的索赔证据，并在索赔时效内（一般为两年）提出索赔。

由于货运保险一般为定值保险，如货物遭受全损，应赔偿全部保险金额；如货物遭受部分损失，则应正确计算和合理确定赔偿金额。对某些易破碎和易出现短量的货物，有的规定不论损失程度，一律给予赔偿，也有的则规定了一定的免赔率。

（1）被保险人提出索赔申请。保险索赔可分以下两种情况：

①出口货物遭受损失时，国外进口方向保险单所载明的国外理赔代理人提出索赔申请。中国人民保险公司在世界各主要港口和城市，均设有委托国外检验代理人和理赔代理人两种机构，国外检验代理人负责检验货物损失。收货人取得检验报告后，附同其他单证，自行向出单公司索赔。国外理赔代理人可在授权的一

定金额内，直接处理赔案，就地给付赔款。

②进口货物遭受损失时，我国进口方向保险公司提出索赔申请。当进口货物运抵我国港口、机场或内地后发现有残损短缺时，应立即通知当地保险公司，会同当地国家商检部门联合进行检验。若经确定属于保险责任范围的损失，则由当地保险公司出具进口货物残短检验报告。同时，凡对于涉及国外发货人、承运人、港务局、铁路或其他第三者所造成的货损事故责任，只要由收货人办妥向上述责任方的追偿手续，保险公司即予赔款。但对于属于国外发货人的有关质量、规格责任问题，根据保险公司条款规定，保险公司不负赔偿责任，而应由收货人请国家商检机构出具公证检验书，然后由收货单位通过外贸公司向发货人提出索赔。

(2) 保险公司审定责任，予以赔付。被保险人在办妥上述有关索赔手续和提供齐全的单证后，即可等待保险公司审定责任，给付赔款。在我国，保险公司赔款方式有两种：一是直接赔付给收货单位；二是集中赔付给各有关外贸公司，再由各外贸公司与各订货单位进行结算。保险索赔时效一般为两年。

四、国际陆运货物保险

陆上运输货物保险（overland transportation cargo insurance）是货物运输保险的一种，主要承保以火车、汽车等陆上运输工具进行货物运输的保险。陆上运输货物保险的责任起讫采用"仓至仓"责任条款。陆上运输货物保险的索赔时效为两年，从被保险货物在最后目的地车站全部卸离车辆后开始计算。中国人民保险公司的陆上运输货物保险条款以火车和汽车为限，其主要险别分为陆运险和陆运一切险，陆上运输货物战争险是陆上运输货物保险的附加险。

（一）陆上运输货物的基本险

陆上运输货物的基本险有陆运险（overland transportation risks）和陆运一切险（overland transportation all risks）两种，此外，为适应冷藏运输货物的需要而专设的陆上运输冷藏货物险（overland transportation cargo insurance frozen products）也具有基本险的性质。

1. 陆上运输货物的基本险

陆运险的责任范围主要有两类：一是保险人负责赔偿被保险货物在运输途中遭受暴风、雷电、洪水、地震等自然灾害或由于运输工具遭受碰撞倾覆、出轨或在驳运过程中因驳运工具遭受搁浅、触礁、沉没、碰撞,或由于遭受隧道坍塌、崖崩或失火、爆炸等意外事故造成的全部损失或部分损失。二是被保险人对遭受承保责任内危险的货物采取抢救、防止或减少货损的措施而支付的合理费用,但以不超过该被救货物的保险金额为限。

陆运一切险的责任范围有:陆运一切险的责任范围除了陆运险的责任外,保险人还负责被保险货物在运输途中由于外来原因所致的全部损失或部分损失。

从上述陆运险与陆运一切险的责任范围来看,陆运险的承保责任范围与海运货物保险条款中的水渍险相似;陆运一切险的承保责任范围与海运货物保险条款中的一切险相似。但陆运险和陆运一切险与海运货物的基本险有以下不同。

首先,在陆运货物保险的承保风险中,不包括流冰、海啸等海上运输中的自然灾害,而增加了倾覆、出轨、隧道坍塌、崖崩等陆上运输中所特有的意外事故。

其次,在陆运货物保险的承保风险中,没有共同海损牺牲、分摊以及救助费用等海上损失和费用。

最后,在陆运货物保险中,凡属承保范围内的损失,不论起因于自然灾害或意外事故,也不论损失的程度是全部还是部分,保险人一般都予赔偿,因此,在陆运货物保险中不存在海运货物保险中的"单独海损不赔"的问题,因此也没有与海运货物保险中的平安险相当的险别。

陆上运输货物险的责任起讫也采用仓至仓责任条款。保险人负责自被保险货物运离保险单所载明的起运地仓库或储存处所开始运输时生效,包括正常运输过程中的陆上和与其有关的水上驳运在内,直至该项货物运达保险单所载目的地收货人的最后仓库、储存处所或被保险人用作分配、分派的其他储存处所为止。如未运抵上述仓库或储存处所,则以被保险货物运抵最后卸载的车站满60天为止。

陆上运输货物险的索赔时效为:从被保险货物在最后目的地车站全部卸离车辆后起算,最多不超过两年。

2. 陆上运输冷藏货物险

陆上运输冷藏货物险是陆上运输货物险中的一种专门保险。陆上运输冷藏货物险的主要责任范围除赔偿陆运险所列举的自然灾害和意外事故所造成的全部或部分损失外,还负责赔偿由于冷藏机器或隔温设备在运输途中损坏所造成的被保险货物解冻融化而腐败的损失。但对于因战争、工人罢工或运输延迟而造成的被保险货物的腐败或损失,被保险冷藏货物在保险责任开始时未能保持良好状况,以及整理、包扎不妥或冷冻不合规格所造成的损失除外。

中国人民保险公司的该项保险条款规定：装货的任何运输工具，必须有相应的冷藏设备或隔离温度的设备；或供应和贮存足够的冰块使车厢内始终保持适当的温度，保证被保险冷藏货物不致因溶化而腐败，直至目的地收货人仓库为止。

陆上运输冷藏货物险的责任自被保险货物运离保险单所载起运地点的冷贮仓库装入运送工具开始运输时生效，包括正常陆运和与有关的水上驳运在内，直至货物到达目的地收货人仓库为止。但是最长保险责任的有效期限以被保险货物到达目的地车站后10天为限。

陆上运输冷藏货物险的索赔时效为：从被保险货物在最后目的地全部卸离车辆后起计算，最多不超过两年。

（二）陆上运输货物的附加险

在附加险方面，陆运货物的附加险有陆上运输货物战争险（overland transportation cargo war risks by train）。只有在投保了陆运险或陆运一切险的基础上，经过投保人与保险公司协商方可加保。中国人民保险公司的陆上运输货物战争险目前仅限于火车运输，若使用汽车运输则不能加保。

加保陆上运输货物战争险后，保险公司负责赔偿在火车运输途中由于战争、类似战争行为和敌对行为、武装冲突所致的损失，以及各种常规武器包括地雷、炸弹所致的损失。但是，由于敌对行为使用原子或热核武器所致的损失和费用，以及根据执政者、当权者或其他武装集团的扣押、拘留引起的承保运程的丧失和挫折而造成的损失除外。

陆上运输货物战争险的责任起讫与海运战争险相似，以货物置于运输工具时为限，即自被保险货物装上保险单所载起运地的火车时开始到卸离保险单所载目的地火车时为止。如果被保险货物不卸离火车，则以火车到达目的地的当日午夜起计算，满48小时为止；如果在运输途中转车，不论货物在当地卸载与否，保险责任以火车到达该中途站的当日午夜起计算满10天为止。

同海洋运输货物保险一样，陆上运输货物可以在投保战争险的基础上加保罢工险，加保罢工险不另收费。但如单独要求加保罢工险，则按战争险费率收费。陆上运输罢工险的承保责任范围与海洋运输货物罢工险的责任范围相同。

五、国际空运货物保险

航空运输货物保险是以飞机为运输工具的货物运输保险。中国人民保险公司的航空运输货物的保险条款主要有航空运输险和航空运输一切险两种基本险条款以及航空运输货物战争险的附加险条款。

(一) 航空运输货物基本险

航空运输货物基本险主要有航空运输险（air transportation risks）与航空运输一切险（air transportation all risks）。

1. 航空运输险和航空运输一切险的责任范围

航空运输险的承保责任范围为保险货物在运输途中遭受雷电、火灾、爆炸或由于飞机遭受恶劣气候或其他危难事故而被抛弃，或由于飞机遭受碰撞、倾覆、坠落或失踪等自然灾害和意外事故所造成的全部或部分损失。可见，航空运输险的承保责任范围与海洋运输货物保险条款中的水渍险大致相同。

航空运输一切险的承保责任范围除上述航空运输险的全部责任外，保险公司还负责赔偿被保险货物由于被偷窃、短少等一般外来原因所造成的全部或部分损失。

航空运输险和航空运输一切险的除外责任与海洋运输货物险的除外责任基本相同。

2. 航空运输险和航空运输一切险的责任起讫

航空运输货物保险的责任起讫期限从被保险货物运离保险单所载明起运地仓库或储存处所开始运输生效。在正常运输过程中继续有效，直至该项货物运抵保险单所载明目的地交到收货人仓库或储存处所、被保险人用作分配和分派或非正常运输的其他储存处所为止。如保险货物未到达上述仓库或储存处所，则以被保险货物在最后卸货地卸离飞机后30天为止。

(二) 航空运输货物战争险

航空运输货物战争险（air transportation cargo war risks）是航空运输货物险的一种附加险，只有在投保了航空运输险或航空运输一切险的基础上，经过投保人与保险公司协商方可加保。加保时须另加付保险费。

加保航空运输货物战争险后，保险公司承担赔偿在航空运输途中由于战争、类似战争行为、敌对行为或武装冲突以及各种常规武器和炸弹所造成的货物的损失，但不包括因使用原子或热核制造的武器所造成的损失。

航空运输货物战争险的保险责任期限是自被保险货物装上保险单所载明的起运地的飞机时开始，直到卸离保险单所载明的目的地的飞机时为止。如果被保险

货物不卸离飞机，则以飞机到达目的地当日午夜起计算满 15 天为止。如被保险货物在中途转运，保险责任以飞机到达转运地的当日午夜起计算满 15 天为止。等装上续运的飞机，保险责任再恢复有效。

与海运险、陆运险一样，航空运输货物在投保战争险的基础上，可加保罢工险，不另收费。如仅要求加保罢工险，则按战争险费率收费。航空运输罢工险的责任范围与海洋运输罢工险的责任范围相同。

六、国际邮包货运保险

承保通过邮政局邮包寄递的货物在邮递过程中发生保险事故所致的损失。

以邮包方式将货物发送到目的地，可以通过海运，也可以通过陆上或航空运输，或者经过两种或两种以上的运输工具运送。不论通过何种运送工具，凡是以邮包方式将贸易货物运达目的地的保险均属邮包保险。邮包保险按其保险责任分为邮包险（parcel post risks）和邮包一切险（parcel post all risks），前者与海洋运输货物保险水渍险的责任范围相似，后者与海洋运输货物保险一切险的责任基本相同。

邮包保险的责任范围包括以下两部分。

第一，被保险邮包在运输途中由于恶劣气候、雷电、海啸、地雷、洪水自然灾害或由于运输工具遭受搁浅、触礁、沉没、碰撞、倾覆、出轨、坠落、失踪，或由于失火爆炸意外事故所造成的全部或部分损失。

第二，被保险人对遭受承保责任范围内危险的货物采取抢救、防止或减少货损的措施而支付的合理费用，但以不超过该批被救货物的保险金额为限。邮包一切险的责任除上述邮包险的各项责任外，还负责被保险邮包在运输途中由于外来原因所致的全部或部分损失。邮包运输货物保险的除外责任和被保险人的义务与海洋运输货物保险相比较，其实质一致。

第三节　国际应急物流管理

一、应急物流概述

（一）应急物流的概念

应急物流（emergency logistics）是应急管理的一部分，针对应急物流，2021

年国家标准《物流术语》（GB/T 18354—2021）给出的定义是为应对突发事件提供应急生产物资、生活物资供应保障的物流活动。在国外，应急物流因其不再以经济为目标，而是以突发事件的高效救援为目的，所以通常也被称为人道主义物流（humanitarian logistics）。

（二）应急物流的特点

应急物流与普通物流一样，由流体、载体、流向、流程、流量等要素构成，具有空间效用、时间效用和形质效用。普通物流既强调效率又强调效益，而应急物流在许多情况下是通过物流效率实现其物流效益。应急物流与普通物流既有共同之处，又有一定的区别，如表9-2所示。

表9-2 应急物流与普通物流的区别

要素	普通物流	应急物流
流体	一般性的物品，品种无所不包，物品来源单一	主要集中于救灾物资，包括救生类、生活类、医疗器械及药品等。物品的来源复杂，有政府储备、紧急生产、社会捐赠等
载体	固定的设施与场所	固定的和机动的设施与场所
流向	流向确定，按用户的需求，可以充分安排	流向事先无法确定，所有需要救援物资的地方
流速	通常能够按时完成物流	完成物流的时间延长或缩短
流量	基本稳定	特定品种的物流流量激增，其他物品通常减少
流程	基本上按合理化原则安排	由于运输网络、物流设施的损坏等，常发生一定的改变

与普通物流活动相比，应急物流凸显了如下主要特征。

1. 应急物流具有突发性

应急物流由突发事件引起，突发事件一般具有突发性的特点，因此应急物流最明显的特征就是突然性和不可预知性，这是应急物流区别于普通物流的一个最显著的特征。突发事件通常都在短时间内发生，因此要求应急物流具有非常高的时效性，必须在最短的时间内，以最快捷的流程和最安全的方式来进行应急物流保障。这就使得运用常规物流运行机制已经不能满足应急情况下的物流需要，必须要有一套应急的物流机制来组织和实现物流活动。

2. 应急物流具有不确定性

应急物流的不确定性，主要是由于突发事件的不确定性，人们无法准确地估计突发事件的持续时间、影响范围、强度大小等各种不可预期的因素，使应急物流的内容随之变得具有不确定性。例如，在新冠疫情的初期，人们对各类防护和医疗用品的种类、规格和数量都无法有一个确定的把握，各种防护服的规格和质量要求随着人们对疫情的不断了解而确定。其他应急物流活动中，许多意料之外的变数可能会导致额外的物流需求，甚至会使应急物流的主要任务和目标发生重大变化。例如，在抗洪应急物流行动中，可能会爆发大范围的疫情，使应急物流的内容发生根本性变化，由最初的对麻袋、救生器材、衣物、食物等物资的需求，变成对医疗药品等物资的需求。

3. 应急物流具有弱经济性

应急物流与追求经济效益最大化的普通物流不同，具有社会公益的性质，如果运用平时的物流理念按部就班地进行，就会无法满足应对紧急的物流的需求。在一些重大险情或事故中，平时物流的经济效益原则将不再作为一个物流活动的中心目标加以考虑，因此应急物流目标具有明显的弱经济性，甚至在某些情况下成为一种纯消费性的行为。

4. 应急物流具有时效性

由于突发事件具有黄金救援期，要求物资必须在最短的时间内，以最快捷的流程和最安全的方式送达需求者手中，因此，平时的物流运行机制将不能满足应急情况下的物流需要，必须要有一套应急的物流机制来组织和实现物流活动。

5. 应急物流具有非常规性

应急物流与普通物流不同，不再以提高服务水平作为物流活动的目标，而是更加注重物流活动的效率。本着特事特办的原则，许多平时物流的中间环节被省略，整个物流流程将表现得更加紧凑，物流机构更加精干，物流行为表现出很浓的非常规色彩。

（三）我国应急物流的发展

2003年，我国暴发了非典型性肺炎（SARS，以下简称"非典"），"非典"是1949年以来我国发生的最严重的公共卫生事件。疫情的暴发导致了正常生产停滞，造成公众广泛的恐慌，给我国经济社会发展带来了严重影响，暴露出我国处理突发事件能力不足等诸多问题，政府和学界开始关注应急管理。2003年是我国应急管理发展的重要里程碑，同时也是应急物流发展的元年。在疫情期间，医疗物资、生产物资、生活物资的生产、流通都遇到了困难，有关部门开始意识到突发事件发生时应急物流顺畅实施的必要性。

我国成立了一批如安全生产委员会、国家防汛总指挥部、国务院抗震救灾指挥部、国家森林防火指挥部等专业对口机构，负责各行业领域内的应急管理工作。对于各类突发事件的应急物流认识逐步加深，相关基础法律法规得到进一步充实。应急物流呈职能化、专业化的发展趋势。"非典"过后，我国一批物流学者开始进行应急物流的研究。中国第二届物流学术年会将应急物流作为12个研究重点之一。

2006年底，经国资委、民政部批准，全国第一个从事应急物流的专业组织——中国物流与采购联合会应急物流专业委员会成立。近年，应急物流理论的研究已经步入团队协作、系统开发的良性轨道。由中国物流与采购联合会应急物流专业委员会牵头制定、发布了《应急物流科研指南》。中国物流学会在2007年首次将《中国应急物流现状研究》等5个与应急物流相关的课题纳入年度的研究规划。各级政府和企业开始认识到应急物流的重要作用。

以2007年11月1日施行的《中华人民共和国突发事件应对法》为标志，我国逐步形成和完善了应急管理法律体系。《中华人民共和国突发事件应对法》是我国第一部应对突发事件的综合性法律，第一次以法律的形式要求在国家层面建立健全应急物资储备保障制度，完善重要应急物资的监管、生产、储备、调拨和紧急配送体系。

2009年，受全球经济危机影响，物流业受到较大的冲击。国务院印发了《物流业调整和振兴规划》，这是我国第一次对物流业做出科学的、完整的论述，对作为十大振兴产业中的物流业发展提供了具体的指导。规划明确提出物流业有利于国家救灾应急、处理突发性事件，保障经济稳定和社会安全。将应急物流工程作为重点建设工程，从信息系统、储备体系、设施设备方面加强建设应急物流体系。同时还提出，将具有应急能力的物流企业纳入应急物流体系，以提高应对战争、灾害、重大疫情等突发性事件的能力。

2010年，民政部将中央应急物资储备库由10个扩充为18个。2011年，发改委制定《产业结构调整指导目录》，从现代物流业和公共安全与应急产品两个分类中，将应急物流作为鼓励产业。

2014年后我国制定的一系列规划都对应急物资的储存、运输、调配从总体或分行业做出了要求。应急物资储运设备向集装单元化发展，充分利用物流信息平台和互联网、大数据等技术，提高应急物流调控能力。此外，规划还提到整合全国应急物资储备、社会生产能力、应急物流资源、应急专业服务等保障信息，为建设完整链条的应急供应链奠定基础。

我国的应急物流开始由具体的运作环节转向全链条的应急供应链转变，当前，我国应急物流面临新的形势，应急物流的深度有所提高。随着社会经济的发展，出现了很多之前从未出现过的风险，应急物流的广度也有所扩大。随着经济全球化的持续推进、区域交流的加强，小范围的传染病可能会导致世界范围的恐慌，并造成宏观经济衰退。单个企业的生产停滞，可能会导致整个供应链的中断。人类社会已经进入了风险社会，应急物流策略由应对向预防转变。

为适应新的应急形势，2018年11月9日，我国将国家安全生产监督管理总局的职责，国务院办公厅的应急管理职责，公安部的消防管理职责，民政部的救灾职责，国土资源部的地质灾害防治、水利部的水旱灾害防治、农业部的草原防火、国家林业局的森林防火相关职责，中国地震局的震灾应急救援职责以及国家防汛抗旱总指挥部、国家减灾委员会、国务院抗震救灾指挥部、国家森林防火指挥部的职责整合，组建应急管理部，作为国务院组成部门。

2020年新冠疫情暴发后，我国加快了应急物流体系的建设。发改委印发《推动物流业制造业深度融合创新发展实施方案》（发改经贸〔2020〕1315号），明确企业作为应急物流的主体，提出在发生重大突发事件时，支持物流、快递企业和应急物资制造企业深度合作，提高紧急情况下关键原辅料、产成品等调运效率，确保主要制造产业链平稳运行。

2021年国家十四五规划纲要出台，提出我国应急物流体系储备充足、反应迅速、抗冲击能力强的总体建设要求，这是应急物流首次出现在国家五年规划中。应急物资储备作为应急物流的重中之重，是应急物流得以顺利开展的前提。至2021年，我国中央应急物资储备库已增加至113个，实现了31个省（区、市）的全覆盖。在品种上，应急物资从过去的124种增加到现在的165种，增加了家庭应急包、冲锋舟、隔离带挖掘机、侦察无人机等物资。

二、国际应急物流管理

（一）美国应急物流管理

美国应急体系的核心由国家突发事件管理系统（National Incident Management System，NIMS）和国家应急响应框架（National Response Framework，NRF）两大

部分组成,其中的 NRF 又归属于美国国家备灾系统,NRF 依托于 NIMS 来实现,NIMS 为 NRF 提供工具和方法。整体来看,在 NIMS 的基础上,美国应急组织体系、应急预案、国家备灾系统(五大框架:预防、保护、减灾、响应、恢复)以及相关应急响应机构一同构成了美国的应急体系。

美国《国家应急响应框架》中规定了 15 项紧急支持功能(ESF),每项功能一般由 1 个协调机构、1 个牵头机构和若干个支持机构完成。其中物流紧急支持功能(ESF#7)规定了应急物流体系的性质,即由一级代理机构(国土安全部与总务管理局)协调各联邦机构、企业和非政府组织的资源,整合紧急事件地区的所有物流需求和计划,及时有效地提供相关的设施、设备和服务,以支持响应工作和帮助受灾群众,如图 9-2 所示。

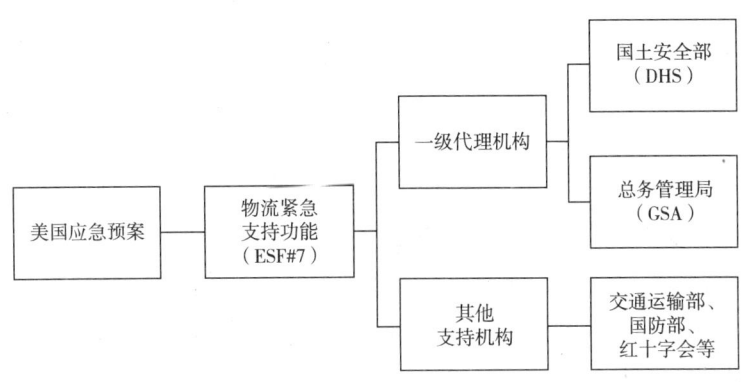

图 9-2 美国应急物流体系

从图 9-2 可以看出,物流紧急支持功能由国土安全部和总务管理局牵头,由若干机构部门和非政府组织提供支持。

1. 美国应急物流组织与协调机构

(1)国土安全部。国土安全部(Department of Homeland Security, DHS)成立于 2002 年,由海岸警卫队、运输管理部、联邦应急管理署等 20 多个联邦机构合并而成。其主要职能是保卫美国国土安全及相关事务,使美国更协调更有效地应对和处理各种紧急事件。其中,联邦应急管理署在应急管理中发挥作用最大。

①联邦应急管理署。联邦应急管理署(Federal Emergency Management Agency, FEMA)是美国应急物流体系中重要的协调机构,自 1979 年成立以来,积累了很多应急管理经验。其使命是在灾难中保护国家安全,减少生命和财产的

损失，带领美国做好灾难的准备、预防、响应以及灾后恢复工作。

在应急物流方面，FEMA 的应急与响应办公室有下属物流管理局，采用现代化的物流与采购系统，能够有效地计划、识别、跟踪和分配救灾物资给受灾者、应急工作人员和其他有需要的人。FEMA 有一系列公共和私人战略合作伙伴、捐助者和预先安排的承包商，企业化运作的 FEMA 改进了物流的整合和对客户的支持。

FEMA 的后勤任务是在正确的时间、正确的地点，提供正确的后勤支持，以稳定社区的生命线；以及帮助供应链、企业和基础设施及时恢复和运营，以确保社区生命线的快速稳定。为了做好紧急情况下的后勤工作，FEMA 的物流管理局由五个部门组成（工商及基础设施整合办公室、配送管理部、事件管理支援部、后勤业务部以及物流系统部），这些部门能够支持整个企业范围的物流能力，保障关键物资和设备的交付以应对灾难和灾后恢复。配送管理部管理全面的供应链、配送中心和运输业务，及时地配送商品和设备，提供高效的物流服务，来做好应急响应工作；州政府可以要求联邦政府对商品（如食物、水、药品）、设备（如发电机、通信设备）和服务（如运输服务）提供援助。后勤业务部的物流管理中心，负责组织和协调所有全天候的物流和运营活动，以应对不可预期的灾难。物流系统部负责管理、维护和发展 FEMA 的供应链技术；集成自动化物流解决方案；并对 FEMA 的物流系统进行现代化改造，确保及时有效地交付关键资产，以支持国内救灾工作。

②国土安全部的其他机构。除了联邦应急管理署外，国土安全部还有以下机构在应急响应物流中发挥一定的协助和保障作用：美国海岸警卫队，主要负责保护和恢复港口、水路航线和基础设施，保障物流运输的完整性和安全性。运输安全管理局（Transportation Security Administration，TSA），主要负责情报收集、信息共享以及运输网络的协调工作，包括保护交通运输基础设施免受恐怖主义和自然灾害的破坏；对航班和机场进行管制和协调，以保障突发紧急情况下航空运输的安全。国土安全部下属基础设施保护办公室（Office of Infrastructure Protection），主要负责交通运输基础设施的恢复，以及其他与运输相关的基础设施的恢复。

（2）总务管理局。总务管理局（General Services Administration，GSA）是联邦政府的采购与协调部门。总务管理局可以整合社区的物流计划和需求，以及时有效地交付物资、设备、服务和设施。同时，总务管理局还利用联邦物流合作伙伴、公共和私人利益相关者以及非政府组织的能力和资源，促进制订全面的物流计划。

在应急物流保障方面，总务管理局与相关部门合作来扩大物流功能，达到更高的效率。当灾难发生时，平时的物流运作模式已不再适用，需要一套针对灾难时期的应急物流模式。在灾难这种特殊时期，总务管理局建立一个信息平台，为供需双方的信息沟通和物资交易提供了便利，同时在信息平台上登记运输公司的信息，明确可以提供运输的具体信息。

2. 美国应急物流运行机制

FEMA 的物流部门通过 8 个战略性的位于美国和美国本土之外的配送中心和两个加工制造的仓库来管理库存。FEMA 物流在全国范围内建立了众多分发节点，从而将物资快速交付给受灾者。FEMA 物流与其他联邦机构、非营利组织、学术界以及私营部门合作，来增强物流响应和服务的能力。

FEMA 在国家应急工作中既作为物流服务的单个集成商进行物资的采购、运输和分配作业，也与其他联邦机构和政府部门进行合作。[①]

（1）作为物流服务的单个集成商，管理并分配 DHS/FEMA 合同规定的相关突发事件的运输资源，为分配到联邦资产和设备的受灾地区提供设备保障和责任监督；开发和维护物流系统的核心能力，实现资源和数据的可视化；建立并运营突发事件处理设施，提供运输设备和服务，应对大规模疏散事件，以保障医护人员的行动需要和行为障碍人员的撤离需求。

（2）与总务管理局合作，为联邦机构、公共和私营部门以及非政府组织的物流服务提供全国统一的流程标准；一起协调公共和私人资源与服务；与总务管理局协调社区设施的后勤响应，包括位置、语音和数据通信以及其他后勤支持。

（3）与其他政府部门、企业和非政府组织合作，包括与整个社区的灾难后勤响应的合作伙伴协作，同步资源支持工作；管理承包商或充当承包商供应合同的代表；通过供应商网络，开发合作伙伴的潜能，使其能力得到充分发挥；促进公共和私营部门的物流供应链战略的制定和执行；与其他政府机构、部门以及非政府组织建立机构间协议；协议备忘录和备用物流合同。

在国际救灾方面，美国设有对外灾害援助办公室（Office of US Foreign Disaster Assistance，OFDA），负责处理各种紧急事务。目前，OFDA 在世界范围

---

① 美国国家响应框架紧急支持功能（ESF#7）物流与运输附件。

内设有7个应急仓库,这些仓库紧靠机场、海港,存储基本的救灾物资,如毯子、塑料薄膜、水箱、帐篷、手套、钢盔、防尘面具等,一旦某个地区发生重大突发事件,OFDA就会从距离最近的仓库调拨救援物资送至灾区。

(二) 欧盟应急物流管理

欧盟是衔接多个国家的桥梁,维系着成员国之间的关系。然而各成员国由于经济水平、历史文化、自然环境等因素存在着差异性,因此管理的复杂程度很高。

2006年欧盟制定了《突发事件与危机协调协定》(Emergency and Crisis Coordination Arrangements,CCA)。该协议旨在让各成员国在政治层面进行统一协调,从而应对突发事件采取应急行动。该协定在执行的过程中发现还存在功能运行不完善的问题,最终经过修订,于2013年建立了综合性政治危机响应机制(Integrated Political Crisis Response,IPCR),进一步加强了欧盟的统一,提高了应对突发事件的能力。在注重欧盟一体化建设的同时,还成立了欧洲民事保护和人道主义救助委员会,这样一来,各成员国不仅可以共同应对突发事件带来的威胁,还可以对欧盟成员国之外的国家实施人道主义救援,提升了欧盟的国际形象与影响力。IPCR的主要内容就是对内协调各成员国一起应对突发事件,对外实行人道主义援助。

IPCR对内的响应机制是以欧盟成员国常驻代表委员会为核心,在其管辖范围内组织开展相关活动,任何一个欧盟成员国都有权利向轮值主席申请启动IPCR机制。如果至少2个欧盟成员国认为当前突发事件会造成危害,那么在听从了欧盟理事会总秘书处(GSC)、欧盟委员会、欧盟对外行动署(EEAS)以及相关欧盟机构或其他成员国专家提出的建议之后,就可采取应急响应措施。IPCR对外的人道主义援助组织结构如图9-3所示。

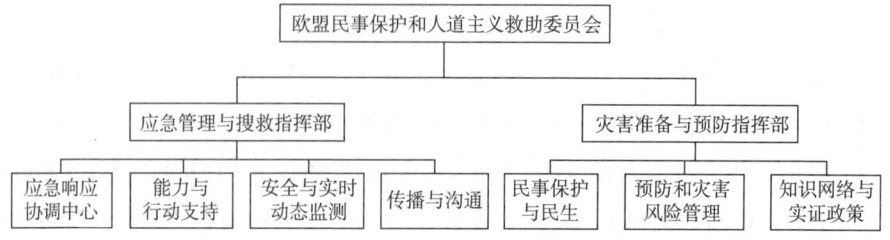

图9-3 IPCR人道主义援助组织结构

资料来源:https://www.ipcrems.com/。

2013年，欧盟新的法规提出走向更加综合的灾害管理，重点放在灾害预防、准备和响应，开始加强欧洲民事保护机制建设：强化应急响应协调中心；建立监测、通信与预警信息系统；加强欧洲应急响应能力，建设民事保护资源库，特别是对物资储备、专家和医疗队、志愿者库加大财政支持力度；通过演练、专家培训和交换等多种方法，全面加强了欧洲的灾害风险管理。

1. 应急协调反应系统介绍

应急协调反应系统是欧盟应急协调的核心，主要由应急协调反应中心（Emergency Response and Coordination Center，ERCC）负责，ERCC隶属于欧盟委员会人道主义援助与民事保护协调机制办公室，主要是欧盟对对外支援工作进行协调的一个机构，ERCC实行全天候运作。应急协调反应系统的功能就是通过协调欧盟各成员国，共同合作来达成国际合作，从而提高欧盟各成员国共同应对重大突发事件的能力，由此可见该系统主要起到衔接各个国家协调合作的作用。

2. 应急协调反应系统运作模式

ERCC获取欧盟内外部灾情实时信息的途径，一方面是通过通用应急通信与信息系统（Common Emergency Communication and Information System，CECIS），另一方面是通过新闻媒体，如此就可在第一时间与欧盟各成员国以及分支机构实现信息的实时互通和共享，从而及时地做出应对。

欧盟的应急协调反应系统的运作流程大致分为请求、反应、匹配分析、派遣、援助、反馈六大环节。当受灾成员国向ERCC提出援助请求，ERCC会根据受灾国的申请内容以及欧盟成员国的物资储备情况进行人员与物资的分析匹配，然后向最匹配的成员国发出援助信息，援助成员国做出确定接受援助任务的回应后，需要做好一系列的应急准备，比如援助队伍、应急物资等，向受灾国实施援助，同时，ERCC会协助援助国一起执行援助行动。救灾结束后，ERCC收到来自受灾国提交的资源使用情况反馈，ERCC对此次救援行动进行分析与评估并向欧盟成员国提交总结分析报告，以便优化应急协调机制，使得应急工作最大化减小损失，可见此系统是一个在实践中不断自我发展、不断自我完善的"智慧"系统。欧盟应急协调反应系统运作流程如图9-4所示。

此外，欧洲还有众多非营利性组织用于支撑国际应急物流系统，值得一提的是德国的健康促进会，是一家长期支持健康计划，并对紧急需求立即做出反应、非营利性的国际人道主义组织。该组织每年通过水路、公路、航空向世界80个国家配送 300 万公斤的供给品，并利用计算机捐赠管理系统，保持产品高效率移动，一旦需求被确定，供给品通常在 30~60 天内就会迅速运送到指定地点，避免了医药物品的库存。一旦有灾难通知，德国健康促进会就会立即启用网络通信资源，收集灾难的性质、范围等信息，并迅速组织救灾物品送往灾区。

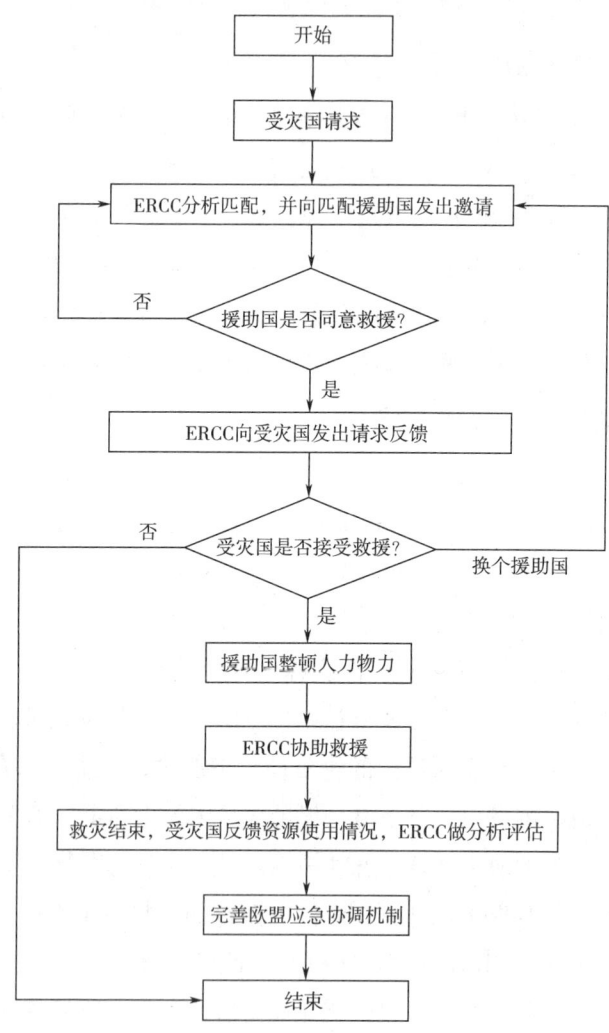

图 9-4 欧盟应急协调反应系统运作流程

资料来源：https://ec.europa.eu/echo/index_en。

（三）日本应急物流管理

由于特殊的地理位置以及地质条件，日本经常遭受地震、台风等自然灾害的侵袭，因此，日本政府非常重视设计防灾、救灾计划，开展防灾、救灾演习等，并由此建立了具有日本岛国特色的应急物流管理体制。

1. 日本应急物流组织与协调机构

日本灾害应急管理实行的是以中央为核心、各省厅局机构参与的垂直管理模式。内阁府是日本灾害管理的行政机构，日本中央防灾委员会是综合防灾工作的最高决策机关，会长由内阁总理大臣担任，下设专门委员会和事务局；事务局局长由国土厅政务次官担任，副局长由国土厅防灾局长及消防厅次长担任。各都、道、府、县也由地方最高行政长官挂帅，成立地方防灾委员会，由地方政府的防灾局等相应行政机关来推进救灾对策的实施。许多地区、市、町、村一般也有防灾委员会，管理地方的防灾工作。

日本实行灾害分级管理。他们将灾害分为一般灾害和非常灾害两类，其中一般灾害由地方管理，非常灾害由国家管理。建立了中央防灾委员会和从中央（中央国土厅救灾局）到地方（都、道、府、县）直至基层（市、町、村）的三级管理防救灾体系，能够进行完整的防灾系统指导和部署全国的减灾工作。

此外，日本各重要灾害地区也都制订有本地区的防灾计划，详细规划了防灾组织体系和紧急运输、重要救援物资储备以及避难所的设置等，并定期举行各种救灾演习（包括年度的大规模地震演习）。

2. 日本应急物流运作机制

（1）应急物资的储备体系。日本的应急物资储备体系采取的是分散方式，将应急物品储备于社区中。一个储备点储藏的食物通常能够维持几千人一周的需要，并且定期更换，换下来的食品用作演习用。同时还动员家庭进行应急储备。

（2）应急物流的运输保障。

①制定灾害运输替代方案，事前规划陆、海、空运输路径（因海上运输和航空运输受震灾影响小，所以多利用这些资源）。

②编制救灾物流作业流程手册，明确救灾物资的运输、机械设备以及其他分工合作等事项；预先规划避难所，平时可作他用，一旦发生灾害，立即转成灾民避难所，并作为救援物资发放点。

③对救灾物资进行分阶段管理，将救灾物资的配送工作分为三个阶段：第一阶段由政府行政单位负责；第二阶段由物流公司负责（根据政府要求采取较主动的方式进行配送）；第三阶段仍由物流公司负责（但根据灾区需求采取较为被动

的方式，即依据订单进行配送）。

（3）应急物流的人力资源保障。日本地方行政民官有权根据防灾计划对物质及人员进行征集和调配，同时可以命令有关业务管理者进行协助，如医院、旅馆、电气通信设备、无线设备及有关建筑等。地方行政民官也可以将救助工作委托给日本红十字会或其他民间团体及个人。

日本民间还活跃着一大批以大学生为主体的志愿组织，它是日本民间防灾的重要组成部分。这些自主防灾组织与由大学生志愿者组成的组织沟通联动，有效地在第一时间内参与抗灾救灾。

（4）应急物流的资金保障。在日本，救灾所必需的费用由地方政府支出，国库按照该灾害地区的普通税收情况进行补偿。

（四）国际物流风险管理面临的挑战

1. 风险意识的挑战

（1）在风险管理理念上存在缺陷，导致风险管理框架不健全、管理措施不到位、管理技术单一。

（2）企业内尚未形成良好的风险文化。风险的特殊性决定了企业要想有效管理风险，就必须在企业内部建立起以"上至高层管理人员下至普通员工人人讲风险"为主要内容的风险文化。特别要注意的是，在风险文化的形成过程中，高级管理层的作用更为关键。

2. 风险管理人才的挑战

风险管理的核心仍然是对人的管理，包括对人的道德、能力和一个良好的激励相容框架的实施等。提高物流管理人员的业务素质是企业有效管理风险的基础和前提。

3. 风险管理架构的挑战

目前，在风险管理方面，企业存在的主要问题是职责分散、缺乏负责统一协调和完善内控制度的机构，大多是分散地由各职能部门或分支机构制定和执行。但要想有效管理面临的风险，企业必须建立起全面的风险管理架构。

4. 风险管理技术的挑战

从目前国际物流企业的情况来看，普遍存在着风险管理方法单一、管理方法落后、信息技术的运用严重滞后等问题。因此，如何加快引用先进的风险管理技术是企业风险管理实践中的当务之急。

5. 外部环境的挑战

物流风险防范是一项系统工程，不仅是物流企业自身的事情，还需要诸如保险市场、政府监管机构、信用评价机构等一系列外部环境因素的支持，更需要具备良好的信用环境。而这些方面恰恰最为缺乏，增加了企业风险管理的难度。若要打破这一局面，必须要构筑符合全面风险管理要求的内控体系。

（1）全面风险管理。全面风险管理是指一个从企业战略目标制定，到目标实现的风险管理过程，可以简单地用"348"的框架来描述。

①"3"个维度：企业目标、全面风险管理要素、企业的各个阶层。

②"4"个目标：战略目标、经营目标、报告目标和合规目标。

③"8"个要素：内部环境、目标设定、事件识别、风险评估、风险对策、控制活动、信息和交流、监控。

全面风险管理的八个要素为企业的四个目标服务，企业的各个层面要坚持同样的四个目标，每个层面都必须从八个要素入手进行风险管理。

（2）内控体系。包括以下内容。

①内控体系的标准。风险内控有标准、部门有制约、运作有制度、岗位有职责、过程有监控、风险有监测、工作有评价、事后有考核。在这样的标准下设计的风险内控体系，要做到覆盖事前、事中、事后的各个风险管理关键环节。

②内控体系的要素。一个完整的内控体系包括五项要素：内部控制环境、风险识别与评估、内部控制措施、信息交流与反馈、监督评价与纠正。

③内控体系的基本框架。基本框架包括内部控制组织体系、内部控制岗责体系、内部控制业务流程和管理流程体系、内部控制工具体系和内部控制考评体系。

（3）风险管理措施。基于企业的实际以及不同风险的特性，制定具体的风险管理措施。

①制度方面。主要通过完善内部制度，制定详细的风险管理细则，并增强制度的可运作性等手段来实现。

②员工方面。主要需要通过员工行为准则、保密制度、内部风险控制制度及各部门的业务规则等对员工的行为做出约束，防范道德风险的发生，避免员工的越权运作、违法运作等。培养员工共同的价值观，增强其运作风险意识和防范的自觉性，通过知识和技能的培训，使管理层和业务执行层环节的每个员工，都清

晰明白该业务可能产生的风险点、企业内部的风险控制措施、对风险的容忍度及违规可能造成的付出成本，从而增强运作风险控制行为的针对性。

③流程管理方面。风险管理的目的在于加强环境的有害识别与控制，这就需要一个非常详尽的管理框架设计流程，包括风险识别、评估、分析、控制、监督和报告等环节。在每个环节，都有必要判定具体的实施程序和步骤，以增强流程的可运作性。如关于风险的监督，要建立一套风险的监控程序，尤其要为运作风险建立衡量标准，以确保重大风险事件的相关信息被传递至适当的管理层。

【本章小结】

本章从国际物流风险的概念、分类及特点入手，阐述了多种国际物流风险管理方法。在国际物流风险管理中，选择最具代表性的国际物流保险方法，分别对四种国际货物运输保险理论与实务进行了深入探讨。在了解国际应急物流概念的基础上，介绍了国际应急物流管理的发展情况与应急管理实践。

【思考练习】

1. 简述可保风险需要具备的条件。
2. 再保险是什么？与共同保险有什么区别？
3. 简述构成共同海损的条件。
4. 简述陆运险和陆运一切险与海运货物的基本险有什么不同。
5. 国内某公司向银行申请开立信用证，以 CIF 条件向法国采购奶酪 3 吨，价值 3 万美元，提单已经收到，但货轮到达目的港后却无货可提。经查，该轮在航行中因遇暴风雨袭击，奶酪被水浸泡，船方将其弃于海中。于是我方凭保险单向保险公司索赔，保险公司拒赔。请问：保险公司能否拒赔？我方应向何方索赔？

【案例分析】

沃尔玛的国际供应链风险管理

沃尔玛于 20 世纪 60 年代创建，在 20 世纪 90 年代一跃成为美国第一大零售商。在短短几十年的时间里，沃尔玛的连锁店几乎已遍布全世界，并以其优质快捷的服务、惊人的销售利润、先进的管理系统而闻名全球。沃尔玛的快速成长，与其卓越的国际供应链风险管理思想及其实践密切相关。

由于沃尔玛的供应链是典型的大型零售业主导型供应链，整个链条是以沃尔玛零售企业为核心，这种组织形式使沃尔玛在预防供应链固有风险方面具有得天独厚的优势。

在进入中国市场之初，沃尔玛的对外扩张一直保持少有的谨慎，除了实施"采购中国"发展战略以促进与政府、商界的关系外，还向沃尔玛商店所在地的福利机构捐款，甚至还建立过一所学校。沃尔玛在中国市场的成功登陆，充分说明了在开拓市场时与政府部门建立良好的关系对于企业规避外部环境风险的重要性。

沃尔玛霸主的地位使沃尔玛在与供应商的交往中占据明显的优势，它要求每个企业都必须以最低价格保证标准质量，必须使用新技术与沃尔玛保持信息的同步，必须及时更新自己的能力而不被淘汰等，通过要求各个供应商遵循自己制定的标准和要求，将自己的价值观等潜移默化地移植到供应商的企业中，增加了供应链上各企业的文化共性，逐步减少了因企业间文化差异而产生的摩擦和风险。

供应链是一种动态的联盟形式，若没有足够的利润空间和合理的利润分配方案，很难使各企业紧密团结。沃尔玛针对于此，一方面尽最大努力降低成本，获取较大的利润空间，另一方面，公平、透明、合理地分配各企业应得的供应链利润，化解了因利益分配问题导致供应链分崩离析的风险。零售业是距离最终顾客最近的流通环节，一方面几乎所有产品都必须流经这一环节，使沃尔玛根本不存在供应商选择风险；另一方面，顾客需求信息的变化随时通过企业调查反馈到沃尔玛，其间没有任何环节的失真，因此，能够有效克服牛鞭效应的影响，使信息处理过程产生的风险减小到最低程度。

对信息技术和信息系统建设的高度重视，既是成就沃尔玛零售王国的重要保障，也是控制沃尔玛供应链风险的有效手段。通过对信息管理系统的大力投资和对信息技术的广泛应用，沃尔玛的物流配送目前已经成为世界上最好的配送系统之一。

一方面，沃尔玛与供货企业保持和睦的关系，亲自参与帮助供货企业降低生产成本，通过采用先进的通信技术与供应商共享信息，为关键供应商提供超市中自由布置的空间、为供应商提供信息管理系统的软件支持等方法，与供应商建立合作伙伴关系；另一方面，沃尔玛通过制订严格的标准和要求，约束各供应商的行为，恩威并施、双管齐下的供应商管理措施大大降低了供应链面临的道德风险。

（资料来源：孟萍莉，周璐璐. 跨国企业全球经营的风险及防范分析：以沃尔玛为例 [J]. 商业经济，2020（10）：93-94，162.）

思考：

1. 简述国际供应链风险的种类。
2. 结合案例，简述我国跨国经营企业规避供应链风险的策略。

第十章　跨境电商与国际物流

【学习目标】

1. 理解跨境电子商务的基本概念、分类模式及业务流程
2. 了解国际物流与跨境电子商务的关系
3. 掌握跨境电商的物流模式
4. 理解并掌握海外仓的概念、分类及功能
5. 掌握海外仓的布局、选址和运作

【重点难点】

1. 跨境电商国际物流模式
2. 海外仓的布局、选址、运作

国际物流

【导入案例】

我国两千海外仓辐射全世界

作为跨境电商的重要境外节点和新型外贸基础设施,海外仓建设事关外贸高质量发展。国务院办公厅于2022年1月11日印发《关于做好跨周期调节进一步稳外贸的意见》提出,进一步鼓励外贸新业态发展,鼓励金融机构以市场运作方式加大对各类企业建设和使用海外仓的支持,促进海外仓高质量发展。

2020年,甘肃加快构建对外开放新格局,深挖中西亚、中东欧、东南亚市场潜力,已在哈萨克斯坦、泰国、孟加拉国、阿联酋等地建设、租赁海外仓31个。同时一些企业积极开拓新兴市场,参与"一带一路"建设。中建材集团进出口有限公司在积极搭建建材跨境电商平台——易单网的同时,相继在沿线国家打造了阿联酋迪拜、越南平阳、巴基斯坦拉合尔等6个海外仓,跨境电商与海外仓联动协调发展,构建起覆盖中东、非洲、东南亚等地区的海外仓网络。2021年11月,比利时列日机场的菜鸟智慧物流枢纽项目正式启用,首期投入使用超3万平方米,包括航空货站和分拨中心,在西班牙,菜鸟马德里海外仓面积扩至3万多平方米,备货量增长200%以上。

目前,我国海外仓数量已超2 000个,总面积超1 600万平方米,业务范围辐射全球。随着我国贸易伙伴更加多元化,海外仓作为跟随跨境电商走出去的新兴业态,其全球布局正逐步拓展延伸,其中北美、欧洲等跨境电商业务量增长较快、物流基础设施较扎实的地区成为海外仓布局首选地。

(资料来源:http://www.chinawuliu.com.cn/zixun/202201/19/569384.shtml。)

第一节 跨境电商中的国际物流

一、跨境电商概述

(一)发展背景

1. 跨境电商出口业务明显增长

跨境电商作为一种外贸新业态、新模式,近年来一直保持高速增长,成为我国稳外贸、稳就业、促经济的重要抓手。据海关统计，2020年我国跨境电商进出口总额达1.69万亿元，增长了31.1%，占当年GDP的比重达到1.5%，其中出口额达到1.12万亿元，占跨境电商进出口总额近70%。

2. 跨境电商独立站模式快速发展

在跨境电商发展初期，多数卖家需要借助亚马逊、速卖通和eBay等知名跨境电商平台引流，提高交易规模。但随着跨境电商的发展，跨境电商平台卖家日渐增长，平台与商家的矛盾越来越多，平台拒绝同商家共享数据、高额罚款或封号等现象不断发生，跨境电商独立站模式逐渐增长。跨境电商独立站不从属于任何第三方平台，是由企业在电商领域中自建域名、空间、页面，完全自行推广的一种模式。独立站相较于第三方平台，具有去中心化、避免规则约束、直面消费者塑造品牌形象、沉淀流量、便于挖掘数据等优点。

3. 跨境电商海外仓快速发展

2020年暴发的新冠疫情使得我国跨境电商出口大增，为提高物流效率、增强客户体验，我国一些大型跨境电商企业或物流企业开始加快布局海外仓。据商务部统计，截至2020年年底，我国企业在境外建设的海外仓数量已超过1 800个，2020年增速达80%，面积超过1 200万平方米，服务范围覆盖欧洲、美国、澳大利亚、"一带一路"沿线国家和地区。现如今，海外仓已经成为支撑跨境电商稳定发展、延长贸易链条、拓展国际市场的新型外贸基础设施。

4. 跨境电商向新兴市场延伸

随着2020年11月15日《区域全面经济伙伴关系协定》（*Regional Comprehensive Economic Partnership*，RCEP）的签署，我国跨境电商出口正向新兴市场进一步延伸。以东南亚市场为例，东南亚跨境电商市场规模扩张速度快、用户基数大、数字化进步明显，RCEP协议提供的降低关税等政策红利可以降低跨境电商的经营风险和不确定性。

5. 跨境电商生态体系不断完善

跨境电商生态系统包括平台、园区、物流、信息、交易、金融、支付、人才、营销、供应链管理和政府监管等。随着跨境电商的数字化变革，跨境电商卖家将一部分服务由线下转移到线上，涌现出在线选品、直播带货等新模式，也开始在线上采购生产材料、寻找供应商。线上服务的发展推动着我国跨境电商平台和综合服务企业的协同发展，紧密连接供应链上下游企业，促进内贸外贸联动发展。

（二）基本定义

跨境电子商务，简称"跨境电商"（cross-boarder electronic commerce, CBEC），是指分属不同关境的交易主体，通过电子商务平台实现商品交易的各项活动，并通过跨境物流实现商品从卖家流向买家以及相关的其他活动内容的一种新型电子商务应用模式。跨境电商源于电子商务，属于电子商务范畴，是电子商务的一种新型应用模式。

（三）模式分类

跨境电商企业可以按照不同的维度进行分类，其分类标准包括进出口方向、商业模式、平台服务类型、平台运营方式。

1. 按照进出口方向分类

跨境电商可分为进口跨境电商和出口跨境电商。在跨境进口贸易中，海淘模式是一种典型的企业对个人（business to customer，B2C）模式，是指国内消费者在境外 B2C 网站上购买商品，通过直邮或转运的方式将商品运送至国内的跨境电商模式。除了传统的海淘模式，根据不同的业务形态，可将进口零售类电商平台的运营模式分为海外代购、直发/直运平台、自营 B2C、导购/返利平台和海外商品闪购等类型，如表 10-1 所示。

表 10-1　进口跨境电商模式分类

平台运营模式	特点	代表企业
海外代购	海外代购商或个人为有需求的中国消费者在当地采购商品，通过跨国物流将商品送至消费者手中。具体可分为海外代购平台和个人海外代购。海外代购平台属于 C2C 平台模式，平台为买卖双方提供在线交易平台，供卖方展示商品信息，供买方从中选择进行购买。朋友圈海外代购是依靠社交关系，以移动社交平台为中心形成的原始商业形态，该模式存在灰色贸易嫌疑，难以长期发展	淘宝全球购、京东海外购、美国购物网
直发/直运平台	电商平台将接收到的订单发送至批发商或厂商，批发商或厂商按订单信息以零售的方式向消费者发送货物，是一种 B2C 模式	天猫国际、苏宁全球购、跨境通
自营 B2C	自营 B2C 模式由平台定制符合自立品牌需求和消费者需求的采购标准，对所管理的产品进行统一采购、产品展示和在线交易，通过物流配送将产品放入最终消费群。分为综合型自营 B2C 平台和垂直型自营 B2C 平台。垂直型是指平台的自营商品类集中于某个特定的范围，如食品、化妆品、母婴等	亚马逊（综合）、蜜芽宝贝（垂直，母婴）

续表

平台运营模式	特点	代表企业
导购/返利平台	这类平台通常与海外 C2C 代购模式配合,可理解为海淘 B2C 模式+代购 C2C 模式的综合体,即平台将页面与海外 B2C 电商的商品销售页面对接,产生商品销售后,B2C 电商给导购平台 5%~15% 的返点,导购平台再将所获返点的一部分作为返利回馈消费者	55 海淘、一淘网(阿里旗下)、海淘居
海外商品闪购	一种相对独特的模式,属于第三方 B2C 模式	聚美海外购、唯品会海外直发专场

2. 按照商业模式分类

按照商业模式的不同,跨境电商分为企业对企业(business to business, B2B)、企业对个人(business to customer, B2C)和个人对个人(customer to customer, C2C)三种模式,如表 10-2 所示。

表 10-2　不同商业模式的跨境电商平台

商业模式	特点	代表企业
B2B	商业对商业或是企业间的电子商务,即企业与企业之间通过互联网进行产品、服务及信息的交换	敦煌网、阿里巴巴国际站、环球资源网等
B2C	分属不同地区的企业直接面向消费者个人在线销售产品和服务	亚马逊、兰亭集势等
C2C	由个人卖家发布售卖的产品和服务的信息、价格等内容,个人买方进行筛选,最终通过电商平台达成交易、进行支付结算,并通过跨境物流送达商品、完成交易	eBay 等

3. 按照平台服务类型分类

按照跨境电商平台提供的不同服务,可将其分为信息服务平台和在线交易平台,如表 10-3 所示。

表 10-3　不同服务类型的跨境电商平台

平台类型	特点	代表企业
信息服务平台	主要为境内外会员商户服务的网络营销平台,传递供应或采购商等商家的商品或服务信息,促成双方完成交易	阿里巴巴国际站、环球资源网、中国制造网等

续表

平台类型	特点	代表企业
在线交易平台	不仅提供企业、产品、服务等多方面信息，还可以通过平台在线完成搜索、咨询、对比、下单、支付、物流、评价等全购物链环节	敦煌网、速卖通、米兰网等

4. 按照平台运营分类

根据平台的运营方式不同，可以将跨境电商企业分为第三方开放平台、自营型平台和综合服务商平台，如表10-4所示。

表10-4 不同运营方式的跨境电商平台

平台类型	特点	盈利模式	代表企业
第三方开放平台	通过线上搭建商城，并整合物流、支付、运营等服务资源，吸引商家入驻，为其提供跨境电商交易服务	以收取商家佣金和增值服务佣金作为主要盈利模式	速卖网、敦煌网等
自营型平台	通过在线上搭建平台，平台方整合供应商资源，通过较低的进价采购商品，然后以较高的售价出售商品	主要以商品差价作为盈利模式	兰亭集势、米兰网、大龙网等
综合服务商平台	服务提供商能够提供"一站式"电子商务解决方案，并能帮助外贸企业建立定制的个性化电子商务平台	以赚取企业支付的服务费用作为盈利模式	四海商舟、一达通等

二、跨境电商中的国际物流

（一）跨境电商与国际物流的关系

跨境电商交易的业务流程贯穿贸易流、资金流、信息流和物流，其中物流包括了国际物流和国内物流两大环节，如图10-1所示。

跨境电商与国际物流之间相互影响、相互制约，只有不断完善跨境电商环境下的国际物流模式，关注国际物流服务成本、质量、效率和服务响应能力，才能更好地促进跨境电商的发展。

1. 国际物流服务水平是跨境电商发展的保证

国际物流是构建跨境电商供应链的必备环节，其发展水平是跨境电商供应链融合及跨境电商供应链企业获得经营效益的关键因素。从图10-1可以看出，跨境电子商务运作过程涉及信息流、商流、资金流和物流。跨境电子商务运作过程中的信息流、商流和资金流均可通过计算机和网络通信设备在虚拟环境下实现，但物流环节并不能在虚拟环境下实现，国际物流系统高效率、高质量、低成本的运作是促进跨境电商发展的保证。

图 10-1　跨境电子商务运作过程

2. 跨境电商为国际物流的发展提供市场机遇，并为其发展带来挑战

跨境电子商务的发展对国际物流服务提出了更高的要求：一是为适应小批量、多频次、周转快等新特点的国际物流需求，国际物流企业需要改变传统的大订单、大批量、规模化的运营管理模式，对国际物流系统中的运输、仓储、配送等环节进行优化调整。二是为适应跨境电商物流需求市场细分，国际物流企业需要运用现代信息技术和物流技术，增强国际物流服务响应能力，降低国际物流成本，提升国际物流智能监控与协调管理水平及客户服务水平。

（二）跨境电商国际物流运作流程

跨境电商国际物流运作流程一般包括揽收货物、出口国境内物流、出口国清关、国际物流、进口国清关、进口国物流等。跨境电商国际物流作业环节包括接单、收货、仓储、分类、编码、理货、分拣、转运、包装、贴标、装卸以及商检、国际结算、报关、纳税、售后服务、退换货物流等。整个流程及其作业涉及多个国家与地区、多家国际物流企业。

（三）跨境电商国际物流模式

跨境电商的物流模式主要有以下几种。

1. 邮政包裹模式

邮政网络基本覆盖全球，覆盖程度广于其他物流渠道。国际邮政包裹具有成本低、通关容易等优势，但在实际运营过程中，国际邮政包裹的丢包率高、安全性低、时效性不强等劣势较为突出；同时，国际邮政包裹易受制于形状、体积、重量等因素，一定程度上影响物流效率及物流体验。邮政包裹物流运作流程如图10-2所示。

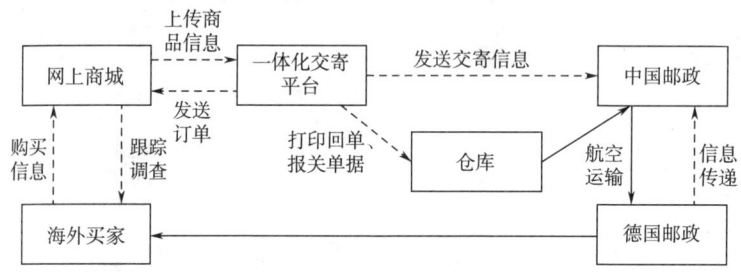

图 10-2 邮政包裹物流运作流程

2. 快递模式

国际快递是用于跨境电子商务物流服务的一种传统模式，主要是通过快递公司来解决跨境电子商务中商品配送及物流的问题。这种物流模式在时效性及服务质量上占据优势，可以满足世界各地客户的需求，但存在着价格高、无专线快递等劣势，进而影响客户物流体验。国际快递物流运作流程如图10-3所示。

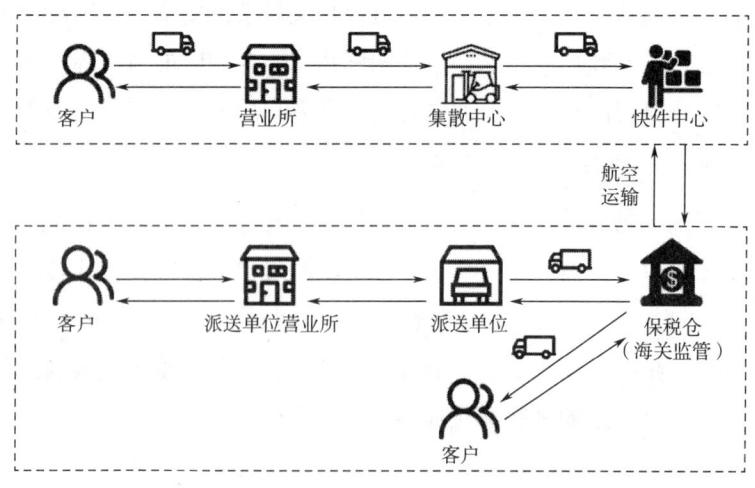

图 10-3 国际快递物流运作流程

3. 专线物流模式

跨境专线物流一般是通过航空包舱方式运输到国外,再通过合作公司进行在目的国的派送。专线物流的优势在于能够集中大批量到某一特定国家或地区的货物,通过规模效应降低成本,因此其价格一般比商业快递低。

在时效上,专线物流稍慢于商业快递,但快于邮政包裹。目前较普遍的专线物流线路有美国专线、欧洲专线、澳洲专线、俄罗斯专线等,另外也有不少物流公司相继推出中东专线、南美专线、南非专线等。海外专线物流运作流程如图10-4所示。

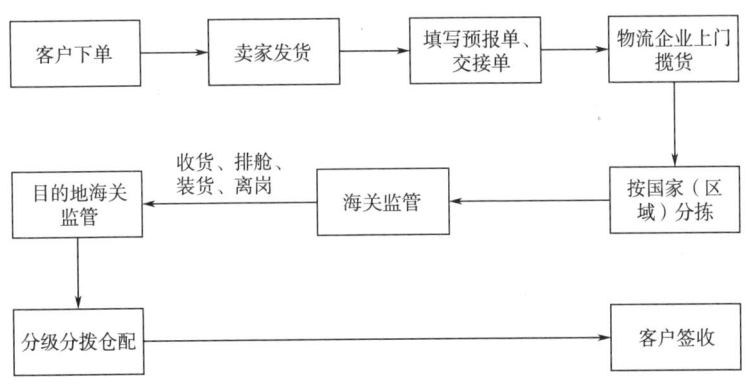

图 10-4　海外专线物流运作流程

4. 自贸区或保税区物流模式

自贸区或保税区物流模式是通过将货物运输至自贸区或保税区仓库,再由跨境电商企业负责商品销售,同时由自贸区或保税区仓库负责货物分拣、检疫、包装等环节,最后通过自贸区或保税区实现商品集中物流配送的模式。这种模式优势在于可充分利用自贸区及保税区自身优势,为跨境电子商务国际物流的快速运行提供保障。

5. 海外仓储模式

海外仓储简称海外仓,海外仓是从事出口跨境电子商务的企业在国外自建或租用仓库,将货物批量发送至国外仓库,采用海陆空等运输方式将货物运输至境外目的地,通过跨境电商的方式进行线上销售,消费者成功下订单之后,企业再利用境外目的地仓库或境外第三方物流机构直接进行商品配送及运输。其目的是将跨境贸易本地化,提升消费者购物体验,提高跨境卖家在出口目的地市场的本地竞争力。

第二节 海外仓的布局与运行

一、海外仓基本概念与分类

(一) 基本概念

海外仓以海外现代仓储为核心形成综合物流配套体系,是一个进行全球供应链服务的一体化现代仓储体系,包括大宗货物运输、国际贸易清关、精细化仓储管理、个性化订单管理、现代分拣、合理配送及综合信息管理等。海外仓的本质就是将跨境贸易"本地化",提升消费者的购物体验,从而提高跨境电子商务商家在目标市场的竞争力。

(二) 优点和缺点

1. 海外仓的优点

(1) 降低物流成本。以发货为例,企业批量从国内发货至海外仓,然后从海外仓采用当地快递配送至客户,远比单独从国内直接发货给客户便宜。单独发货如果碰到客户退换货物的问题,就会非常棘手,往返费用耗费巨大。如果使用海外仓,就可以避免高昂的国际物流成本。

(2) 避免物流高峰。以节日为例,临近特殊节假日(圣诞节、万圣节和其他节日)会有大量货物待发,囤积的货物会严重影响国际物流商的运转操作,从而影响派送时效,进而影响客户的收件时间。如果使用海外仓,就可以预估销售量,提前将货物发至海外仓库,避开因物流通道堵塞而造成的麻烦。

(3) 清晰管理、清点货物。以订单为例,每笔订单的录入、录出,库存的清点和盘查,较为耗时、耗力、耗资,从而增加了成本,降低了利润。通过使用海外仓,可以省去相关支出,例如,通过专业高效的系统平台,可以简化操作,实现有效的省时、省心、省力。

(4) 提高商品曝光率。如果商家在海外有自己的仓库,那么当地的客户在选择购物时,一般会优先选择当地发货,因为这样对客户而言可以大大缩短收货的时间。海外仓的优势也能够让商家拥有自己特有的优势,从而提高商品的曝光率,提升店铺的销量。

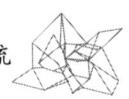

（5）可以提高客户满意度。海外仓增强了物流的时效性，不仅能提高客户满意度，也能为商家节省运输成本，减少损失。

2. 海外仓的缺点

（1）必须支付海外仓仓储费。海外仓的仓储成本费用因所在地不同而不同。商家在选择海外仓的时候一定要计算好成本费用，并与自己目前发货方式所需要的成本进行对比。

（2）海外仓要求商家要有一定的库存量，因此特别定制的少量商品就不适合海外仓模式。

（3）库存压力大，资金周转不便。销量不理想或存货量预测不准会导致货物滞销。货物一直压在海外仓中，就会继续增加仓储成本，除了增加库存压力外，还会使商家的资金周转不便。

（4）海外仓服务商的本土化服务和团队管理是难题。商家要采用完全当地化的手段和思路来管理团队。

（三）常见分类

从经营模式来划分，海外仓可以分为三种：自建模式、与第三方合作模式、一站式配套服务模式。

1. 自建模式

海外仓自建模式是指跨境电商企业为了业务更高效地进行而在其主要目标市场设立海外仓储物流中心，以便完成在目标市场的商品存储、进口国报关报税以及商品配送等活动。一般而言，规模较大的跨境电商企业倾向于采用海外仓自建模式，这主要是因为该模式需要巨大的资金投入，并且海外仓建设和运营难度大，容易导致企业资金链断裂，从而危及整个公司的利益；此外，大型跨境电商企业为追求业务的高自由度，通常会选择该模式。

2. 与第三方合作模式

与第三方合作模式是指跨境电商企业与第三方企业合作共建海外仓的模式。该模式主要分为两种情况：租用第三方海外仓、合作共建共用海外仓。这种模式涉及两个不同主体间的合作，可以减轻跨境电商企业的资金压力。同时，合作方需要具备海外仓的运营经验或对海外仓的所在国或地区较为熟悉，这可以加强跨境电商企业在目标市场的竞争力，也可以加快海外仓的建设速度，帮助企业更迅速地融入目标市场。

3. 一站式配套服务模式

一站式配套服务模式是指专业的物流公司在海外建立海外仓，旨在为其服务对象提供商品运输、海外仓储等一系列服务。这些企业都是以物流服务起家的专业物流公司，它们通过长期的经营，已经积累了仓储管理方面的专业经验，并对海外市场有较为深入的了解。因此，这种模式实现了跨境电商领域的专业分工。

二、海外仓的主要功能

海外仓作为国际运输的重要节点和国内运输或配送的起点，随着国际贸易进程的深入，其功能也在不断丰富，主要包括代收货款、拆包拼装、保税功能。

（一）代收货款

由于跨境交易存在较大的风险，为解决交易风险和资金结算不便、不及时的难题，在合同规定的时限和佣金费率下，海外仓服务商在收到货物的同时可以提供代收货款等增值业务。

（二）拆包拼装

在一般跨境电子商务 B2C 模式下，订单数量相对较小、订单金额相对较低，频率较高，具有长距离、小批量、多批次的特点，因此为实现运输规模效应，可对零担货物实行整箱拼装运输。货物到达海外仓之后，由仓库将整箱货物进行拆箱，同时根据客户订单要求，为地域环境集中的用户提供拼装业务，进行整车运输或配送。

（三）保税功能

当海外仓经海关批准成为保税仓库时，其功能和用途更为广泛，可简化海关通关流程和相关手续。同时，企业在保税仓库可以进行转口贸易，以海外仓所在地为第三国或地区，连接卖方和买方，这种方式能够有效躲避贸易制裁。保税海外仓还提供简单加工等相应的增值服务，能有效丰富仓库功能，帮助企业提升竞争力。

三、海外仓的运作流程

海外仓模式目前有一套较为成熟的运作流程，如图 10-5 所示。海外仓的运作流程可以分为三部分，即头程运输、仓储管理以及尾程配送。

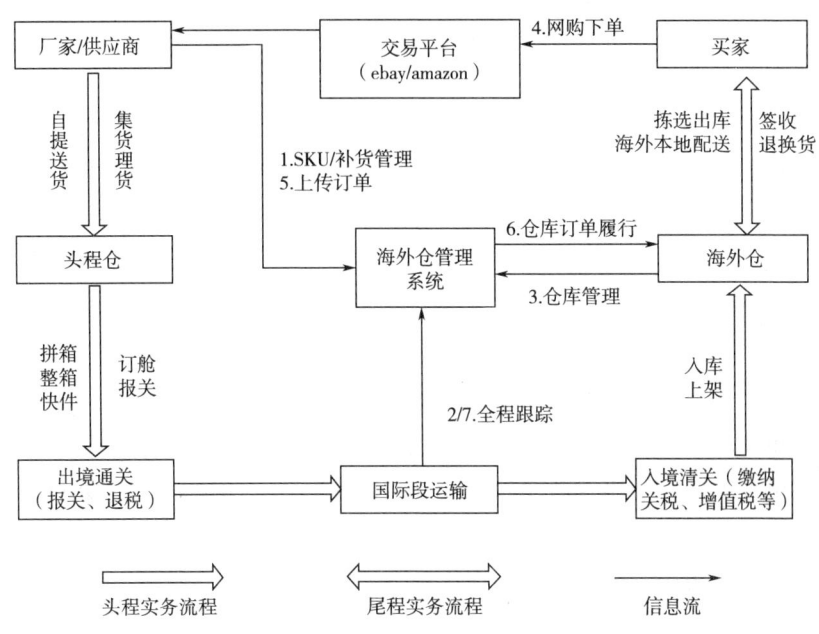

图 10-5 海外仓运作流程

（一）头程运输

一般国内跨境电商出口企业在未接收到国外客户下单之前，就通过传统的运输方式，将商品提前运送到海外仓。其中包括许多流程，比如集中式报关、个性化加工等额外的增值服务，这些商品通过批量处理，提高了管理精准度和作业效率，节约了大量时间和运输及管理成本。

（二）仓储管理

仓储管理不仅仅是单纯地存储商品，这个过程还会对海外仓的商品进行精细科学的分类存储，以便商品出库时更加高效方便。此外，仓储管理还能提供订单管理服务，根据订单及时发货，根据订单的数量预测下一季度或某个相似时间段的商品销售数量，以及将海外仓当地季节、节日等因素反映给跨境电商企业，以便及时仓储合适的商品。这可以避免缺货情况的出现或者库存量过多的压力，从而减少跨境电商企业的库存成本，提高海外仓的利用率。

（三）尾程配送

境外消费者通过跨境电商平台下单，跨境电商企业收到客户的订单信息之后发送给海外仓管理系统，由海外仓出库商品发货。这就使得跨境电商的购买行为

转换为境内销售行为,省去了跨境电商所在国到目标市场海外仓的距离,减少了客户从下单到接收商品的等待时间。同时,海外仓也成为跨境电商企业展示自身商品的一个窗口,不仅提升了消费者的消费体验,也使消费者能更加了解远在境外的跨境电商企业,从而提高了跨境电商企业的知名度,增加消费者重复购买行为。

四、海外仓发展现存问题

(一)海外仓服务科技赋能程度低

全球市场进入数字时代,大数据、人工智能广泛应用于各个行业,但目前大多数跨境电商的配套设施及海外仓服务采用传统模式,与信息化、智能化发展脱节。大部分海外仓仅提供基础仓储服务功能,仅有少部分服务商可提供全球分销、样品展示、售后、智能采购、优化物流、供应链金融等服务。传统跨境电商模式缺乏云计算预测服务,卖家依靠不完全的市场信息容易做出错误决策,加之跨国退货、维修售后环节复杂,导致海外仓面临库存积压风险,中小企业则会存在资金链断裂风险。传统的人工管理模式在市场数据收集、分析、预测方面缺乏灵敏度,及时掌控市场风向变化难度大,物流信息时效性差,导致对消费者吸引力不高、购物体验差、顾客黏性小的结果。

(二)海外仓服务关联产业协调度低

关联产业指与主体产品或服务运营密切相关的产业。海外仓服务的关联产业包括但不局限于供货商、跨境电商平台、海关、物流公司、金融服务。目前跨境电商发展和海外仓发展程度不匹配,大部分海外仓由第三方专业仓储公司运营,双方分别工作、合作有限的运营特性容易导致海外仓与跨境电商平台服务脱节。此外,近年来针对跨境电商的税收、通关政策尚处于试行阶段,缺少具体的、具有针对性的管理措施,通关时间长、物流周转慢等问题也会延长卖家资金周转时间;在国际金融支付领域,卖家缺少官方保障,也容易降低海外仓的使用积极性。海外投资风险大,运营难度高,全产业链条各节点企业缺少密切配合,相关产业协调发展程度低等各种原因会延缓海外仓发展速度,限制海外仓发展前景。

(三)海外仓服务发展层次较低

目前,海外仓服务行业仍缺少准确可行的标准,发展秩序较为混乱。海外仓服务商前期资金投入大,运营期人力物力成本持续投入,短时间难以形成规模效应，缺乏雄厚资金支持的海外仓服务商仅支持提供单一化的服务，迫于生存压力，容易陷入价格竞争的恶性循环。境外运作的中端仓储和尾程运输主要提供仓储和配送服务，由于处理退货维修问题环节复杂、耗费时间长，导致国际物流周转周期长，也增加了逆向物流成本，使得大部分卖家选择退货回海外仓后由当地处理，无形增加了物流成本。

（四）海外仓运营本土化落后

部分海外仓服务商对"海外仓"的理解仅停留在开设在海外的中国仓库，习惯采用中式薪酬计算方式，雇用中国员工在海外仓工作，但中式客服模式无法满足当地消费者的需求，对比本地服务商，该模式将导致丧失巨大消费流量。一方面，由于欧美等国与中国文化差异、风俗习惯差异大，不同思维方式、政治文化背景都对海外仓服务商的运营造成了影响。此外部分国家有意针对跨境服务平台征收数字税，增加了海外仓服务商的运营风险，对运营者的综合素质提出更高要求。另一方面，出海的服务商面对陌生社会环境时下意识地进行"自我参照"行为，参照以往的价值观念、知识、经验做出决策，不利于企业在当地塑造核心竞争力。

五、海外仓的布局与选址

目前我国海外仓布局主要是根据跨境电商企业的需求，通常在市场较大的国家和地区建设海外仓。我国跨境电商的市场主要集中在欧美等发达国家和地区，因为这些地区的人均消费水平高，对中国商品的需求大，所以海外仓的布局也较为密集。

（一）海外仓布局主要影响因素

海外仓布局主要影响因素包括宏观因素和运营因素。

1. 宏观因素

宏观因素主要通过 PESTEL 模型进行分析。其中，P（political）代表政治因素，E（economic）代表经济因素，S（social）代表社会因素，T（technological）代表技术因素，E（environmental）代表环境因素和 L（legal）代表法律因素。

（1）政治因素。政治因素是指对企业开展经营活动具有实际或潜在影响的政治力量和有关的政策、法律及法规等因素。海外仓的建设与选址离不开东道国政府的支持、相关政府部门的发展意见及其提供的基础条件支持。

影响海外仓的政策因素主要包括政府政策、关税以及非关税壁垒。政府政策是一个企业在东道国进行经济活动时需要考虑的因素中必不可少的一部分，主要包括东道国政府是否出台了有利于海外仓建设的相关政策、是否支持海外跨境电商企业在当地进行相关配套基础设施的建设、物流节点建设是否符合东道国城市规划、周边是否有可以进行扩张的土地等。而关税及非关税壁垒则会影响海外仓头程运输环节的成本，使得商品的成本发生变化。

（2）经济因素。经济因素是指企业经营所处地区，影响企业进行经营活动并与当地经济相关的影响因素。对海外仓选址有影响的经济因素主要包括区域经济、产业分布和服务水平等。区域经济是指海外仓所在地区的经济发展水平及经济发展速度，海外仓的建设是否有利于当地的经济发展；产业分布是指海外仓所在区域是否有利于物流发展及企业发展的相关产业配套；服务水平是指消费者是否能随时随地地享受跨境物流带来的高品质服务，是衡量现代服务产业的重要指标。

（3）社会因素。社会因素是指企业经营所在地的历史文化、传统习俗、受教育水平等因素。社会因素主要反映了东道国当地的文化传统和劳动力条件。其中文化传统主要反映东道国居民对于在当地建设海外仓和相关配套的基础设备认同或支持与否；劳动力条件是指当地的人力资源禀赋的丰裕程度，即东道国该地是否有支持海外仓建设的人力资源数量和质量。

（4）技术因素。技术因素是指与企业生产经营有关的创新事物的发现以及发展，这主要包括新技术、新材料等。在海外仓选址与建设的过程中，对海外仓选址有影响的主要是指海外仓的建设与运营需要哪些技术，且这些技术对企业的重要程度如何；同时海外仓的建设需要用到哪些原材料和技术，且这些原材料及技术在东道国是否容易获取；相关竞争对手的技术发展水平如何，跨境电商企业相对于其竞争对手有哪些技术上的优势等。

（5）环境因素。环境因素是指企业在经营过程中能与环境发生相互作用的因素，主要是指自然环境因素。环境因素是海外仓选址建设的前提条件，包括气象条件、地质地形条件及水文条件等。气象条件直接影响到货物的储存效果，例如，降雨量、风力风向及湿度温度等都会影响到货物的储存，当这些指标异常时可能会导致货物灭失；由于海外仓主要体现的是其储存功能，所以海外仓选址时其地基需要具备足够大的承载力，避免选择地质条件不好的地块；同时选址的地形最好是相对而言较为平坦和方正的地块。水文条件主要是指区域是否能满足海外仓的工业及生活用水需求。

（6）法律因素。法律因素是指东道国的法律、法规、司法状况以及东道国居民法律意识所组成的综合系统。跨境电商企业在东道国进行海外仓建设与选址都需要在遵守东道国法律的基础上进行。同时，企业遵纪守法也会有利于树立企业形象，从而便于在东道国开展相关的经济活动。

2. 运营因素

（1）产业集聚因素。海外仓建设要考虑当地企业的密集程度。海外仓和跨境电商企业、所在国商品店铺之间往来紧密，海外仓与店铺之间也存在协作关系，因此海外仓建立在企业密集程度高的地方，与目标市场的距离较近，有利于货物的退换、调拨，并节省运输成本。

（2）基础设施状况。基础设施状况如所在国的通信设备、水电气供应、废弃物排放等，也会影响海外仓的运行效率。海外仓利用良好的基础设施，能大大提高便利性，提高海外仓的运行效率以及未来扩展的可能性。跨境电商企业建设海外仓本意是扩展商品销售范围，拥有更多国外客户，因此海外仓建设时要考虑到以后的业务拓展。海外仓的建设规模随着今后业务规模的扩大需要更大的商品仓储空间，在初期建设海外仓时要考虑扩展的可能性，为今后的扩容留下余地。

（3）企业特性因素。要选择跨境电商物流模式，跨境电商企业是选择的主体，各跨境电商企业的发展历史、规模、经验等方面都不相同，因此由企业特性产生的商品销售、物流需求是首要的考虑因素。跨境电商企业致力于寻求性价比高的跨境物流方式，也必须考虑企业规模、实力、产品类型等因素，不同类型及规模的企业有着不同的经营模式，也需选择最适合的物流模式。海外仓虽然可以解决物流的大多数难题，但并不是所有企业都适合海外仓模式，企业应该根据自身产品的特点、销售的情况，选择是否建设海外仓。

（4）物流成本因素。跨境电商企业在决策时要充分考虑到海外仓的建设成本、运输成本及运营成本。

①建设成本。不同的海外仓库地点，消费、物价水平、法规、各方面的条件也不相同。一般而言，不同国家对土地使用权的规定不同，同一国家的不同城市的土地使用价格也不同。海外仓建设需要大片土地面积，因此需特别考虑土地的使用成本。为节省成本，大多数企业选择将海外仓建设在相对便宜的郊区。跨境电商企业的海外仓，订单一般批量大，单件数量小，若使用人工对海外仓搬运分类，势必消耗浪费更多的资源，所以大多数海外仓都已经实现自动仓储管理，提

高工作效率。但同时自动化仓储管理也需要科技及信息技术的投入，在海外仓建设初期也是一笔高投入的建设成本，是企业成本核算必须考虑的一项。

②运输成本。运输距离主要是指跨境电商企业、海外仓、终端消费者三者之间的距离，海外仓的位置合理与否直接影响了其中的运输成本。海外仓最大的优势是缩短了交货时间，在一些国家，通过设立海外仓，跨境物流不再是时间漫长的运输，已经成为本地配送的"最后一公里"，提高了商品的配送效率。此外，海外仓离消费者即交货地点越近，本地配送的成本和时间花费也就越少，退货和换货服务也更加方便。

③运营成本。物流仓储管理的各个环节也需消耗资源，花费成本，如支付给工作人员的劳动成本。显而易见，不同国家不同城市可利用的劳动数量和成本是不一样的。因此在建设海外仓时，也必须全面考虑当地的劳动成本相关的因素。此外，海外仓的仓储商品的流动率较高，所以必须提前规划货架产品的摆放，商品在海外仓的进出、包装等费用也是需要考虑的运营成本。

(5) 客户服务因素。跨境电商海外仓建设需考虑客户服务因素，即消费者体验，包括物流时效性、操作便捷性、本土化服务等方面。物流时效性是指商品在运输途中消耗的时间，这是影响客户满意度的一个重要因素。操作便捷性是指客户下单之后想要知悉商品的位置动态时的准确性和方便度，以及接收商品、退换商品的可操作性和便捷程度。跨境电商企业在降低成本的同时还要考虑消费者体验。海外仓在不同的国家面临不同客户，需要提供本土化服务。更好的本土化服务更容易赢得消费者的信赖，增加客户的满意度，扩大客户群体和境外市场。

(二) 海外仓的选址分析

1. 海外仓选址与传统仓库选址的区别

首先，海外仓作为在国外建设的仓储基地，其选址和传统的仓库选址有一定区别。通常情况下，在国外运营仓库面临的风险比国内高，建设成本很大，因此企业对海外仓的建设成本尤为关注，在进行海外仓选址时，会优先考虑建设成本。

其次，海外仓作为跨境物流的商品中转点，其选址通过影响企业的整个跨境物流系统来影响商品运输过程中所产生的费用（包括运输费用以及跨境物流缴纳的税费），以影响企业的商品运输成本。

最后，海外仓选址需要考虑各国之间的政治文化差异，以及因此所产生的贸易壁垒,这些因素通过影响两国之间的商品运输方式(包括直接运输或通过别国中转)来限制海外仓的候选建设地点。

2. 常用选址方法与模型

学术界对仓库选址的研究有着非常丰富的成果,总体可分为定性评价分析方法与定量建模分析方法。

定性评价分析方法是根据选址目的、原则以及相关的影响因素,构建出选址评价的指标体系,并依靠相关领域从业者和领域专家的专业知识与实践经验,对各个备选方案的相应指标逐一评价,最后根据评价的优劣结果选择出最优选址方案。定性评价分析方法过程较为简单,操作也更为便捷,但缺点在于过分依赖主观经验,领域不同的专家对同一备选方案的评价可能相差较大,有时会影响选址结论的科学性与客观性;另外,当基础资料过少而备选方案过多时可能会导致各个方案之间的差异过小,导致难以抉择的情况。常见的定性评价分析方法有层次分析法、专家会议法、德尔菲法等。

定量建模分析方法是指从配送中心选址的实际情况及影响因素等方面考虑,以成本费用最小化或者客户服务满意度最大化等为目标,通过建立数学规划模型的方式进行选址问题的求解。根据划分标准的不同,定量建模分析方法可以分为多种类型,最典型的分类方式是将其分为连续型选址方法与离散型选址方法,需要根据使用场景与选址目标进行选择。连续型选址方法有精确重心法、交叉中值法等,适用于候选点不明确的单设施选址目标;离散型选址方法有P-中值法、P-中心法、最大覆盖法、集合覆盖法、混合整数规划法、遗传算法、粒子群算法等,适用于候选点明确的单设施与多设施选址目标。

六、海外仓的选品与费用

(一) 海外仓选品策略

海外仓的选品对于商家来说具有非常重要的作用。海外仓选品是指商家选择适合在海外仓模式下销售的商品,且商品符合当地买家的购物习惯及当地的市场需求。对于海外仓选品,不同的商家有不同的策略(图10-6)。有的商家倾向于大尺寸、大重量的商品,有的商家喜欢对时效要求比较高的商品,还有的商家偏向结构复杂、对售后要求比较高的商品。但并不是所有的商品都适合用海外仓,跨境电子商务企业要对市场有一个预判,选择合适的商品进入海外仓。

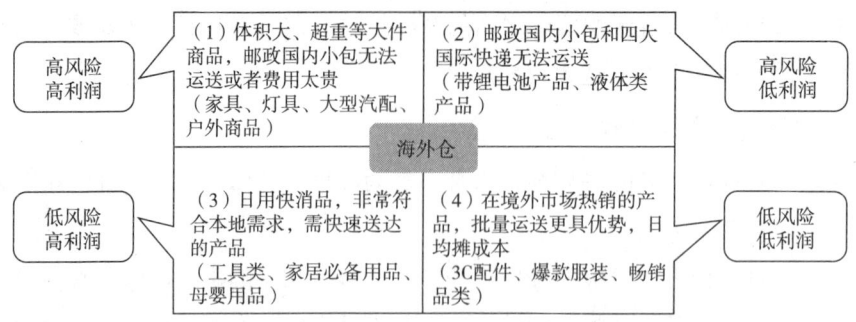

图 10-6　海外仓选品的定位

图 10-6 左侧的品类是高利润的品类，比较适合做海外仓选品。其中，"高风险，高利润"的品类最适合做海外仓选品。图 10-6 右侧，"低风险，低利润"和"高风险，低利润"的品类都不太适合做海外仓，特别是 3C 配件这种利润不高的商品。

（二）海外仓费用结构

海外仓的费用结构是指把仓库设立在海外而产生的一系列费用，包括头程费用、处理费、仓储费、尾程运费、税金等，具体构成如图 10-7 所示。

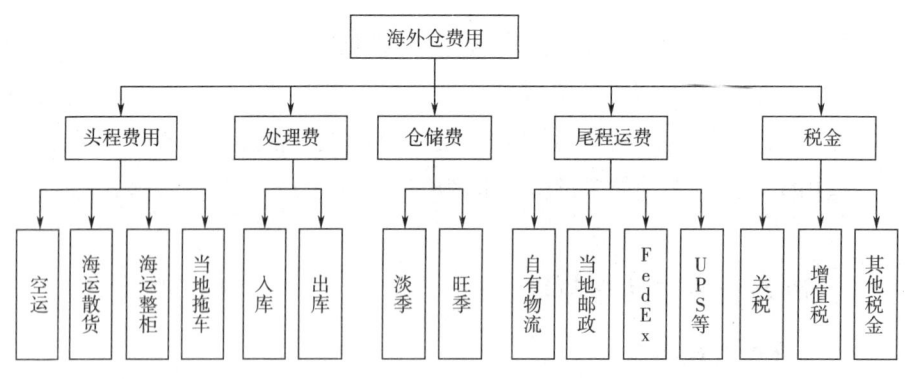

图 10-7　海外仓费用结构

1. 头程费用

头程费用是指从商家将货物从国内运送至海外仓这段过程中产生的运费，包括航空运输、快递运输、海洋运输和铁路运输等所产生的费用。

2. 处理费

处理费指买家下单后,由第三方人员对其订单拣货打包而产生的费用,某海外仓对订单处理费的报价如表10-5所示。

表10-5 某海外仓对订单处理费的报价

费用类别（公斤）	入库处理费（元/公斤）	出库处理费（元/公斤）
0<X≤1	0.06	0.46
1<X≤2	0.09	0.51
2<X≤10	0.18	0.65
10<X≤20	0.27	1.37
20<X≤30	0.36	1.82
续重10公斤	0.18	0.91
最高收费	1.8	18.2

资料来源：https://www.winit.com.cn/。

3. 仓储费

仓储费指海外仓代替经营者负责商品的存储、分类、包装与物流运输的服务而收取的费用。一般海外仓服务商为了提高商品的动销率,会按周收取费用。

4. 尾程运费

尾程运费指在买家下单后,由海外仓服务商完成打包后指派物流公司配送至买家地址所产生的费用。不同物流公司对不同国家目的地的物流渠道及报价不同。

5. 税金

税金是指货物出口到某地,需按照该地的进口货物政策而征收的一系列费用,如关税、增值税和其他税金等。

关税主要指进口关税。征收进口关税会增加进口货物的成本,提高进口货物的市场价格。各地都以征收进口关税作为限制货物进口的一种手段。适当地使用进口关税可以保护本地工农业生产,也可以作为一种经济杠杆调节本地的生产和经济的发展。

有些国家不仅有进口关税,还有一些特定的费用,如增值税（Value-added Tax，VAT）、消费与服务税（Good and Services Tax，GST）等。

增值税是购物时另加的税,根据商品的价格而征收。各地税率不相同,如意大利是22%、法国是20%、德国是19%、西班牙是21%等。

消费与服务税是对境内销售的大多数商品和服务征收的税款。目前,全球有数个地区征收商品与服务税,如新西兰是15%、澳大利亚是10%、加拿大是5.3%等。

【本章小结】

本章主要介绍了跨境电子商务这一新兴电商模式与国际物流的关系。通过介绍跨境电子商务基本定义、模式分类及业务流程,使大家对跨境电子商务有概览性的认识,然后进一步介绍跨境电商中的物流模式;并重点阐述海外仓这一跨境电商重要概念的基本知识,详细介绍了海外仓的选址和运作,以及选品和费用结构。

【思考练习】

1. 跨境电商国际物流作业环节包括哪些?
2. 跨境电商国际物流模式主要有哪几种?
3. 海外仓选址方法有哪些?哪些是定性分析方法?哪些是定量建模方法?
4. 海外仓费用构成包括哪些费用?

【案例分析】

海外仓——"中国制造"走出去的新驿站

2020年"双十一"期间,西班牙一名消费者在全球速卖通平台上购买了一台中国生产的电视机,通过海外仓发货,下单后半天就送到了家中。

海外仓,已经成为"中国制造""走出去"的新驿站。商务部有关负责人表示,跨境电商等新业态正在为中国外贸发展提供新空间、新动能,海外仓是跨境电商企业在境外实现本土化运营的重要依托。

与传统物流模式相比,海外仓采取了"单未下,货先行"的运营模式。在目的地国就近发货,大大缩减了运输时间。在印度尼西亚,依托于京东搭建的仓配一体化物流,配送服务覆盖7大岛屿和483个城市,85%订单的配送时效从5~7天缩短到1天内交付。此外,商家供应链规划也变得更加合理有序。菜鸟出口物流事业部总经理熊伟对记者表示:"海外仓的模式让商家可以自主规划出口哪些商品、在什么时间出口、运到哪些市场,提前让商品抵达目的国,更好地规划供应链。"

(资料来源：海外仓，助力"中国造"畅销全球 [N]. 人民日报（海外版），2021-01-19.)

思考：

1. 京东海外购采用哪种跨境电商模式？该模式有什么特点？
2. 以京东在印度尼西亚为例，建设海外仓时需要考虑哪些因素？

新冠疫情时代下的海外仓

全球新冠疫情下，跨境电商在2020年成为外贸的一匹"黑马"，增长迅猛。据海关总署的数据，2020年通过海关跨境电子商务管理平台验放进出口清单24.5亿票，同比增长63.3%。

这也让跨境电商B2C出口供应链的重要环节——海外仓迎来了全年无休的繁荣景象，"一仓难求，开一个就爆满一个"。就美国电商市场而言，在短短的几个月里就完成了过去10年的渗透率（电商占总零售支出的比例）。

"疫情让整个行业的发展变得很戏剧化。"作为国内最大的海外仓运营商，纵腾集团副总裁李聪用这样一句话概括这两年的感受。

2020年被挤爆的海外仓，经历了2021年二季度开始的调整，整体增速下降，让跨境电商市场逐渐恢复到了疫情前的发展速度。但实打实的数据，让企业主依旧看好跨境零售业务的发展，同时中国供应链的优势以及政策支持，也为他们提供了长期保障。

李聪表示："我们依旧看好跨境电商在内的跨境零售业务的发展，毕竟中国供应链的优势很强，跨境电商的模式提供了很好的客户体验。即使短期内市场波动，也不会调整公司的大方向。"数据显示，中国跨境电商规模近5年来增长近10倍，促进了外贸转型升级，尤其在疫情冲击下为稳外贸等发挥了重要作用。2021年前三季度，我国跨境电商进出口增长20.1%，市场采购出口增长37.7%。

(资料来源：缪琦. 海外仓经历"戏剧化"两年，企业跨境电商业务做出这些改变 [EB/OL]. (2022-01-05) [2023-03-08]. https://www.163.com/dy/article/GST8TAVP0519DDQ2.html.)

思考：

1. 2020年暴发的新冠疫情对全球供应链造成了巨大冲击，但为什么海外仓市场不减反增？
2. 在后疫情时代下，如何保证海外仓的正常经营？请从政府和企业的角度提出三点建议。

第十一章 "一带一路"与国际物流

【学习目标】

1. 掌握"一带一路"的基本情况
2. 掌握"一带一路"背景下我国国际物流的发展
3. 理解"一带一路"背景下我国国际物流面临的挑战与机遇
4. 掌握中欧和中亚班列概况
5. 了解中欧班列和中亚班列的主要运行线路
6. 了解我国进出口口岸

【重点难点】

1. "一带一路"背景下我国国际物流面临的调整与机遇
2. 中欧班列和中亚班列概况

第十一章 "一带一路"与国际物流

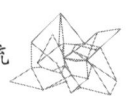

【导入案例】

"一带一路"首倡之地哈萨克斯坦：物流枢纽已成形

2018年9月7日，在哈萨克斯坦首都阿斯塔纳举行的"一带一路"中哈智库媒体人文交流论坛上，多位嘉宾指出，"一带一路"建设成绩斐然，而作为"起点"的哈萨克斯坦与中国的合作正成为"一带一路"倡议下国家合作的范本。

自2014年哈萨克斯坦总统纳扎尔巴耶夫提出将"光明之路"新经济政策与"一带一路"对接以来，两国在经贸合作上越发深入。2019年，中国与哈萨克斯坦双边贸易额为219.9亿美元，同比增长10.6%，在中国与主要贸易伙伴的贸易增幅中位列前茅。自2018年起，"一带一路"建设向高质量发展转变，哈萨克斯坦的物流枢纽角色已然显现。随着双方经贸合作的扩大与深入，可再生能源、国际大宗能源商品、原材料深入加工、IT和数字领域具有巨大合作发展潜能。

一、中哈合作成范本

中国与哈萨克斯坦的合作已成为"一带一路"倡议下国家合作的重要范例。在中国提出"丝绸之路经济带"的第一时间，哈萨克斯坦就明确表示将参与其中，体现了两国经贸、人文等领域的契合度。2020年，中方对哈萨克斯坦全行业直接投资5.8亿美元，同比增长44%；截至2020年，中方对哈萨克斯坦各类投资累计214亿美元，主要集中在采矿、交通运输等领域。2020年，哈萨克斯坦在华投资额86万美元，同比下降96%；截至2020年，哈萨克斯坦在华投资总额1.54亿美元，主要涉及物流运输、化工、食品加工等领域。

"一带一路"不仅让中哈两国各领域交流合作得以加深，还推动了哈萨克斯坦与中亚各国经贸往来的提升。2014年，哈萨克斯坦交通部门颁布了《至2020年哈交通基础设施发展纲要》，其中，哈萨克斯坦提出要融入世界交通体系，打造国际过境运输中心；同年，中国参与建设全长934.5公里的哈萨克斯坦—土库曼斯坦—伊朗铁路开通。通过基础设施建设，哈萨克斯坦积极融入世界铁路体系，体现出其作为中亚铁路枢纽的价值与地位。2017年，横贯其中部、全长1 000余公里的杰兹卡兹甘—别伊涅乌铁路开通，货物从中国运到哈萨克斯坦阿克套海港可以减少3天时间，为哈萨克斯坦境内的产品运输带来了便利。2018年，哈萨克斯坦占整个里海过货量的30%，通过对阿克套海港及铁路线路的建设,该运量可提高2倍以上。

"一带一路"的建设让哈萨克斯坦所处的中亚区域有了新的机遇,提升了陆地国家间的运输功能,更多交通枢纽成形,并使中亚成为一个非常大的经济体,中亚国家间的关系也在近几年来得到了非常好的发展。

二、能源、高科技领域空间广阔

随着在基础设施、油气等方面合作亮点频出,中哈两国有必要在更多领域进行探索与合作。其中,扩大民间合作的基础,是中哈合作继续推进的关键。

2017年,在以"未来能源"为主题的阿斯塔纳世博会上,中国馆展示了许多关于新能源领域的新理论、新技术。其中,在液化天然气(liquefied natural gas,LNG)领域,中国已有数百个工厂,而哈萨克斯坦才开始这方面的工作。2018年,中哈石油管道已完成第三条线的建设,同时,哈萨克斯坦石油基地改造完成后,每年能够将170万吨轻质石油商品输送至中国;相反,中国作为可再生能源大国,太阳能、风能、水能等运用普遍,哈萨克斯坦通过项目合作,以发展可再生能源并实现向低碳社会转型。

2018年6月,中哈两国签订的《中华人民共和国和哈萨克斯坦共和国联合声明》,强调了"扩大双边贸易规模,丰富两国贸易商品结构"。哈萨克斯坦需要从物流中心向商贸中心转变,电子商品可以作为其中一个着力点。

(资料来源:"一带一路"首倡之地哈萨克斯坦:物流枢纽已成形[N].每日经济新闻,2018-09-08.)

第一节 "一带一路"概述

一、"一带一路"的基本情况

(一)丝绸之路的发展与"一带一路"的发展

陆上丝绸之路的形成始于西汉,繁荣于唐代,持续于宋元;一般来说,丝绸之路是指西汉张骞出使西域开辟的以长安(今西安)为起点,经甘肃、新疆,连接中亚各国以及阿富汗、伊朗、伊拉克、叙利亚至地中海,最后以意大利罗马为终点,全长6 440公里的古代中国与西方政治经济文化往来通道的统称,已成为我国与中亚、南亚、西亚以及欧洲、北非各国开展贸易的重要陆上运输通道。

海上丝绸之路起于秦汉，兴于隋唐，盛于经济重心南移的宋元，明初达到顶峰，明中叶后因海禁而衰落；海上丝绸之路是从我国沿海城市广州、福州、上海等出发，经南海到阿拉伯海，再进一步往非洲东海岸的海上贸易运输路线；以我国南海为中心，又称"南海丝绸之路"，是我国对外货物贸易和文化交往的海上通道。

"丝绸之路经济带"是在古丝绸之路概念基础上形成的一个新的经济发展区域，其以沿线中心城市为支撑，以重点经贸产业园区为服务对象，体现了经济带上各城市集中协调发展的思路。"丝绸之路经济带"东连亚太经济圈、西系欧洲经济圈，是世界上最长、最具发展潜力的经济走廊。其重点方向：一是中国经中亚、俄罗斯至欧洲（波罗的海）；二是中国经中亚、西亚至波斯湾、地中海；三是中国至东南亚、南亚、印度洋。

"21世纪海上丝绸之路"是指从广州、福州、宁波等港口城市出发，沿海上航线，经东南亚、南亚到欧洲。其重点方向：一是从中国沿海港口过南海，经马六甲海峡到印度洋，延伸至欧洲；二是从中国沿海港口过南海到南太平洋。海上以重点港口为节点，辅以通陆地集疏运通道，与丝绸之路经济带形成了一个海上与陆地的闭环系统，共同建设通畅、安全、高效的运输大通道。

根据"一带一路"的五大方向，提出了"六廊六路多国多港"的主体框架。其中，"六廊"即六大国际经济合作走廊：新亚欧大陆桥、中蒙俄、中国-中亚-西亚、中国-中南半岛、中巴、孟中印缅经济走廊（如图11-1所示）。"六路"即公路、铁路、航运、航空、管道、空间综合信息网络，是基础设施互联互通的主要内容。

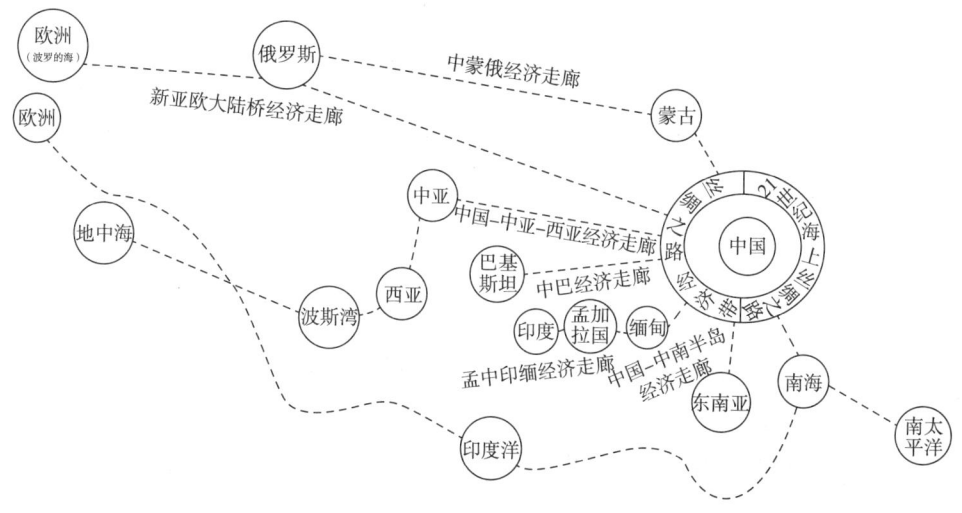

图11-1 六大经济走廊框架

(二)"一带一路"倡议的意义

经过40多年的快速发展，我国经济总量跃居世界第二，并已成为第一货物贸易大国，经济增长已由供给约束为主转变为需求约束为主，经济结构逐渐从粗放型向基于技术与资金优势的产业结构转变。一方面，庞大的生产体系与资金为世界各国、各地区的发展提供动力，同时，促进我国外汇储备投资的多元化，在沿线国家与地区中创造更多投资机遇、更高效益回报；另一方面，可在更大范围内优化国民经济的产需平衡体系，促进我国对外开放、实现经济结构的战略转变。同时，通过"一带一路"可有效平衡各种物资的供需，填补东南亚及非洲、欧洲各国（地区）的需求缺口，缓解自然环境和资源分布条件的差异性，增强双边与多边贸易需求的互补性。

"一带一路"倡议，顺应了全球经济一体化，反映了沿线各国、各地区改善民生、发展经济的重大需求，通过亚洲经济圈与欧洲经济圈之间的互补，激发发展潜力和市场需求，为发展乏力的国家和地区借力发展提供了机会；有利于各国、各地区将资源优势转变为经济优势，再造全球经济发展的新引擎；促进各国、各地区的互联互通，建立铁路、水运等大运量的便捷通道，逐渐完善以国际海运、航空货运、铁路联运为主的国际物流供应链服务体系；有利于构建和谐稳定的国家与地区关系，形成发展循环，促进国家与地区间的友好往来与和平发展。

二、"一带一路"背景下我国国际物流发展概况

(一) 物流产业规模不断扩大，实现联动发展

基于"一带一路"倡议的深入推进，我国的物流业呈现出了稳定发展的增长态势，国际物流产业规模也在不断地扩大。从产业循环的角度看，我国与"一带一路"沿线国家和地区已经形成了以工业制成品、农产品等为主的出口商品结构。其中，工业制成品也是我国出口商品结构中占比最大的商品种类，2020年，工业制成品占我国出口总额的95.54%。从出口目的地看，"一带一路"沿线国家的占比不断提高，2019年占比达到50%。从进口商品结构看，依然以工业制成品为主，位列前三位的商品分别是电机、电器、音像设备及其零部件，核反应堆、锅炉、机械器具及零件，纺织原料和纺织制品。

（二）民营物流企业成为国际物流业的新兴力量

随着物联网、云计算等现代信息技术的广泛应用，跨境电商物流平台不断增多，从而使得我国民营物流企业飞速发展、业务范围不断扩大，民营物流企业已经成为我国物流业的重要组成部分。其中，圆通、顺丰等物流企业提供专业便捷的航空货运服务，推动国际综合物流业务；德利得物流、亚风快运等创新型的民营物流企业，已经成功跻身"新三板"。由此可见，在我国的物流企业中，民营物流企业已经成为不容小觑的新兴发展力量。

（三）国际物流网络逐步搭建，形成立体化国际物流格局

随着"一带一路"倡议的实施，沿线国家和地区间合作不断加深，物流需求快速增长，交通基础设施互联互通骨干通道网络逐步搭建，实现了综合运输通道和枢纽节点的集约化运输组织。其中，国际物流通道在"一带一路"倡议实施过程中扮演着重要的角色，能够有效推动我国与沿线国家之间的经济合作。以中欧班列、陆海新通道等为代表的国际铁路联运、国际海铁联运缩短了东亚与欧洲等地区的时空距离，提高了国际物流的时效性，将国际物流的运输方式由海运为主发展成涵盖铁路、公路、水路、航空、管道的空间多元化国际物流网络，通过重塑全球航运和物流模式，构建了以港口、陆路边境口岸、机场等枢纽为支点，海陆空紧密衔接的立体化国际物流格局。

三、"一带一路"背景下我国国际物流发展面临的挑战与机遇

（一）我国国际物流发展面临的挑战

1. 国际物流通道稳定性弱

目前，我国国际物流通道主要依托海运和铁路，其中，外贸进出口货运量的90%以上通过海运完成。铁路运输方面，西向的亚欧大陆桥途经国家众多，运力调配、运价审核等难以保障；"渝新欧"等中欧班列面临回程货源组织难度大、货源腹地交叉、竞争激烈的困境。海路运输方面，港口集疏运通道能力不足，疏港交通与城市交通相互干扰等问题也严重影响了海运通道的稳定性。

2. 资源分布不均衡

"一带一路"倡议下的国家物流产业链是将各个国家的贸易形式进行连接，通过平台搭建实现外贸产品的交易。"一带一路"沿线国家较多，且大多数是发展中

国家，甚至部分国家的基础设施建设仍不完善，在进行货物贸易时具有一定的延时性，在一定程度上阻碍了国家经济体系的发展。同时，在货物运输过程中，当沿线国家不具备货物中转处理的能力时，将增加产品的滞留时间，降低产品货物的时效性传输，致使产品无法发挥最大效用。其中，阿富汗、叙利亚等国家的部分偏远地区仍采用传统牲畜运输形式，这种情况显然无法满足贸易产业的基本需求。

（二）我国国际物流发展的机遇

"一带一路"以各国（地区）自身意愿与需求为基础，在稳定的发展过程中，形成你中有我、我中有你的互利合作、共同发展的关系，促进区域共同、快速发展。通过"一带一路"，资金富裕国家将在有市场的地区投资并创造投资机遇，寻求更广泛范围内资源与发展机遇的共享与优化，最终实现提高各国（地区）的经济发展与居民生活水平的目标。

1. 国际物流大通道建设将推动我国物流产业转型升级

"一带一路"倡议的着力点和核心是实现"陆海"两条沿线国家的互联互通，应以国际物流为重点抓手，构建跨区域物流大通道及节点网络综合体系，加速区域经济要素自由流动，推动区域产业梯度转移与产能合作，促进沿线国家经济、文化、贸易繁荣昌盛，从而形成"宽领域、多层次、高水平、全方位"的对外开放合作新格局。在"一带一路"倡议下，应推动我国企业"走出去"参与境外基础设施和国际产能合作，向沿线国家输送电力、高铁等高端技术品牌装备，都离不开"大规模、通道化、网络化和多向辐射"跨境物流体系的强大支撑，这将极大刺激我国物流产业的发展。

2. 基础设施的互联互通将助推专业物流发展

基础设施互联互通是"一带一路"贸易畅通、道路联通和民心相通的核心纽带，加强沿线国家港口、口岸、航空、海运等基础设施互联互通建设是"一带一路"的内在要求、基础与核心。我国正大力推进新亚欧大陆桥、中蒙俄、中巴和孟中印缅等六大经济走廊国际通道建设，与之配套的一批规模宏大的物流工程将相继实施，给专业物流的运营发展带来了重大机遇。铁路、公路、电力、港口、管道等物流基础设施领域一直是我国对外工程承包的优势行业，我国与"一带一路"沿线国家的能源、港口和铁路等领域的合作是其重点，这些物流基础设施工程项目的投资将极大带动我国配套的专业工程物流服务市场的发展。中欧国际货运班列的竞相开通，加速了我国通往西欧国际铁路运输通道体系的形成，极

第十一章 "一带一路"与国际物流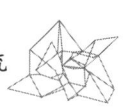

大拓展了国际铁路货物运输物流的发展空间。随着我国与"一带一路"沿线国家互联互通建设的推进,区域内陆水联运通道逐渐打通,航空及海运线路数量迅速增加,航空货代、散装和集装箱国际货运物流开始兴起,专业化物流将成为未来物流业发展的趋势。

第二节 中欧班列

一、中欧班列概况

中欧班列(CHINA RAILWAY Express,CR Express)是由中国铁路总公司组织,按照固定车次、线路、班期和全程运行时刻开行,运行于中国与欧洲以及"一带一路"沿线国家间的集装箱等铁路国际联运列车,连通欧洲、东亚、东南亚及沿线国家和地区;不仅是铁路通道,也是多式联运走廊,是深化我国与沿线国家经贸合作的重要运输载体。

中欧班列运行线分为中欧班列直达线和中欧班列中转线。中欧班列直达线是指内陆主要货源地节点、沿海重要港口节点与国外城市之间开行的点对点班列线,中欧班列中转线是指经主要铁路枢纽节点集结本地区及其他城市零散货源开行的班列线。

1992年12月,由连云港发出的首列国际集装箱联运"东方特别快车",西至荷兰鹿特丹港,标志着亚欧第二大陆桥运输的正式开通。2020年,中欧班列持续保持逆势增长和安全稳定畅通运行。班列通达21个国家的92个城市,较上年同期增加37个,增幅67%。全年开行12 406列,同比增长50%,首次突破"万列"大关。其中,西安、重庆、成都3个城市中欧班列年开行量均超过2 000列,合计占全国开行总量的58%;尤其是回程重载运输有较大改善,综合重箱率达98.4%,同比提高4.6个百分点。运输货物货值达500亿美元,除电子产品、食品、木材、化工产品等传统品类外,国际产业链重要中间品运输需求迅猛增长;共运送货物113.5万标箱,全面助力复工复产,"生命通道"功能凸显。其中,防疫物资939万件,重7.6万吨。西安、义乌、武汉等地创新开行中欧班列"防疫物资专列":2020年4月14日,从武汉始发的中欧班列(武汉)X8015次列车抵达德国北威州杜伊斯堡港货运场站。这是采取疫情防控措施以来,从武汉开出的首趟中欧班列,标志着中欧班列(武汉)恢复常态化运营。

二、中欧班列主要运行路线

中欧班列已形成以"三大通道、五大口岸、五个方向、六大线路"为特点的基本格局。

"三大通道"分别是指中欧班列经新疆出境的西通道和经内蒙古和黑龙江出境的中、东通道。其中，西通道：一是由新疆阿拉山口（或者霍尔果斯）口岸出境，经哈萨克斯坦与俄罗斯西伯利亚铁路相连，途经白俄罗斯、波兰、德国等，通达欧洲其他各国。二是由霍尔果斯（或者阿拉山口）口岸出境，经哈萨克斯坦、土库曼斯坦、伊朗、土耳其等国，通达欧洲各国；或经哈萨克斯坦跨里海，进入阿塞拜疆、格鲁吉亚、保加利亚等国，通达欧洲各国。三是由吐尔尕特（或者伊尔克什坦），与规划中的中吉乌铁路等连接，通向吉尔吉斯斯坦、乌兹别克斯坦、土库曼斯坦、伊朗、土耳其等国，通达欧洲各国。中通道：由内蒙古二连浩特口岸出境，途经蒙古国与俄罗斯西伯利亚铁路相连，通达欧洲各国。东通道：由内蒙古满洲里（或者黑龙江绥芬河）口岸出境，接入俄罗斯西伯利亚铁路，通达欧洲各国。

"五大口岸"分别是处在三大通道上的阿拉山口口岸、满洲里口岸、二连浩特口岸、霍尔果斯口岸和绥芬河口岸。

"五个方向"是中欧班列主要终点所在的地区，目前，这部分地区主要包括欧盟、俄罗斯及部分中东欧、中亚、中东、东南亚国家等。丝绸之路经济带三大走向：一是从中国西北、东北经中亚、俄罗斯至欧洲、波罗的海；二是从中国西北经中亚、西亚至波斯湾、地中海；三是从中国西南经中南半岛至印度洋。21世纪海上丝绸之路两大走向：一是从中国沿海港口过南海，经马六甲海峡到印度洋，延伸至欧洲；二是从中国沿海港口过南海，向南太平洋延伸。

"六大线路"是指成都、重庆、郑州、武汉、西安、苏州等地开行的线路。"六大线路"在规模、货源组织以及运营稳定性等方面的表现较为突出（如表11-1所示）。

表11-1 中欧班列的运行路线

线路起止	出境口	线路距离（公里）	运行时间（天）	货物种类	开通时间
重庆—杜伊斯堡	阿拉山口	11 179	16	IT产品、汽配、服装	2011年3月19日

续表

线路起止	出境口	线路距离（公里）	运行时间（天）	货物种类	开通时间
武汉—克帕尔杜比采	阿拉山口	10 863	23	消费电子产品、光缆	2012年10月24日
成都—罗兹	阿拉山口	9 826	11	电子产品、汽配、红酒	2013年4月26日
郑州—汉堡	阿拉山口	10 245	15	轻纺、机械、电子产品	2013年7月18日
苏州—华沙	满洲里	11 800	18	电子产品、机械、服装、小商品	2013年9月29日
营口—莫斯科	满洲里	10 500	14	电子产品、机械配件	2014年10月18日
长沙—杜伊斯堡	阿拉山口	11 808	16~18	IT产品、机械、汽配	2014年10月30日
义乌—马德里	阿拉山口	13 000	21	工艺品、饮品、玩具	2014年11月18日
哈尔滨—比克良	满洲里	6 578	10	石油勘探设备	2015年2月28日
哈尔滨—汉堡	满洲里	9 820	14	IT产品、器械器材、服装、化工原料等15大类产品	2015年6月13日
厦门—罗兹	阿拉山口	12 733	15	汽配、机械、电子产品	2015年8月16日
兰州—汉堡	阿拉山口	8 027	15	数控车床、数控机床、轮胎、对流式电暖气、焦宝石等	2015年8月21日
保定—明斯克	满洲里	9 500	13	塑料制品、汽车及配件、橡胶及其制品、服装皮革毛皮制品、日用电器、有机玻璃制品、生活日用品	2016年4月26日
乌鲁木齐—杜伊斯堡	阿拉山口	8 000	10	去程：新疆本地生产型企业产品；回程：生活消费品和工业产成品	2016年5月28日
广州—莫斯科	满洲里	11 500	15	电子类、日用商品类	2016年8月28日

续表

线路起止	出境口	线路距离（公里）	运行时间（天）	货物种类	开通时间
西宁—安特卫普	阿拉山口	9 838	12	藏毯、枸杞等青海当地特色产品	2016年9月9日
青岛—莫斯科	满洲里	7 900	22	机械装备、轮胎橡胶、家电等	2017年6月24日
长春—汉堡	满洲里	—	12~15	汽车零部件和纺织品	2017年10月13日
成都—维也纳	霍尔果斯	9800	15	电子配件、LED灯具和睡袋等	2018年4月12日
南昌—莫斯科	二连浩特	10 000	15	服饰、电器、箱包等	2018年4月20日
唐山—安特卫普	阿拉山口	11 000	16	高岭土、酵母等	2018年4月26日
呼和浩特—巴姆	阿拉山口	9 000	15	汽车配件和机械设备	2018年9月4日
景德镇—莫斯科	满洲里	10 000	14	陶瓷、茶叶	2018年9月28日
武汉—伊尔库茨克	满洲里	—	15	新鲜水果	2018年11月22日
深圳—杜伊斯堡	阿拉山口	13 438	16	优质工业品	2020年8月18日

（一）渝新欧班列（重庆—杜伊斯堡）

从重庆团结村站始发，由阿拉山口出境，途经哈萨克斯坦、俄罗斯、白俄罗斯、波兰至德国杜伊斯堡站，全程11 179公里，运行时间15天。货源主要是本地生产的IT产品，2014年已开始吸引周边地区出口至欧洲的其他货源。首列于2011年3月19日开行，2020年，渝新欧班列开行重箱折算列2 603班，同比增长超70%，位居西南第一、全国前二；运输箱量超22万标箱，同比增长超65%，货值位居全国第一。此外，渝新欧班列与其他通道的联动性强。2019年，渝新欧班列通过铁铁、铁水联运箱量超65 000标箱，同比增长超250%。

（二）汉新欧班列（武汉—克帕尔杜比采）

从武汉吴家山站始发，由阿拉山口出境，途经哈萨克斯坦、俄罗斯、白俄罗斯到达波兰、捷克、斯洛伐克等国家的相关城市，全程10 863公里，运行时间23天。货源主要是武汉生产的笔记本电脑等消费电子产品，以及周边地区的其他货物。首列于2012年10月24日开行，2020年，汉新欧班列开行215列。其中，2018年1月，装载三峡柑橘的冷链集装箱中欧班列（武汉）缓缓驶出宜昌东车站货场，这是中国铁路2018年开行的首趟中欧班列柑橘专列，意味着三峡柑橘出口实现"一列直达"。

（三）蓉欧快铁（成都—罗兹）

从成都城厢站始发，由阿拉山口出境，途经哈萨克斯坦、俄罗斯、白俄罗斯，至波兰罗兹站，全程9 826公里，运行时间11天。货源主要是本地生产的电子产品、汽配、红酒等。首列于2013年4月26日开行，截止到2020年，成都中欧班列累计开行超过8 000列，其中，2020年，成都始发终到中欧班列去程开行1 058列，同比增长75.6%；回程开行1 373列，同比增长43.6%。

（四）郑欧班列（郑州—汉堡）

从郑州圃田站始发，由阿拉山口出境，途经哈萨克斯坦、俄罗斯、白俄罗斯、波兰至德国汉堡站，全程10 245公里，运行时间15天。货源主要来自河南、山东、浙江、福建等中东部省市。货品种类包括轮胎、高档服装、文体用品、工艺品等。首列于2013年7月18日开行，截至2021年8月，郑欧班列已累计开行4 850列，总累计货值200亿美元，货重276万吨。从开行之初平均每月1班增长到目前每周去程16班、回程18班的高频次往返状态。

（五）苏满欧班列（苏州—华沙）

从苏州始发，由满洲里出境，途经俄罗斯、白俄罗斯至波兰华沙，全程11 800公里，运行时间18天。货源为苏州本地及周边的笔记本电脑、平板电脑、液晶显示屏、硬盘、芯片等IT产品。首列于2013年9月29日开行，2020年，苏满欧班列开行1 273列。

（六）湘欧快线（长沙—杜伊斯堡）

始发站在长沙霞凝货场，具体实行"一主两辅"运行路线。"一主"为长沙至德国杜伊斯堡，通过新疆阿拉山口出境，途经哈萨克斯坦、俄罗斯、白俄罗斯、波兰、德国，全程11 808公里，运行时间16~18天，2014年10月30日首发。"两辅"一是经新疆霍尔果斯出境，最终抵达乌兹别克斯坦的塔什干，全程6 146公里；二是经二连浩特（或满洲里）出境后，到达俄罗斯莫斯科，全程8 047公里（或10 090公里），运行时间13天（或15天）。同样标箱的货物从长沙运至欧洲，空运需要5~7天，费用6.5万美元；海运需要45天，费用最低3 000至3 500美元。而湘欧快线的运输成本是空运的1/14，运输时间是海运的1/3。

(七) 义新欧班列（义乌—马德里）

自义乌铁路西站始发，作为铁路中欧班列重要组成部分，首发线路将贯穿新丝绸之路经济带，从义乌铁路西站到西班牙马德里，通过新疆阿拉山口口岸出境，途经哈萨克斯坦、俄罗斯、白俄罗斯、波兰、德国、法国、西班牙，全程13 000公里，运行时间21天。首趟义新欧班列有41节车厢，运载82个标准集装箱出口，全长550米，于2014年11月18日首发，是当前中国史上行程最长、途经城市和国家最多、境外铁路换轨次数最多的火车专列。

与其他中欧班列相比，义新欧班列创下了五个第一：

一是运输线路最长。比原来线路最长的苏满欧班列长1 850公里，是所有中欧班列中最长的一条。

二是途经国家最多。除中国、哈萨克斯坦、俄罗斯、白俄罗斯、波兰、德国外，还增加了法国、西班牙，共计8个国家，几乎横贯整个欧亚大陆。

三是国内穿过省份最多。从浙江出发横贯东西，经过安徽、河南、陕西、甘肃，在新疆阿拉山口口岸出境，共计6个省（自治区）。

四是境外铁路换轨次数最多。其他中欧班列在哈萨克斯坦、波兰两次换轨，义新欧班列还需在法国与西班牙交界的伊伦进行第三次换轨。

五是与第一批列入中欧班列序列的重庆、成都、郑州、武汉、苏州相比，义乌是一个开通中欧班列的县级城市。

三、进出口口岸

(一) 满洲里口岸

满洲里口岸位于中国内蒙古呼伦贝尔大草原西部，处于中俄蒙三角地带，北接俄罗斯，西邻蒙古国，是第一欧亚大陆桥的交通要冲，是中国通往俄罗斯等欧洲各国重要的国际大通道，是中国沿边口岸中唯一的公路、铁路、航空三位一体的国际口岸，也是唯一实行24小时通关的陆路口岸。业务管辖范围包括内蒙古自治区的呼伦贝尔市、兴安盟、通辽市和赤峰市，辖区面积45万平方公里。辖区内中俄、中蒙边境线长1 819公里。关区内有一类口岸6个，分别是满洲里铁路口岸、满洲里公路口岸、阿日哈沙特口岸、海拉尔航空口岸、黑山头口岸和室韦口岸；二类口岸3个，分别是额布都格口岸、阿尔山口岸以及二卡口岸。满洲里口岸承担着中俄贸易65%以上的陆路运输任务，对外贸易占内蒙古自治区对俄进出口贸易 80% 以上，占中国与周边国家边境贸易的 13%，是内蒙古自治区乃至中国对外贸易最重要的货物集散地之一。

2013 年 9 月，经满洲里口岸出境的首列苏满欧国际集装箱班列顺利开行。2020 年，苏满欧班列开行 1 273 列，货源地辐射长三角、珠三角、环渤海地带、华南、中南、西南等地区，货物出口至俄罗斯、德国等 13 个欧洲国家 28 个城市。

满洲里口岸由铁路、公路、航空口岸组成，既是东北亚区域经济合作的战略支点，又是对内对外两种资源、两个市场的交汇点。2020 年，经满洲里铁路口岸进出境中欧班列共计 3 079 列，同比增长 42.09%，货值 341.69 亿元，同比增长 30.95%。2021 年 1~7 月，经满洲里口岸进出境中欧班列共计 1 892 列，同比增长 16.22%，载运 15.23 万个标准集装箱，同比增加 8.36%，总货值约合人民币 189.31 亿元。航空口岸于 2005 年起实现了临时对外开放，相继开通了满洲里—俄罗斯伊尔库茨克、满洲里—俄罗斯赤塔的临时国际航线。2020 年，因受新冠疫情影响，海运和空运运力不足，中欧班列发挥国际铁路联运独特优势，大力承接海运、空运转陆运货物，成为一条稳定的对外贸易通道。经由满洲里铁路口岸进出境的中欧班列数量突破 1 万列大关，有效维护了国内国际供应链稳定畅通。

此外，满洲里海关积极发挥中欧班列重要节点海关作用。2020 年 4 月，满洲里海关顺利上线铁路新舱单系统，实现了海关与铁路部门的电子数据信息资源共享；通过与哈铁局实时交换海关端的查验、放行及扶路端的列车编组、解体、移位等物流信息，有效提升了口岸作业效率，缩短了班列在口岸停留时间；不断强化对信息数据的监控分析，全面提升班列运行信息化水平。

（二）二连浩特口岸

二连浩特口岸位于中国的正北方，东西南三面与苏尼特草原相邻，北与蒙古国扎门乌德口岸隔界相望，是中国通往蒙古国的唯一铁路口岸和"中蒙俄经济走廊"上的重要节点城市，也是中欧班列中线通道的唯一出入境口岸。二连浩特背靠中国环渤海经济圈和呼包鄂经济带，依托二连口岸发展边境贸易、加工贸易、旅游贸易、服务贸易条件优越；其过货能力达 350 万吨，2019 年 9 月 16 日，一列满载电子产品、服装产品等货物的中欧班列，标志着经二连浩特铁路口岸出入境的中欧班列突破 3 000 列。

二连浩特口岸与国内经济区域联系广泛，是内蒙古自治区乃至中国重要的进出口物资集散地。集宁二连路线，以集宁为枢纽，向东经北京、天津与环渤海经济区相连，向西经呼和浩特、包头与中西部开发区相连，向南经大同与山西等能源基地相连，向北与地方铁路集宁通化线贯通，同时又能与东北经济区遥相呼应，特有的地缘优势为中外客商在二连浩特口岸从事外经贸活动提供了广阔的活动空间。

二连浩特口岸将发展成为边境自由经济合作区，其主要功能有：一是重点发展区内出口产品加工业、进口产品加工增值工业；二是利用区内的各项优惠政策吸引国内外客商开展多层次、多形式的国际贸易；三是开展保税仓储以及商品展示业务；四是根据WTO规则和国家实施西部大开发战略的总体规划，在区内扩大中外双方金融、保险、运输等行业的经营服务领域；五是有选择地发展适合于中蒙市场的生物工程、绿色食品加工等领域的高新技术产业；六是形成中蒙经济贸易信息中心。

2020年，二连浩特口岸进出口贸易额238.8亿元，同比下降0.1%。其中，进口161.6亿元，同比下降1.8%；出口77.2亿元，同比增长3.8%。口岸进出口货运量1 896.99万吨，同比增长3.5%。其中，进口1 526.84万吨，同比增长3.2%；出口370.15万吨，同比下降86.9%。口岸进出境人员29.67万人次，同比下降86.9%。其中，进境14.69万人次，同比下降87.0%；出境14.98万人次，同比下降86.8%。2020年，二连浩特全年出入境中欧班列2 379列，较2019年增长53.3%，满载355 193标箱，较2019年增长32.0%。为保障中欧班列安全高效运行，二连浩特市政府和铁路、联检联运等部门建立疫情联防联控物资"专用通道"、农副产品"绿色通道"、"特种货列优先通道"等快速通道。截至2020年，经二连浩特铁路口岸出入境的中欧班列运行线路已达43条，辐射国内中欧班列大部分首发城市。

（三）霍尔果斯口岸

霍尔果斯口岸，位于中国新疆伊犁哈萨克自治州霍尔果斯市，与哈萨克斯坦隔霍尔果斯河相望，是新疆最大的陆路与铁路综合性口岸，已成为我国西部、亚欧大陆桥上唯一拥有公路、铁路、航空、管道"四位一体"的国际综合交通大枢纽。该口岸为中哈两国开放的一级通商口岸。2012年12月，中国与哈萨克斯坦第二条铁路通道——霍尔果斯口岸铁路线开通货运专列；首趟货运专列由江苏连云港起运，到达新疆霍尔果斯口岸站后，再换装前往哈萨克斯坦。这是继新亚欧大陆桥中哈阿拉山口铁路线后，我国第二条向西开放的国际铁路通道，也是我国向西开放的又一条"黄金通道"。

霍尔果斯口岸具有年进出口货物200万吨、出入境人员300万人次的通关能力。自2008年以来，通过该口岸销售到中亚国家的蔬菜、果品20万吨，其中90%以上来自内地，霍尔果斯口岸已成为中国西部重要的果蔬出口重要通道。2020年，霍尔果斯口岸进出口货运量3 441.62万吨，进出口贸易额2 426.5亿元，同比增长逾24%。其中，进出口货运量居新疆口岸首位。口岸立足国内国外"两种资源、两个市场"启动工业园区，使对外贸易优势转化为区域经济优势。按照"一区多园"的不同产业聚集的发展战略，重点建设皮革加工园、建材加工园、食品加工园、机电装配园、纺织服装及轻工产品加工区四大园区。

在疫情防控常态化形势下，中欧班列承接了大量由海运、空运转移的出境货运业务，成为运输医疗及生活等物资的重要载体。2020年上半年，霍尔果斯铁路口岸出境中欧（中亚）班列累计达到1 823列，进出口货物运量合计257万吨，同比分别增长22.43%和48.03%，出境班列运量居全国首位。随着运量的不断上涨，新疆铁路霍尔果斯站在提升内功，压缩制票传达及换装时间的同时，积极协调联检单位，推行解挂、查验、放关同步交替作业，实现班列"即来即走"，保障中欧（中亚）班列快速通关。该站的班列平均在站停留时间已由原来的12小时缩短到6~8小时。霍尔果斯海关设置了中欧班列专用窗口，从简从速办理各类通关手续，加快推广的海关新舱单系统和铁路数字口岸系统实现对接，放行由人工审核变为了系统审核，工作效率提升了60%以上。目前，经由霍尔果斯铁路口岸进出境的中欧（中亚）班列线路已达10条，货物品类100种，覆盖国内20个城市，国际物流运输网络不断加密。

（四）阿拉山口口岸

阿拉山口口岸位于新疆博尔塔拉蒙古自治州境内，北接哈萨克斯坦共和国的阿拉湖，南接中国艾比湖，是举世瞩目的新亚欧大陆桥中国的西桥头堡。1990年9月12日，兰新铁路北疆段与苏联的吐西铁路在阿拉山口与对方德鲁日巴口岸接轨，从此这条连接亚洲与欧洲的钢铁大道，架起了一条横跨亚欧的新的经济陆桥。

自1991年开办铁路临时货运以来，阿拉山口过货量以平均每年25%的速度递增。2004年阿拉山口口岸进一步完善"大通关"机制，改善投资环境，口岸通关过货、对外贸易快速增长，口岸经济呈现出跨越式发展势头。口岸过货量实现历史性飞跃，达940.74万吨，增长24.5%，占新疆的90%以上；完成贸易额达 28.42 亿美元，增长 24.4%；上缴关税及进口环节税达 31.79 亿元，增长 433%。口岸在为国家和自治区做出突出贡献的同时，对地方经济的拉动作用进一步增强。口岸生产总值达 4.88 亿元，占全州地方生产总值的 19.1%；完成工业增加值 0.84 亿元，财政收入 0.85 亿元，分别占全州的 35%。阿拉山口口岸已成为中国西部地区过货量最多、发展速度最快、效益最好的口岸，成为人流、物流、信息流、资金流的大通道和集散地，是新疆乃至全国对中亚和欧洲陆路开放的重要枢纽和平台。

随着口岸过货量逐年增长和西部大开发战略的实施，口岸进出口贸易、加工业、运输业、旅游服务业等二、三产业不断发展壮大，形成了以通关业为基础，第二、三产业齐头并进、共同发展、相互促进的区域经济发展格局；口岸由单一的过货功能向多功能方向转变，推动了区域经济的发展。

2020 年 10 月 27 日，一列从西安新筑始发的中欧班列驶出阿拉山口站，开往波兰马拉舍维奇，标志着该站进出境中欧班列首次突破 4 000 列，比 2019 年多出 462 列；口岸进出口货运量 287.4 万吨。车站实施准时制生产，安排专人对运输组织过程进行写实分析，及时编好列车，打好提前量，协调海关、哈方、货代企业，为办理出国列车票据及手续省出时间。2020 年，阿拉山口铁路和海关共同为中欧班列开通了 24 小时的绿色通道，班列业务随到随办，中欧班列在口岸停留时间由 14 小时压缩至最短 5 小时。截至 2020 年 9 月，经口岸开行的线路已达 22 条，境外联通欧亚 59 个城市，境内对接 62 个班列开行城市，呈现蓬勃发展的态势。

（五）绥芬河铁路口岸

绥芬河铁路口岸位于滨绥线终点，与俄罗斯符拉迪沃斯托克分局格罗迭克沃站接轨，是牡丹江分局管内唯一的口岸站，是中国对俄贸易的重要陆路口岸，主要承担中俄国际联运和中外旅客运输任务。车站始建于 1899 年，1903 年正式投入运营，是一个历经沙俄、日伪、中苏共管和主权铁路四个历史时期的百年老站。

绥芬河铁路口岸是黑龙江省最大的对俄铁路口岸站，也是中欧班列重要的进出境口岸之一。为保障中欧班列的顺利开行，该站发挥中俄国境站重要作用，积极与俄铁股份分公司远东铁路局格罗迭科沃站联系协调，对入境的中欧班列及时掌握在俄境内装运的时间和数量品类，入境后全面落实防疫措施，积极配合海关进行查验，优质服务企业客商。对出境的中欧班列加强与国内装车站联系，将班列的信息数据及时传到对方站,提前办理出境相关事宜,使出入境到达绥芬河站的中欧班列在该口岸畅行通达。

绥芬河铁路口岸还充分发挥"95306"数字口岸系统作用,实现铁路与海关、与企业公司和俄铁数据信息共享,通关情况自动反馈,实现了通关效率最大化。这个站抓住该口岸升级为国家自由贸易试验区片区的有利时机,推动口岸"从传统贸易向新型贸易转变,从大进大出向优进优出转变,从对俄单边向多国多边转变"措施的落实落地,助力外贸经济持续向稳向好发展。目前,经绥芬河铁路口岸入境的中欧班列主要到达成都、郑州、莆田等地,出境的中欧班列到达俄罗斯、波兰、德国、比利时等国家。

2021年1月至11月,哈尔滨海关所属绥芬河海关累计监管进出境中欧班列482列、44 014标箱,同比分别增长143.4%、159.9%,中欧班列开行保持强劲增长态势。

第三节 中亚班列

一、中亚班列概况

中亚班列是往来于中国至哈萨克斯坦、乌兹别克斯坦等中亚各国的集装箱国际铁路联运班列,其口岸有5个,分别是连接中亚、西亚的阿拉山口、霍尔果斯口岸,连接蒙古国的二连浩特口岸,以及连接南亚的山腰、凭祥口岸。中亚班列货物主要分为两类:一类是中国的进出口货物(返向亦然),另一类是经日本、韩国、东南亚等国过境中国的过境货物(返向亦然)。2020年,中亚班列累计开行840列、10 456辆,运输货物32.35万吨,各项数据均较上年同期有较大幅度增长。稳定运行的中亚班列货运线,为"一带一路"建设不断注入活力。

二、中亚班列主要运行路线

中亚班列主要从中国的西安、济南、合肥、连云港、郑州、武汉、胶州、广州、成都、兰州等开往中亚五国的主要城市(如表11-2所示)。

表 11-2 中亚班列的运行路线

线路起止	出境口	线路距离（公里）	运行时间（天）	货物种类	开通时间
西安—阿拉木图	阿拉山口	3 866	6	机械配件、重晶石粉和工业盐等	2013年11月28日
合肥—阿拉木图	阿拉山口	4 954	9	合肥本地家电、汽车、装备制造及浙江、江苏等地的产品	2014年6月26日
长沙—塔什干	霍尔果斯	6 146	11	钢管、电瓷、茶叶、机械设备、化工产品	2014年10月30日
武威—阿拉木图	阿拉山口	2 646	5	机器设备、玩具、工程机械、白色家电、日用百货以及农副产品	2014年12月12日
南京—中亚五国	阿拉山口	4 200	—	家电、化工产品	2015年5月5日
胶州—塔什干	阿拉山口/霍尔果斯	7 900	8	轻纺、机械、电子产品	2015年7月1日
兰州—阿拉木图	阿拉山口	2 683		机械装备和家用电器	2015年7月5日
徐州—塔什干	霍尔果斯	4 900	10	电子产品、玻璃制品、医药用品、塑料制品、工程配件等	2015年12月22日
金华—阿拉木图	阿拉山口	5 000	7	大轮毂、机电产品、休闲服饰、工艺品等	2016年1月7日
义乌—德黑兰	阿拉山口	10 399	14	床上用品、五金工具、饰品等小商品	2016年1月28日
包头—阿斯塔纳	阿拉山口	4 332	8	石油钻杆、电子产品、机械设备、轮胎等工业制品及部分日用品	2016年7月27日
南昌—河内	凭祥	1 700	5	汽车配件、盐化产品和办公设备	2017年11月22日
南宁—河内	凭祥	400	0.83	电子零配件、服装、光伏货物和新鲜苹果	2017年11月28日
开远—海防	腰山	—	2.8	化肥	2017年12月18日

续表

线路起止	出境口	线路距离（公里）	运行时间（天）	货物种类	开通时间
济南—安集延	霍尔果斯	7 300	13	以山东生产的纺织机械设备为主	2018年4月13日
石家庄—塔什干	霍尔果斯	4 900	13	童车、自行车配件、石制品、汽车配件、电动工具、耐火材料、原纸、工业配件等	2019年10月31日
天津—乌兰巴托	二连浩特	1 583	5	汽车、配件、食品、服装	2020年5月20日
广州—塔什干	霍尔果斯	7 000	15	以高附加值的通信设备产品为主	2020年6月6日
武汉—阿拉木图	霍尔果斯	——	12	自行车、家用电器、布料等民生产品	2021年5月20日
东莞—塔什干	霍尔果斯	6 800	15	办公用具、电子产品、服装纺织品、厨房用品、灯具等	2021年9月24日

（一）西安—阿拉木图班列

2013年11月28日，正式开行西安至阿拉木图中亚国际货运班列。2015年，西安—阿拉木图的货源已由陕西辐射至甘肃、宁夏、山东、江苏、河北、上海、浙江等地，其中，陕西本地货源占30%，外地货源占70%；货物品类涵盖工业原材料、机械设备、工业零配件、建材、食品、轻工产品等六大类品种。

（二）合肥—阿拉木图班列

2014年6月26日，首班合肥至中亚国际货运班列，沿着宁西—陇海—兰新线一路向西，驶向阿拉山口、哈萨克斯坦的多斯特克（换装解编），分至阿拉木图等城市，共4 954公里，运行时间9天；2018年6月30日，合肥—阿拉木图首次实现"点到点"直达班列运输。

2020年7月9日，满载82只标准箱棉纱的班列，从塔什干发出，通过国际公铁联运，经霍尔果斯口岸入境到达合肥，全程5 522公里。作为安徽省中亚班列开行以来的首趟回程班列，标志着安徽省中亚班列实现"去程+回程"双向贯通，为安徽省与中亚地区贸易往来开辟了新通道。

(三) 武威—阿拉木图班列

首列开行时间为2014年12月12日。由武威南车站始发，在阿拉山口口岸换装出境，直达哈萨克斯坦阿拉木图，全程2 646公里，运行5天。实行"属地申报，口岸验放"模式，进出口货物在武威保税物流中心能够实现"一次申报，一次查验，一次放行"，运输距离、运输时间明显缩短，有效节约综合经营成本，提高企业效益和市场竞争力，以搭建亚欧间重要的商品中转、集散基地为目的，成为连接亚欧间重要的运输平台。

(四) 胶州—塔什干班列

2015年7月1日，一列满载着汽车配件、电子产品、轮胎、润滑油、食品等货物的班列从胶州出发，作为青岛—中亚首个过境班列，标志着青岛运往中亚的哈萨克斯坦、乌兹别克斯坦等国家的中亚过境班列正式开行。

中亚过境集装箱快运班列拟运行两条路线：一是通过阿拉山口进入哈萨克斯坦的阿拉木图、吉尔吉斯斯坦的比什凯克；二是通过霍尔果斯进入乌兹别克斯坦的撒马尔罕、塔什干，土库曼斯坦的阿什哈巴德。其中，国内运行时时间限定在5天之内，全列暂定编组货车40辆。

(五) 南昌—河内班列

首列开行时间为2017年11月22日。全程运行1 700公里，班列全程运行时间为5天，运输时效比江海联运模式节省15天，运输成本比公路运输低50%。主要货物为工程机械配件、建筑材料、塑料制品等。

(六) 兰州—阿拉木图班列

2015年7月5日，首趟"兰州号"中亚国际货运班列，从兰州出发，开往2 683公里外的阿拉木图，主要货物为各种机械装备和家用电器等物资。此后，兰州成为通往中西亚及欧洲最便捷、最高效的陆路枢纽，并且实现了我国西部铁路与中亚地区互联互通。

2016年12月8日，首列"兰州号"中亚国际货运返程班列满载1 004.84吨货物，从塔什干抵达兰州，标志着"兰州号"中亚国际货运班列实现了双向满载运行的重要突破。

(七) 开远—海防班列

2017年12月18日，首趟中亚班列从中国开远出发，列车满载出口化肥驶向越南海防港，满足了越南、老挝、柬埔寨等中南半岛国家的需求；列车到达后，装载着硫黄返回国内，保障了国内企业的扩大再生产。滇越铁路构建起的国内国际双循环模式，为企业生产经营提供了原料和市场保障。

【本章小结】

本章主要从节点走向与物流通道，详细介绍了"一带一路"的发展历程。基于"一带一路"倡议的深入推进，我国物流业呈现出稳定发展的增长态势，国际物流产业规模不断扩大；国际物流网络逐步搭建，形成立体化国际物流格局。同时，本章系统地介绍了中欧班列和中亚班列的口岸、主要运行路线等发展现状。中欧班列已形成以"三大通道、五大口岸、五个方向、六大线路"为特点的基本格局，重点介绍了三大通道，即经新疆出境的西通道和经内蒙古出境的中、东通道，以及五大口岸，即阿拉山口、满洲里、二连浩特、霍尔果斯和绥芬河。

【思考练习】

1. 近年来，依托国家"一带一路"和长江经济带战略，重庆在开通渝新欧、渝沪（上海）和渝深（深圳）铁路货运班列基础上，对内把铁路线延伸到机场和港口，对外建设重庆—越南河内、重庆—新加坡、重庆—缅甸仰光的国际大通道。围绕交通与区域经济发展，从区位、物流设施建设、区域经济发展等角度简要分析重庆作为枢纽城市的作用与发展。
2. 简述"一带一路"对物流业的影响。
3. 简述与其他中欧班列相比，义新欧班列的地位与特点。
4. 疫情之下，中亚班列如何畅通国际物流供应链？

【案例分析】

中欧班列国际物流运输

一、发展环境介绍

中欧班列自2011年开行以来一直受国家和地方政府高度重视。2014年，通过颁布《中欧班列组织管理暂行办法》《中欧班列中转集结组织办法》，签署《关于建立中欧班列国内运输协调会备忘录》，正式确立了中欧班列的国内协调机制；2015 年，《推动共建丝绸之路经济带和 21 世纪海上丝绸之路的愿景与行动》对中欧班列的建设发展提出要求；2016 年，《推进物流大通道建设行动计划（2016—2020 年）》提出"中欧班列资源整合：统筹利用中欧铁路东中西三条国际联运通道，优化运输组织和集疏运系统"。中欧班列作为"一带一路"倡议落实的重要载体，国家从政策、资金等各个方面给予支持，发展中欧班列的各项条件正逐步成熟。

二、中欧班列影响因素分析

（一）铁路货运量预测的影响因素

中欧班列铁路货运量的预测是多种因素相互影响的结果。

第一，中欧班列集装箱货运量是集中体现集装箱物流未来需求与服务的综合指标，其发展规模受中欧班列每年的开行数量的影响。2021 年上半年，经二连浩特口岸进出境的中欧班列超 1 200 列，其中，入境中欧班列 538 列，出境中欧班列 700 列；途经二连浩特口岸的中欧班列线路不断增多，进出境班列日益趋于平衡。

第二，中欧班列的发展离不开外部经济的支撑与贸易环境的影响。2019 年，我国货物贸易进出口总值 31.54 万亿元人民币，比 2018 年增长 3.4%。其中，我国对"一带一路"沿线国家进出口总值 9.27 万亿元，增长 10.8%，高出整体增速 7.4 个百分点。

第三，中欧班列受到内部地区的经济发展趋势影响。近年，我国经济飞速发展，内部地区的经济发展趋势迅猛，中部五市（重庆、成都、西安、武汉、郑州）的经济实力突飞猛进，带动了产业的集群，给中欧班列的发展也带来了新的经济趋势和空前的实力。其中，2020 年，中欧班列（西安）开行达到 1 000 列仅用时 129 天，比 2019 年减少了 76 天。

（二）货运业务线路选择的影响因素

货运成本是直接关系到企业货运收益的因素，也是企业在选择货运业务的货运线路的主要参考标准。当企业的货运操作人员接收到从销售人员传来的货运信息时，主要会把货物性质、货运距离、便利性、货运时间等因素作为货运定价的影响因素。

三、中欧班列开行模式分析

现阶段中欧班列货源组织竞争激烈而无序，开行城市点分布无规律且不固定，大部分班列开行频率较少且不稳，并且中欧班列运营线路同质化竞争严重。

（一）点对点直达开行模式

点对点直达开行模式是指国内某一城市组织同一目的地的出口货源，形成以该城市为始发点的点对点集装箱直达班列，以固定编组、固定车次以及固定路线，中途不进行甩挂作业（除去换轨、转关等作业）运输到相应的国外目的地城市。目前中欧班列采用的就是点对点的直达开行模式。

在此模式下，对于某些货源相对充足的中欧班列路线来说，不存在货物集结困难的问题，去程以及返程都可以实现常态化运营。点对点的直达开行模式作业环节少，运输组织简单，不存在中转枢纽二次集货的环节，缩短了运行时间以及运行距离，使得班列的运输时效性的优势得到了充分发挥，提高了班列的运营效率。但是对于某些货源不充足的班列，货物集结困难，班列开行频率低，导致班列只能按需组织开行。并且每个城市开行班列的目的地的数量有限，因此，城市中还存在许多其未开通的目的地的货源。此外，中欧直达班列开行城市与目的地并不一定互为货源需求城市，导致班列的回程率不高，几乎所有中欧班列的运输路线，班列回程的开行频率都比去程的频率低。

作为班列发展初期的运行组织模式，中欧班列点对点的直达开行组织模式具备一定的合理性，但这种运输组织模式存在依赖政府补贴、线路同质化等问题，不利于班列的长远发展，为了可持续发展，需要提出更为合理高效的运输组织模式，降低班列的运营成本，提高班列的开行频率与时效性，逐渐摆脱对政府补贴的依赖，实现班列的市场化运营。

（二）中转枢纽开行模式

由中国国家铁路集团有限公司负责对班列的运营进行统筹，对中欧班列的品牌进行标准化，以市场需求作为班列的导向，将提高班列开行的频率以及增强班列的稳定性作为目的，建立中欧班列中转枢纽，构建中欧班列轴辐式物流运输网络。

中欧班列中转枢纽开行模式，是在现有开行中欧班列的城市中选出若干中转枢纽，将各地不能满编开行的班列货物进行集拼，按照去往目的地的不同进行货物的重新编组整合，通过铁路或者公路运输到中转枢纽；在物流网络干线上形成规模效应，可以有效地降低货物运输成本，同时产生集群效益，带动所在区域的经济发展。

四、中欧班列国际物流运输发展对策

(一) 中欧班列国际物流运输模式完善对策

在国际物流运输模式方面,须遵循我国的经济布局、港口分布与国际走廊建设,以几个城市为枢纽,创新中欧交通运输方式,构造中欧班列轴辐式国际物流运输网络,全国各地进行"共享班列,联合运输",满载后通过沿边陆路口岸节点和欧洲枢纽城市,最后送达欧洲终点城市,实现"成组集结,零散中转",降低运营成本,避免运输能力浪费,保障运输班列的高频正常运营。其中,在境内选择成都、西安、营口作为集货枢纽,在合适的货源辐射范围内进行揽货,主要包括厦门、广州、重庆、郑州等18个始发"五定"班列城市;再由中国集货枢纽所在地的相关铁路货运组织开行中转班列运输至阿拉山口/霍尔果斯、满洲里、二连浩特等沿边陆路口岸节点,由口岸进行编组之后途经沿线国家后达到欧洲集货枢纽城市汉堡、华沙、莫斯科,在集货枢纽的海外仓卸货分拨,最后进行末端物流配送,在境外主要辐射杜伊斯堡、罗兹、马德里、蒂尔堡、安特卫普等15个欧洲国家城市。

(二) 中欧班列国际物流运输资源整合利用对策

从枢纽节点的角度看,要加快"一带一路"沿线重要物流节点的布局。目前,中欧班列境外段一般采用海外分包的方式,难免会出现仓储配送信息不对称、缺乏有效监管的问题。要积极参与到规则制定的过程中,率先加快"一带一路"沿线重要节点的布局和建设,利用自建或者合并的方式建立电子商务和物流公司的海外仓库。建立货物配送中心,依靠骨干列车通过中转聚合形成覆盖欧洲和亚洲的铁路物流服务网络,可以成为转型国际物流节点的关键步骤。从运输通道的角度看,要加强沿线基础设施建设。对于"一带一路"沿线已投入运营的线路,加强线路容量设备改造,扩大中转站的通过能力,明确运输瓶颈,确保整个过程的顺利运输,对于缺失路段,要根据线路建设的紧迫性、施工难度、投入成本、经济效益和政策环境的综合评价,分阶段有序地进行建设,对沿线铁路设施进行升级。从沿边陆路口岸节点的角度看,积极促进"电子口岸"建设。口岸各职能部门应积极加入国家电子口岸系统,实现电子检验监督和通关,同时整合关口其他系统的信息,如仓储清关、分类测试、加工贸易等,建立综合信息平台,将传统的"多站式"转变为"一站式",一方面降低口岸通关的相关工作量,另一方面也便利了进出口企业,提高通关效率。

(三) 中欧班列国际物流作业流程优化重组对策

要加强中欧班列国际物流作业流程优化，关键是要提高集装箱运输系统的效率，缩短系统业务流程周期。集装箱运输的效率和有效性关键在于速度，因此，应建立信息平台，加快集装箱运输的信息化进程，利用 EDI、Web 等传输平台，提高文件和信息的传输和处理速度。首先，积极推广"属地申报，口岸验放"通关模式，实现"一次申报、一次查验、一次放行"，建立快速通关手续，实现过境通关，"串联"工作成为"并行"工作，将传统的"橄榄型"通关结构转变为先进的"哑铃式"通关结构，优化运输线路、运输车辆和运输设备的选择和利用，提高货物运输效率和不同运输方式之间的连接效率，减少文件流量和部门之间的信息传输时间。其次，除去无业务增值的流程，通过电子商务平台，托运人可以在线提交陆运提单，在线支付运费等。最后，缩短关键流程的时间，海关还应积极为企业提供出口分类咨询服务，认真落实出口商品分类制度，努力避免因分类问题导致出口报关延误，做好文件核查和管理工作，做好退换单，避免多次往返企业，严格遵守出口报关的作业时间承诺。主要是使用现代信息技术，使用先进的集装箱装卸设备加快集装箱的装卸，优化和重组系统，解决了企业内部"信息孤岛"问题，实现企业间的信息共享。在实行通关结构和流程改革的同时，海关应为进出口量大、信誉好的企业开辟绿色渠道，加快货物通关时间。

(四) 中欧班列国际物流运输业务协调运营对策

"一带一路"沿线各国相互合作，推动中欧班列国际物流运输业务的协调。为此，首先，应在沿线建立国家铁路协调委员会，协调沿线走廊建设。俄罗斯铁路西伯利亚大陆桥的运营模式成熟，线路电气化程度高，基础设施良好，协调机制相对完善，建议其他国家建立国际运输协调委员会，调节运输内部责任，并确保所有渠道的顺利运作。其次，加强渠道建设标准的规范化，完善渠道信息化建设。沿线国家铁路通道的标准应尽可能统一，特别是新建铁路通道，减少更换次数和费用，协调沿线铁路线路的规划和布局，提高国际多式联运的效率，实现整个渠道的信息集成，满足客户交通信息的实时跟踪需求。最后，加强国家级国际联运业务铁路局对接，按照统一原则（统一品牌、统一价格、统一服务标准等）签订战略合作协议，落实供应组织、运输要求、流程联动等相关实施细则，优化国际多式联运流程。建立相对固定的协调机制，重组铁路国际集装箱列车的供应组织、港口的运营、装卸、通关和信息跟踪等。

(资料来源：蔡瑞东.中欧班列开行模式及中心枢纽布局优化研究［D］.武汉：武汉理工大学，2018；王硕.基于一带一路倡议的中欧班列发展研究［D］.大连：大连交通大学，2018；丁伟.基于客户时间需求的XK公司中欧班列货运线路选择研究［D］.北京：北京交通大学，2018；郭加佳.中欧班列物流网络中转枢纽选址鲁棒优化研究［D］.大连：大连海事大学，2020；文思涵.中欧班列国际物流运输网络优化研究［D］.重庆：重庆工商大学，2019.）

思考：

1. 简述中欧班列采用中转枢纽开行模式的必要性。
2. 如何对中欧班列集散枢纽进行合理布局？

第十二章　可持续发展与信息数字化技术

【学习目标】

1. 理解可持续发展与国际物流的关系
2. 理解数字和数字化的相关概念
3. 了解常见数字信息化技术在国际物流上的应用
4. 掌握国际物流的发展趋势

【重点难点】

1. 数字和数字化的相关概念
2. 国际物流的发展趋势

国际物流

【导入案例】

数字化技术助力德邦快递转型升级

2018年7月2日的战略发布会上,德邦物流正式宣布更名为"德邦快递"。德邦快递被誉为零担市场之王,主要面向中小型企业的供应商,以公路运输为主。而零担市场货物较"重",大部分需要人力进行测量、包装、分拣、配送,难以实现标准化运作,人力成本一直居高不下。相比于快递市场的标准化运作,零担市场货物规格复杂、周转率低。现在情况已经有所改变。随着家具、建材、大家电、卫浴等大件电商产品的渗透,零担物流也开始转向C端市场,快运市场出现了快递化需求。

而科技的发展,也让零担市场的标准化运作成为可能。"双十一"就是德邦快递利用数字化转型升级的一次重要尝试。德邦快递打造IT与网络基础设施平台时,正值"双十一""双十二"购物节来临之际。彼时,德邦快递面临着传统IT扩容困难、缺乏自动优化手段、运维工作量大等问题。为了提高生产效率,德邦快递选择了新华三集团作为数字化合作伙伴。德邦快递数字化指挥中心分为运营总览、拉灯预警和大屏诊断三大模块。基于23项核心数据指标、24项中转场数据指标、68项岗位关注指标的运营数据总览形成;通过数据模型的计算,可以准确诊断系统"健康程度"——即每小时进入的量和转出的量是否均衡,从而做出拉灯预警,一旦发现某个中转外场超过预警线,可以远程一键停止卸车;而通过布在所有车辆的传感器,可以查看车辆运行速度和载货量……德邦打造了一个BI系统,获取了大量的关键数据,这些关键数据全部提炼出来再放到大屏上,每5分钟或更短的时间更新一次。这一高效、稳定的网络中枢能快速处理海量数据,缓解了业务量骤增带来的系统负载压力,为物流全链路数据监测、实时预警、快速定位、秒速反馈提供了坚实可靠的基础。通过数字化技术赋能,德邦快递节省机房空间超过77%,资源利用率提高近30%,存储综合成本降低约20%。通过服务器、存储自动化运维管理平台,简化了30%的业务运维工作量。

(资料来源:https://www.h3c.com/cn/d_201811/1128887_312225_0.htm。)

第十二章 可持续发展与信息数字化技术

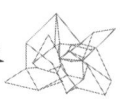

第一节 可持续发展与国际物流

一、可持续发展与绿色经济

（一）环境问题与危机

在经济社会发展进步的同时，世界也面临着更加严峻的人口、资源和环境问题。

1. 人口问题

人口问题已成为一个日益严重的全球性问题，不仅加重了环境和资源问题，也带来严重的社会问题，而且与资源和环境问题交织在一起，对世界可持续安全与可持续发展均产生巨大影响。

人口问题主要表现为两大问题。首先是人口数量增长过快。据联合国权威机构公布的最新数据，世界人口在2022年11月中旬达到80亿，预计到2050年达到97亿。[①] 全球人口的高速增长，导致了全球性的生态破坏、环境污染和资源短缺等严重问题。发展中国家问题尤其严重，可能会引起空前的危机。其次是人口老龄化。联合国发布的最新报告显示，在未来30年里，全世界的老年人数预计将增加一倍以上，到2050年达到15亿以上，在全球范围内，65岁及以上人口的比例预计将从2020年的9.3%增至2050年的16.0%左右。[②] 人口老龄化给世界各国的经济、社会、政治、文化等方面的发展带来了深刻影响，庞大老年群体的养老、医疗、社会服务等方面需求的压力也越来越大。对包括中国在内的许多发展中国家而言，"未富先老"构成空前严峻的挑战。

2. 环境问题

环境问题主要包括环境污染和生态破坏等方面。目前，人类主要面临十大全球环境问题：全球气候变暖、臭氧层的耗损与破坏、酸雨蔓延、生物多样性减少、森林锐减、土地荒漠化、大气污染、水污染、海洋污染和危险性废物越境转移。

20世纪以来，全球平均气温经历了"冷—暖—冷—暖"两次波动，总体上

---

① 联合国人口司：《2022年世界人口展望》。
② 联合国人口司：《2020世界人口老龄化》。

是上升趋势。导致全球变暖的主要原因是人类在近一个世纪以来大量使用矿物燃料（如煤、石油等），排放出大量的 CO_2 等多种温室气体。全球变暖的后果，是全球降水量重新分配，冰川和冻土消融，海平面上升等，既危害自然生态系统的平衡，更威胁人类的食物供应和居住环境。

气候变化还可能通过影响粮食、水资源等战略资源的供应与再分配，引发社会动荡甚至国际冲突。联合国开发计划署发布的《2020年人类发展报告》指出，如果减少温室气体排放量的措施被延迟或减排力度不大，那么气候变化的影响将日益严重。2050年全球净零排放路径，需要各国政府大力加强并成功实施其能源和气候政策。迄今为止的承诺远没有达到路径的要求，大多数国家的承诺还缺乏近期政策和措施的支撑。此外，即使在2050年成功实现了已有的承诺，届时全球仍将排放约220亿吨的二氧化碳。按照这种趋势发展下去，2100年全球气温将上升约2.1℃。由于新冠疫情的影响，2020年全球二氧化碳排放量下降；但是随着经济复苏，碳排放量已经开始强劲反弹。如果不及时采取行动扭转上述趋势，那么到2050年将无法实现净零排放。[①]

3. 资源问题

全球性资源问题日益凸显。由于人类的过度消耗，在过去的30年间，地球上的生物种类减少35%，其中淡水生物减少54%，海洋生物种类减少35%，树木种类减少15%。[②]

近年，全球许多资源出现一定程度的危机。世界森林衰退问题严重，近100年来（1920—2022），全世界的原始森林有80%遭到破坏；土壤退化问题不容乐观，土壤退化导致世界人均耕地面积减少；水资源问题日趋严峻。水资源短缺和水污染，已成为当代世界最严重和最重大的资源环境问题之一，也是未来人类将面临的最为严峻的挑战之一。联合国发布的《2022年世界水发展报告》指出，从目前的趋势来看，到2030年，世界各地将面临"全球水亏缺"，即对水的需求和补水之间的差距，可能高达40%。

（二）可持续发展概述

1. 可持续发展的发展历程及其概念

自20世纪70年代以来，世界接连受到资源环境问题的威胁，人们开始重视

---

① 国际能源署：《全球能源部门2050年净零排放路线图》。
② 世界自然保护基金会：《活着的地球》。

对环境和发展问题的研究。

1972年，联合国首次举行了"联合国人类环境会议"，会议通过了《人类环境宣言》，呼吁各国政府和人民保护和改善环境。对于可持续发展概念的讨论最早是在1972年斯德哥尔摩举行的联合国人类环境研讨会上。这次研讨会云集了发达国家和发展中国家的代表，共同界定人类在缔造一个健康和富有生机的环境上所享有的权利，但未确定一个统一的概念。1980年，由联合国环境规划署（United Nations Environment Program，UNEP）、国际自然保护联盟（International Union for Conservation of Nature，IUCN）与世界自然基金会（World Wide Fund for Nature or World Wildlife Fund，WWF）共同发起，并由国际自然保护联盟制定了《世界自然资源保护大纲》，首次提出了可持续发展的概念，明确表示"必须研究自然的、社会的、生态的、经济的以及利用自然资源过程中的基本关系，以确保全球的可持续发展"。1983年，联合国第38届大会通过第38/161号决议，批准成立世界环境与发展委员会（World Commission on Environment and Development，WCED），由格罗·哈莱姆·布伦特兰担任主席，并提出以"可持续发展"为委员会的基本纲领。1987年，在第八次世界环境与发展委员会上，发表了报告《我们共同的未来》（也称《布伦特兰报告》），报告系统地阐述了人口、资源、环境和发展的问题，并呼吁各国走上可持续发展之路。

在《我们共同的未来》中，可持续发展被定义为："既满足当代人的需要，又不对后代人满足其需要的能力构成危害的发展。"该定义至今仍被人们广泛采纳和认同。该定义包括了两个重要的概念：一是"需要"，尤其是世界各国人们的基本需要，应将此放在特别优先的地位来考虑；二是"限制"，技术状况和社会组织对环境满足眼前和将来需要的能力施加的限制。联合国可持续发展委员会给出的可持续发展的17个目标是："无贫穷，零饥饿，良好健康与福祉，优质教育，性别平等，清洁饮水和卫生设施，经济适用的清洁能源，体面工作和经济增长，产业、创新和基础设施，减少不平等，可持续城市和社区，负责任消费和生产，气候行动，水下生物，陆地生物，和平、正义与强大机构，促进目标实现的伙伴关系。"

2. 可持续发展的关键支柱

可持续发展目前面临着三大支柱——经济支柱、社会支柱和环境支柱的不平衡。尤其是最后一个因素极少被其他支柱考虑在内，应努力平衡三大支柱，找到实现可持续发展的方法。

（1）经济支柱。符合经济支柱要求的活动包括合规、适当的治理和风险管理。

这一支柱也被称为治理支柱，指的是良好的公司治理。这意味着董事会、管理层与股东的利益以及公司的社区、价值链和最终用户的利益应保持一致。关于治理，投资者可能想知道公司使用准确和透明的会计方法，股东有机会就重要问题投票；可能还希望得到保证，确保公司在选择董事会成员时避免利益冲突，不利用政治献金获得不适当的优惠待遇，当然，也不从事非法行为。

正是由于将经济支柱和利润纳入其中，企业才有可能采用可持续发展战略。经济支柱为企业有时被迫采取的极端措施提供了一种平衡力量。

（2）社会支柱。社会支柱衡量企业解决劳动力、顾客和社会相关重要问题的能力。劳动力相关因素包括雇佣质量、健康和安全、培训和发展、多样性和机会。顾客相关因素包括准确的产品信息和标签、产品对顾客健康和安全的影响。社会相关因素包括对当地社区的影响等。

另一个与社会支柱有联系的概念是：社会许可。一个可持续发展的企业应该得到员工、利益相关者和所在社区的支持和认可。确保和维持这种支持的方法是多种多样的，但归根结底是要公平对待员工。在员工方面，企业关注员工保留和参与策略，包括更积极响应的福利，如灵活的工作安排以及学习和发展的机会。在社区参与方面，企业提出了许多回馈方式，包括筹款、赞助、奖学金和对当地公共项目的投资。

（3）环境支柱。环境支柱衡量企业对环境，包括空气、土地、水和生态系统的影响。企业改善环境的举措可以分为几类：减少资源消耗、减少排放、产品创新。这些举措可以使供应链能够更有效地使用自然资源、保护环境和提高效益。

企业应致力于减少碳足迹、包装垃圾、水的使用及其对环境的总体影响。许多企业已经发现，对地球产生有益影响的企业也能产生积极的财务影响。例如，减少包装材料的用量通常会减少在这些材料上的总体支出，推动其供应链减少包装，更多的包装来自回收或再利用材料。其他对环境有明显影响的企业，如采矿或食品生产，则通过制定基准和降低标准来达到环境支柱的目的。

（三）绿色经济与供应链

1. 绿色经济

绿色经济（green economy），即能够改善人类福祉和社会公平，同时显著降

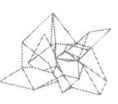

低环境风险和生态稀缺性的经济模式。用最简单的方式表达,绿色经济可以被认为是低碳、资源高效和社会包容的经济。实际上,绿色经济是一种收入和就业增长由公共和私人投资推动的经济,这些投资可以减少碳排放和污染,提高能源和资源效率,防止生物多样性和生态系统服务的丧失。这些投资需要有针对性的公共支出、政策改革和监管变化来促进和支持。这条发展道路应保持、加强并在必要时重建自然资本,将其作为重要的经济资产和公共利益的来源,特别是对于生计和安全严重依赖自然的穷人而言。①

2. 低碳经济

低碳经济(low-carbon economy)是指一个经济系统只有很少或没有温室气体排出到大气层,或指一个经济系统的碳足迹接近于或等于零。低碳经济可让大气中的温室气体含量稳定在一个适当的水平,避免剧烈的气候改变,减少恶劣气候给人类造成伤害的机会,因过高的温室气体浓度可能会引致灾难性的全球气候变化,给人类的将来带来负面影响。同时,低碳经济也是指在可持续发展理念指导下,通过技术创新、制度创新、产业转型、新能源开发等多种手段,尽可能地减少煤炭、石油等高碳能源消耗,减少温室气体排放,达到经济社会发展与生态环境保护双赢的一种经济发展形态。②

3. 循环经济

循环经济(circular economy)是一种再生系统,借由减缓、封闭和缩小物质与能量循环,使得资源的投入与废弃、排放达成减量化的目标。循环经济有很多不同的定义,但归结起来可以说是一个未来真正可永续发展、零浪费,并可与我们所处的环境和所拥有的资源共生的经济模式。在循环经济中,将是零排放、零废弃,所生产出的副产品或损坏的产品或不再想用的货物并不会被看作是"废物",而是可成为新的生产周期的原材料和素材。循环经济以资源的高效利用和循环利用为核心,以减量化、再利用、资源化为原则,以低消耗、低排放、高效率为基本特征。③

循环经济要求以"3R原则"为经济活动的行为准则。

(1) 减量化原则(reduce),要求用较少的原料和能源投入来达到既定的生

---

① 联合国环境规划署:《绿色经济报告》。
② 联合国气候变化组织:《世界气候变化框架公约》。
③ 欧盟:《引领全球迈向循环经济》。

产目的或消费目的,进而从经济活动的源头就注意节约资源和减少污染。减量化有几种不同的表现。在生产中,减量化原则常常表现为要求产品小型化和轻型化。此外,减量化原则要求产品的包装应该追求简单朴实而不是豪华浪费,从而达到减少废物排放的目的。

(2) 再使用原则(reuse),要求制造产品和包装容器能够以初始的形式被反复使用。再使用原则要求抵制当今世界一次性用品的泛滥,生产者应该将制品及其包装当作一种日常生活器具来设计,使其像餐具和背包一样可以被再三使用。再使用原则还要求制造商应该尽量延长产品的使用期,而不是非常快地更新换代。

(3) 再循环原则(recycle),要求生产出来的物品在完成其使用功能后能重新变成可以利用的资源,而不是不可恢复的垃圾。按照循环经济的思想,再循环有两种情况:一种是原级再循环,即废品被循环用来产生同种类型的新产品,如报纸再生报纸、易拉罐再生易拉罐等;另一种是次级再循环,即将废物资源转化成产品的原料。原级再循环在减少原材料消耗上达到的效率要比次级再循环高得多,是循环经济追求的理想境界。

4. 清洁生产

清洁生产(cleaner production)在不同的发展阶段或者不同的国家有不同的叫法,如"废物减量化""无废工艺""污染预防"等。但其基本内涵是一致的,即对产品和产品的生产过程、产品及其服务采取预防污染的策略来减少污染物的产生。清洁生产是一种新的创造性的思想,该思想将整体预防的环境战略持续应用于生产过程、产品和服务中,以增加生态效率和减少人类及环境的风险。对生产过程,要求节约原材料与能源,淘汰有毒原材料,减降所有废弃物的数量与毒性;对产品,要求减少从原材料提炼到产品最终处置的全生命周期的不利影响;对服务,要求将环境因素纳入设计与所提供的服务中。[1]

从本质上说,清洁生产就是对生产过程与产品采取整体预防的环境策略,减少或者消除其对人类及环境的可能危害,同时充分满足人类需要,使社会经济效益最大化的一种生产模式。具体措施包括:不断改进设计;使用清洁的能源和原料;采用先进的工艺技术与设备;改善管理;综合利用;从源头削减污染,提高资源利用效率;减少或者避免生产、服务和产品使用过程中污染物的产生和排

---

[1] 联合国环境规划署,http://www.unepie.org/pc/cp/understanding_cp/home.htm。

放。清洁生产是实施可持续发展的重要手段。

根据经济可持续发展对资源和环境的要求，清洁生产谋求达到两个目标：

一是通过资源的综合利用、短缺资源的代用、二次能源的利用，以及节能、降耗、节水，合理利用自然资源，减缓资源的耗竭。

二是减少废物和污染物的排放，促进工业产品的生产、消耗过程与环境相融，降低工业活动对人类和环境的风险。

5. 绿色供应链

绿色供应链的概念最早由美国密歇根州立大学的制造研究协会在 1996 年进行的"环境负责制造（ERM）"的研究中首次提出，又称环境意识供应链（Environmentally Conscious Supply Chain，ECSC）或环境供应链（Environmentally Supply Chain，ESC），是一种在整个供应链中综合考虑环境影响和资源效率的现代管理模式。这种管理模式以绿色制造理论和供应链管理技术为基础，涉及供应商、生产商、销售商和用户，其目的是使得产品在从物料获取、加工、包装、仓储、运输、使用到报废处理的整个过程中，对环境的影响（负作用）最小，资源效率最高。

绿色供应链管理所追求的是经济利益和绿色利益即环境利益双丰收，以达到社会的可持续发展。这里的绿色效益包括环境保护和资源优化利用。而要达到这样的目标首先要考虑的是各种影响因素，这些影响因素分为两大类——驱动因素和障碍因素。

（1）驱动因素。包括以下几方面。

①增强企业的竞争力，提高整个供应链的效益。在绿色供应链中可与上下游企业进行整合，优势互补，强强联合，为整个供应链带来更多效益。

②增加客户价值。绿色产品不仅保护环境，也为客户带来绿色收益，可赢得顾客的长远信任。

③提升企业绿色形象。实施绿色供应链的企业可以树立产品的安全可靠、重视社会责任的信息，赢得顾客青睐。

④可规避绿色技术贸易壁垒。世界上很多国家尤其是发达国家都重视生态问题，并为此设立了相应的技术条款和环保法规。企业要长久生存就必须使产品达到相应的绿色标准，而要达标就必须实施绿色供应链。

（2）障碍因素。包括以下几方面。

①实施绿色供应链会带来财务负效应。绿色供应链虽能提高资源的利用效

率，在一定程度上降低成本，但绿色回收和废弃物的处理却需要花费巨大的代价，两者相抵可能会使财政入不敷出。

②企业之间缺乏信任。企业在决策时总是从自身利益最大化出发，而非整个供应链或社会效益最大化原则。企业希望自己的上下游企业实施更多的绿色工艺，这样就可为自己的产品达到绿色标准而花费最小的成本。

③实施绿色供应链的技术和知识欠缺。虽然绿色供应链在理论上可以建立，但相应的绿色产品的开发、废物的处理技术和手段有待建立和提高。

④环境标准与税费制度仍不完备。各个国家环境标准不同，尤其是发展中国家环境制度不健全，执法监督不力。

⑤企业文化（企业的核心价值观）不同。企业文化是影响供应链企业间合作关系的首要因素。正所谓"道不同不相与谋"，如果双方没有互相理解的文化理念，则很难合作，即使合作，也会因管理成本过高而失败。

二、可持续发展与国际物流

物流尤其是国际物流在现代经济发展中扮演着重要角色，但随着物流业务量不断增多，出现了资源循环利用率过低和损耗过大，以及造成一系列环境问题等。为了解决这个问题，企业试图从绿色物流、逆向物流等方面考虑问题。

（一）绿色物流

绿色物流（environmental logistics）是指在物流过程中抑制物流对环境造成的危害的同时，实现对物流环境的净化，使物流资源得到最充分利用。绿色物流也指从物流活动开始就注意防止环境污染，以降低能耗、减少环境污染为目标，以有效的物质循环为核心，使物流过程中的废物量达到最少，并尽可能使废物处理实现无害化与资源化（如图12-1所示）。

（二）逆向物流

目前，理论界对逆向物流概念表述也有很多，本书选择通用的定义如下：与传统供应链反向，为价值恢复或处置合理而对原材料、中间库存、最终产品及相关信息从消费地到起始点的有效实际流动所进行的计划、管理和控制过程。逆向物流有广义和狭义之分。狭义的逆向物流（returned logistics）是指对那些由于环境问题或已过时的原因而回收产品、零部件或物料的过程。其目的是将排泄物中有再利用价值的部分加以分拣、加工、分解，使其成为有用的资源重新进入生产和消费领域。广义的逆向物流（reverse logistics）除了包含狭义的逆向物流的定义之外，还包括废弃物物流的内容，其最终目标是减少资源使用，并通过减少使用资源达到废弃物减少的目标，同时使正向以及回收的物流更有效率。

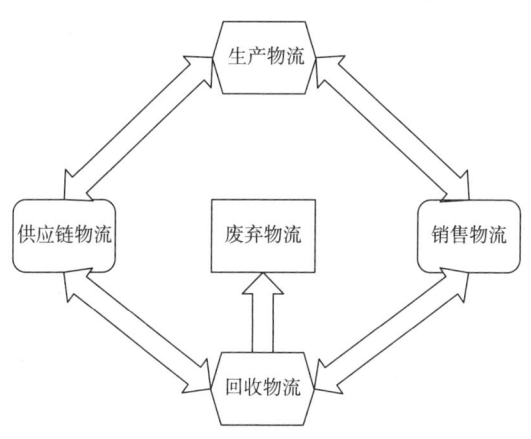

图 12-1　绿色物流循环过程

逆向物流的表现具有多样化的特点，如从使用过的包装到经处理过的电脑设备，从未售商品的退货到机械零件等，其包含来自客户手中的产品及其包装品、零部件、物料等物资的流动。

（三）回收物流

回收物流（returned logistics）指不合格物品的返修、退货以及周转使用的包装容器从需方返回到供方所形成的物品实体流动。企业在生产、供应、销售的活动中总会产生各种边角余料和废料，这些东西的回收是需要伴随物流活动的。如果回收物品处理不当，往往会影响整个生产环境，甚至影响产品的质量，占用很大空间，造成浪费。回收物流主要包括对一些报废设备、废旧衣物，甚至是合格商品等的回收，也包括一些产品的边角余料和失去使用价值的辅助材料等零部件的回收。[①]

产品回收物流主要流程如图 12-2 所示。

零部件回收物流主要流程如图 12-3 所示。

---

① 张卫星. 物流学 [M]. 北京：北京工业大学出版社，2002.

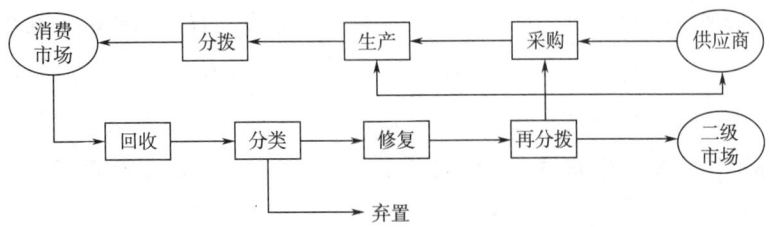

图 12-2　产品回收物流流程

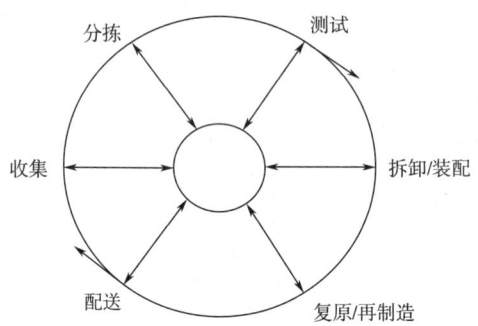

图 12-3　零部件回收物流流程

废弃物回收物流是指将经济活动中失去原有使用价值的物品，根据实际需要进行收集、分类、加工、包装、搬运、储存等，并分送到专门处理场所时所形成的物品实体流动，主要流程如图 12-4 所示。

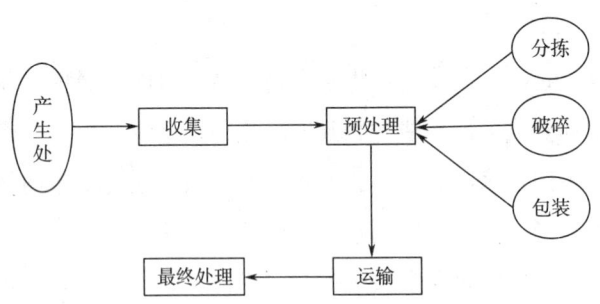

图 12-4　废弃物回收物流流程

（四）闭环供应链

闭环供应链（closed loop supply chains，CLSC）是 2003 年提出的新物流概念。闭环供应链是指企业从采购到最终销售的完整供应链循环，包括了产品回收与生命周期支持的逆向物流。它的目的是对物料的流动进行封闭处理，减少污染排放和剩余废物，同时以较低的成本为顾客提供服务。闭环物流在企业中的应用越来越多，市场需求不断增大，成为物流与供应链管理的一个新的发展趋势（如表12-1所示）。

为了实现物流业的可持续发展，业界人士一直未停止对可持续性物流的研究和讨论。从20世纪90年代开始，循环物流、绿色物流、逆向物流、回收物流等新的理论层出不穷，包括21世纪初提出的闭环供应链的理论，都体现了业界人士、专家学者等对为使物流业为可持续发展做出更大贡献而做出的努力。

表12-1 物流发展过程

	循环物流	绿色物流	逆向物流	回收物流	废弃物物流	闭环供应链
提出时间	20世纪90年代	20世纪90年代	20世纪90年代	20世纪90年代	—	21世纪初
概念内涵	支撑和促进物质资源循环的物流过程	认识物流过程产生的生态环境影响并使其最小化的过程	原材料、加工库存品、产成品以及相关信息从消费地到起始地的高效率、低成本的流动过程，即回收物流过程与废弃物物流过程	指不合格物品的返修、退货以及周转使用的包装容器从需方返回到供方所形成的物品实体流动	将经济活动中失去原有使用价值的物品，根据实际需要进行收集、分类、加工、包装、搬运、储存等，并分送到专门处理场所时所形成的物品实体流动	将正向供应链与逆向供应链相连接，两条链上的物品从源到汇，再由汇到源的闭环流动过程
共同点	均将降低整个物流过程的污染物排放、废弃物回收和循环利用等资源与环境问题纳入物流的研究范畴，在研究目标上强调经济利益与环境影响的统一与协调					

（五）国际绿色物流的发展建议

1. 加强绿色物流作业流程的管理①

随着电商行业的迅猛发展和全民网购的热潮只增不减，物流的需求量与日俱增。绿色运输是绿色物流必不可少的环节，运输过程中尾气的排放对环境的污染

---

① 夏玉娇，蒋雪梅. 电子商务环境下绿色物流的发展对策研究［J］. 物流工程与管理，2020（1）：11-13.

日益严重，运输车辆可以采用清洁能源，从产生源头减少污染物的排放，还可以通过信息网络提高运输车辆使用率，从效率方面降低污染强度。在降低企业物流成本的同时还有利于环境的可持续发展。同时，积极支持第三方物流的发展，精简配送环节，合理高效运输。

2. 加强废弃物物流的管理

绿色物流不仅需要在源头和流通环节加强控制，更要注重回收物流的把控。德国是世界上第一个重视废弃物物流的国家，中国对于废弃物物流的管理水平远低于美、日、德等国家。目前，中国物流行业仍将业务重心放在价值较高的业务对象，废弃物物流因其价值较低、处理费用高、程序繁琐、运输难度大等特点，徘徊在物流行业边缘，能以此作为盈利业务的企业少之又少，即便存在，也是零散性的小规模公司，无法进入物流行业中心。如何使废弃物管理产业化运作，规范其市场化运营是未来绿色物流的突破点。

3. 加强绿色物流的宣传

目前，人们对绿色生产、绿色消费、绿色服务表现出普遍的关心，然而绿色物流却仍处于一个无人问津的地位。物流行业为人们的生活提供了相当大的便利，但目前仍处于一种消耗型的行业状态，当务之急是改变人们对绿色物流的态度，引起人们的重视。"绿色生活"这一概念多年来在各国政府和社会的耕耘下已深入人心，加大对绿色物流的宣传和认知，从理论角度来说并不是特别困难的事情。通过对绿色物流文化的包装，使之形成一种流行文化，可以更快速地在年青一代中流行起来，进而扩散到整个国际社会中。

4. 推进政府对于绿色物流政策的制定和改革

政府方面的支持对于绿色物流的推进作用是毋庸置疑的。无论是在社会宣传方面，还是在政策支持方面，政府在其中的作用都不可忽略。为推进绿色物流的发展，政府应首先在文化意识方面起主导作用，为后续其他工作消除阻力；其次，制定相关政策，对物流企业在绿色物流方面的态度、投入、执行进行奖惩，推进绿色物流政策的贯彻和落实；最后，定期组织相关专家座谈和走访，对于这一政策的落实情况和出现问题进行调查研究和解决。

5. 加大对绿色物流创新方面的投入

任何一个行业，没有技术的支撑是无法长远发展的。物流的发展越来越重视成本和效率的转化，而低成本、高效率的实现需要技术的支撑，尤其是综合物流、物流智能化和绿色物流逐渐成为物流业的发展趋势。研发投入作为绿色物流科技创新的起点，为绿色物流创新提供资金支持，与创新成果的产出和物流企业核心竞争力的形成具有密切联系。随着新零售物流的发展，物流智能化会减少产生人为制造的垃圾，同时在降低物流成本的过程中提高物流运转效率，比如，利用无人交叉车、机械臂、机器人通知物流消息等新型人工智能技术实现货物全程无人操作。这些智慧物流发展实例都表明绿色物流在创新方面有强大的前景。

第二节　数字化赋能国际物流

近年来，数字科技的发展带动了国际物流产业数字化水平的不断提升，电子商务、物联网、云计算、大数据、区块链、5G、人工智能等数字技术不断对国际物流业务进行优化赋能，船公司、港口企业、货运代理企业等国际物流主体纷纷探索数字化转型。

一、新兴信息技术发展概览

（一）数字经济与数字化发展

1. 数字经济及其特点

数字经济是一个内涵丰富且涉及面广泛的概念。2016年《二十国集团数字经济发展与合作倡议》将数字经济定义为：以使用数字化的知识和信息作为关键生产要素，以现代信息网络作为重要载体，以信息通信技术的有效使用作为效率提升和经济结构优化的重要推动力的一系列经济活动。数字经济在2017年首次被写入我国政府工作报告，这意味着数字经济在我国未来国民经济建设中将占有极为重要的地位。

数字经济具有以下特点。

（1）数据成为关键生产要素。随着社会经济的发展，技术、信息作为相对独立的要素，其重要性日益凸显。面对我国人口红利的消失、劳动力成本的上升以及资源和环境的制约，充分发挥数据这一关键生产要素的价值就成为必然选择。海量数据产生的同时，一方面满足了消费者的消费需求，另一方面也催生了更多产品和服务的出现。对于智能产品/服务而言，从供应链到智能制造再到最终交付用户，所有环节都可以基于数据分析的结果实现价值链整合和系统优化的目的。

（2）连接成为数字经济的关键。人类社会的发展伴随着连接技术的不断升级，每一个实现人与人之间连接的技术出现后都会对社会的进步起到巨大的推动作用。例如，早期的信笺实现了跨地域连接，电报技术方便了迅速传递信息，电话加速了全球化商业体系的高效运转，现代的互联网、物联网和未来5G的推广进一步为商业活动带来更多的机遇，也为数字经济的大发展奠定了重要的基础。当前移动互联网取得的成就也为社会提供了极佳的共享平台，数据得以自由地流转其间。

（3）信息技术成为数字经济的重要推动力。信息技术的发展满足了数字经济发展对基础设施的需求，数字基础设施的概念应运而生。信息技术的发展使计算机能力不断提升——在云计算、人工智能、区块链等技术的不断演进和升级中，越来越强大的计算能力让数据创建、存储、使用、分享、归档及销毁的整个生命周期都有了质量和效率上的提升。

2. 数字与数字化转型

数字与其他信息资源相比具有可复制、可传输、可计算的特点，凭借其特有优势，数字化在近年来广受讨论。数字化包括数据的采集、传输、存储、计算和应用，是指将各类复杂多变的信息转变为可以度量的数据，并加以处理的过程。

对于数字化转型，主要是指以数字化技术为基础、以数据为核心、以产品/服务转型以及流程优化重构为手段，从而实现企业绩效与竞争力的根本性提升的一系列变革。企业数字化转型是指企业利用新一代数字技术，将某个生产经营环节乃至整个业务流程的物理信息链接起来，形成有价值的数字资产，通过计算反馈有效信息，最终赋能到企业商业价值的过程。

3. 数字化转型驱动因素

（1）经济形势挑战显现。在数字经济发展迅速的同时，全球经济环境压力逐渐加重，企业需要应对消极因素的影响从而实现平稳的运营并追求长期的成长，驱使企业开始考虑通过数字化转型提升应对宏观困境的能力。其次是国家可持续发展战略对全球经济和社会发展的长远影响，要求企业在供给侧落实绿色节能、改进产品结构、实现技术创新。因此企业必然要借助新兴技术手段，以合理的投入来满足监管的要求。

（2）行业市场竞争加剧。企业所处的市场竞争不仅来源于同行业企业的升级和创新，也来自具有互联网基因的企业切入传统行业市场而形成的全新竞争压力。例如，腾讯的微信作为最大的社交平台直接冲击了运营商成熟且营收颇为巨大的短信业务，而微众银行的出现则代表着互联网企业直接切入了金融行业的传统市场。这些都促使企业不断思考和推动数字化转型实施举措。

（3）企业内容部运营升级。从企业自身的运营来看，由于在数字经济发展的影响下客户的需求已经发生了显著的变化，因此企业需要从产品/服务的转型升级开始，全方位思考如何保证最大限度地满足客户需求并实现客户体验最大化。企业的成功还在于数字化生态系统的构建。借助数字化技术的应用，打造高效的平台以连接上下游企业和合作伙伴，使得内外部人员之间数据流转更加便利，为创新实践提供成本低、访问便利的资源池并提供丰富强大的数据分析支持。

（二）数字化相关概念辨析

1. 信息化

信息化是以业务流程的优化和重构为基础，通过信息技术与实际业务的有效融合，在 IT 系统内将现实世界的业务对象、业务流程进行重构和固化，并记录业务事件，实现企业信息的高效共享和业务的高效协同，形成对业务的监控和洞察能力，以提高工作效率、优化资源配置、支撑高效分析决策，进而提升企业竞争力和经济效益的过程。

信息化具有如下特点。

（1）信息化并未改变现实业务的逻辑，企业思维模式依然以现实世界为主，只是将传统业务模式从线下搬到线上交由 IT 系统来完成，通过信息化手段，把优化后的业务流程进行固化、自动化，并提供业务决策支持，如 OA 系统、ERP 系统、CRM 系统、辅助决策系统等。实现信息化是企业管理理念和管理手段的创新，在这个过程中，业务流程是核心，IT 系统是工具，数据是业务在线协同处理的副产品。

（2）信息化通过碎片化供给的方式对企业业务进行支撑。企业信息化发展和建设之初，囿于技术和认知能力，企业信息化缺乏统筹，业务系统建设分散开展，主要满足某一业务领域业务处理和统计分析需要，重功能、轻数据的现象普遍存在，可以说信息化是通过碎片化的方式对企业业务进行不均衡的支撑。时至今日，由此造成的数据重复生成、不一致，以及"数据孤岛""数据烟囱"等问题依然困扰着很多企业。

(3) 信息化的过程也是对数据重视程度逐步提高的过程。随着技术和认知水平的提升，信息化支撑企业业务的深度和广度越来越高，企业需要数据的范围越来越大，数据融合共享的诉求越来越多，因此，企业信息化发展的过程是对数据重视程度持续提升的过程，也是对信息系统集成度持续提升的过程，但这依然不足以从根本上解决信息化碎片化供给造成的问题。

2. 数字化

数字化是利用云计算、大数据、物联网、人工智能等新一代数字技术，构建一个全感知、全连接、全场景、全智能的数字世界，在实现数字世界对物理世界的精准映射基础上，优化再造物理世界的业务，对传统管理模式、业务模式、商业模式进行创新和重塑，实现业务成功。

数字化具有如下特点。

(1) 数字化的本质是在信息技术驱动下的业务转型，根本目的在于提升企业竞争力。一方面，经济新常态和竞争的加剧，要求企业优化或转变现有管理、业务或商业模式；另一方面，移动终端和网络的普及令企业能够直接接触最终消费者，更加便捷、准确地了解消费者的需求，加上新一代信息技术的成熟和实用化，让以较低的数据成本快速满足客户个性需求，并改善用户体验的新的管理、业务或商业模式成为可能。

(2) 数字化不是 IT 职能，是一项关乎企业发展前途的业务职能。企业需要认识到在大数据时代，数据是企业的核心竞争力，数字化重新定义了客户价值和企业战略，并将数据转化为企业的洞察力以及竞争优势，实现数字化的关键在于以客户为中心，利用新的技术创造新的、独特的客户体验，打造新的智能化、数字化的产品或服务，重塑企业的商业模式或运营模式。

(3) 数字化要求构建一个全局最优的技术体系和数据体系。企业需要依托新一代信息技术和最新数据管理理念，构建一个全局最优的开放的技术体系和数据管理体系，提供全局数据融合共享和应用增值服务，满足全局业务需求，解决信息化碎片化供给带来的问题的同时，支撑管理、运营或商业模式变革。

(4) 数字化是一个长期系统工程。对于大多数企业而言，数字化面临的挑战来自方方面面，从技术驾驭到业务创新，从组织变革到文化重塑，从数字化能力建设到人才培养等，因此数字化的成功不可能一蹴而就。

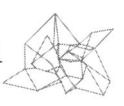

3. 智能化

智能化是指事物在网络、大数据、物联网和人工智能等技术的支持下,具备了灵敏准确的感知功能、正确的思维与判断功能、自适应的学习功能、行之有效的执行功能等,能够对外部变化做出及时响应,代替人进行决策。

智能化有如下特点。

(1) 智能化的本质是让机器代替人做决策。智能化解决的核心问题是人与机器的关系,未来业务决策会越来越多地依赖于机器学习、依赖于人工智能,机器在很多商业决策上将扮演非常重要的角色,它能取得的效果将超过今天人工运作带来的效果,从而降低了管理人员决策的工作难度,提高决策效率和准确性。

(2) 智能化的基础是大数据、算法和云计算。例如,云计算能用较低的成本存储并计算海量的数据,而正因为有了处理大数据的需求,对云计算的要求也才越来越高,二者推动了整个数据行业不断高速发展。但想要让云计算和大数据真正创造价值,背后还需要"大脑"的支撑,也就是算法。

(3) 智能化可以为企业带来多重价值。一是更敏捷的运营,通过感知、认知等技术提高多数常规流程的效率,降低成本,同时改善用户体验;二是更充分的定制化,允许企业提供真正的一对一互动以充分满足客户独立的需求,提供更优质的服务;三是更智能的决策,使用先进的数据科学来提升企业的经营表现,利用大数据挖掘实现更有价值的商业需求;四是全新的价值主张,新的运营模式和工作方式使产品/服务脱颖而出,构建以智能化技术为核心的全新产品、服务和商业模式。

4. 分析比较

信息化、数字化和智能化的分析比较如表 12-2 所示。

(1) 信息化、数字化和智能化之间的界限存在一定的重叠和交叉,随着技术的持续进步、管理理念的创新、竞争的加剧,由信息化到数字化,再由数字化到智能化是企业发展的必然的要求。

(2) 信息化是数字化的基础,由信息化到数字化是一个由量变到质变的过程。

(3) 智能化是数字化的高级阶段,也是数字化发展到一定阶段的自然延伸。同时,智能化也是实现数字化目标的关键手段。

(4) 由信息化到数字化、由数字化再到智能化均不是简单的替代关系,而是继承发展的关系。后一阶段充分继承前一阶段的成果,并在此基础上引入新技术、新理念,解决前一阶段的问题或瓶颈,实现新的业务价值。

(5) 由信息化到数字化、由数字化再到智能化,从社会大环境看,技术进步是核心驱动力;从具体企业看,除考虑技术进步外,业务驱动和时机选择也是关键。

表12-2 信息化、数字化和智能化的分析比较

类别	核心内涵	业务逻辑	主要集成范围	对技术的要求	主要载体
信息化	线下业务线上化	优化现有业务流程,实现业务数据化,提高信息共享和工作效率,优化资源配置,支撑分析决策	专业集成、企业级集成	数据库、通信、网络等技术	业务信息系统、数据仓库等
数字化	数据是企业发展和运营的核心	将物理世界全面映射到数字世界,利用数字世界沟通、信息共享、诊断、预测、模拟等固有优势,与物理世界形成交互和反馈,推进企业发展和运营	企业级集成、产业链集成、产业生态集成	云计算、大数据、物联网、移动互联网等新一代信息技术广泛应用	业务信息系统、数据湖、中台等
智能化	让机器代替人决策	在一些业务场景,利用人工智能技术,基于云计算、大数据、算法,让机器代替人决策,把人从繁重的提炼或脑力劳动中解放出来		人工智能技术广泛应用	

资料来源:浅析企业信息化、数字化和智能化的内涵和联系 [EB/OL]. (2021-02-22) [2023-03-08]. https://www.sohu.com/a/451882528_120903548.

(三) 常见数字信息化技术

1. 条形码系统

"条形码"一词来源于英语 bar code,是一种信息代码,是由一组不同宽度、不同反射率的条和空按特定的编码规则组合起来,用来表示一组数据,使用光电扫描阅读设备识读并将数据输入计算机的特殊代码。现今在世界上应用的码制已达百余种,较为常见的有 UPC 码、EAN 码、39 码、25 码、交叉 25 码和库德巴码等。

条形码应用于实践中便形成了条形码技术。条形码技术是一项信息处理技术、一项可以解决大量信息自动进入数据库的登录问题的智能技术,是信息集散

的有力工具。条形码技术包括符号技术、编码技术、识别与应用系统设计技术等，主要用于自动识别和计算机的数据输入。条形码技术中应用的主要设备是条形码刷制器、条形码扫描笔、条形码打印机、台式或手持式扫描器、条形码译码器（在线式、无线便携式、便携式）等，通常这些设备与计算机终端、自动扫描器连接在一起，以实现数据录入的自动化操作。

2. 全球卫星定位系统

全球卫星定位系统（global positioning system，GPS），利用分布在距地面约20 000千米高空的多颗卫星对地面目标进行精确测定以实现定位、导航的系统，它主要应用于船舶和飞机导航、对地面目标的精确定位甚至精密定位、空间与地面灾害检测、地面及空中交通管制等。20世纪90年代以来，全球卫星定位系统在物流领域得到了广泛的应用。

自1957年10月世界上第一颗人造卫星升空后，一些国家和有关国际组织相继建立了多个全球卫星定位系统，主要有美国国防部（Department of Defence, DOD）的GPS系统、俄罗斯的全球导航卫星GLONASS系统和国际海事卫星组织的INMARSAT系统，以及中国的北斗卫星导航系统。

3. 大数据

大数据（big data，BD）是指无法在一定时间范围内用常规软件工具进行捕捉、管理和处理的数据集合，是需要新处理模式才能具有更强的决策力、洞察发现力和流程优化能力的海量、高增长率和多样化的信息资产。

大数据的4个典型特征是巨量性、多样性、即时性和价值性。

大数据技术的战略意义不在于掌握庞大的数据信息，而在于对这些含有意义的数据进行专业化处理。如果把大数据比作一种产业，产业实现盈利的关键就在于提高对数据的加工能力，即通过"加工"实现数据的"增值"。

4. 云计算

云计算（cloud computing，CC）作为分布式计算的一种，指的是通过网络"云"将巨大的数据计算处理程序分解成无数个小程序，然后通过多部服务器组成的系统进行处理和分析这些小程序，并将得到的结果返回用户。通过该技术，可以在很短的时间内（几秒钟）完成对数以万计的数据的处理，从而实现强大的网络服务。

关于云计算的定义存在不同的观点，这里主要参考美国国家标准与技术研究院（National Institute of Standards and Technology，NIST）给出的定义。云计算是一种按使用量付费的模式，这种模式提供可用的、便捷的、按需的网络访问，进入可配置的计算资源共享池（资源包括网络、服务器、存储、应用软件、服务），只需投入很少的管理工作或与服务供应商进行很少的交互，就可以让这些资源能够被快速提供。

云计算的服务类型通常可以分为三类：基础设施即服务（Infrastructure as a Service，IaaS）、平台即服务（Platform as a Service，PaaS）和软件即服务（Software as a Service，SaaS）。

5. 人工智能

人工智能（artificial intelligence，AI）是研究开发能够模拟、延伸和扩展人类智能的理论、方法、技术及应用系统的一门新兴技术科学，目的是促使智能机器会听（语音识别、机器翻译等）、会看（图像识别、文字识别等）、会说（语音合成、人机对话等）、会思考（人机对弈、定理证明等）、会学习（机器学习、知识表示等）、会行动（机器人、自动驾驶汽车等）。

6. 区块链

区块链是分布式数据存储、点对点传输、共识机制、加密算法等计算机技术的新型应用模式。作为比特币的一个重要概念，区块链本质上是一个去中心化的数据库，是比特币的底层技术。

狭义来讲，区块链是一种按照时间顺序将数据区块以顺序相连的方式组合成的一种链式数据结构，并以密码学方式保证的不可篡改和不可伪造的分布式账本。广义来讲，区块链是利用块链式数据结构来验证与存储数据、利用分布式节点共识算法来生成和更新数据、利用密码学的方式保证数据传输和访问的安全、利用由自动化脚本代码组成的智能合约来编程和操作数据的一种全新的分布式基础架构。

二、国际物流数字化发展与趋势

（一）国际物流数字化基本概念

国际物流数字化并非简单地将线下业务放在线上受理，而是利用数字技术对国际物流的全流程进行模式再造。

托运人对国际物流的需求逐渐从经济性向可靠性转变，普遍期待物流服务选择更直观、询价更靠谱、操作更简便、服务更标准、过程更省心。国际物流企业则需通过数字化手段，整合上下游服务资源，形成一站式、标准化、集成式的服务能力，从而提供更便利、更可靠、更透明的物流服务，满足托运人的需求。这就促使国际物流企业借助数字化优化物流服务，使服务能力不断提高和服务范围不断扩大。

（二）国际物流数字化企业分类

国际物流数字化企业可以分为多种运输方式、单一运输方式、传统国际物流企业转型升级、工具类企业等四大类，如表 12-3 所示。

表 12-3　国际物流数字化企业分类

维度	切入点	部分代表性企业（排名不分先后）	
		境内	境外
多种运输方式	综合国际物流服务	运去哪、准时达、一海通、品链通等	Flexport、Twill、Forto、Freightos、Zencargo 等
	内贸综合物流服务	泛亚电商、运个货、船货易、金马云等	—
单一运输方式	海运	海运订舱网、SynCon Hub、Freightsmart、舱哪儿云等	CoLoadx、New York Shipping Exchange、icontainer 等
	空运	友舱网、中威等	FedEx、UP 等
	陆运	中铁西南国际物流、金开宇等	—
传统国际物流企业转型升级	数字化转型升级	宝供物流、安吉物流等	DHL、Exel 等
工具类企业	国际物流软件	敏思达、鲁智绘等	APL 等
	数据及营销服务	阿里巴巴、华为云等	IBM、微软等
	区块链服务	万向区块链、MarineX	GSBN 等

（三）国际物流数字化发展趋势

在国际物流托运人需求与国际物流提供方的物流能力不断变化的情况下，数字技术将在其中发挥关键作用。未来，国际物流与数字化的融合将进一步深入，国际物流的数字化发展将呈现出以下趋势。

1. 物流服务标准化

标准化是对工作、产品或服务等活动规定统一的标准,并贯彻实施这一标准的整个过程。标准化的本质就是经过优选之后的共同规则。数字化和信息化技术发展需要一定的标准化工作作为基础。国际物流标准化就是以国际物流这样一个大系统为基础,制定系统内部设施、机械设备、专用工具等各个分系统的技术标准;制定系统内各领域(如运输、装卸、包装等)的工作标准;以系统为出发点,研究各分系统和分领域中技术标准与工作标准的配合性,按配合性要求,统一整个目标物流系统的标准;研究整个国际物流系统与其他相关系统的配合性,进而谋求国际物流大系统的标准统一,以便获取最佳物流秩序和经济效益。

世界各国都非常重视本国物流标准和国际物流标准化体系相统一的问题。如果不统一,就会加大国际交往的技术难度,更重要的是会增加由于标准不统一所造成经济效益的损失,导致国际物流成本的增加。

(1)国际物流标准化相关术语。国际标准化组织(ISO)针对国际化物流系统标准统一做出了规定,相关术语包括以下内容。

①物流模数。物流模数是指为了实现物流的标准化和合理化,以数值表示的物流系统各种因素的尺寸的标准尺度。由物流系统中的各种因素组成,如货物的成组、成组货物的装卸、搬运机械和设备、货车、卡车、集装箱以及运输设施,用于货物保管的机械和设备,等等。

②物流托盘化。物流托盘化是指将成为物流对象的货物尺寸用托盘统一起来。实现货物托盘化,第一步是实现托盘的标准化。目前因为各个国家的习惯不同,各自使用的托盘标准也不同,这其中主要有美国的托盘标准、欧洲的托盘标准和日本的托盘标准。

③EDI 标准。EDI 标准是指电子数据交换数据系统。企业之间通过计算机网络直观地进行信息沟通,从而实现包括物流在内的简单迅速、低成本的交易。国际通行的 EDI 标准是由 UN/EDIFACT(EDI for Administration Commerce and Transportation)制定的,该标准的维护和后续开发工作主要通过 UN/ECE(联合国欧洲经济委员会)下的 UN/CEFACT(联合国贸易便利化和电子商务中心)完成。

(2)现有国际物流标准内容。

①物流的基础模数尺寸。目前 ISO 中央秘书处及欧洲各国基本以 600mm×

400mm作为基础模数尺寸。

②物流模数尺寸。以1 200mm×100mm的尺寸为主，也允许使用1 200mm×800mm和1 100mm×1 100mm尺寸。目前，国际物流模数尺寸的标准仍在研究确定过程中。

③识别与标志标准。在物流系统中，识别系统是不可缺少的组成部分之一，也是最早实现标准化的系统之一，主要运用在货物的运输包装上。传统的标准化把包装标记分为三类，分别为识别标记、储运指示标记和危险货物标记。传统标记方法简单、直观，但一定程度限制了标志的内容，且标记过于简单，人工操作错误率较高且管理效率较低。从"人工识别+标志"到"自动识别+条形码"的现代化识别与标志技术使识别速度提高了几十倍甚至上百倍，识别准确程度做到几乎无一失误，有效保证了物流效率的提高。

2. 数字服务普及化

近年来，随着数字化基础设施的不断完善，数字技术在物流行业应用不断普及，物流流程、物流组织、物流模式不断升级，促使物流服务更高效、更便捷、更优质。国际物流服务涉及范围广、链条长、角色多、资源散，物流流程、贸易条款、口岸规则都较复杂，只有数字化广泛应用，才能使国际物流进一步标准化、规范化、专业化。传统大型船公司、港口等企业积极践行数字化转型，大型货主企业和贸易公司纷纷进入国际物流数字化领域。国际物流数字化呈现普及趋势，迎来快速发展。未来数字化的全面普及和渗透将是国际物流发展的必然趋势，主要体现在物流操作流程的数字化、物流监测和管理的数字化、物流供需匹配的数字化等。

（1）物流操作流程的数字化普及趋势。物流操作流程的数字化可以分成两类：一类是对物流实体的数字化，即通过泛在的物联网技术把人、车、货、场等实体进行数字化，对物流实体做更好的管理与优化；另一类是对物流事件的数字化，以电子商务技术实现物流业务操作协同，实时记录人、车、货、场的关系变化，比如某票货物完成装箱，车队、货物、集装箱等不同角色状态将发生变化。

（2）物流监测和管理的数字化普及趋势。物流监测和管理的数字化指依托数字化平台，对物流活动进行监测和管理，充分挖掘物流活动潜力，从而推动物流活动的规范化、智能化发展。物流监测和管理以物流园区、港口、堆场、信息平台等为依托，实现物流作业监管、物流人员管理与办公管理等方面的系统化和自动化，利用数据资源实现物流活动的智能分析、辅助决策和自动作业。

（3）国际物流供需匹配智能化趋势。目前，大部分的物流活动的供需匹配主要由各类物流公司进行，物流公司掌握供需资源信息，做简单的运输安排。未来，在数字化推动下，物流信息透明化、共享化程度增加，传统的物流供需匹配模式将不能满足现代国际物流的需求。通过构建物流平台，实现分散物流设施的云端联结以及数据自动传输和信息共享共用，并借助智能算法等技术推动实现对物流资源智能匹配和高效调度，提升物流资源的使用效率，这也将是国际物流数字化服务的重要方向之一。

（4）金融场景将在国际物流服务中普及。产业互联网时代，金融将发挥更重要的作用，与产业互联网结合，金融将更高效和合理地服务于实体经济。国际物流数字化平台将数字化技术和国际物流高度融合，在一个快速、高效、低成本、高信息化的国际物流系统中，金融服务的融入成为贸易便利化、物流智能化的必要条件。比如，通过线上、移动支付等方式，统一渠道，简化贸易、物流服务交易流程，资金流配合信息流、商流和物流，通过四流合一提升国际物流效率。未来，随着国际物流数字化走向成熟，融资、保险、资产交易等金融场景也将逐渐在国际物流服务中普及，数字人民币等也将会在国际贸易和物流结算中与智能合约技术一起扮演更重要的角色。

3. 数字发展生态化

随着数字化的发展，国际物流头部平台和企业将形成很多数字化产品满足业务需求，这些国际物流领军企业以技术、业务的优势，形成国际物流数字生态，促进行业有序发展，同时通过企业自身能力和网络赋能整个行业和传统公司，推动国际物流的整体发展。国际物流数字发展生态化主要表现为物流枢纽协同的全球布局以及供应链网络的全球布局。

（1）国际物流线下资源网络化、生态化、共享化。为满足全球消费者的需求，头部国际物流企业构建集物流运输、供应链服务、电子商务等一系列线下物流资源网络，这些资源可与行业内的国际物流企业实现共享、避免重复建设，实现资源高效利用，未来在数字化推动下，这一趋势还将得到进一步深化。头部国际物流数字化企业聚集了大量的客户、供应商等，通过数字化系统连接，可以实现国际物流客户资源的网络化、生态化。

（2）国际物流线上资源网络化、生态化、共享化。数字化资源建设需要极大技术投入，传统物流公司难以负担巨额建设成本，头部国际物流数字化公司可以将建设的技术开放共享，让更多传统、中小企业享受到数字化的便利。国际物流的发展思路在数字化推动下，从过去的纵向延伸，向现阶段横向延伸、网络化、生态化布局转变,资源独占形式向资源共享形式转变。一方面加强了国际物流网络的覆盖面,提升整个物流网络的物流能力,使整个物流行业受益;另一方面也增强了国际物流资源的集成与共享,提升了物流资源有效性,从而推动国际物流的整体发展。

4. 服务内容集成化

将零散的物流服务通过数字平台整合为商务一体化解决方案,为客户提供国际贸易定制化的门到门服务,是国际物流数字化发展的一大趋势。主要体现为以下两方面。

(1) 数字化促使平台成为物流行业集成的核心。一方面,零散物流资源的集成需要数字化平台的支撑。目前,物流资源在总量上并不缺乏,但经常会出现物流资源不足的情况,主要原因是零散的物流资源缺乏有效集成,而数字化平台能有效组织起零散的物流资源,为客户提供综合性的物流服务。另一方面,数字化是物流大数据实现的前提,数字化平台是数字化产品与物流业务相结合的核心环节,未来随着物流数据基础设施不断完善,交通运输大数据应用水平将大幅提升,交通与运输工具、电子、软件、通信、互联网服务等产业深度融合。物流服务平台化和一体化将进入新阶段,平台将成为国际物流业务衔接、国际物流监管与服务的核心要素。

(2) 零散的物流服务通过数字化平台集成。国际物流是一个环环相扣的市场,对托运人来说,所面临的运输方式多样化,需要高质量、一体化物流服务,而非碎片化、零散型服务,国际物流服务需要得到有效集成才能满足客户的需求。数字化平台能有效集成国际物流产业上下游资源,以此来减少流通环节费用,达到高效的物流管理、提高流通效率和效益,为客户提供完整的、高质量的国际物流服务,如多式联运、拼箱服务、金融服务、智能通关等。入驻平台的物流资源通过平台相互协调高效运转,平台作为窗口对客户输出打包的物流服务,提升物流服务质量,满足客户需求,传统单一物流企业之间的竞争,逐渐演化为物流生态之间的竞争,单个物流企业所处的物流生态规模越大,物流效率就会越高,物流成本越低,从而实现整个系统中不同物流企业间合作共赢的局面。

5. 线上线下融合化

国际物流数字化需要通过线上线下资源的结合,形成完善国际物流网络的企业,才能在未来更好地发展。线上功能丰富的服务承诺只有依靠线下实际的物流资源配置能力才能确保履约。未来的国际物流一定是线上线下各个环节深度融合，形成闭环，共享运输资源、价值供应链、技术、设备、物流数据、终端渠道等各类资源，形成线上线下高度融合的国际物流体系。

物流实体是数字化的基础，线下从业者、企业、载具、设备、货物的一系列活动通过数字化方式，形成线上的商流、信息流、资金流。随着数据采集设备、数据采集方式在物流行业的普及，越来越多的物流设备、物流活动将被数字化。同时，数字化是物流实体高效运行的重要保障。物流数字化不仅能够提高物流活动的效率，而且可以将零散的物流活动串联起来，使整个物流网络成为有机整体，最大限度地凝结物流服务能量、有序释放服务能力，为客户提供更优质、更便捷的物流服务。物流线上线下资源的进一步相互融合，再加上区块链、大数据等技术的不断完善，线上线下资源关联将更为紧密，有效保障物流活动的履约能力、物流监控一致性等。国际物流市场将形成以线下物流实体为基础、线上资源和技术为保障的物流生态。

【本章小结】

本章第一节主要介绍了可持续发展与绿色经济的相关概念，讨论了可持续发展与国际物流的关系；第二节主要介绍了数字化的相关概念，以及新兴的数字化技术及其与国际物流的联系，最后介绍了国际物流未来的发展趋势。

【思考练习】

1. 如何理解可持续发展的概念？
2. 为了实现国际绿色物流，企业应该制定和实施哪些战略规划？
3. 目前常见的数字化技术有哪些？
4. 目前国际物流数字化的发展趋势是怎样的？

【案例分析】

沃尔玛遍及全球

沃尔玛于20世纪60年代创建，作为世界上最大的商业零售企业，沃尔玛通过其快速高效的现代物流运作模式，使得整个供应链实现了顺畅连接，提高了运作效率，并最终控制了物流成本，堪称世界零售业物流运作的典范。

在美国，沃尔玛全部以自建物流方式运作。在中国，沃尔玛与海格物流在逆向物流方面进行了合作。逆向物流又称退货物流，是指从客户手中回收用过的、过时的或者损坏的产品和包装，直至最终处理环节的过程，逆向物流流程如图 12-5 所示。

（资料来源：http://www.docin.com/p-825419898.html。）

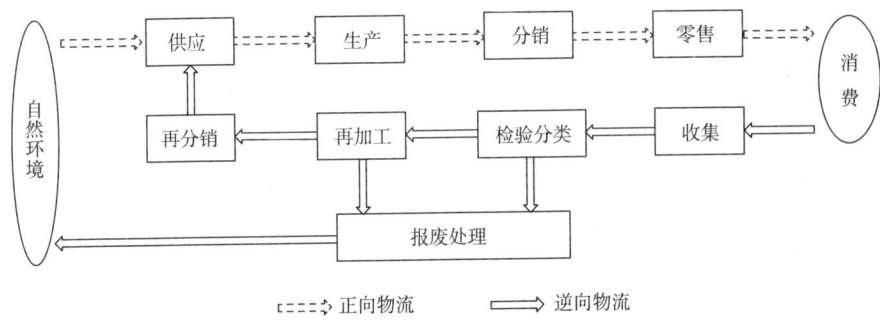

图 12-5　逆向物流流程

思考：

1. 结合案例分析逆向物流的价值。
2. 请对中国逆向物流的发展提出建议。

李宁：双中台打破"数据烟囱"，实现数据化运营闭环

李宁集团一直以来高度看重信息化建设，李宁是国内第一家采用 ERP 系统的体育用品企业。

为打破"数据烟囱"，李宁在阿里云助力下打造深入到各个终端的统一平台，包括建立会员中台，打通线上线下的会员数据，从而对整个业务链条进行高效的数据采集和管理。门店的改变是易于感知与理解的，但这背后其实要靠隐藏着人们所看不见的关键的技术内核——数据中台。李宁的中台可以总结为"三个一体化"。

（1）会员一体化。建立全渠道会员唯一标识，对于会员的识别、追踪、服务均基于全渠道的会员体系，将客户信息、消费数据、消费积分、消费频率等各种要素展现在一个全渠道系统体系内。

（2）供应一体化。将货品的采购、物流、仓储、接单、派单、配送等商品流通流程统一管理，一键查看，可以有效避免渠道间相互撞单，避免成本重复利用。

（3）渠道一体化。无论线上线下任何一个渠道，消费信息均积累到同一会员体系内，所有渠道的消费信息都能集中显示，同时可以查看、对比各个渠道的市场详情。

在实现以数据驱动决策的基础中台架构云化升级后，李宁的运营能力迅速提升，比如"依据大数据组货模型优化门店铺货，测试门店达到约20%以上增长"。公司的消费者洞察能力也有大幅提升。数据中台可构建150+项人群标签，精细化消费者画像，对精细化人群运营和门店选址有很强的参照意义。

在商品方面，李宁可通过数据中台，在众多门店中洞察到高流水、高销量、高毛利商品的共性特征，了解消费者对于商品的偏好并提供辅助设计师进行产品设计的建议；在众多商品中则能洞察到哪些渠道表现更优秀，从而指导门店选品。而在综合门店基础数据、会员数据、数据中台沉淀的会员标签和画像、门店商品销量后，李宁可构建智能算法驱动门店分群，比以往靠人工经验判断的方式对运营效能有明显提升。

数据中台可将企业的设计生产、仓储供应、线上线下销售渠道、会员体系等所有环节的数据全部打通。在终端销售环节，收集了线上线下渠道的数据后，可进行需求分析、需求预测、卖点分析、竞品分析等，形成的智能决策可以赋能给各个业务端。

（资料来源：http://www.sohu.com/a/485271878_121123732。）

思考：

1. 结合案例分析李宁"三个一体化"中的"供应一体化"体现了如今物流供应链怎样的发展趋势。

2. 根据所学，谈谈你认为还有哪些数字信息技术可以应用在（国际）物流中。